修订版

"十二五"职业教育国家规划教材
经全国职业教育教材审定委员会审定
高等职业教育电子商务专业系列教材

电子商务概论与实训教程

第 3 版

主　编　王忠元
副主编　徐林海　仲　蓬　邵海英
参　编　谢　刚　王东波　谢爱平
　　　　郝　静　秦　琴
主　审　雷　玲

机械工业出版社

本教材从电子商务的起源和基本概念入手，全方位介绍了当前电子商务应用型技能人才所应该掌握的重点知识和应用技能。全书内容涵盖电子商务基础技术、电子商务安全与电子支付、电子商务交易模式、电子商务开发与实现技术、网络营销及技术、电子商务物流、移动电子商务、电子商务法律法规与职业道德、电子商务发展前沿及展望等方面。

本教材特别注重学生电子商务实际操作和动手能力的培养，各章都设计了电子商务实训项目，包括网上购物体验、二维码制作与应用技术、网上银行与第三方支付平台应用、网上开店、搜索引擎营销、网络广告制作、博客营销、微信营销等流行的电子商务应用技术，以充分培养学生的岗位适应能力。在本书各章内容的后面，介绍了当前流行的电子商务工作岗位，对电子商务专业学生的职业发展规划和展望可起到引导作用。书中对电子商务代表人物也进行了介绍。

本教材可用于高等职业院校、普通高等院校（应用型本科）、成人高校、民办高校等电子商务专业及其他相关专业，也可作为电子商务应用技能的培训教材及电子商务爱好者的自学用书。

图书在版编目（CIP）数据

电子商务概论与实训教程/王忠元主编．—3版．—北京：机械工业出版社，2018.2（2022.1重印）
"十二五"职业教育国家规划教材　经全国职业教育教材审定委员会审定
高等职业教育电子商务专业系列教材
ISBN 978-7-111-58964-8

Ⅰ．①电… Ⅱ．①王… Ⅲ．①电子商务—高等职业教育—教材 Ⅳ．①F713.36

中国版本图书馆CIP数据核字（2018）第009862号

机械工业出版社（北京市百万庄大街22号　邮政编码100037）
策划编辑：孔文梅　　　　　　责任编辑：孔文梅　张潇杰
责任校对：炊小云　王明欣　　封面设计：鞠　杨
责任印制：郜　敏

北京富资园科技发展有限公司印刷

2022年1月第3版第9次印刷
184mm×260mm・19.75印张・479千字
标准书号：ISBN 978-7-111-58964-8
定价：48.00元

电话服务　　　　　　　　　　网络服务
客服电话：010-88361066　　机 工 官 网：www.cmpbook.com
　　　　　010-88379833　　机 工 官 博：weibo.com/cmp1952
　　　　　010-68326294　　金 书 网：www.golden-book.com
封底无防伪标均为盗版　　　　机工教育服务网：www.cmpedu.com

前　言

笔者从事高职电子商务专业教学多年，感叹难以找到合适的电子商务概论教材。究其原因，笔者认为是对当前高职电子商务专业教学的认识还存在误区。毋庸置疑，电子商务的本质是"商务"，"技术"是为"商务"服务的，"技术"是基础。由此，国内大多数电子商务专业的实际教学中，更注重商务理论的灌输。反映在《电子商务概论》的教材编写中，大部分教材使用极大的篇幅描述电子商务理论，特别是商务理论，其间点缀一些电子商务和网络技术相关概念。其教学效果是学生根本没有掌握基本的电子商务应用技能，对立足于电子商务技术的电子商务活动的应用技术也是一筹莫展。应该做好电子商务教材建设的革新，使之适应电子商务专业教学。对于高职电子商务专业改革，笔者认为应重新审视"技术是基础"的内涵，使其服务于商务本质，进而培养学生的电子商务综合技能。

本教材编写充分考虑了目前高职电子商务专业《电子商务概论》教材存在的问题、高职电子商务专业学生的特点和"就业导向"职业教育的特点，以培养高职电子商务专业学生的电子商务实际运用能力为宗旨，体现"做中学"的职业教育教学模式。在教材内容的选取上，以理论知识够用、实用为原则，重点通过电子商务发展前沿的项目训练，让学生在项目实践中领会电子商务和体验电子商务，这些项目包括网上购物、网上开店、网上支付、网络安全、基本网页设计、网络广告、微信营销等。

值得一提的是，在电子商务技术运用的章节中，让学生通过记事本建立网页，并实现搜索引擎优化，这是本教材的一个亮点。搜索引擎营销是电子商务活动最为重要的营销手段，但其实现必须以网页代码技术为基础。"电子商务概论"作为电子商务应用的入门课程，这种内容安排和项目训练可以更容易引导学生进入角色，为后续核心专业课程的学习打下基础。

产教结合教材建设也是本书的特色，在电子商务课程教学中，武汉职业技术学院与淘宝网进行了深层次校企合作，建立了淘宝创业实训基地，淘宝网为我们提供了充分的企业岗位实训资源，使得本教材中的淘宝购物、开店、支付宝应用、手机淘宝购物的实训项目以及典型就业岗位等与电子商务企业的实际实现了完美对接；充分培养学生的移动电子商务技术岗位技能。同时，我们与南京奥派信息产业股份公司深度合作开发本教材，南京奥派为本教材提供了电子商务就业岗位框架和不同岗位描述，并提供了其他宝贵的教学资源。

在本教材的各个章节中，还增加了电子商务代表人物及企业介绍，这对于电子商务专业学生规划自己的职业发展生涯有现实意义。

本教材由武汉职业技术学院王忠元担任主编，南京奥派信息产业股份公司总经理徐林海、长江职业学院仲蓬、山东技师学院邵海英担任副主编，武汉铁路职业技术学院谢刚、湖北青年职业学院王东波、湖北科技职业学院谢爱平、湖北工业职业技术学院郝静和武汉商贸职业学院秦琴参加了编写工作。淘宝网及南京奥派为本教材编写提供了宝贵的企业素材并建立了网上实训环境。武汉职业技术学院雷玲教授对本教材进行了认真审核。

由于电子商务发展迅速，加之作者学识和经验有限，教材中的各种疏漏在所难免，敬请读者提出批评和修改意见。

为方便教学，本书配备了电子课件等教学资源。凡选用本书作为教材的教师均可登录机械工业出版社教育服务网 www.cmpedu.com 免费下载。同时，本书还配有"示范教学包"，可在超星学习通上实现"一键建课"，方便混合式教学。如有问题请致电 010-88379375，服务 QQ：945379158。

编　者

目　　录

前言

第一章　电子商务概述 ... 1
第一节　电子商务的起源及定义 ... 2
第二节　电子商务模式与应用领域 ... 9
第三节　电子商务的组成及功能 ... 13
第四节　电子商务对社会经济的影响 ... 15
杰出人物　杰夫·贝索斯 ... 17
电子商务就业岗位框架 ... 19
实训项目一　网上购物体验 ... 19
思考与练习 ... 27

第二章　电子商务基础技术 ... 28
第一节　计算机基础 ... 29
第二节　计算机网络基础技术 ... 35
第三节　Internet 及 Web 基础技术 ... 42
第四节　移动互联网技术 ... 48
第五节　云计算、物联网和大数据技术 ... 53
第六节　电子商务摄影技术 ... 60
杰出人物　刘强东 ... 66
技术类岗位介绍　前端开发工程师 ... 68
实训项目二　二维码制作技术与应用 ... 68
思考与练习 ... 74

第三章　电子商务安全与电子支付 ... 75
第一节　电子商务安全技术概述 ... 76
第二节　信息加密及认证技术 ... 79
第三节　电子商务安全协议及电子商务安全管理 ... 83
第四节　电子支付概述 ... 84
第五节　常用的电子支付工具 ... 85
第六节　第三方支付平台 ... 90
杰出人物　王峻涛 ... 93
运营类岗位介绍（一）　产品与内容运营 ... 95
实训项目三　第三方支付平台——支付宝的使用及安全 ... 95
思考与练习 ... 104

第四章　电子商务交易模式 105
- 第一节　B2B 电子商务 106
- 第二节　B2C 电子商务 110
- 第三节　C2C 电子商务 114
- 第四节　O2O 电子商务 118
- 第五节　C2B 电子商务 122
- 杰出人物　马云 127
- 运营类岗位介绍（二）　用户、活动与数据运营 130
- 实训项目四　淘宝网上开店 131
- 思考与练习 142

第五章　电子商务开发与实现技术 143
- 第一节　电子商务系统概述 144
- 第二节　电子商务网站开发技术 146
- 第三节　常用的商务网站开发工具 155
- 第四节　使用 HTML/CSS 建立简单的企业介绍网页 157
- 杰出人物　李国庆、俞渝 163
- 设计类岗位介绍　APP 设计师、视觉设计师、UI 设计师、广告设计师、网页设计师等 165
- 实训项目五　企业介绍网页制作 166
- 实训项目六　使用 PS 及 DW 制作滑动门效果导航条 169
- 思考与练习 177

第六章　网络营销及技术 178
- 第一节　网络营销概述 179
- 第二节　网络营销方法和手段 184
- 第三节　搜索引擎营销及技术 190
- 第四节　网络广告 197
- 杰出人物　于刚 203
- 网络营销类岗位介绍（一）　网络营销策划与推广 204
- 实训项目七　企业介绍网页搜索引擎优化 205
- 实训项目八　网络广告制作与实现 210
- 实训项目九　博客营销基础技术 218
- 思考与练习 224

第七章　电子商务物流 225
- 第一节　电子商务物流概述 227
- 第二节　电子商务物流与配送 232
- 第三节　京东自建物流与阿里菜鸟物流 235
- 杰出人物　王卫 240
- 网络营销类岗位介绍（二）　网络销售 242

实训项目十　了解物流企业——联邦快递 *242*
　　思考与练习 *243*

第八章　移动电子商务 *244*
　　第一节　移动电子商务概述 *245*
　　第二节　移动电子商务的应用 *246*
　　第三节　移动营销 *248*
　　第四节　二维码在移动商务中的应用 *251*
　　杰出人物　雷军 *255*
　　客服类岗位介绍　售前咨询、售后服务、客服经理等 *256*
　　实训项目十一　微信营销技术应用 *256*
　　思考与练习 *268*

第九章　电子商务法律法规与职业道德 *269*
　　第一节　电子商务法律法规概述 *270*
　　第二节　电子商务涉及的法律问题 *273*
　　第三节　电子商务治理和立法现状 *280*
　　第四节　电子商务从业人员职业道德 *286*
　　杰出人物　章燎原 *289*
　　法律类岗位介绍　网络律师 *291*
　　思考与练习 *292*

第十章　电子商务发展前沿及展望 *293*
　　第一节　电子商务新的推动技术 *294*
　　第二节　电子商务新的理念及运作模式创新 *297*
　　杰出人物　张旭豪 *301*
　　网络营销类岗位介绍（三）　跨境电子商务专员 *302*
　　实训项目十二　体验微博及微博营销 *303*
　　思考与练习 *306*

参考文献 *307*

第一章

电子商务概述

学习目标

- 能够分析电子商务与传统商务的联系与区别。
- 能够登录电子商务相关网站查找资料。
- 能够进入不同类型的电子商务网站或平台进行体验。
- 树立正确的电子商务观,主动学习,具有较强的实践精神。

案例导引

电子商务的兴起与发展

互联网的快速发展是从 1995 年开始的,其商务运营价值也开始真正显现。当时,美国曾要求与之开展国际贸易活动的国家采用电子手段进行贸易活动,如外贸报关要用电子数据交换(Electronic Data Interchange,EDI)方式进行,否则这些贸易活动将会被滞后,这实际上就是早期的电子商务推动活动。我国在开始实行电子商务前,以纺织行业为例,每年使用传统方式报关带来的船只滞留等损失就达 2 000 万美元。开展网上商务活动可以有效避免类似的损失,对经济的发展意义重大。

1998 年,在我国如 8848、阿里巴巴、易趣等商务网站开始出现并进行网上商务运作,但由于当时网民人数的限制,当时的运作效益并不理想。在世纪之交,由于互联网泡沫的影响,很多电子商务网站都倒闭了,可是网上商务的潜在趋势是不可避免的。2003 年,"非典"间接促进了网购的发展,我国的电子商务市场开始复苏。从 2003 年至今,电子商务已成为一个创新发展、充满生机和令人向往的市场,很多新的电子商务模式纷纷产生,很多与电子商务相关的资本运作不断地出现,大批垂直类的商务网站也不断涌现,移动电子商务更是呈爆发之势。

近年来,世界旅游电子商务和跨境电子商务也发展迅速。比如,早在 2008 年,北京奥运会的举办吸引了近 360 万中外游客的到来,成为推动和促进我国旅游电子商务发展的强大动力。以介绍民族景点、民族文化特色和酒店、机票预订为主要内容的全流程电子商务网站,如携程网、同程网、途牛旅游网等受到了市场的青睐和大量国内外游客的欢迎。"网上选景、网上定线、网上组团"的网络自助游获得了快速发展。以海淘、全球购等为特点的跨境电子商务也成为电子商务的一个重要分支。阿里巴巴全球速卖通、阿里国际站、敦煌网等跨境电子商务平台的交易量日益增长。

自 20 世纪 90 年代后期以来,我国的电子商务先后经历了创业潮、投资热、低迷期、发展期等几个阶段。从"非典"刺激下的B2C应势兴起,到经济寒流中呈现反周期增长态势,再到现在移动电子商务引领的"拇指"消费潮流。进入21世纪,我国电子商务似乎总在重复着"山重水复疑无路,柳暗花明又一村"的命运。盈利问题、趋同问题、诚信体系的建立、支付的安全性、物流环节的无缝衔接、线上线下的融合、成本结构的优化、社区电子商务的结合趋势、移动电子商务的商机等都逐步得到解决和完善。我国的电子商务经过近二十年的漫长洗礼,市场已逐步成熟,行业竞争也将进入白热化阶段,并且出现了跨界融合的趋势。

（案例来源：http://www.300.cn/）

【思考】
1）简述电子商务的起源。什么是电子商务？
2）电子商务的应用领域有哪些？
3）电子商务的组成及功能是什么？
4）电子商务对经济有哪些影响？未来如何发展？

在20世纪90年代初期,Internet技术私有化的完成和飞速发展,使全球各地广泛的商业贸易活动逐步利用Internet开放的网络环境,产生了基于浏览器/服务器（B/S）的应用方式,买卖双方不谋面即可进行各种商贸活动。从而实现了消费者的网上购物、商户之间的网上交易、在线电子支付以及各种商务活动、交易活动、金融活动和相关的综合服务活动。这种新型的在线商业运营模式称为电子商务。

第一节　电子商务的起源及定义

从广义方面来讲,电子商务的产生和发展已经有了数十年的发展历史。早在20世纪70年代,电子数据交换和电子资金转账（Electronic Funds Transfer,EFT）作为企业间电子商务应用的系统雏形就已经出现。多年来,大量的银行、航空公司、连锁店及制造企业已建立了供方和客户间的电子通信,并利用它来处理相互之间的商务事务。这种方式加快了供需双方的处理速度,有助于实现最优化管理,使得操作更有效率并提高了对客户服务的质量。只不过早期的解决方式都是建立在大量功能单一的专用软、硬件设施的基础上,因此使用价格极为昂贵,仅大型企业才有条件利用。此外,早期网络技术的局限也限制了应用范围的扩大和水平的提高。

电子商务真正得到长足发展是在20世纪90年代中后期,由于HTML（超级文本标记语言）在互联网上受到青睐和浏览器成为人们主要的上网工具,Internet得以快速发展,部分电子商务先导者,如美国的杰夫·贝索斯、皮埃尔·奥米亚尔等就开始在互联网上开始了早期的电子商务活动,并且成长迅速。反过来,Internet的快速发展又为电子商务的蓬勃发展奠定了基础。随着Internet技术的完善和迅速普及,电子商务的旺盛生命力日益显现。

小资料

世界上第一个电子商务网站及第一笔网上交易

世界上第一个电子商务网站并不是Amazon和eBay。美国在线零售网站NetMarket宣称,互联网上的第一笔安全交易是它们完成的。1994年8月11日,该网站以12.48美元(含运费)出售了Sting的Ten Summoner's Tales的CD拷贝光盘。Internet Shopping Network是另外一个争夺世界第一个商务网站"皇冠"的竞争者,该网站自称,它们的第一笔交易比

NetMarket 整整早了一个月。NetMarket 网站 Logo 如图 1-1 所示。

图 1-1 NetMarket 网站 Logo

我国第一笔互联网网上交易发生的时间是 1998 年 3 月 18 日下午 3 点 30 分。第一位网上交易的支付者是某电视台播送中心的王轲平先生；第一笔费用支付手段是中国银行长城卡；第一笔支付费用是 100 元；第一笔认购物品是世纪互联通信有限公司的 100 元上网机时。

中国银行开展网上银行服务的最早时间是 1996 年。1997 年底，王轲平先生发现了这个站点，并填写了申请书。在接到王轲平先生的申请后，世纪互联通信有限公司开始着手进行这次交易的内容，实质性的时间用了大约 15 天。王轲平先生成为第一个在中国互联网上进行电子交易的人。

1998 年 3 月 18 日，北京友谊宾馆友谊宫内，世纪互联通信技术有限公司的白小姐，面对首都多个新闻单位的记者宣布：中国内地第一笔互联网电子交易成功。为本次交易提供网上银行服务的是中国银行，扮演网上商家的是世纪互联通信有限公司。

（资料来源：http://news.csdn.net/a/20100809/277967.html）

一、电子商务的起源

计算机的应用，特别是早期的计算机电子数据处理（Electronic Data Processing，EDP）技术的出现标志着计算机从科学计算向文字处理和商务统计报表处理应用的转变，导致了电子商务的萌芽。字处理（Word Processing，WP）软件和电子表格软件的出现，为标准格式（或格式化）商务单证电子数据交换的开发应用提供了强有力的应用支持，使政府或企业的采购、企业商业文件的处理从手工书面文件的准备和传递转变为电子文件的准备和传递。随着网络技术的发展，电子数据资料的交换又从磁带、软盘等电子数据资料物理载体的寄送转变为通过专用的增值通信网络进行传送。近年来，企业又转移到通过公用的 Internet 进行信息传送。银行间的电子资金转账技术与企事业单位间的电子数据交换技术相结合，产生了早期的电子商务（Electronic Commerce，EC）。信用卡（Credit Card）、借记卡（Debit Card）、自动柜员机（Automatic Teller Machine，ATM）、零售业销售终端（Point of Sale，POS）、联机电子资金转账（Point of Sale and Electronic Funds Transfer，POS&EFT）技术、网上银行以及相应的网络通信技术和安全技术的发展，促使今天的企业在线商城（Business to Consumer，B2C）、企业之间网上交易（Business to Business，B2B）与网上集市（Consumer to Consumer，C2C）这 3 种模式的电子商务得到飞速发展。

1991 年，美国政府宣布 Internet 由政府控制逐步转向私有化，逐步向社会公众开放，允许在 Internet 上开发商业及企业网上应用系统。更有意义的是，作为目前 Internet 的主要服务，以 HTML 语言和 Web 浏览器为核心的万维网（World Wide Web，WWW）于 1993 年在 Internet 上出现。万维网是一种具有处理数据图文声像超文本对象能力的互联网技术，使 Internet 具备了支持多媒体应用的功能。1995 年，Internet 上的商业业务信息量首次超过了科教业务信息量，标志着 Internet 开始了爆炸性的发展。

（一）电子商务产生的社会基础和技术基础

电子商务最早产生于 20 世纪 70 年代，发展于 20 世纪 90 年代。进入 21 世纪后，随着

Internet 应用的快速普及，电子商务正以前所未有的速度迅猛发展。电子商务产生和发展的社会基础包括以下几个方面。

1．政府的支持与推动

自 1997 年欧盟发布了《欧洲电子商务行动方案》，美国发布《全球电子商务纲要》以后，电子商务受到了世界各国政府的重视，许多国家的政府颁布了各种政策和措施鼓励电子商务的应用，如积极推行网上采购等。这为电子商务的发展提供了有力的支持。

2．计算机的广泛应用及普及

计算机的处理速度越来越快，处理能力越来越强，价格越来越低，应用越来越广，这为电子商务的应用提供了坚实的基础。从我国的情况来看，近二十多年的计算机销售量呈直线增长的趋势：1997 年达到 303 万台；1998 年，中国计算机市场容量跃居到第四位；到 1999 年 6 月底，我国计算机社会拥有量已经达到 1 200 万台；2000 年 7 月已超过 2 000 万台；到 2007 年 6 月底，中国上网计算机数就已经达到 6 710 万……到 2016 年，智能手机持有量超过 11 亿台，绝大多数人在用手机、平板电脑及 PC 等计算机终端设备，计算机即将接近全民普及的程度。

3．网络的普及和成熟

由于 Internet 逐渐成为全球通信与交易的媒体，全球 Internet 用户保持持续增长趋势，快捷、安全、低成本的特点为电子商务的发展提供了应用条件。从 1998—2016 年全世界 Internet 用户的增长情况来看，1998 年全球 Internet 用户为 1.13 亿；我国网民人数十多年保持持续增长态势，截至 2016 年 12 月底，我国网民规模达到 7.31 亿，互联网普及率为 53.2%，其中手机网民达到 6.95 亿。

4．完善的网络服务

Internet 正在快速发展，大量的信息服务网站随之涌现。根据中国互联网信息中心统计报告，截至 2017 年 6 月，我国网站数量已达 506 万个，几乎每一个网站均能开通电子商务的信息和业务。Google、Bing、百度、360 搜索、搜狗搜索等一批国际和国内优秀的信息搜索网站迅速成长；微信、微博等社交平台广泛应用；阿里巴巴、eBay、亚马逊、京东商城、苏宁易购、唯品会等大型电子商务服务平台和企业不断诞生和快速发展，这些都为对电子商务的开展奠定了非常良好的基础。

5．新的经济消费观正在逐步形成

2000 年以来，我国信息技术得到了迅猛发展，特别是互联网以其覆盖广泛的信息容量、方便易学的操作方式以及经济实惠的收费价格迅速普及。截至 2017 年，中国人口约占世界人口的 18%，智研咨询的分析报告显示，中国的消费只占 GDP 比例的 37%，远低于世界平均水平。这就意味着中国是一个潜力巨大的消费市场。中国的老百姓不仅希望能够买到最新的产品，能够从众多的品牌中挑选产品，还希望节约购买时间和获得更完善的、个性化的服务。而电子商务模式正因适应这种要求而得到迅猛发展。最近十年来，随着 80 后、90 后的成长和移动互联网的广泛应用，这些年轻人越来越喜欢网上消费，继而带动社会其他年龄层进行网络购物。在这样一种新消费观念的带领下，电子商务也逐渐地热了起来。

6．信用卡、借记卡等银行卡和第三方支付平台的普及与应用

信用卡及借记卡以其方便、快捷、安全等优点而成为人们消费支付的重要手段，并由此形成了完善的全球信用卡计算机网络支付与结算系统，使"一卡在手，走遍全球"成为

可能，同时为电子商务中的网上支付提供了重要手段。近年来，以支付宝和财付通为代表的第三方支付平台的广泛应用，更是促进了电子商务的发展。

除了以上的社会基础外，近年来，技术快速变革也为电子商务打下了坚实的基础，主要表现在以下几方面：

1）Web 技术和 Java 语言的广泛应用。
2）可以在网络上进行电子数据交换的技术。
3）可快速传输数据和信息的高速网、宽带网、广域网，可以互联的计算机网络系统。
4）适合在网络上使用的电子邮件以及实现电子公告牌服务的信息发布技术。
5）通过网络进行电子资金转账以及共享网络数据库技术。
6）在网上进行支付的信用卡技术和电子货币的支付技术，以及电子现金、电子货币和电子支票网络传送的完全认证与可靠支付技术。
7）安全保障技术已经进入实用阶段，如数据加密技术、数字签名技术和防火墙技术。
8）安全电子交易协议（Secure Electronic Transaction，SET）的出台，为开放网络上的电子商务提供安全交易环境建立了保障。
9）移动通信技术、移动互联网技术、HTML5、Android、iOS 等系统及技术的普及开发应用，为移动电子商务应用提供的技术支撑。
10）二维码、近场通信（NFC）、基于位置服务（LBS）等技术为移动终端支付提供了技术保障。
11）物联网、云计算及大数据技术。
12）虚拟现实（VR）与增强现实（AR）技术。

（二）电子商务的发展动力

电子商务涉及社会的方方面面，如企业、政府、银行、金融机构及消费者等，在推动电子商务的这场运动中，与市场利益关系最密切的角色才是真正的推动者。实际上，政府的介入是为了以新兴产业振兴经济，提高国家的竞争力，同时也要规范游戏规则，发挥政府在法规和政策方面的杠杆作用。企业应该是电子商务真正的推动者，围绕着企业来分析，电子商务的发展得益于三大力量的共同推动：经济力量、顾客交互的力量和科技所带动的数字革命。

1. 经济力量

面对环境的快速变迁以及在减少成本和保持竞争力的双重压力下，不少企业都在寻求组织内和组织外的适应对策。这些对象包括与客户、上游厂商、经销商、工业团体甚至竞争对手建立电子联结，以便增加商业通信效率，拓展市场占有率以及维持其自身竞争力。电子商务的出现正好使他们看到了希望。通过电子商务，企业可利用低成本的技术基础设施，降低技术升级所需的成本，降低与供应商进行交易的成本，同时提高交易的准确性，降低共享全球信息和广告的成本，并使企业能提供低成本的顾客服务。电子商务的应用体现在其外部集成和内部集成上。

（1）外部集成　电子商务的外部集成是将供应商、政府机构和公司集成为一个共同的社区，使它们能在任何计算机（包括移动终端）之间进行通信。例如，汽车制造业的准时生产方式（Just In Time，JIT）曾迫使福特公司和通用汽车通过电子数据交换与其供应商进行交互，这就是外部集成。

(2)内部集成　内部集成比外部集成更为重要。电子商务的直接应用就是企业业务的内部集成。完成内部集成的企业可用电子方式接收订单，然后自动将信息发送到生产、运输、结算和存货系统。内部集成确保了关键数据能以数字化方式进行存储，而且存储的格式和媒体都便于快速检索和电子传输。

无论是企业外部集成还是内部集成，协调信息传输的能力都非常重要，而且企业必须找到合适的业务流程设计方法，改变数据生成、操作和分布的方式。技术革新对于信息集成非常重要，而协调更是不可缺少的。协调要求员工、顾客和供应商相互合作以解决问题，提高服务水平和开发新产品。

2．市场营销和顾客交互

电子商务可为企业提供营销渠道，选定目标市场，创造新的顾客服务和支持渠道来提高顾客满意度，还可以帮助企业为目标顾客提供更详细的产品和服务信息。随着新产品大量涌入市场，目标市场营销的差异化必然显现。市场上不仅不断出现新产品，在现有产品类别里还不断出现新的生产厂家、新的定价策略、新的目标市场、新的市场调查方法等。

由于顾客购买习惯和产品的变化太快，为保持企业的竞争力，营销人员必须使用新兴技术，找出潜在顾客，建立与顾客的紧密联系，培养顾客的忠诚度。在这个新的业务环境中，传统的差异化概念已经不再适用，"质量"与原来的意义也不一样了，"内容"不等同于"产品"，"配送"也不再是"物流"的代名词。

在这个新环境中，品牌价值（即知名品牌具有的价值）可能会迅速消逝。信息技术的进步大大扩展了顾客选择产品的范围。由于信息大量涌入，且顾客能够利用信息简便快捷地对产品进行比较，因此顾客对品牌名称也不像原来那么重视了。对于制造商来说，建立一个新品牌更加艰难，同时维持一个现有的品牌也不再那么容易。所以，各行各业的营销人员都在寻求与顾客沟通和提供服务的新方法。既然信息技术改变了这一切，那么利用信息技术是适应这一变化的最佳途径。这些典型技术为微博、微信、APP客户端、H5等。

3．技术和数字整合

整合是指将多个现存技术结合起来，创造出比原有技术更为强大和高效的新技术，从而形成新的技术能力。技术和数字的整合为电子商务的最终实现提供了可能。数字技术可以使文字、声音、图像和视频转换为能集成、存储、操作和迅速传送的一系列数据流，同时不损害传送的质量。这场电子商务和多媒体技术的革命正推动着一些行业（如通信、娱乐、出版、餐饮等，它们已与从前截然不同）和信息技术紧密地联系起来，同时迫使这些有着不同历史和传统的行业进行竞争和合作，甚至跨界融合。

总之，经济因素、营销因素和数字化整合已经影响了整个产业界，各个行业都在进行自我重新定位以便利用这个新的机会，包括创造全新的服务渠道、为现有产品开发新的市场以及为在线环境开发基于信息的新产品。例如，数字整合改变了全球电信服务的竞争环境，由于竞争的加剧和电信市场中基本电话服务及短信业务利润的减少，网络经营公司都在建立新的智能网络以提供大范围的增值服务，这些服务包括网络视频、即时通信、网络游戏、网络金融服务及面向一般消费者的线上线下（O2O）交互式服务。

（三）电子商务的发展过程

企业作为经济活动的主体，一直在关注着技术尤其是计算机技术的发展，更是不失时机地将这些先进技术运用到生产经营过程中，以改善客户服务方式、优化业务流程、畅通企业内部和企业之间的信息交换。事实上，每一次新技术的成功运用，都会加快企业的电子商务进程。下面我们就以各个时期有代表性的技术为主线，对电子商务的发展历程进行阶段划分，共分为5个阶段。

1. EFT 时代

20世纪70年代，代表性技术是电子资金转账技术。电子资金转账是在企业间专用网络上实现账户交易信息的电子传输，最早应用于商业银行之间的资金转账，它改变了金融业的业务流程，是电子商务最原始的形式之一，也是最普遍的形式。现在，EFT技术还在以多种形式运用着，如企业代发工资、借记卡的跨行取现等。

2. 电子报文传送技术

20世纪70年代后期至20世纪80年代早期，电子商务以电子报文传送技术的形式在企业中得到推广，其代表性应用是电子数据交换。EDI广泛应用于商业贸易伙伴之间，尤其是从事国际贸易的贸易伙伴之间。

据美国国际贸易单证委员会调查，每笔外贸业务需46种不同的单证（如订单、发货通知），连同正副本一共360余份，这么多单证要在20多个有关机构间传递，有70%的信息要重复出现，其中有30%的信息重复达20次以上。如果人工处理的话，可以想象任务之艰巨。

以订单与订单回执为例，客户先将要买的产品名录输入计算机，打印出订单，盖章，交邮局寄给供应商，供应商收到后，先将订单输入到计算机中，并打印出一个订单回执，盖章交邮局寄给客户。在这个简单的过程中，暴露出了一些问题：重复录入（易出错、加大工作量）、打印成本/邮寄成本高、业务处理速度慢、信息表示不统一。EDI技术采用先进的网络技术，并遵循联合国的UN/EDIFACT标准，在信息格式规范化的基础上，使企业与供应商之间能够用电子方式交换标准格式的商业单证（如订单、提货单、发票），对商务活动的开展发挥了巨大作用，主要表现在：简化了业务流程和环节；缩短了业务处理时间；降低了人事成本；减少了差错、遗漏造成的损失；加强了企业市场竞争地位（有EDI的厂家会优先选择其他有EDI的厂家，而不愿再用旧的贸易模式）；企业会因进入EDI领域而获得新的客户；优先供货/优先订货。经过多年的发展，EDI已经演变出了许多分支，如电脑视频会议、工作流系统、电子邮件等。

3. 联机服务

20世纪80年代中期，联机服务开始风行，它提供了多种社交手段，如实时交互的聊天室，不实时的新闻组、邮件列表和文件传输等，降低了信息访问和交换的成本，拉近了人们的距离，形成了"地球村"的概念。社交方式的改变为互联网用户带来了虚拟社区的体验。

4. 桌面电子商务

20世纪90年代中期以来，互联网上出现了万维网应用，大大促进了电子商务的发展，这是电子商务的转折点。万维网为信息的发布和传播提供了简便易行的方案，万维网带来的规模效应降低了业务成本，企业在网站上发布的信息可以影响到全球的庞大消费群；万维网带来的范围效应丰富了企业的业务活动，使企业可以把市场扩展到世界各地。万维网作为新兴的技术力量为小企业和实力雄厚的大企业设置了同样的起跑线，使得它们可以在平等的技术基础上竞争，不少公司如网易、Yahoo、亚马逊网上书店、淘宝网的迅速崛起就是证明。这段时间电子商务的活动终端主要是桌面电脑（以PC机为代表），因此称之为桌面电子商务，也叫PC电子商务。

信息技术的进步使企业在管理上实现了一个飞跃，管理信息系统成为电子商务应用的一个有机组成部分。电子商务简化了企业的经营过程，同时给企业带来更多的机会，使现代企业的经营管理产生了巨大的变革，如图1-2所示。

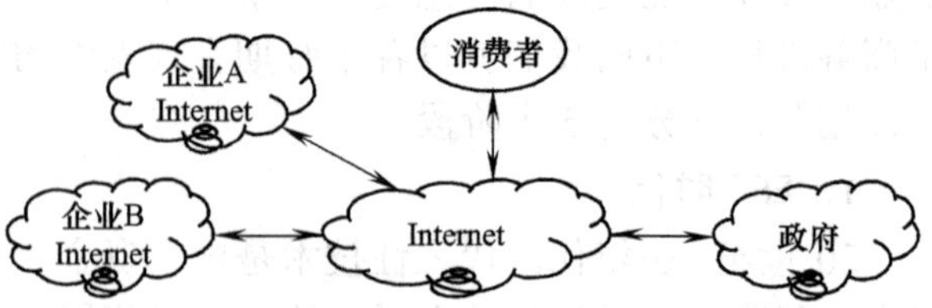

图1-2 电子商务阶段

5．移动电子商务

2007年以来，随着无线互联网技术和以苹果手机为代表的智能手机的迅速发展和普及，无线上网的硬件成本包括手机、平板电脑、超级笔记本电脑的价格逐渐降低，功能逐渐增强，移动网上消费环境快速形成。由此，移动电子商务逐渐走进人们的视野，人们拿着手机、平板电脑等工具随时随地通过碎片化时间享受着移动电子商务带来的便捷和乐趣，移动电子商务已经成为的人们生活的一部分，并且正在逐步替代桌面电子商务成为电子商务的主流形式。

二、电子商务的定义

信息技术的发展和互联网络的普及使得新的商务模式——电子商务蓬勃发展，人们不但可以轻轻松松在网上购物，体验购物的乐趣，还可以通过开放式的网络对自己的银行账户进行管理。电子商务的应用与发展已成为当今经济发展中风头最劲的潮流之一，其影响绝不仅仅限于商务本身，它对社会的生产和管理、人们的生活和就业、政府职能、法律制度以及教育文化都带来了巨大的影响。

电子商务是一个不断发展的概念，电子商务的先驱IBM公司于1996年提出了Electronic Commerce（E-Commerce）的概念，到了1997年，该公司又提出了Electronic Business（E-Business）的概念。E-Commerce是指实现整个贸易过程中各阶段贸易活动的电子化，E-Business是利用网络实现所有商务活动业务流程的电子化。E-Commerce集中于电子交易，强调企业与外部的交易与合作，而E-Business则把涵盖范围扩大了很多。

简单地讲，电子商务是指利用电子网络进行的商务活动。但电子商务的定义至今仍不是一个很清晰的概念。各国政府、学者、企业界人士都根据自己所处的地位和对电子商务的参与程度，给出了许多不同的表述。

电子商务有广义和狭义两种概念。这两种概念及内容是有区别的，广义的电子商务就是上述的Electronic Business，简称EB，是指使用各种电子工具从事商务或活动。狭义上的电子商务就是Electronic Commerce，简称EC，是指利用Internet从事商务或活动。而我们生活中讲得电子商务通常是指狭义的电子商务。综合各方面不同层面的观点和看法，结合我国电子商务的实践，可以将电子商务的概念作如下表述：电子商务是指交易当事人或参与人利用计算机技术和网络技术（主要是互联网）等现代信息技术所进行的各类商务活动，包括货物贸易、服务贸易和知识产权贸易。这里"利用计算机技术和网络技术"和"进行的各类商务活动"都具有丰富的含义，可以从以下几个方面进行理解：

1）电子商务是一种采用最先进信息技术的买卖方式。交易各方将自己的各类供求意愿按照一定的格式输入电子商务网络，电子商务网络便会根据用户的要求，寻找相关信息并提供给用户多种买卖选择。一旦用户确认，电子商务就会协助完成合同的签订、分类、传递和款项收付等全套业务。这就为卖方以较高的价格卖出产品、买方以较低的价格购入商品和原材料提供了一条非常好的途径。

2）电子商务实质上形成了一个虚拟的市场交换场所。它能够跨越时空，实时地为用户提供各类商品和服务的供应量、需求量、发展状况及买卖双方的详细情况，从而使买卖双方能够更方便地研究市场，更准确地了解市场和把握市场。

3）对电子商务的理解，应从"现代信息技术"和"商务"两个方面考虑。一方面，电子商务概念所包括的"现代信息技术"应涵盖各种使用电子技术为基础的通信方式；另一方面，对"商务"一词应做广义解释，使其包括不论是契约型或非契约型的一切商务性质的关系所引起的种种事项。如果把"现代信息技术"看作一个子集，"商务"看作另一子集，电子商务所覆盖的范围应当是这两个子集所形成的交集，即"电子商务"标题之下可能广泛涉及的互联网、内部网和电子数据交换在贸易方面的各种用途，如图1-3所示。

图1-3　电子商务是"现代信息技术"和"商务"两个子集的交集

4）电子商务不等于商务电子化。真正的电子商务绝不仅仅是企业前台的商务电子化，更重要的是包括后台在内的整个运作体系的全面信息化，以及企业整体经营流程的优化和重组。也就是说，建立在企业全面信息化基础上，通过电子手段对企业的生产、销售、库存、服务以及人力资源等环节实行全方位控制的电子商务才是真正意义上的电子商务。

从发展的观点看，在考虑电子商务的概念时，仅仅局限于利用Internet网络进行商业贸易是不够的，将利用各类电子信息网络进行的广告、设计、开发、推销、采购、物流信息追踪、信用评级、支付结算等全部贸易活动都纳入电子商务的范畴则较为妥当。以往的电子商务通过少数计算机网络进行信息、产品和服务的买卖，现在或未来的电子商务则可以通过互联网及移动互联网的各种终端（包括电脑、手机、平板电脑、个人数字助理等）进行交易。

第二节　电子商务模式与应用领域

一、电子商务模式

电子商务模式（或称电子商务交易模式）是指企业在网络环境中，特别是在互联网环境中基于一定电子技术基础的商务运作方式和盈利模式。了解和分析电子商务模式的分类体系，有助于挖掘新的电子商务模式，为电子商务模式创新提供了途径，也有助于企业制定特定的电子商务策略和实施步骤。电子商务模式可以从多个角度建立不同的分类框架。

（一）按照交易对象分类

电子商务的交易对象主要是企业（Business）、个人（Consumer）和政府部门（Government）。按照交易对象分类，电子商务可以分为以下5种类型。

1．B2C电子商务

B2C（Business to Consumer）电子商务即企业与消费者之间的电子商务。它类似于联机服务中进行的商品买卖，是利用计算机网络使消费者直接参与经济活动的高级形式。这种形式基本等同于电子化的零售，它随着万维网（WWW）的出现迅速地发展起来。目前，在互联网上遍布各种类型的商业中心，提供从鲜花、书籍到计算机、汽车等各种消费商品和服务。京东商城（www.jd.com）、唯品会（www.vip.com）、亚马逊（www.amzon.com）、天猫（www.tmall.com）都是典型的B2C电子商务。

2．B2B电子商务

B2B（Business to Business）电子商务即企业与企业之间的电子商务，包括非特定企业间的电子商务和特定企业间的电子商务。非特定企业间的电子商务是在开放的网络中对每笔交易寻找最佳伙伴，与伙伴进行从订购到结算的全部交易行为。这里，虽说是非特定企业，但由于加入该网络的只限于需要这些商品的企业，可以设想是限于某一行业的企业。不过，它不以持续交易为前提，不同于特定企业间的电子商务。特定企业间的电子商务是指在过去一直有交易关系或者今后要继续进行交易的企业间，为了相同的经济利益，共同进行的设计、开发或全面进行市场及库存管理而进行的商务交易。企业可以使用网络向供应商订货、接收发票和付款。B2B电子商务在这方面已经有了多年的运作历史，特别是通过专用网络或增值网络上运行的EDI。阿里巴巴（www.1688.com）、慧聪网（www.hc360.com）都是典型的B2B电子商务平台。

3．C2C电子商务

C2C（Consumer to Consumer）电子商务即消费者与消费者之间的电子商务。它是指消费者之间通过网上商务平台实现交易的一种电子商务模式。现行的商务模式不能提供便利的方式让消费者出售其所持有的闲置产品，而利用互联网就可以很好地解决该问题。产品持有者发布其产品信息，产品需求者对其所需要的产品出价，产品持有者最终将产品卖给出价最高的买方。卖方能以较高的价格出售产品，买方也能以自己接受的价格购买产品，这种交易方式类似于拍卖方式，又称为网上拍卖。典型的C2C电子商务网站如淘宝网（www.taobao.com）、eBay（www.ebay.com）等。

C2C电子商务模式近年来正在发生一些变化，一部分的厂商和商家也开始利用这种系统在互联网上销售产品和服务，将B2C和C2C逐步地融合在一起，形成了新的B2C2C或B2B2C电子商务模式。

4．B2G电子商务

B2G（Business to Government）电子商务即企业与政府之间的电子商务。其涵盖了企业与政府组织之间的各项事务。例如，在美国，政府采购清单可以通过Internet发布，公司以电子化方式回复。同样，在公司税的征收上，政府也可以通过电子交换的方式来完成。

5．C2G电子商务

C2G（Consumer to Government）电子商务即个人与政府之间的电子商务。它涵盖了个人与政府之间的若干事务，如个人公积金的交纳、养老金的领取、个人向政府纳税等。C2G电子商务是政府工作透明化的重要窗口，也是公民了解政府发布的各项信息和政策的重要渠道。例如，上海市民信箱（www.smmail.cn）、武汉住房公积金网（www.whgjj.cn）都开展了C2G电子商务业务。

（二）按照商务活动内容分类

按照商务活动的内容分类，电子商务主要包括两类商业活动：①间接电子商务，即有形货物的电子订货，仍然需要利用传统物流渠道（如邮政服务和商业快递）进行商品配送；②直接电子商务，即无形货物和服务的在线交易。如计算机软件、电子图书、网络游戏、网络视频、网络音乐以及其他在线娱乐内容的联机订购、付款和交付或者全球规模的信息服务。直接和间接电子商务均提供特有的机会，同一公司往往二者兼营。间接电子商务要依靠一些外部要素，如运输系统的效率等；直接电子商务能使双方越过地理界线直接进行交易，充分挖掘全球市场的潜力。

（三）按照使用网络类型分类

根据使用网络类型的不同，电子商务目前主要有 4 种形式：①EDI 电子商务；②Internet 电子商务；③Intranet 电子商务；④Mobile（移动）电子商务。

1．EDI 电子商务

按照国际标准组织的定义，EDI 电子商务是"将商务或行政事务按照一个公认的标准，形成结构化的事务处理或文档数据格式，从计算机到计算机的电子传输方法"。简单地说，EDI 就是按照商定的协议，将商业文件标准化和格式化并通过计算机网络，在贸易伙伴的计算机网络系统之间进行数据交换和自动处理。

EDI 主要应用于企业与企业、企业与批发商、批发商与零售商之间的批发业务。相对于传统的订货和付款方式，EDI 大大节约了时间和费用。相对于 Internet，EDI 较好地解决了安全保障问题。这是因为使用者均有较可靠的信用保证，并有严格的登记手续和准入制度，加之多级权限的安全防范措施，从而实现了包括付款在内的全部交易工作计算机化。

但是，由于 EDI 必须租用 EDI 网络上的专线，即通过购买 VAN 服务才能实现，费用较高；企业不仅需要有专业的 EDI 操作人员，并且也需要贸易伙伴使用 EDI，因此阻碍了中小企业使用 EDI。加之早期计算机昂贵，调制解调器（Modem）只有 300bit/s，商业软件少，许多应用程序需要自行开发，因此只有大公司才有能力使用 EDI。企业间通过 EDI 软件的实施配置，往往可以直接从企业的业务系统生成出相应的单据数据，并自动传送至客户/供应商处，避免使用纸质单据出现的人为错误（如数据错误等）。正是因为这种原因，EDI 电子商务适用于较为大型的企业数据交换，也归属于 B2B 电子商务范畴，不太可能普及到网上零售领域。

2．Internet 电子商务

按照美国 Internet 协会的定义，Internet 是一种"组织松散、国际合作的互联网络"。该网络"通过自主遵守计算的协议和过程"，支持主机对主机的通信。具体来说，Internet 就是让一大批计算机采用 TCP/IP 的协议来即时交换信息。

Internet 商务是现阶段电子商务的主要形式。它以计算机、通信、多媒体、数据库技术为基础，通过 Internet 在网上实现营销、购物服务。它突破了传统商业生产、批发、零售及进、销、存、调的流转程序与营销模式，真正实现了少投入、低成本、零库存、高效率，避免了商品的无效搬运，从而实现了社会资源的高效运转和最大节余。消费者可以不受时间、空间、厂商的限制，广泛浏览、充分比较、模拟使用，力求以最低的价格获得最满意的商品和服务。

3．Intranet 电子商务

Intranet 是在 Internet 基础上发展起来的企业内部网，或称内部网。它在原有的局域网上附加一些特定的软件，将局域网与 Internet 连接起来，从而形成企业内部的虚拟网络。Intranet 与 Internet 之间最主要的区别在于 Intranet 内的敏感或享有产权的信息受到企业防火墙的保护，只允许有授权者介入内部 Web 网点，外部人员只有在许可条件下才可进入企业的 Intranet。Intranet 将大中型企业分布在各地的分支机构及企业内部的有关部门和各种信息通过网络予以连通，使企业各级管理人员能够通过网络读取自己所需的信息，利用在线业务的申请和注册代替纸张贸易和内部流通的形式，从而有效地降低了交易成本，提高了经济效益。

Internet 电子商务、EDI 电子商务和 Intranet 电子商务的关系，如图 1-4 所示。

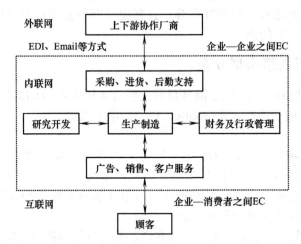

图 1-4　Internet 电子商务、EDI 电子商务和 Intranet 电子商务的关系

鉴于 EDI 电子商务的特殊性和 Intranet 电子商务的局限性，也由于 Internet 电子商务在电子商务中占据越来越重要的地位，本书在后面讨论电子商务的基本原理及其应用时主要指 Internet 电子商务活动。

4．移动电子商务

移动电子商务是近几年产生的电子商务的一个新的分支。移动电子商务是指利用移动设备与 Internet 有机结合所开展的电子商务活动。目前，常见的移动设备有手机、个人数字助理（PDA）、便携式计算机、平板电脑、手持设备等。移动电子商务的应用范围很广，可从移动订票、自动售货机支付到通过无线设备实现的各种商品和服务的在线选购和支付，以及金融交易和其他银行业务等。

从服务的对象来看，移动电子商务分为个人应用的移动电子商务和企业应用的移动电子商务。从服务模式来看，移动电子商务包括移动购物、移动服务预约与订购、移动支付、移动股市、移动谈判、移动教育等。

移动电子商务最大的特点在于商业信息流可以随着移动设备的移动而移动，这样业务人员可以真正做到随时随地获得、携带和传递商业信息，使企业的业务无处不在、无时不在，大大缩短企业与市场的距离，提高企业对市场的响应能力。

另外，现阶段电子商务逐渐向线下扩展，出现了线上线下融合的趋势，由此产生了新的电子商务模式——O2O（Online to Offline）模式。O2O 就是将线下电子商务机会与互联网结合在一起，让用户可以线上订购，线下消费，互联网成为线下的交易平台，将线上的消费者带到现实的店铺中。O2O 作为一种新兴的商业模式，正在改变电子商务的业态和格局。对商家来说，O2O 降低了商家的运营成本，扩大了商品销售的客源；对消费者来说，O2O 提供更加丰富、全面、及时的商品信息，可以方便快捷地选择和订购产品及服务；对于 O2O 平台商来说，该模式可以带来大量高黏度的消费者，提高平台的影响力。随着移动商务和二维码等新技术的普及，O2O 电子商务的市场规模将进一步扩大。同时，随着贸易的全球化程度提高，电子商务的平台也逐渐延伸跨出国界，跨境电子商务也在迅速发展之中。

上述分类方法基本形成了共识，但并不完善。实际上，新的电子商务模式及形式也在不断产生，有的已经对电子商务行业产生了很多影响，有的处于概念阶段，包括 B2B2C 电子商务、B2C2C 电子商务、B2A（Business to Administrator）电子商务、C2B 电子商务、虚拟电子商务、ABC 电子商务、AR（VR）电子商务等，都有待于今后进一步分类、完善。

二、电子商务的应用领域

电子商务的应用领域很广，渗透到了大多数行业和部门，包括国际旅游和各国旅游服务行业。传统的出版社和电子书刊、音像出版机构，计算机、网络、数据通信软件和硬件生产商，各种传统商品生产企业，批发、零售商店，无收入的慈善机构，商业银行、证券公司、投资公司、保险公司等金融机构，政府机关部门，信息公司、咨询服务公司、顾问公司，教育部门，旅游业和医疗卫生行业等。

第三节　电子商务的组成及功能

一、电子商务的组成

电子商务主要由网络、用户、商家、认证中心、支付中心、物流中心等组成，如图1-5所示。

（1）网络　网络是电子商务的基础，是商务和业务信息传送的载体，其基本形式有 Internet、Intranet、Extranet 和 VAN 等。

（2）用户　用户可以是企业，也可以是个人。可在网上进行销售等商务活动，借助电子报关、电子报税、电子支付、即时通信等系统与海关、税务局、银行以及商家等机构进行有关商务及业务交流处理。

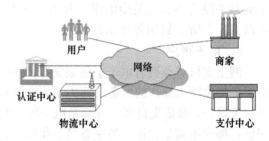

图1-5　电子商务的基本组成

（3）商家　商家是指出售商品或服务的个人或机构。

（4）认证中心　认证中心（CA）是一些不直接从电子商务交易中获利的第三方机构，负责发放和管理数字证书，使网上交易的各方能够相互确认身份。

（5）支付中心　支付中心的功能是为电子商务系统中的用户提供资金支付方面的服务。此角色一般由网上银行和第三方支付机构承担，提供网上支付服务，并保证支付的安全性。

（6）物流中心　物流中心主要是接受用户的送货要求，组织将无法从网上直接得到的商品送达买方手中的机构，并且还能动态跟踪商品流向。

二、电子商务的功能

电子商务可提供网上交易和管理等全过程的服务，具有广告宣传、咨询洽谈、网上订购、网上支付、电子账户、服务传递、意见征询、交易管理等功能。

1. 广告宣传

电子商务可凭借企业的 Web 服务器在 Internet 和移动设备上发布各类商业信息。客户可借助网上的检索工具迅速地找到所需商品信息，而商家可利用网上主页（Home Page）、电子邮件（E-mail）、网络图文广告、搜索引擎、移动 APP 等在全球范围内进行广告宣传。与以往的各类广告相比，网上的广告成本最为低廉，而给顾客的信息量却最为丰富。

2．咨询洽谈

电子商务可借助非实时的电子邮件（E-mail）、微博、论坛、即时通信工具（如 QQ、阿里旺旺、微信等）来了解市场和商品信息，洽谈交易事务，如有进一步的需求，还可用多方视频功能召开网络视频会议，交流即时的图文或视频信息。网上的咨询和洽谈能超越人们面对面洽谈的限制，提供多种方便的异地交谈形式。

3．网上订购

电子商务可借助 Web 中的邮件交互传送实现网上订购。网上订购通常都是在产品介绍的页面上提供十分友好的订购提示信息和订购交互格式框。当客户填完订购单后，通常系统会回复确认信息单来保证订购信息的收悉。订购信息也可采用加密的方式使客户和商家的商业信息不会泄露。

4．网上支付

电子商务要成为一个完整的过程，网上支付是重要的环节。客户和商家之间可采用信用卡账号、网上银行、第三方支付平台等支付方式进行在线实时支付。在网上直接采用电子支付手段可省去交易中的很多开销。网上支付需要更为可靠的信息传输安全性控制以防止欺骗、窃听、冒用等非法行为。

5．电子账户

网上支付必须要有电子金融来支持，即银行或信用卡公司及保险公司等金融单位要为金融服务提供网上操作的服务，而电子账户管理是其基本的组成部分。信用卡号、银行账号、支付宝账户、微信支付账户等都是电子账户的一种标志，而其可信度需配以必要技术措施来保证，如应用数字凭证、数字签名、指纹识别、加密等手段提高电子账户操作的安全性。

6．服务传递

对于已付款的客户应将其订购的货物尽快地传递到他们的手中，而有些货物在本地，有些货物在异地，在线物流管理软件能在网络中进行物流的调配，并可以实时追踪查看物流信息。最适合在网上直接传递的货物是信息产品，如软件、电子图书、信息服务等，采用直接电子商务模式，它能直接从电子仓库中通过在线交付方式将产品或服务发到用户端。

7．意见征询

电子商务能十分方便地采用网页上的"选择""填空"等格式文件来收集用户对销售服务的反馈意见，使企业的市场运营能形成一个封闭的回路。客户的反馈意见不仅能提高售后服务的水平，更能使企业获得改进产品、发现市场的商业机会。

8．交易管理

整个交易的管理涉及人、财、物多个方面，包括企业和企业、企业和客户及企业内部等各方面的协调和管理，如图 1-6 所示。因此，交易管理涉及商务活动全过程的管理。电子商务

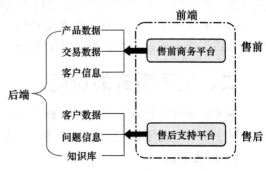

图 1-6　电子商务的交易管理功能

的发展,将会提供一个良好的交易管理的网络环境及多种多样的应用服务系统。这样,能保障电子商务获得更广泛的应用。

第四节　电子商务对社会经济的影响

随着电子商务魅力的日渐显露,虚拟企业、虚拟银行、网络营销、网上购物、网上支付、网络广告、搜索引擎、威客、博客、微博、微信、二维码、O2O、软文、网红等一大批前所未闻的新词汇正在为人们所熟悉和认同,同时这些词汇也从另一个侧面反映了电子商务正在对社会和经济产生的影响。

(1)电子商务正在改变商务活动的方式　传统的商务活动最典型的情景就是"推销员满天飞""采购员遍地跑""说破了嘴、跑断了腿";消费者在商场中筋疲力尽地寻找自己所需要的商品。现在,通过互联网只要动动手就可以了,人们可以进入网上商场浏览、采购各类产品,而且还能得到在线即时服务;商家们可以在网上与客户联系,利用网络进行货款结算服务;政府还可以方便地进行电子招标、政府采购等;人们可以足不出户或者通过移动终端随时随地在线购物,而且享受送货上门服务。

(2)电子商务正在改变人们的消费方式　网上购物的最大特征是消费者的主导性,购物意愿掌握在消费者手中;同时消费者还能以一种轻松自由的自我服务方式来完成交易,消费者的主导权可以在网络购物中充分体现出来。

(3)电子商务正在改变企业的生产方式　由于电子商务是一种快捷、方便的购物手段,消费者的个性化、特殊化需要可以完全通过网络展示在生产厂商面前,为了取悦顾客、突出产品的设计风格,制造业中的许多企业纷纷发展和普及电子商务,为用户进行个性化定制产品或服务。例如,美国福特汽车公司在1998年3月,将分布在全世界的12万个计算机工作站与公司的内部网连接起来,并将全世界的1.5万个经销商纳入内部网。福特公司的最终目的是实现能够按照用户的不同要求,做到按需供应汽车。现阶段移动电子商务时代,个性化定制的趋势更加突现。

(4)电子商务将给传统行业带来一场革命　电子商务可以在商务活动的全过程中,通过人与电子通信方式的结合,极大地提高商务活动的效率,减少不必要的中间环节。传统的制造业借此进入小批量、多品种的时代,"零库存"成为可能;传统的零售业和批发业开创了"无实体店铺网上营销"的新模式;各种在线服务也为传统服务业提供了全新的服务方式。而且,网络无边界的特性让其他企业通过"跨界"融合的方式进入传统行业成为现实,传统企业在电子商务时代如果不顺应变革潮流,危机就在眼前。

(5)电子商务将带来一个全新的金融业　由于在线电子支付是电子商务的关键环节,也是电子商务得以顺利发展的基础条件,随着电子商务在电子交易环节上的突破,网上银行、银行卡支付网络、银行电子支付系统、电子现金、第三方支付服务、移动支付及理财等服务,将传统的金融业带入一个全新的领域。1994年4月,全球第一家网上银行——安全第一网络银行(Security First Union Network Bank),即美国第一联合国家银行(First Union National Bank)在美国诞生。这家银行没有建筑物、没有地址,营业厅就是首页画面,员工只有10个人,与总资产超过2 000亿美元的美国花旗银行相比,安全第一网络银行简直是微不足道,但与花旗银行不同的是,该银行所有交易都通过Internet进行。1996年,安全第一网络银行的存款金额就达到1 400万美元,到1999年已达到4亿美元。1998年10

月,美国安全第一网络银行正式成为拥有 1 860 亿美元资产的加拿大皇家银行金融集团(Royal Bank of Canada Financial Group)旗下的全资子公司,继续保持其在纯网络银行领域内的领先地位。

在国内,阿里巴巴旗下的第三方支付平台——支付宝,在 2013 年 6 月推出了一项余额增值服务,即余额宝。通过余额宝,用户不仅能够得到较高的收益,还能随时进行消费支付和转出(当时无须任何手续费)。用户在支付宝网站内就可以直接购买基金等理财产品,同时余额宝内的资金还能随时用于网上购物、支付宝转账等支付功能。转入余额宝的资金在第 2 个工作日由基金公司进行份额确认,对已确认的份额会开始计算收益。余额宝的优势在于转入余额宝的资金不仅可以获得较高的收益,还能随时消费支付,灵活便捷。

(6)电子商务将转变政府的行为　政府承担着大量的社会、经济、文化的管理和服务的功能,尤其在调节市场经济运行、防止市场失衡带来的不足方面有着很大的作用。在电子商务时代,当企业应用电子商务进行生产经营以及消费者实现网上消费的同时,将同样对政府管理行为提出新的要求。电子政府(或称网上政府)将随着电子商务的发展成为一个重要的社会角色。

总而言之,作为一种商务活动过程,电子商务将带来一场史无前例的革命,其对社会经济的影响会远远超过商务本身。除了上述这些影响外,电子商务还将对就业、法律制度以及文化教育等行业带来巨大的影响,并将人类真正带入信息社会。

小资料

1995 年美国的一个程序员叫皮尔·欧米达(Pierre Omidyar)建立起一个小网站,向人们提供变种的埃博拉病毒代码。后来,皮尔·欧米达在他的网站上设计了一个拍卖程序,模仿现实的拍卖方法帮助他的女朋友和其他人交换玩具收藏品。皮尔·欧米达的第一件拍卖的物品是一只坏掉的激光指示器,通过拍卖,该激光指示器以 14.83 美元成交。他惊讶地询问中标者:"您难道不知道这玩意坏了吗?"该中标人给他的回答是:"我是个专门收藏坏掉的激光指示器玩家。"从此,网上拍卖逐渐变成通过互联网进行在线交易的一种常见的模式,英文是 Auction Online。

由于网上拍卖发展得十分迅速,一年后皮尔·欧米达辞职,开始创建发展网络拍卖业务。杰夫·史科尔(Jeff Skoll)在 1996 年被聘为该公司首任总裁。1997 年 9 月该公司正式更名为 eBay。起初,该网站属于皮尔·欧米达的顾问公司 Echo Bay Technology Group。皮尔·欧米达曾经尝试注册一个 EchoBay.com 的网址,却发现该网址已被 Echo Bay 矿业注册了,所以他将 EchoBay.com 改成他的第二方案:eBay.com。eBay 首页如图 1-7 所示。

eBay 目前是美国最大的 C2C 模式电子商务网络交易平台,为个人用户和企业用户提供国际化的网络交易平台。eBay.com 是一个基于互联网的社区,买家和卖家在一起浏览、买卖商品,eBay 交易平台完全自动化,按照类别提供拍卖服务,让卖家罗列出售的东西,买家对感兴趣的东西提出报价。

每天都有数以百万的家具、收藏品、电脑、车辆在 eBay 上被刊登、贩售、卖出。有些物品稀有且珍贵,然而大部分的物品可能只是个满布灰尘、看起来毫不起眼的小玩意。这些物品常被他人给忽略,但如果能在全球性的大市场贩售,那么其身价就有可能水涨船高。只要物品不违反法律或不在 eBay 的禁止贩售清单之内,即可以在 eBay 刊登贩售。服务及虚拟物品也在可贩售物品的范围之内。可以公允地说,eBay 推翻了以往那种规模较小的跳蚤市场,将买家与卖家拉在一起，创造一个永不休息的市场。大型的跨国公司如 IBM 会利用 eBay 的固定价或竞价拍卖来销售他们的新产品或服务。数据库的区域搜寻使得运送更加迅捷和便宜。

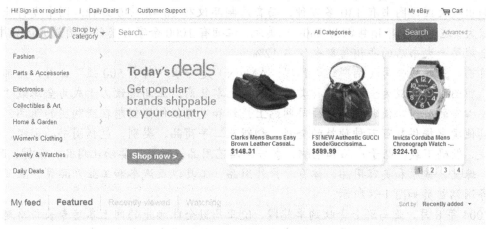

图 1-7　eBay 首页

1997 年 Omidyar 开始为 eBay 物色 CEO，看中哈佛 MBA 出身并先后在宝洁、迪士尼担任过副总裁的梅格·惠特曼。惠特曼由于从未听说过 eBay 而拒绝加盟，后经职业猎头贝尼尔的软磨硬泡同意，并把 eBay 带向今天的辉煌。约翰·多纳霍（John Donahoe），于 2008 年 3 月 31 日接任梅格·惠特曼成为 eBay 的新一任总裁兼 CEO。

如今 eBay 已有 1.471 亿注册用户，有来自全球 29 个国家的卖家，每天都有涉及几千个分类的几百万件商品销售，成为世界上目前仅次于淘宝网的网上的电子集市。2003 年 7 月 11 日，eBay 以一亿五千万元现金合并了当时中国最大电子商务公司 EachNet（中文名称"易趣"），并推出联名拍卖网站"eBay 易趣"。但是在后续与淘宝竞争中，因为淘宝的免费策略，导致了 eBay 在中国市场遭遇滑铁卢，退出了中国市场。

2015 年 4 月 10 日，PayPal 从 eBay 分拆，协议规定，eBay 在 5 年内不得推出支付服务，而 PayPal 则不能为实体产品开发自主的在线交易平台。软件工程师们借着加入 eBay Developers Program，得以使用 eBay API，创造许多与 eBay 相整合的软件。

2017 年 6 月 6 日，《2017 年 BrandZ 最具价值全球品牌 100 强》公布，eBay 名列第 86 位。

（资料来源：http://tech.QQ.com，内容有改动）

 杰出人物　杰夫·贝索斯

杰夫·贝索斯（Jeff Bezos），1964 年 1 月 12 日出生于美国新墨西哥州中部大城市阿尔布奎克。杰夫·贝索斯创办了全球最大的网上书店亚马逊（www.amazon.com），并使其成为经营最成功的电子商务网站之一，引领了时代潮流。目前，贝索斯依然是全球电子商务的第一象征，亚马逊公司市值达到 4700 亿美元。2017 年福布斯全球富豪排行榜显示，杰夫·贝索斯以 728 亿美元净资产排名第三。

1990—1994 年，贝索斯与他人一起组建了世界上最先进、最成功的套头基金交易管理公司，并在 1992 年成为副总裁。创业之前，贝索斯负责寻找网络方面的投资机会。在一次上网时，他偶然进入了一个网站，上面说网络用户一年中居然猛增 2300%。这个消息一下子点亮了他大脑中的明灯。贝索斯列出了20多种商品，然后逐项淘汰，精简为书籍和音乐制品，最后他选定了先卖书籍。之所以选择书籍是因为书籍特别适合在网上展示，而且美国作为出版大国，图书有130多万种，而音乐制品仅有20万～30万种；图书发行业市场空间较大，这个行业年销售额为2600亿美元，但拥有1000余家分店的美国最大连锁书店，也是全球第一大书店的年销售额也仅占12%。

目前，亚马逊公司（纳斯达克代码：AMZN）是一家"财富500强"公司，总部位于美国西雅图，现已成为全球商品种类最多的网上零售商。亚马逊致力于成为全球最"以客户为中心"的公司，使客户能在公司网站上找到和发现任何他们想在线购买的商品。亚马逊和其他卖家提供数百万种独特的全新、翻新及二手商品，类别，包括图书、影视、音乐和游戏、数码下载、电子产品和电脑、家居和园艺用品、玩具、婴幼儿用品、杂货、服饰、鞋类、珠宝、健康和美容用品、体育、户外用品、工具以及汽车和工业产品等。亚马逊电子商务网站首页如图1-8所示。

2004年8月，亚马逊全资收购卓越网，使亚马逊全球领先的网上零售专长与卓越网深厚的中国市场经验相结合，进一步提升客户体验，并促进中国电子商务的成长。2016年6月30日，亚马逊日本网站推出汉语版页面。2017年9月25日，全球最大的品牌咨询公司Interbrand发布了2017全球最具价值品牌100强排行榜，亚马逊位列第5位。

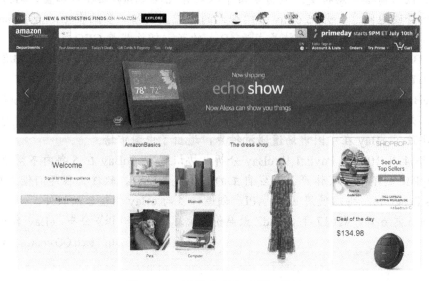

图1-8　亚马逊电子商务网站首页

2012年9月7日，亚马逊在洛杉矶的媒体发布会上带来了全新的Kindle电子书和Kindle Fire HD平板电脑等多款产品。2013年4月24日，Kindle电子书已支持登录亚马逊中国账户购买书籍与注册美国亚马逊网络书店购买美国版权书。目前Kindle电子书已经有七代产品，最新的Kindle Oasis电子书重量仅为130克，是全球最为轻便的电子书产品。并且亚马逊提供超过30万册电子图书供用户购买阅读。

2017年6月16日，亚马逊公司宣布，以137亿美元现金收购美国全食超市（Whole Foods Market），深耕生鲜电商领域。全食超市是全美最大的天然食品和有机食品零售商。全食超市1980年9月创立于得克萨斯州奥斯汀，最开始的名字是SaferWay（吐槽美国另一家生鲜超市Safeway）。全食超市是全美第一家获得认证的有机食品零售商，后来逐渐发展成为北美

（包括加拿大）最大的有机生鲜食物连锁超市，财富 500 强，全美零售商 30 强公司。贝索斯在宣布收购的声明中表示："Whole Foods 受到数百万计消费者的喜爱，因为他们提供了最天然、有机的食物，让健康饮食变得更有趣。在三十多年时间里，Whole Foods 一直让人满意和惊喜，他们在做一件很棒的事，我们希望能够继续下去。"

电子商务就业岗位框架

电子商务从业岗位可以分为运营、技术、设计、营销和客服五个大类。每个大类又分为不同的子类和具体岗位，如图 1-9 所示。在本教材后续岗位介绍中将具体介绍不同岗位的界定、职责和知识技能要求等。

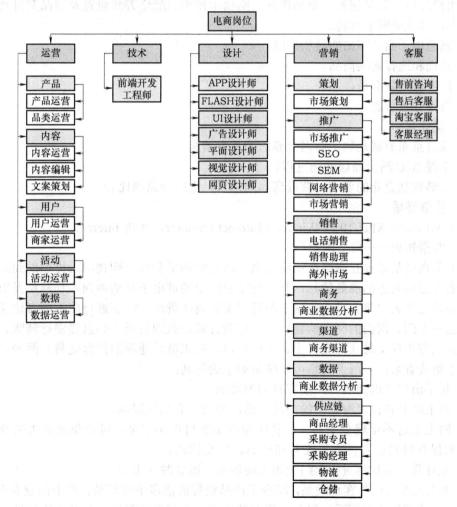

图 1-9　电子商务就业岗位框架

实训项目一　网上购物体验

电子商务一般是从网上购物体验开始的。现阶段电子商务已经发展到桌面 PC 电子商务与移动电子商务并存的阶段。本实训项目就是以熟悉两种网上购物方式作为电子商务学习和技能训练征程的开始。

【实训简介】本实训内容分为 2 个子项目：子项目一是 IE 浏览器的使用基础，该项目训练的是电子商务活动的应用中最基础而且运用最多的技术；子项目二是 B2C 电子商务的购物体验，通过该项目的操作，学生可以比较直观地体验和认知电子商务。

子项目一　桌面 PC 网上购物体验

【实训任务】B2C 网上购物是比较流行的一种电子商务模式。我国当前比较知名的 B2C 购物平台有京东商城（www.jd.com）、当当网（www.dangdang.com）、亚马逊中国（www.amazon.cn）等。本项目通过在京东商城的一次购物过程，体验电子商务流程，具体包括用户注册、商品搜索、商品选择、购物车使用、配送方式设置及商品交付及线下付款等环节，以完成网上购物。

1）熟悉电子商务网站的结构功能。
2）查询和选择购买商品。
3）注册成为新会员。
4）查询订货状态。

一、实训目标

1）通过京东商城购物了解网上商店的基本结构。
2）掌握 B2C 网上商店购物过程。
3）能够根据企业的要求，获取商品的信息，进行商品的比较。

二、实训环境

中文 Windows XP/7/10 与 Windows Internet Explorer，连接 Internet。

三、背景知识——网上购物

网上购物就是通过互联网在相应的电子商务购物平台通过购物网站提供的商品搜索功能，检索自己感兴趣的商品信息，并在网络空间中通过电子订购单向购物网站发出购物请求，然后填上私人支票账号或信用卡的号码支付商品货款，厂商通过邮寄或者快递的方式发货，送货上门。国内的网上购物，一般付款方式是款到发货（如直接银行转账、在线汇款）和第三方担保交易（如支付宝、百度钱包、腾讯财付通等的担保交易）两种。

对于消费者来说，网上购物可以带来如下的便利：
1）足不出户"逛商店"，没有时间的限制。
2）网上商品存在"海量"的商品信息，购物没有地域限制。
3）网上支付不用现金交易，较传统拿现金支付更加安全，可避免现金丢失或遭到抢劫；但要保存好自己各种支付账号和密码，防止泄露。
4）从订货、买货到货物上门无须亲临现场，既省时又省力。
5）网上卖家自己与客户联系，减少了产品销售的诸多中间环节，对于创业者来说，没有相对于传统零售业租店面、雇员、店面装修等一系列启动费用，创业门槛较低。

对于商家来说，由于网上销售没有库存压力、经营成本低、经营规模不受场地限制等，所以在将来会有更多的企业选择网上销售，通过互联网对市场信息的及时反馈适时调整经营战略，以此提高企业的经济效益和参与国际竞争的能力。

对于整个市场经济来说，这种新型的购物模式可在更大的范围内、更广的层面上以更高的效率实现资源配置。

综上可以看出，网上购物突破了传统商务的障碍，无论对消费者、企业还是市场都有着巨大的吸引力和影响力，在新经济时期无疑是达到"多赢"效果的理想模式。

四、实训内容与操作步骤

京东于2004年正式涉足电商领域，是目前中国电子商务领域深受消费者喜爱和极具影响力的电子商务网站。京东致力于打造一站式综合购物平台，服务中国亿万家庭，3C、家电、消费品、服饰、家居家装、生鲜和新通路（B2B）全品类领航发力，满足消费者的多元化需求。下面以京东商城为例说明网上购物流程，基本流程如图1-10所示。

图1-10 京东商城购物流程

（一）进入购物平台

在浏览器地址栏中输入京东商城网站的域名地址"www.jd.com"，进入京东商城 B2C 网上商城平台首页，如图1-11所示。

图1-11 京东商城首页

（二）新用户注册

网上购物一般采用会员制，也就是说，你必须是京东商城网站会员才能在京东商城网站上购物。如果已经是其会员，登录后可以直接进行购物，如果你是新用户，必须先注册为会员，注册会员的流程很简单，你可按下面的操作进行：

1）单击京东商城首页顶部的"免费注册"按钮，如图 1-12 所示。

2）进入免费注册表单页面，如图 1-13 所示。

图 1-12　首页中的"免费注册"按钮　　　图 1-13　京东商城注册表单

3）填写用户名、密码、邮箱等个人信息进行注册。请在注册时务必详细填写个人信息。

4）单击"同意以下协议，提交"，完成注册。

5）如果忘记密码，京东商城网站提供了找回密码的功能，请在"忘记密码"页面中输入您的 ID 号或注册时的电子邮箱，系统将发送找回密码的链接到您注册的邮箱里。

（三）查找商品

在首页的搜索框输入想要购买商品的名称或相应关键词，这里以"数码相机"为例，单击"搜索"按钮，如图 1-14 所示。

图 1-14　京东商城搜索框

1）进入相应商品搜索结果列表页面，这里是"数码相机"。

2）通过产品列表的照片、品牌型号或价格等信息进行初步决策，单击自己感兴趣的商品，以便进行深入详细了解，图 1-15 为 1 599 元的富士数码相机的产品详细描述页面。

（四）放入购物车

在商品详细页面可以了解商品的详细的性能参数、规格、价格、服务、物流配送等综合信息，如果是您需要的商品，决定购买，就直接点击该页面中的"加入购物车"按钮（如图 1-15 所示），进入购物车页面，如图 1-16 所示。

您可以"继续购物"，也可以选择"去结算"。

图1-15　京东商城商品详细描述页面

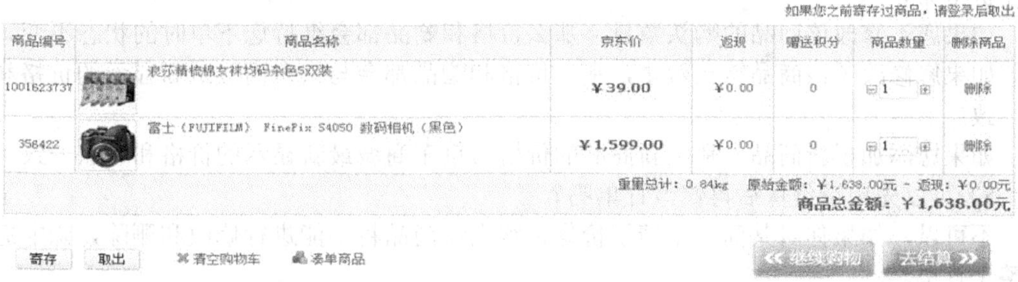

图1-16　京东商城购物车

（五）提交订单

1）选好商品后单击"去结算"，进行详细填写，收货人信息、付款方式、发票信息、配送方式等信息。

2）确认无误后单击"提交订单"，生成新订单并显示订单编号。可进入"我的京东"→"订单中心"查看订单详细信息。

（六）查找订单

1．订单状态解释

一个京东商城的新订单从下单到订单完成，会经历各种状态，京东商城会将各种状态显示在订单详情页面，希望以此种方式让用户更好地了解订单情况，及时跟踪订单状态，打消疑虑并顺利完成购物。

2．修改订单

1）什么时候允许修改订单？

用户在京东下单后，京东商城后台程序会通过一系列算法来判断用户的订单是否可以修改。如果用户在订单操作一列可以看到"修改订单"按钮，此时说明订单可以修改；如果没有此按钮，说明该订单不可修改。

一般来说，在用户选购的商品没有打印完毕之前，都是可以修改订单的。

2）我能修改订单的哪些内容？

● 京东自营且京东配送（非自提）的订单打印前可以修改配送时间，中小件订单可选择修改：工作日送货、节假日送货、工作节假日均可送货。部分区域中小件及大家电可以选择指定送货日期，具体以下单页面详情为准。

● 京东发货的订单，在订单打印前，可以修改末级收货地址，打开订单详情页面，点击右上角修改按钮即可，如无修改按钮，则说明订单已无法进行修改。

注：由于目前暂不支持修改支付方式，所以一些与支付方式相关联的收货地址可能也无法修改。

3）修改订单时，订单为什么会被锁定？

为了避免您在修改订单的同时，您的订单继续被程序处理和执行，京东商城会在您修改订单过程中锁定您的订单，直到您完成修改并单击了"提交订单"按钮。

如果您在修改过程当中放弃了修改，建议您返回订单列表页面单击操作栏中的"解锁订单"，否则您的订单将在2个小时后解锁，将影响您订单的产生时间和收货时间。

4）如果购物车里某一款商品下单时的价格和修改订单当时的价格不一致，按哪个来算商品价格呢？

如果您不修改该商品的购买数量，那么价格和赠品都会维持您下单时的状态不变。

如果您修改了该商品购买数量，那么价格和赠品都会与京东商城最新显示的价格和赠品一致。

如果您添加了新商品，那么新商品的价格与京东商城最新显示的价格和赠品一致。

5）可以先申请价保后再修改订单吗？

不可以，如果你对某商品申请了价保，那么该商品将不能进行修改和删除，除非您删除整个订单。

3．订单维护

进入"我的京东"，单击"订单中心"，进入"查看"界面，如图1-17所示，如您的订单可以修改/取消，系统会显示"修改/取消"的按钮，此时您可以自行修改/取消订单。

图1-17 京东商城订单维护信息

五、拓展训练

在亚马逊中国（www.amazon.cn）或唯品会（www.vip.com）B2C网站上进行类似的购物体验，比较两个B2C购物平台的购物环境。

子项目二 手机购物体验

一、实训目标

1）通过手机淘宝网购物，了解移动商务网店的基本购物流程。

2）掌握移动电子商务购物及支付的方法。

3）体验移动电子商务的基本应用。

二、实训环境

3G/4G Android 或 iOS 智能手机，开通 3G/4G 网络或 Wi-Fi。

三、实训背景知识——手机购物

手机购物是利用手机上网、实现网购的过程，是移动电子商务最基本的形式。手机购物让人们可以随时随地便捷地利用电子商务，不浪费人们可能随时随地产生的消费冲动。其中，手机淘宝购物主要通过淘宝手机客户端完成，其依托淘宝网强大的自身优势，整合旗下团购产品聚划算和淘宝商城为一体，为用户提供每日最新的购物信息，同时具有搜索比价、订单查询、购买、收藏、管理和导航等功能，为用户带来方便快捷的手机购物新体验。手机淘宝购物流程如图 1-18 所示。

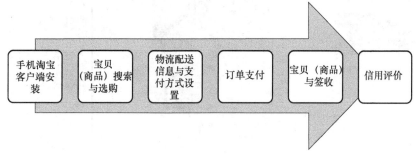

图 1-18　手机淘宝购物流程

四、实训指导

1．手机淘宝客户端的下载安装及打开

1）在淘宝网（http://www.taobao.com）首页单击"手机逛淘宝"链接进入手机淘宝下载页面，如图 1-19 所示。用手机扫描图上的二维码下载手机淘宝客户端软件，下载完成后在手机上安装，安装完成后在手机应用中将出现手机淘宝应用，如图 1-20 所示。

2）打开手机淘宝客户端，界面如图 1-21 所示。

图 1-19　手机淘宝下载页面　　图 1-20　手机淘宝应用　　图 1-21　"手机淘宝"客户端的界面

2．宝贝（商品）搜索与选购

（1）宝贝或店铺搜索　　手机淘宝为方便用户购物而提供了功能强大的站内分类索引及

快速搜索功能，分类索引包括商品种类、品牌分类、功能分类和价格分区等，而快速搜索能够满足用户使用不具体的关键词搜索，让用户快速找到所需商品。在搜索框中输入所需商品关键字，这里搜索"茵曼"并进入店铺，商品展示如图1-22所示。

（2）宝贝选择　如果找到需要的商品，可以随时将该商品添加到"购物车"中，单击"加入购物车"按钮可以继续选择商品，如图1-23所示。

（3）购物车管理及订单确认　若选购好了商品，用户可以通过"查看购物车"功能来修改购物车中的商品数量，或删除不需要购买的商品，然后单击"进入结算中心"，开始进行结算，单击"确认"按钮确认订单，如图1-24所示。

图1-22　店铺商品展示　　　图1-23　宝贝选择　　　图1-24　购物订单确认

3．物流配送信息及支付方式设置

（1）物流配送信息设置　为保证用户所购买的商品能及时送到收货人手中，用户首先需要正确填写送货信息，包括送货区域、详细地址、收货人姓名、手机、电话，以及送货时间、订单通知邮箱、邮政编码等，然后提交保存，系统将根据用户指定的送货区域匹配相应的配送方式及配送机构。

（2）支付方式设置　淘宝购物需要通过第三方支付平台——支付宝进行支付，因此需要按支付方式设置流程绑定银行卡与支付宝账号，以便支付所确认购买的宝贝，如图1-25所示。

4．订单支付

支付宝信息设置完成后，输入支付宝密码并单击"付款"按钮进行支付。

5．宝贝配送与签收

图1-25　支付宝信息设置

（1）宝贝配送。支付成功后，将进入物流配送环节，用户可以在手机上查看自己订单的物流信息及当前的配送状态，如图1-26所示。

（2）宝贝签收。当用户收到配送机构送达的货物后，请按以下步骤进行签收：

1）检查货物的外包装是否完好，包括封条是否完整、包装是否完好、有无拆开痕迹、有无进水痕迹等，若发现有类似迹象，立即拒收货物。

2）若货物外观无异常，打开包装检查包装内货物有无破损、单据是否齐全、单据商品信息是否与实物一致等,若发现有异常,请立即拒收货物,并联系网站客服反馈信息;若无异常请直接签收,货到付款的订单需要用户现场全额付款。

3)若用户在开包后因为货物异常或其他原因要求退货,请协助配送人员现场包装好货物,以免在货物返回过程中出现货物丢失或调包的情况,如图 1-27 所示。

6．信用评价

当签收宝贝且没有发现问题时,应通过支付宝向卖家付款,并对卖家进行信用评价,其中包括描述相符、物流服务、发货速度和服务态度 4 方面,如图 1-28 所示。

图 1-26　宝贝物流信息　　　图 1-27　商品签收环节　　　图 1-28　信用评价

五、拓展训练

在亚马逊中国或唯品会的手机客户端上进行类似的购物体验,比较两个 B2C 手机购物平台的购物环境。

思考与练习

1．试阐述电子商务的起源和发展阶段。
2．电子商务可以应用到哪些领域?谈谈你对电子商务的理解。
3．电子商务的组成和功能是什么?
4．你最喜欢的电子商务杰出人物是谁?他(或她)有哪些值得你学习的地方?
5．根据学过的知识和通过上网(或其他途径)查阅资料,对案例导引进行分析。

第二章

电子商务基础技术

学习目标

- 能够描述计算机的工作原理,进行简单的故障分析。
- 能够描述网络的工作机制和基本网络设备的用途。
- 能够描述 Internet 及 Web 的工作机制,使用互联网的基本服务功能。
- 能够描述移动互联网、物联网、大数据的基本原理和作用。
- 能够使用数码单反相机进行电子商务商品拍照。
- 明确电子商务以技术为基础的理念,强化技术知识的学习和技能训练。

案例导引

互联网溯源

20 世纪 60 年代末期正处于冷战时期,当时的美国国防部希望自己的军用计算机网络在受到袭击时,即便部分网络被摧毁,其余部分仍能保持正常通信。为了实现这个目标,美国国防部所属的美国高级研究计划局(ARPA)建设了一个军用网——阿帕网(ARPAnet)。阿帕网于 1969 年正式启用,当时仅连接了处于 4 所不同大学的 4 台计算机相互通信,供科学家们进行计算机联网实验使用,这就是互联网的前身。

20 世纪 70 年代,ARPAnet 发展到有几十个计算机网络的规模,但是每个网络只能在网络内部的计算机之间互联通信,不同计算机网络之间仍然不能互联互通。在这种情况下,ARPA 又进行了新的研究项目,支持学术界和工业界进行有关的研究。研究的主要内容就是用一种新的方法将不同的计算机局域网互联,形成"互联网",研究人员称之为 Internet Work,简称 Internet。这个名词就一直沿用到现在。

1982 年,ARPA 采用 TCP/IP 作为互联网的基础通信协议,选定互联网为主要的计算机通信系统,并把其他军用计算机网络的通信协议都转换为 TCP/IP。1983 年,美国政府将 ARPAnet 分成两部分:一部分称为 MILnet,供军用;另一部分仍称 ARPAnet,供民用。

民用 ARPAnet 的规模进一步扩大。1986 年,美国国家科学基金组织(NSF)将分布在美国各地的 5 个为科研教育服务的超级计算机中心互联并支持地区网络,取名为 NSFnet,成为互联网的主干网。NSFnet 利用了在 ARPAnet 中已证明非常成功的 TCP/IP 技术,准许各大学、政府或私人科研机构的网络加入。

第二章 电子商务基础技术

20世纪90年代初期，互联网的迅速发展引起了商家的极大兴趣。1992年，美国 IBM、MCI、MERIT 三家公司联合组建了一个高级网络服务公司 ANS，建立了一个新的网络 ANSnet，成为互联网的另一个主干网。ANSnet 与 NSFnet 不同，NSFnet 是由国家出资建立的，而 ANSnet 则为 ANS 公司所有，这标志着互联网开始走向商业化。

互联网运营的商业化使其发展更加迅速。1995年4月30日，NSFnet 正式宣布停止运作。而此时互联网的主干网已经覆盖了全球91个国家，主机已超过400万台。在最近十多年来，互联网更是以惊人的速度向前发展，移动互联网也已经普及，全球用户达数十亿。在此基础上，电子商务产生及发展所需要的技术环境日益成熟，电子商务也由此快速发展起来。

（案例来源：http://baike.baidu.com/view/1706.htm）

【思考】
1）互联网是如何诞生的？经历了怎样的发展过程？
2）互联网的运作需要哪些技术支持？
3）互联网与电子商务有什么关系？

电子商务的产生、发展与信息技术的应用有着密切的联系。计算机及网络通信技术为电子商务提供了网络层的技术支持；Internet 及 WWW 技术为电子商务提供了消息/信息发布层的技术手段；而信息安全技术和电子支付技术更是为电子商务的应用层提供了可靠、方便的保证。本章主要讲述与电子商务活动相关的计算机基础技术、计算机网络基础技术，以及 Internet 和 Web 基础技术。

第一节　计算机基础

计算机（特别是微型计算机和智能手机）是互联网的主要用户终端，电子商务活动的开展离不开计算机。选购和熟练运用计算机，是开展电子商务的必备技能。因此，电子商务从业者有必要了解计算机的组成、基本工作原理和性能指标。

一、计算机概述

1．计算机的定义及组成

计算机（Computer）的定义有很多，一般来说，计算机是一种既能自动、高速地进行大量计算，又能高效地实施信息处理的电子机器。随着科技的发展，计算机迅速渗透到各个领域，并成为企业、机关、军队、学校和家庭的基本工具。它能帮助人们处理各项事务，完成各种工作。目前，微型计算机已达到了64位高速系列，不管是早期的8086、Pentium III 计算机，还是现在的酷睿 i7 计算机，它们的基本结构都是由主机、显示器和键盘构成的。图2-1 所示是从外部看到的典型的多媒体微型计算机。主机安装在主机箱内，主机箱有卧式和立式两种形式。在主机箱内有系统主板（又称主机板或母板）、硬盘驱动器、

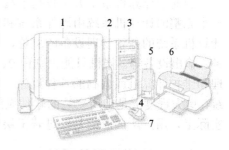

图2-1　典型的多媒体微型计算机
1—显示器　2—调制解调器　3—主机箱
4—鼠标　5—扬声器　6—打印机　7—键盘

光盘驱动器、电源、显示适配器（又称显示卡）等部件。

2．计算机的发展概况

1946 年 2 月，基于冯·诺依曼原理的第一台电子计算机 ENIAC（Electronic Numerical Integrator And Calculator）诞生了。ENIAC 虽然每秒只能进行 5 000 次加法运算，但它使科学家们从烦琐的计算中解脱出来。至今人们仍公认，ENIAC 的问世表明了计算机时代的到来，具有划时代的意义。

70 多年来，计算机的系统结构不断变化，应用领域也在不断地拓宽。人们根据计算机采用的物理器件把计算机的发展分成 4 个阶段：电子管时代、晶体管时代、中小规模集成电路时代、大规模和超大规模集成电路时代。

随着计算机技术的发展及其应用的推动，尤其是微处理器的发展，计算机的类型越来越多样化。根据用途的不同，计算机可以分为通用机和专用机。通用机的特点是通用性强，具有很强的综合处理能力，能够解决各种类型的问题；专用机配有解决特定问题的软、硬件，功能单一，但能够高速、可靠地解决特定的问题。

根据计算机的运算速度、字长、存储容量、软件配置等多方面的综合性能指标，可以将计算机分为巨型机、大型机、小型机、工作站、微型机、平板电脑、手持终端等。

计算机及其应用已渗透到社会的各行各业，正在改变着传统的工作、学习和生活方式，推动着社会的发展。其具体应用包括科学计算、自动控制、数据处理、计算机辅助设计与制造、逻辑关系加工、电子商务、多媒体技术、人工智能等。

这里所说的电子商务属于广义的电子商务即 EB，是指利用计算机和网络进行的商务活动。具体地说，它是指综合利用 LAN（局域网）、Intranet（企业内部网）和 Internet 进行商品与服务交易、金融汇兑、网络广告或提供娱乐节目等商业活动。交易的双方可以是企业与企业之间（B2B），也可以是企业与消费者之间（B2C）或个人之间（C2C）。电子商务是一种比传统商务更好的商务方式，它旨在通过网络完成核心业务、改善售后服务、缩短周转周期，从有限的资源中获得更大的收益，从而达到销售商品的目的。电子商务向人们提供了新的商业机会、市场需求及各种挑战。计算机是电子商务应用的核心硬件设备。

二、计算机系统的组成与工作原理

当前的计算机系统大多数基于冯·诺依曼思想，即包含"程序存储、程序控制"功能。一个完整的计算机系统由硬件系统和软件系统两部分组成。硬件系统又称为裸机，是组成计算机系统的各种物理设备的总称，是计算机系统的物质基础，如 CPU、存储器、输入设备、输出设备等。裸机只能识别由 0、1 数字信号组成的机器代码。软件系统是为运行、管理和维护计算机而编制的各种程序、数据文档的总称。计算机的功能不仅仅取决于硬件系统，更大程度上是由所安装的软件系统所决定的。没有软件系统，计算机几乎是没有用的。实际上，用户所面对的是经过若干层软件"包装"的计算机。

（一）计算机硬件系统

1946 年，第一台电子计算机 ENIAC 的诞生仅仅表明人类发明了计算机，从而进入了"计算机"时代，对后来的计算机在体系结构和工作原理上具有重大影响。在同一时期，由美籍匈牙利数学家冯·诺依曼和他的同事们研制的 EDVAC 计算机，采用了"程序存储、

程序控制"的概念,以此概念为基础的各类计算机统称为冯·诺依曼计算机。它主要有以下几个方面的特点:

1)由运算器、控制器、存储器、输入设备和输出设备 5 个部分组成,另外还必须有总线加以连接。

2)程序和数据以同等地位存放在存储器中,并按存储器的地址访问存储器中的数据。

3)程序和数据以二进制表示,即以 0、1 两个数字信号表示。

60 多年来,虽然计算机系统在性能指标、运算速度、工作方式、应用领域和其他方面与最初的计算机有很大差别,但基本结构没有改变,都属于冯·诺依曼结构体系。冯·诺依曼计算机的基本结构及工作流程如图 2-2 所示。

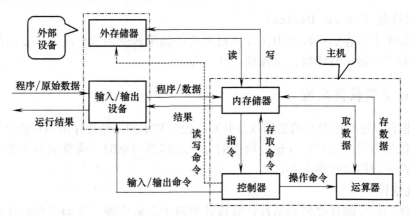

图 2-2　冯·诺依曼计算机的基本结构及工作流程

1．运算器

运算器又称算术逻辑单元(Arithmetic and Logic Unit,ALU),是中央处理器的主要组成部分。计算机中最主要的工作是运算,大量的数据运算任务是在运算器中进行的。运算器中的数据取自内存,运算的结果又送回内存。运算器对内存的读/写操作是在控制器的控制之下进行的。

2．控制器

控制器也是中央处理器的重要组成部分,是计算机的神经中枢,只有在它的控制之下整个计算机才能有条不紊地工作,自动执行程序。实际上,通常所说的中央处理器(Central Processing Unit,CPU)是由控制器和运算器共同组成的。CPU 是计算机的核心,一般微型计算机以 CPU 命名。

3．存储器

计算机硬件的另一重要器件是存储器,存储器的主要功能是存放程序和数据。存储器通常分为内存储器和外存储器。

存储器的有关术语简述如下。

位(bit):存放 1 位二进制数 0 或 1。

字节(Byte):8 个二进制位为 1 个字节(8bit=1Byte)。为了便于衡量存储器的大小,统一以字节(Byte 简写为 B)为单位。容量一般用 KB、MB、GB、TB、PB、EB、ZB、YB 来表示,它们之间的关系是:1KB=1 024B,1MB=1 024KB,1GB=1 024MB,1TB=1 024GB,

1PB=1 024TB、1EB=1 024PB、1ZB=1 024EB、1YB=1 024ZB。其中 1 024=2^{10}。

地址（Address）：整个内存被分成若干个存储单元，每个存储单元的容量一般为 8 位二进制数（字节编址），其可以存放数据或程序代码。为了能有效地存取该单元内的内容，每个单元必须用唯一的编号（称为地址）标识，如同旅馆中每个房间必须有唯一的房间号，才能找到该房间内的人一样。

4．输入设备（Input Device）

输入设备用来接受用户输入的原始数据和程序，并将它们转变为计算机可以识别的形式（二进制）存放到内存中。常用的输入设备有键盘、鼠标、扫描仪、手写笔、数字化仪、麦克风等。

5．输出设备（Output Device）

输出设备用于将存放在内存中由计算机处理的结果转变为人们所能接受的形式。常用的输出设备有显示器、打印机、绘图仪、U 盘等。

（二）计算机软件系统

软件是指程序运行所需要的数据以及开发、使用和维护这些程序所需要的文档的集合。计算机软件极为丰富，要对软件进行恰当的分类是相当困难的。通常的分类方法是将软件分为系统软件和应用软件两大类。

1．系统软件

系统软件是指控制计算机的运行，管理计算机的各种资源，并为应用软件提供支持和服务的一类软件。计算机在系统软件的支持下，用户才能运行各种应用软件。系统软件通常包括操作系统、各种实用程序和语言处理程序。

（1）操作系统（Operating System，OS）　为了使计算机系统的所有软、硬件资源协调一致，有条不紊地工作，就必须有一个软件来进行统一的管理和调度，这种软件就是操作系统。操作系统的主要功能是管理和控制计算机系统的所有资源（包括硬件和软件）。

一般而言，引入操作系统有 2 个目的：①从用户的角度来看，操作系统将裸机改造成一台功能更强、服务质量更高、用户使用起来更加灵活方便和安全可靠的虚拟机，使用户无须了解许多有关硬件和软件的细节就能使用计算机，从而提高用户的工作效率；②操作系统可以帮助用户合理地使用系统内包含的各种软、硬件资源，提高整个系统的使用效率和经济效益。

操作系统的出现是计算机软件发展史上的一个重大转折，也是计算机系统的一个重大转折，现在已经成为最基本的系统软件，是现代计算机必配的软件。现代计算机系统绝对不能缺少操作系统，正如人不能没有大脑一样，而且操作系统的性能在很大程度上直接决定了整个计算机系统的性能。

常用的台式机操作系统有 Windows、Unix、Linux、Mac OS 等；平板电脑和手机的操作系统有苹果 iOS、谷歌 Android、微软 Windows10 等。

（2）实用程序　实用程序的作用是完成一些与管理计算机系统资源及文件有关的任务。通常情况下，计算机能够正常地运行，但有时也会发生各种问题，如硬盘损坏、病毒感染、运行速度下降等。这些问题在严重或扩散之前得以解决是一些实用程序的作用之一。另外，有些实用程序是为了用户能更容易、更方便地使用计算机，如压缩磁盘上的文件，提高文件在互联网上的传输速度。目前的操作系统都包含一些实用程序，如 Windows 中的备份、磁盘清理、磁盘碎片整理程序、记事本、画图等。

实用程序种类很多，以下是几种基本的实用程序：

1）诊断程序：这种程序能够识别并且改正计算机系统存在的问题。例如，Windows7 中控制面板上"系统"图标所表示的程序列出了安装在系统中所有设备的详细情况，如果某个设备安装不正确，就会指出这个问题；还有 ScanDisk 程序，能够彻底检查磁盘，查找磁盘上存在的存储错误，并进行自动修复。

2）反病毒程序：病毒是人为设计的以破坏磁盘上的文件为目的的程序。反病毒程序可以查找并删除计算机上的病毒，如国产的猎豹安全软件、360 安全卫士、瑞星杀毒软件等。因为每一天都有病毒产生，所以反病毒程序必须不断地更新才能保证杀毒效力。

3）卸载程序：这种程序的作用是从硬盘上安全和完全地删除一个没有用的程序和相关文件，如单击 Windows7 中控制面板上的"添加/删除程序"图标，在弹出的程序列表中出现的程序均可根据需要进行删除。

4）备份程序：该程序的作用是把硬盘上的文件复制到其他存储设备上，以便原文件丢失或损坏后能够恢复，如 Windows Server 2008 中的备份程序等。

5）文件压缩程序：该程序的作用是压缩磁盘上的文件，减小文件的长度，以便更有效地在互联网上传输，如 Winrar、WinZip 等。

（3）语言处理程序　计算机语言是程序设计最重要的工具。它是指计算机能够接受和处理的、具有一定格式的语言。从计算机诞生至今，计算机语言发展经过了第一代机器语言、第二代汇编语言、第三代面向过程高级语言和第四代面向对象语言四个阶段。

在所有的程序设计语言中，除了用机器语言编制的程序能够被计算机直接理解和执行外，其他的程序设计语言编写的程序都必须经过一个翻译过程才能转换为计算机所能识别的机器语言程序，实现这个翻译过程的工具是语言处理程序。针对不同的程序设计语言编写出的程序，语言处理程序也有不同的形式。

汇编程序是将用汇编语言编制的程序（源程序）翻译成机器语言程序（目标程序）的工具，而编译程序则是将用高级语言编写的程序（源程序）翻译成目标程序的工具。从高级语言程序到获得运行结果的一般过程，如图 2-3 所示。部分高级语言都是采用编译程序进行翻译的，C 语言便是其中之一。还有一些高级语言则是采用另外一种翻译程序——解释程序进行处理的。解释程序直接对源代码中的语句进行解释执行，产

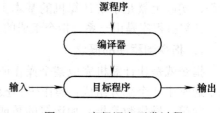

图 2-3　高级语言开发过程

生运行结果，不产生目标代码。解释程序的优点是易于实现人机对话，能及时帮助用户发现错误和改正错误，但其效率低，耗时较多，如 BASIC 和网页脚本语言 JavaScript、VBScript 等就是采用解释程序进行处理的。

2．应用软件

利用计算机的软、硬件资源为某一专门的应用目的而开发的软件称为应用软件，一般是软件开发商也提供了一些独立的实用程序，如 Photoshop 图像处理软件、Office 办公软件、360 杀毒软件等。仔细分析可以发现，即使是应用于同一目的的各种应用软件在复杂性和成本上也有相当大的差异。但是，应用软件仍然可以分为三大类：办公软件包、数据库管理系统、

实时控制软件等众多软件。

综合前面介绍的内容，一个完整的计算机系统的组成，如图2-4所示。

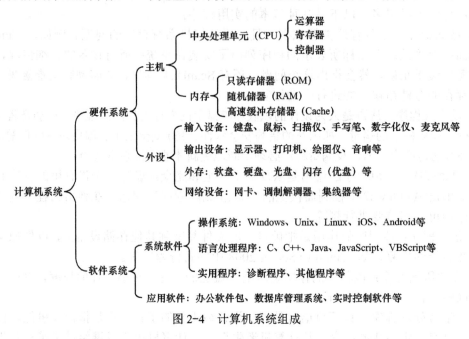

图2-4 计算机系统组成

（三）计算机的基本工作原理

在计算机开机后，CPU首先执行固化在只读存储器（ROM）中的一小部分系统程序，这部分程序称为基本输入/输出系统（BIOS）。由它启动操作系统的装载过程，先把一部分操作系统从计算机的外存储器中读入到内存中，然后再由读入的这部分操作系统装载其他的操作系统程序。装载操作系统的过程称为自举或引导。操作系统被装载到内存后，计算机才能接收用户的命令，执行其他的程序，直到用户关机。所以，了解计算机程序的执行过程，实际上就是了解计算机的基本工作原理。

计算机程序是由一系列指令组成的有序集合，计算机执行程序就是执行这一系列指令。

1．指令和程序的概念

指令就是让计算机完成某个操作所发出的命令，即计算机完成某个操作的依据。一条指令通常由2个部分组成：操作码和操作数。操作码指明该指令要完成的操作，如加、减、乘、除等；操作数是指参加运算的数或者数所在的单元地址。一台计算机的所有指令的集合，称为该计算机的指令系统。

使用者根据解决某一问题的步骤，选用一条条指令进行有序的排列。计算机执行了这一指令序列，便可完成预定的任务，这一指令序列就称为程序。显然，程序中的每一条指令必须是所用计算机的指令系统中的指令，因此指令系统是提供给使用者编制程序的基本依据。指令系统反映了计算机的基本功能，不同的计算机其指令系统也不相同。

2．计算机执行指令的过程

计算机执行指令一般分为两个阶段。首先将要执行的指令从内存中取出并送入CPU，然后由CPU对指令进行分析译码，判断该条指令要完成的操作，向相应部件发出完成该操作的控制信号，完成该指令的功能。当一条指令执行完后就处理下一条指令。一般将第一阶段称为取指周期，第二阶段称为执行周期。

3．程序的执行过程

计算机在运行时，CPU 从内存读出一条指令到 CPU 内执行，指令执行完，再从内存读出下一条指令到 CPU 内执行。CPU 不断地取指令、执行指令，这就是程序的执行过程。

总之，计算机的工作就是执行程序，即自动连续地执行一系列指令，而程序开发人员的工作就是编制程序。一条指令的功能虽然是有限的，但是经程序开发人员精心编制的由一系列指令组成的程序可以完成的任务是无限的。

第二节 计算机网络基础技术

随着人类社会的不断进步、经济的迅猛发展以及计算机的广泛应用，人们对信息的需求越来越多，为了更有效地传送和处理信息，计算机网络应运而生。到了 20 世纪 90 年代，Internet 的兴起及快速发展，使越来越多的人接触到了计算机网络这个概念，并对计算机网络产生了兴趣，使得电子商务有了蓬勃发展的土壤。目前，计算机网络的应用水平已成为一个国家信息化水平的重要标志，反映了一个国家的现代化程度和水平。计算机网络技术水平成为衡量一个国家计算机技术和通信技术的综合水平的重要指标。因此，对计算机网络的研究、开发和应用越来越受世界各国的重视。

一、计算机网络概述

我们生活的时代是一个以网络为核心的信息时代，其特征是数字化、网络化和信息化。世界经济正从工业经济转变为知识经济，知识经济最重要的特点是信息化和全球化，而要实现信息化和全球化必须依赖先进的网络技术。计算机网络是计算机技术和通信技术相结合的产物，是信息化技术的重要组成部分，是一种涉及多门学科和多个技术领域的综合性技术领域。

（一）计算机网络的概念

计算机网络就是利用通信设备和线路，将地理位置不同的、功能独立的多个计算机系统连接起来，利用完善的网络软件（即网络通信协议、网络操作系统等）实现网络中资源共享和信息传递的系统。从以上的定义中，可以看出计算机网络包括以下几层含义：

1）计算机网络连接的端点是独立运行的计算机，而不只是计算机上的一个设备。

2）计算机互联的目的是实现硬件、软件及数据资源的共享。

3）计算机网络依靠通信设备和线路，把处于不同地点的计算机连接起来，以实现网络用户间的数据传输。

4）在计算机网络中，网络软件是必不可少的。

（二）计算机网络的功能

计算机网络的功能主要体现在以下几个方面。

1．信息交换

信息交换功能是计算机网络最基本的功能，主要完成网络中各个结点之间的通信。任何人都需要与他人交换信息，计算机网络提供了快捷、方便的途径。人们可以在网上传送电子邮件、发布新闻消息、进行电子商务、远程教育、远程医疗等活动。

2．资源共享

资源是指网络中所有的软件、硬件和数据。共享是指网络中的用户都能够部分或全部地使用这些资源。

通常，在网络范围内的各种输入/输出设备、大容量的存储设备、高性能的计算机等都是可以共享的硬件资源。对于一些价格高又不经常使用的设备，可以通过网络共享提高设备的利用率，节省重复投资。

软件共享是网络用户对网络系统中的各种软件资源的共享，如主计算机中的各种应用软件、工具软件、语言处理程序等。

数据共享是网络用户对网络系统中的各种数据资源的共享。网上的数据库和各种信息资源是共享的一个主要内容。因为任何用户都不可能把需要的各种信息由自己搜集齐全，况且也没有这个必要，全世界的信息资源可通过互联网实现共享。

3．分布式处理

当某台计算机负担过重或该计算机正在处理某项工作时，网络可将任务转交给空闲的计算机来完成，这样处理能均衡各计算机的负载，提高处理问题的实时性。对大型综合性问题，可将问题各部分交给不同的计算机分别处理，充分利用网络资源，扩大计算机的处理能力。对于解决复杂问题，可以多台计算机联合使用并构成高性能的计算机体系，这种协同工作、并行处理要比单独购置高性能的大型计算机便宜得多。

（三）计算机网络的分类

计算机网络可以从不同的角度进行分类，最常见的分类方法是按网络通信涉及的地理范围来划分。

1．局域网

局域网（LAN）一般用微型计算机通过高速通信线路相连，覆盖范围不超过 10km，通常用于连接一幢或几幢大楼。局域网内的传输速率较高，一般为（1～20）Mbit/s，具有传输可靠、误码率低、结构简单、容易实现的优点。

2．城域网

城域网（MAN）是在一个城市范围内建立的计算机通信网。这种计算机网络通常使用与局域网相似的技术，传输媒介主要采用光缆，传输速率在 100Mbit/s 以上。所有联网设备均通过专用连接装置与媒介相连，但对媒介的访问控制在实现方法上与局域网不同。

3．广域网

广域网（WAN）又称远程网，通常是指涉及城市与城市之间、国家与国家之间，甚至洲与洲之间的地理位置跨度比较大的网络。它一般使用公用通信网或邮电部门提供的通信设施进行通信，这就使广域网的数据传输速率比局域网系统慢，传输误码率也较高。随着新的能够提供更宽带宽、更快传输速率的全球光纤通信网络的引入，广域网的速度也将大大提高。

（四）网络的拓扑结构

计算机网络的拓扑结构是指抛开网络中的具体设备，把网络中的计算机抽象为点，把两点间的网络连接抽象为线，用相对简单的拓扑图形画出网络上的计算机连接方式。常见的网络拓扑结构有以下几种。

1．总线型拓扑结构

总线型拓扑结构是以一根电缆作为传输介质（称为总线），在一条总线上装置多个 T 形头，每个 T 形头连接一个节点机系统，总线两端用端接器防止信号反射，如图 2-5 所示。节点之间按广播方式进行通信，一个节点发送的信息其他节点均可接收。

总线型拓扑结构的优点是结构简单，节点增减方便，连线总长度小于星形结构；缺点是总线任何一处出现故障，都将引起整个网络的瘫痪。

2．星形拓扑结构

星形拓扑结构是以一台设备作为中央节点，其他外部节点都单独连接在中央节点上，如图 2-6 所示。各外部节点之间不能直接通信，必须通过中央节点进行通信。

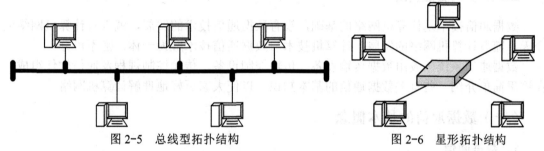

图 2-5　总线型拓扑结构　　　　　图 2-6　星形拓扑结构

星形拓扑结构的优点是结构简单，任何一个连接只涉及中央节点和一个站点，站点故障容易检测和隔离，单个站点的故障只影响一个设备，不会影响全网。其缺点是网络性能依赖于中央节点，一旦中央节点出现故障就会危及全网，故对中央节点机要求高；每个站点都需要有一个专用线路，连线费用高，利用率低；当网络需要扩展时，必须增加到中央节点的连线，因而网络扩展较困难。

3．环形拓扑结构

环形拓扑结构是把各个相邻的节点相互连接起来以构成环状，如图 2-7 所示。各节点通过中继器连接到闭环上。对于任意两个节点之间的数据传送，其信息是单向、沿环、逐点通过转发传送到下一站点并最终到达目标站点。

环形拓扑结构的优点是传输速率高、传输距离远；环路中各节点的地位和作用是相同的，因此容易实现分布式控制；在环形拓扑结构的网络中，传输信息的时间是固定的，从而便于实时控制。其缺点是一个站点的故障会引起整个网络的崩溃，另外节点的增加和删除也比较复杂。

4．树形拓扑结构

树形拓扑结构是一种分级结构，其节点按层次进行连接，如图 2-8 所示。在树形拓扑结构中，信息交换主要在上、下节点之间进行，同层节点之间一般不进行数据交换。

树形拓扑结构的优点是通信线路连接简单，网络管理软件也不复杂，维护方便。其缺点是资源共享能力差、可靠性低，任何一个工作站或链路的故障都会影响整个网络的运行。

另外，在实际应用中可能将多种拓扑结构连在一起而形成混合拓扑结构，使计算机网络具有不同拓扑结构的特点。

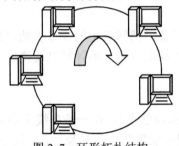
图2-7　环形拓扑结构

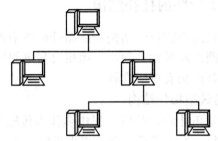
图2-8　树形拓扑结构

一般而言，网络拓扑结构会影响网络传输介质的选择和控制方法的确定，因而会影响网上节点的运行速度和网络软、硬件接口的复杂度。网络的拓扑结构和介质访问控制方法是影响网络性能的最重要因素，因此应根据实际情况选择最适合的拓扑结构，确保组建的网络具有较高的性能。

二、数据通信

数据通信技术是计算机网络的基础，没有数据通信技术的发展，就没有计算机网络的今天。随着计算机网络的发展，计算机技术与数据通信技术融为一体，密不可分。

数据通信系统一般由数据传输设备、传输控制设备、传输控制规程及通信软件组成。在这里简单介绍一些有关数据通信的基本知识，以便大家更好地理解计算机网络。

（一）数据通信的基本概念

1．数据通信

数据通信系统是通过传输媒介将信息从一个地方传送到另一个地方的电子系统。在通信过程中，数据以信号形式出现。信号有模拟信号和数字信号两种形式，相应的通信也分为模拟通信和数字通信。模拟通信通常是利用模拟信号来传递消息，普通的电话、广播、电视等都属于模拟通信；数字通信则是利用数字信号来传递消息，计算机通信、数字电话及数字电视等都属于数字通信。

2．调制解调方式

模拟信号可以在公用电话线或专用线上通信，而数字信号只能用在计算机中。如果想把计算机中的数字信号通过电话线传输出去，需要通过一种设备（调制器）将发送方的数字信号转换成模拟信号后才能完成传输；同样，对接收方来说，所接收到的模拟信号无法直接用于计算机内部，需要另一种设备（解调器），把适用于通信的模拟信号还原成数字信号，如图2-9所示。

图2-9　通过电话线的计算机通信

通常，数据通信是双向的，因此调制器和解调器通常合二为一，称为调制解调器（Modem）。

3．网络传输速率

在网络通信中，传输速率通常是以每秒传输的位数来计算的，通常的计算单位有 bit/s、Kbit/s、Mbit/s 等。传统的调制解调器通过电话线来传输数字信号，最高速率为 56Kbit/s。目前的光纤设备的传输率一般可到达 100Mbit/s。并且更高速率的设备也在逐渐普及。

4．数据通信中的几个常用术语

（1）信道　在传输介质电路中，用信道表示向某一个方向传送信息的媒体。一般可以将信道视为一条通信电路的逻辑部分。

信道按照传输介质可分为有线信道、无线信道和卫星信道；按照使用权限可分为专用信道和公用信道；按照传输信号的种类又可分为模拟信道和数字信道。

（2）带宽　带宽是指信道能传送信号的频率宽度，也就是可传送的信号的最高频率与最低频率之差。

例如，一条标准电话线路的频带为 300～3 400Hz，即带宽为 3 100Hz。由于传输信号时会产生各种失真，外界的干扰也会以各种不同的方式进入信道，在实际使用中只能利用频带中间的一段，其带宽约为 2 400Hz。

通常用带宽来描述传输介质的传输容量，介质的传输容量越大，带宽就越宽，通信能力就越强，传输率也就越高。

（3）基带与宽带　所谓基带就是电信号所固有的基本频率。简单地说，基带就是将全部介质带宽分配给一个单独的信道，直接用两种不同的电压来表示数字信号 0 与 1。当传输系统直接传输基带信号时，称之为基带传输。基带传输的优点是无须调制就可传送信号，既简单又经济；缺点是传输距离受到很大限制，一般在几千米以内。

宽带是指比音频带宽更宽的频带，它包括了大部分电磁波频谱。使用这种宽频带进行信息传输的系统，称为宽带传输系统。宽带传输数据速率为 0～400Mbit/s，常用的速率是 5～100Mbit/s。

（二）数据传输介质

传输介质是通信中实际传送信息的载体，在网络中是连接收发双方的物理通路。传输介质可分为有线介质和无线介质。

1．有线介质

目前，常用的有线介质有双绞线、同轴电缆、光纤等。

2．无线介质

无线传输是指在空间中采用无线频段、红外线、激光等进行传输。无线传输不受固定位置的限制，可以全方位实现三维立体通信和移动通信。

目前，在电磁波频谱中可用于通信的有无线电波、微波、红外波、可见光等。计算机网络系统中的无线通信主要指微波通信，微波通信又分为地面微波通信和卫星微波通信等。

三、计算机网络的构成

计算机网络系统由网络硬件和网络软件组成。网络硬件包括主体设备和连接设备两大部分；网络软件包括网络操作系统和网络协议等。

（一）网络硬件

1．网络的主体设备

网络中的主体设备包括服务器和工作站。

（1）服务器　服务器是为网络提供共享资源的基本设备，在其上运行的网络操作系统，是网络控制的核心。服务器应选择较高档次的机型，硬盘容量及内存容量的指标都要求较高。

常用的网络服务器包括专用文件服务器、打印服务器、专用的数据库服务器、Web 服务器、应用服务器。

（2）工作站　工作站是网络用户入网操作的结点，它可以有自己的操作系统。用户既可以通过运行工作站上的网络软件共享网络上的公共资源，也可以不进入网络，单独工作。在工作站上工作的客户机的配置要求一般不是很高，大多采用个人微型计算机及携带相应的外部设备，如打印机、扫描仪等。

2．网络连接设备

（1）网络适配器　网络适配器又称网卡，任何一台计算机要想联网使用，必须通过网卡进行连接。网卡通常插入主机的主板扩展槽中，通过总线与计算机设备接口相连，同时又通过网卡接口与网络传输媒介相连。目前，在个人计算机中主要使用 PCI（Peripheral Component Interconnect，即外部设备互联）总线结构的网卡，PCI 网卡以 32 位传送数据，传输速率可达 100Mbit/s。

在安装网卡后，往往还要进行协议的配置，如运行 Windows 系统的计算机，可给网卡配置 IPX/SPX 协议和 NetBEUI 协议。如果要通过局域网连接互联网，网卡必须配置 TCP/IP 协议。

（2）调制解调器　调制解调器是一种通过公用电话网连接计算机的设备。当计算机利用公用电话线与网络连接时，最简便的方法是通过调制解调器将计算机接到电话线上。由于电话线使用模拟信号，而计算机使用数字信号，所以调制解调器的作用就是进行数字信号与模拟信号之间的转换。

（3）交换机（Switch）　交换机意为"开关"是一种用于电（光）信号转发的网络设备。它可以为接入交换机的任意两个网络节点提供独享的电信号通路。最常见的交换机是以太网交换机。其他常见的还有电话语音交换机、光纤交换机等。

（4）传输介质　计算机网络中常用的传输介质有双绞线、同轴电缆、光纤等。

（5）网络互联设备

1）中继器：中继器用于连接拓扑结构相同的两个局域网或延伸一个局域网。它是在 OSI 模型的物理层上实现互联。这种设备较为简单，所起的作用只是信号的放大和再生，中继器能把有效的连接距离扩大一倍。

2）网桥：网桥是连接两个相同类型局域网的连接设备。它是在 OSI（Open Systems Interconnection，即开放式系统互联）模型的数据链路层上实现互联。不同局域网之间的通信是通过网桥传送的，可确保同一个局域网内部的通信不会被发送到外部，一个网段上的故障不会影响另一个网段，从而提高了网络的可靠性。

3）路由器：路由器是一种连接多个网络或网段的网络设备。它是在 OSI 模型的网络层上实现互联。路由器比网桥具有更强的互联功能，是一种灵活的、智能化的设备，可连接不同类型、不同速度的子网，是网络中很重要的设备之一。

4）网关：网关用于连接不同类型的子网，组成异构的互联网，以实现不同类型网络设备之间的通信。网关的连接操作是在 OSI 模型的七层协议的传输层以上，是最复杂的网络互联设备。

（二）网络软件

网络软件是实现网络功能不可缺少的软件环境，主要包括以下几类。

1．网络操作系统

网络操作系统是具有网络功能的操作系统。它除了具有通用操作系统的功能外，还应具有网络的支持功能，能管理整个网络的资源。

网络操作系统主要分为两类：①端到端的对等式网络操作系统；②客户机/服务器模式网络操作系统。

目前，网络操作系统主要有 Windows Server 2008/2012、Linux 和 Unix 等。

2．网络协议

目前，在局域网上流行的数据传输协议有以下 3 种：

（1）NetBEUI　NetBEUI（NetBIOS Extend User Interface）是网络基本输入/输出系统扩展用户接口。这一协议是由 IBM 公司开发出来的，后来 Microsoft 对它进行了更新。它是专门为由几台到百余台个人计算机所组成的单网段小型局域网而设计的，是一个小而效率高的通信协议，但不具备路由功能。

（2）IPX/SPX　IPX/SPX 是 Novell 公司在它的 NetWare 局域网上实现的通信协议。IPX（Internet Packet Exchange Protocol）是在网络层运行的包交换协议，该协议提供用户网络层数据包接口；SPX（Sequenced Packet Exchange Protocol）为运行在传输层上的包交换协议，该协议提供了面向连接的传输服务，在通信用户之间建立并使用应答进行差错检测和恢复。

（3）TCP/IP 协议　TCP/IP 协议是一组工业标准协议，具体包括了 100 多个不同功能的协议，是互联网络上的"交通规则"，其中最主要的是 TCP 和 IP 协议。TCP 传输控制协议用于保证被传送信息的完整性，IP 网际互联协议负责将消息从一个地方传送到另一个地方。

四、局域网

分布在相对有限的区域（如一栋楼房或整个校园）内的网络称为局域网（LAN）。可以说，只要有多台计算机的单位都会因设备资源和信息资源共享的需求，自觉或不自觉地把计算机互联起来，形成一个局域网。

局域网技术是当前计算机网络研究和应用的一个热点，也是目前技术发展最快的领域之一。局域网还是互联网的基础网络。

（一）局域网的特点

局域网作为计算机网络的一种，既具有一般计算机网络的特征，又具有以下独有的特点：
1）以微机为主要建网对象。大部分局域网中没有中央主机系统，只有多种微机和外部设备。可以说，局域网是专为微机而设计的网络系统。
2）覆盖较小的地理范围，仅用于机关、工厂、学校等单位内部联网。
3）传输速率高且误码率低。
4）基本通信机制使用共享介质和交换方式。

5）价格低廉、结构简单、便于维护、容易实现。

（二）网络资源的使用

1．映射功能

当文件服务器的硬盘驱动器被映射成网络驱动盘后，合法用户的工作站就可获得服务器的硬盘访问权。映射是指为文件服务器的磁盘驱动器分配一个网络盘符。例如，某台工作站上硬盘是 C 盘、光盘是 D 盘，登录时就可把网络服务器的硬盘驱动器映射为 E 盘。该硬盘驱动器经映射后，就能通过工作站上显示的 E 盘看到网络服务器的硬盘驱动器下的文件和文件夹，对它们的访问就像访问本地驱动器 C 盘或 D 盘一样，成为工作站的一部分。

2．程序或数据的共享

在网络中，允许多个用户同时访问同一个应用程序或数据文件，这称为程序或数据的共享。当用户启动服务器中的一个程序时，这个程序并不是由服务器的 CPU 来运行的，而是将应用程序复制到工作站内存中，然后由工作站的 CPU 来运行。因此，诸多用户对同一个程序的使用，无非是做了多次复制，相互之间没有丝毫影响。如果多个用户要同时对同一个数据文件进行修改，则将会引起冲突，网络将按照一定的规则来进行控制，如可规定第一个用户有修改权限，其他用户只能读取不能修改。

3．硬件资源的共享

网络还能提供硬件资源的共享，比较常见的例子是打印机的共享。如果计算机上没有连接打印机，而局域网中网络服务器或其他工作站接有打印机，这时可以把该打印机设置为共享的打印机，从而可以像使用本地打印机那样使用共享打印机，但要注意的是连接打印机的计算机要开机。

共享打印机需要经过设置才能使用，设置的方法是首先在连接打印机的计算机中将该打印机进行共享设置，然后在要使用共享打印机的计算机中进行"添加打印机"操作，选择"添加网络、无线或 Blue tooth 打印机"选项，再按照向导的提示操作即可。如果一个共享打印机同时接收到多个要打印的文件，显然无法让它们同时打印。所有发送到共享打印机上的文件将被编入打印队列，由共享打印机按照接收的先后次序分别打印输出。

第三节　Internet 及 Web 基础技术

Internet 代表着当代计算机网络体系结构发展的一个重要方向。由于 Internet 的出现和发展，人类社会的生活理念正在发生变化，Internet 把全世界变成了一个"地球村"，全世界正在为此构筑一个"数字地球"。"数字地球"中的商务活动正在逐渐从传统的商务活动向电子商务活动转换，而引起这种商务活动变革的直接诱因就是 Internet 及 Web 技术。

一、Internet 概述

1．Internet 概念

Internet 的中文译名为因特网，又叫做国际互联网（简称互联网）。它是由使用公用语言互相通信的计算机连接而成的全球网络。一台计算机一旦连接到 Internet 的任何一个节点上,就意味着已经连入 Internet 了。Internet 目前的用户已经遍及全球,有数十亿人在使用 Internet,并且它的用户数还在以等比级数上升。当前电子商务的主要载体就是 Internet,Internet 的快速成长极大地促进了全球电子商务的发展。

2. Internet 对社会的影响

Internet 是由许多小的网络(子网)互联而成的一个逻辑网,每个子网中连接着若干台计算机(主机)。Internet 以相互交流信息资源为目的,基于一些共同的协议,并通过许多路由器和公共互联网组合而成。它是一个信息资源和资源共享的集合,汇集了大量全球化的信息资源。

1995 年 10 月 24 日,联合网络委员会通过了一项决议:将 Internet 定义为全球性的信息系统。

1)通过全球性的唯一地址逻辑地链接在一起。这个地址是建立在网际互联协议(IP)或今后其他协议基础之上的。

2)可以通过传输控制协议和网际互联协议(TCP/IP),或者今后其他接替的协议或与网际互联协议(IP)兼容的协议来进行通信。

3)可以让公共用户或者私人用户使用高水平的服务。这种服务是建立在上述通信及相关的基础设施之上的。

由于 Internet 是划时代的,它不是为某一种需求设计的,而是一种可以接受任何新需求的总的基础结构,其价值和意义也可以从社会、政治、文化、经济、军事等各个层面去解释、理解。Internet 是一项正在向纵深发展的技术,是人类进入网络文明阶段或信息社会的标志。准确地描述 Internet 将来的发展是十分困难的,但目前的情形是 Internet 早已突破了技术的范畴,正在成为人类向信息文明迈进的纽带和载体。

总之,Internet 是人们今后生存和发展特别是电子商务活动的基础设施,直接影响着人们的生活方式。

Internet 在为人们提供计算机网络通信设施的同时,还提供了非常友好的、人人乐于接受的访问方式。Internet 使计算机工具、网络技术和信息资源不仅被科学家、工程师和计算机专业人员使用,同时也为广大群众服务,进入非技术领域、进入商业领域、进入千家万户。

当前,全球化、信息化、网络化是世界经济和社会发展的必然趋势,Internet 的迅猛发展正是顺应了这个趋势。它实现了在任何地点、任何时间进行全球个人通信,使社会的运作方式,人类的学习、生活工作方式发生了巨大的变化。现在几乎任何行业、很多名词的前面都可以冠以网络,如网络企业、网络银行、网络学校、网络书店、网络电话等,一切都正在网络化。人类正步入知识经济时代,这场经济革命的先导,正是 Internet 技术。

Internet 技术得以长足发展和应用,其标准的规范协议——TCP/IP 的作用不可小视。

二、TCP/IP

在网络通信的发展中,通信协议至关重要。例如,前面所述的 OSI 模型就是网络通信的国际化的标准协议规范,而在 Internet 上使用的网络协议标准是 TCP/IP。TCP/IP 是传输控制协议/网际互联协议(Transmission Control Protocol/Internet Protocol)的缩写,是每一台连入 Internet 的计算机都必须遵守的通信标准。有了 TCP/IP,Internet 就可以有效地在计算机、Internet 网络服务提供商之间进行数据传输。

TCP/IP 包括传输控制协议（TCP）和网际互联协议（IP）两部分。

1. TCP

传输控制协议（TCP）提供了一种可靠的数据交互服务。它对网络传输只有基本的要求，通过呼叫建立连接、进行数据发送、最终终止会话，从而完成交互过程。它从发送端接收任意长的报文（即数据），将它们分成每块不超过 64KB 的数据段，再将每个数据段作为一个独立的数据包传送。在传送过程中，如果发生丢失、破坏、重复、延迟和乱序等问题，TCP 就会重新传送这些数据包，最后接收端按正确的顺序将它们重新组装成报文。

2. IP

网际互联协议（IP）主要规定了数据包传送的格式，以及数据包如何寻找路径最终到达目的地。由于连接在 Internet 上的所有计算机都运行 IP 软件，使具有 IP 格式的数据包在 Internet 世界里畅通无阻。IP 数据包中除了要传送的数据外，还带有源地址和目的地地址。由于 Internet 是一个网际网，数据从源地址到目的地地址，途中要经过一系列的子网，依靠相邻的子网一站站地传送下去，每一个子网都有传送设备，IP 数据包根据目的地地址来决定下一站传送给哪一个子网。如果传送的是电子邮件，且目的地地址有误，则可以根据源地址把邮件退回给发信人。IP 在传送过程中不考虑数据包的丢失或出错，纠错功能由 TCP 来保证。

综合上述两种协议，TCP 实现数据传送，IP 保证数据的正确。两者密切配合，相辅相成，从而构成 Internet 上完整的传输协议。在设计 Internet 设备、开发 Internet 基础和应用软件时，必须遵从 TCP/IP 为标准。

三、Internet 的地址系统

Internet 中的终端计算机和其他互联网设备的数量是巨大的，但是它们都是 Internet 上的独立元素，有唯一的身份和地址，这些是由 IP 地址系统和域名系统决定的。

1. IP 地址系统

根据 TCP/IP 规定，在 Internet 上的每一台计算机以及网络设备都必须拥有一个唯一的 Internet 地址（或称 IP 地址），并且以系统的方法，按国家、区域、地域等一系列的规则来分配，以确保数据在 Internet 上快速、准确地传送。

每个 IP 地址都是由一组被圆点分开的 4 个 0～255 之间的数字组成的，形如

$$\times\times\times.\times\times\times.\times\times\times.\times\times\times$$

例如，192.168.9.728 即为某大学的 IP 地址。

上述的 IP 地址系统是 IPv4，由于该系统只能映射 40 多亿的网络节点，迅速发展的互联网将会产生 IP 地址枯竭，于是 IPv6 地址系统应运而生。在 IPv6 的设计过程中，除解决了地址短缺问题以外，还考虑了在 IPv4 中解决不好的其他一些问题，主要有端到端 IP 连接、服务质量、安全性、多播、移动性、即插即用等。

IPv6 单播地址被划分为两部分，第一部分包含地址/前缀，第二部分包含接口标识符。表示 IPv6 地址/前缀组合的简明方式为：IPv6 地址/前缀长度。

以下是具有 64 位前缀的地址的示例：

$$3FFE:FFFF:0:CD30:0:0:0:0/64$$

此示例中的前缀是"3FFE:FFFF:0:CD30"。该地址还可以以压缩形式写入，如"3FFE:FFFF:0:CD30::/64"。

2. 域名系统（DNS）

域名系统是 Internet 上命名后的 IP 系统。尽管利用 IP 地址就可以在计算机之间进行通信，但要记住这一串长长的数字不太容易。为此，Internet 引入了一种字符型的主机命名机制——域名系统（DNS），用来表示主机系统。域名一般应使用小写字母定义，写在最后的扩展名称为顶级域名，域的层次次序从右向左依次为顶级域名（一级域名）、二级域名、三级域名等。典型的域名结构如下：

主机名.单位名.机构名.国家名

例如，域名 sxy.wtc.edu.cn 表示中国（cn）教育机构（edu）武汉职业技术学院（wtc）校园网上的一台主机（sxy）。

部分国家或地区的顶级域名代码和部分机构的域名代码分别见表 2-1、表 2-2。

表 2-1 部分国家或地区的顶级域名代码表

域 名	含 义	域 名	含 义	域 名	含 义
au	澳大利亚	uk	英国	nl	荷兰
br	巴西	hk	中国香港	nz	新西兰
ca	加拿大	in	印度	pt	葡萄牙
cn	中国	jp	日本	se	瑞典
de	德国	kr	韩国	sg	新加坡
es	西班牙	lu	卢森堡	tw	中国台湾
fr	法国	my	马来西亚	us	美国

表 2-2 部分机构的域名代码表

域 名	含 义	域 名	含 义
com	商业组织	info	信息服务
edu	教育机构	mil	军事部门
gov	政府部门	net	网络机构
int	国际组织	org	非营利组织

除了美国的国家域名代码 us 可默认外，其他国家的主机若要申请登记域名，则顶级域名必须先采用该国家的域名代码后再申请二级域名。

3．URL

万维网（WWW 或 Web）是 Internet 的主要服务，也是 Internet 的主要部分。在 WWW 上，每一信息资源都有统一的且在网上唯一的地址，该地址叫 URL（Uniform Resource Locator，统一资源定位符），是 WWW 的统一资源定位标志。URL 就像域名一样，也是 Internet 上的地址，但 URL 是计算机上网页文件的地址，而域名对应的是计算机的 IP 地址。URL 由 3 部分组成：资源类型、存放资源的主机域名及网页文件名。

当用浏览器（如 IE）浏览网页时，每一个网页都有唯一的 URL，如"http://www.whpt.edu.cn/index.html"。其中，"http"是 Hyper Text Transfer Protocol（超文本传输协议）的缩写，表示该资源类型是超文本信息；"www.wtc.edu.cn"是武汉职业技术学院的主机域名；"index.html"为网页文件名。在浏览器的地址栏中输入上述 URL，就可以找到提供网页的服务器，然后再进一步调出相应的网页。当 URL 省略网页文件名时，表示将定位于 Web 站点的主页。

4．电子邮箱地址

电子邮箱是 Internet 上的主要应用之一，每一个想收发电子邮件的用户，都必须有自己的电子邮箱，而每一个邮箱都有唯一的电子邮箱地址，其格式为：

用户名@邮件服务器名

式中，用户名就是用户向网管机构注册时获得的用户码；"@"符号后面是用户所使用的计算机主机域名。例如，"xyzyy@163.com"就是网易邮箱服务器（163.com）主机上的用户"xyzyy"的电子邮箱地址。

5. Internet 接入方式简介

Internet 的接入方式有多种，其中比较常用的接入方式包括电话线路拨号接入方式、综合业务数字网（ISDN）接入方式、ADSL 宽带接入方式、有线通接入方式、局域网接入方式、无线接入方式、光纤接入方式等。目前，电话拨号和 ISDN 接入方式基本淘汰，使用较多的是 ADSL 宽带接入方式、局域网接入方式、无线接入方式、光纤接入方式。随着光纤到户、移动通信技术的发展和 4G 时代的到来，光纤接入方式和无线移动通信接入方式的应用也越来越广泛。

四、Internet 的服务

Internet 的飞速发展和广泛应用得益于其提供的大量服务，其主要有以下几项服务。

1. WWW 服务

WWW 是 World Wide Web 的缩写，也简称 Web，中文名字为万维网。它起源于 1989 年 3 月，是由欧洲量子物理实验室发展出来的主从结构分布式超媒体系统。通过 WWW，人们只要使用简单的方法，就可以迅速、方便地取得丰富的信息资料。

WWW 是 Internet 的多媒体信息查询工具，已成为 Internet 上发展最快和应用最广泛的服务。由于用户在通过 Web 浏览器访问信息资源的过程中，无须再关心一些技术性的细节，而且界面非常友好，因而 Web 在 Internet 上一经推出就受到了热烈的欢迎，并取得了迅速的发展。

WWW 采用的是客户机/服务器（Client/Server，C/S）结构，服务器整理和存储各种 WWW 资源，并响应客户端软件的请求，把客户所需的资源传送到 Windows、Unix 或 Linux 等平台上。现在，Web 服务器已成为 Internet 上最大的计算机群，Web 站点和网页文档之多、连接的网络之广，令人难以想象。

WWW 中的信息资源主要由一篇篇的 Web 文档（或称 Web 页）构成。这些 Web 页采用超文本（Hyper Text）的格式，即可以含有指向其他 Web 页或其内部特定位置的超级链接。超级链接使得 Web 页交织成网状结构，这样如果 Internet 上的 Web 页和链接非常多的话，就构成了一个巨大的信息网。浏览 Web 页与人们平时的阅读习惯完全不同，Web 文档不是书本那样的平面顺序结构，文档上的每一点、每个单词、每张图片都可能指向另外的地方，只要单击它，就能得到相应的详细信息。这样，在不同的内容之间，用户可以阅读自己感兴趣的内容，即使对网络一无所知的人，也能在 Web 上轻松漫游。WWW 服务的工作机制，如图 2-10 所示。

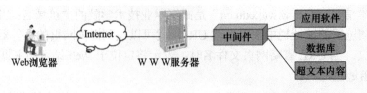

图 2-10　WWW 服务的工作机制

2. 电子邮件服务

电子邮件（E-mail）是利用计算机网络的通信功能实现信件传输的一种技术，是 Internet 提供的使用最广泛的服务之一。全世界每天有上百亿的信件通过 Internet 的电子邮件系统传送。与其他通信手段相比，E-mail 具有快捷、方便、价廉等特点。邮件内容大多为文本格式，图形和照片可以放在邮件附件中发送，现在一些新的邮件格式可以是网页格式，甚至可以包括声频及视频信息。无论对方在世界上哪个角落，也不论其居住地址有何变化，只要知道其 E-mail 的地址，就可以很快与其取得联系。

电子邮箱设置在邮件服务器上，就像把自己的信箱托管在某一邮局，不管用户当前的地理位置在哪里，只要能上 Internet，就能连接到自己注册的邮件服务器上，收取或发送自己的邮件，而与用户的实际住址无关。

邮件服务器通常由两个独立的部分组成：①邮件传输服务器，使用简单的邮件传输协议（Simple Mail Transfer Protocol，SMTP）用于把用户发出的邮件送往 Internet；②邮件接收服务器，使用邮局协议（Post Office Protocol，POP）用于接收来自 Internet 的有关邮件，并根据不同的用户标识存储到特定的位置——用户邮箱中。目前，广泛使用的 POP 是第三版，也称 POP3。用户要寄出 E-mail，先通过 SMTP 服务器，然后由它在合适的时候转发出去。如果发出的 E-mail 没有顺利到达目的地，SMTP 服务器会自动重发，直至 E-mail 顺利到达（不需要人工干预）；如果指定的邮件地址不存在，SMTP 服务器会告诉发信者无法送达邮件。对于小型邮件服务器，可以把 SMTP 服务器和 POP 服务器设置在同一台计算机上；对于大型邮件服务器，SMTP 服务器和 POP 服务器由不同的计算机实现。

在接收 E-mail 的时候，通常需要键入口令才能取得，这个口令一般同登录 Internet 的口令相同，是防止别人窃取邮箱中邮件的有效手段。并不是每一个用户都会自动拥有自己的邮箱。Internet 服务商会在用户开户时附送一个免费邮箱。如果还想拥有更多的邮箱以用于不同的场合，可以在 Internet 上申请。现在，电子邮箱通常分为收费邮箱和免费邮箱两类。如果付一定的费用，邮件服务商会提供优质的邮件服务。还有一些知名网站，为了扩大影响，往往向用户提供免费的邮箱。

申请免费邮箱十分简便，通常只需要登录到提供邮箱服务的网站，如网易（www.163.com）、腾讯（www.qq.com）或新浪（www.sina.com.cn）等，按照其提示填写一些信息即可。

3. 文件传输服务

在 Internet 的服务中，除了 WWW 服务和电子邮件服务外，使用最多的便是 FTP 服务。FTP 主要用于向公众提供文件复制服务。它是根据其应用的协议，即文件传输协议（File Transfer Protocol）来命名的。该协议的主要作用是在 Internet 上把任意格式的文件从一台计算机传送到另一台计算机上。不管两台计算机位置在何处，也不管它们是否使用了同一种操作系统，只要双方都有 FTP 协议并都与 Internet 相连，便可以用 FTP 的命令来传送文件。FTP 使用客户机/服务器工作方式，当用户启动 FTP 从远程计算机复制文件时，便同时启动了两端的程序。本地计算机中的 FTP 客户程序提出复制请求，远程计算机也启动 FTP 服务程序并响应请求，把指定的文件传送到本地计算机上。

这里所说的文件传输，包括文件下载和文件上传两种。

（1）文件下载：文件下载是指从远程计算机中将文件复制到用户自己的本地计算机中。

（2）文件上传：文件上传是指将文件从用户自己的本地计算机中复制到远程计算机中。

在使用 FTP 进行文件传送时，应该知道远程主机的域名地址以及自己登录到对方计算机的用户名和口令。在远程计算机上有一个合法账号是使用 FTP 的必要条件。

4．远程登录服务

Internet 还提供了远程登录（Telnet）服务。Telnet 提供了把本地的计算机作为仿真终端，登录到异地的计算机上的功能。用户通过本地计算机向远程主机发出登录请求并输入登录名和口令，远程主机经检查确认为合法用户后，双方建立起通信，于是就可以使用远程主机的资源。例如，可以在一台运行 Windows 操作系统的个人计算机上执行一个远程 Unix 主机上的程序，当然该 Unix 程序的执行过程是在远程主机上完成的，然后把结果返回，此时运行 Windows 操作系统的个人计算机只起显示作用。

5．电子公告板服务

电子公告板服务（Bulletin Board Service，BBS）是 Internet 的另一个重要的服务功能。BBS 可以分成专题组，供网友相互之间讨论问题、交流经验。现有的 BBS 站点可提供两种工作方式：Web 和 Telnet。Web 方式可通过浏览器（如 IE）直接阅读 BBS 站点上的文章，参与讨论，使用简单方便，入门也很容易。有些 BBS 站点也可以使用 Telnet 方式登录，然后进行讨论。

我国的很多高校和科研机构都建立了自己的 BBS 站点，如北京大学的北大未名湖、华中科技大学的白云黄鹤、武汉大学的珞珈山水等。

6．新闻组

新闻组（Usenet 或 News Group）就是一个基于网络的计算机组合，这些计算机被称为新闻服务器。不同的用户通过一些软件连接到新闻服务器上，可以阅读其他人的消息并参与讨论。新闻组是一个完全交互式的超级电子论坛，是任何一个网络用户都能进行相互交流的工具。

实际上 Internet 提供的服务远远不止这些，还有 Archie、WAIS、Gopher 等，而且随着 Internet 的飞速发展，新的服务每天都在诞生，如今像网络电话（Internet Phone）、网络会议（NetMeeting）、网络传呼机（ICQ）等都得到了非常广泛的应用。虽然 Internet 提供的服务越来越多，但这些服务一般都是基于 TCP/IP 的。TCP/IP 实际上是一组协议的集合，是 Internet 运行的基础。

第四节　移动互联网技术

目前，互联网行业的发展已经进入到一个新阶段，移动互联网技术的发展和运用日益成熟，传统互联网企业都已经开始自觉地运用移动互联网技术和概念拓展新业务和方向，由此推动电子商务向移动电子商务快速演进。无论是传统企业还是互联网企业，想要发挥移动互联网的种种优势和潜力就必须掌握广泛的移动技术，主要包括以下 11 个方面。

1．4G/5G 技术

目前，4G 技术已成熟和普及。4G 是第四代无线技术（the Fourth Generation of Mobile Communication Technology）的缩写，是宽带移动通信阶段，是继 3G 后的另一个阶段。4G 服务于 2006 年最先出现在日本，4G 与 3G 相比的优势在于：①高数据速率；②降低无线网络时延；③高移动性。

国际电信联盟承认的 4G 标准是 LTE Advanced，其规定的峰值速率：下行 1Gbps，上行 500Mbps。4G 速率达到当前 ADSL 速度的 10～20 倍，并能够满足几乎所有用户对于无线服务的要求。4G 技术集 3G 与 WLAN 于一体，并能够传输高质量视频图像，它的图像传输质量与高清晰度电视不相上下。4G 标志如图 2-11 所示。

4G 技术为移动通信领域带来了很大的发展空间,具体表现在以下几个方面:

图 2-11　4G 标志

1) 从运营商的角度看,除了与现有网络的可兼容性外,4G 要有更高的数据吞吐量、更低时延、更低的建设和运行维护成本、更高的鉴权能力和安全能力、支持多种 QoS(Quality of Service,即服务质量。Qos 是网络的一种安全机制,用以解决网络延迟和阻塞等问题的一种技术)等级。

2) 从融和的角度看,4G 意味着更多的参与方,更多技术、行业、应用的融合,不再局限于电信行业,还可以应用于金融、医疗、教育、交通等行业。通信终端能做更多的事情,如除语音通信之外的多媒体通信、远端控制等,或许局域网、互联网、电信网、广播网、卫星网等能够融为一体组成一个通播网。无论使用什么终端,都可以享受高品质的信息服务,向宽带无线化和无线宽带化演进,使 4G 渗透到生活的方方面面。

3) 从用户需求的角度看,4G 能为用户提供更快的速度并满足用户更多的需求。移动通信之所以从模拟到数字、从 2G 到 4G 以及将来的 xG 演进,最根本的推动力是用户需求由无线语音服务向无线多媒体服务的转变,从而激发运营商为了提高 ARPU(Average Revenue Per User,即每用户平均收入。用于衡量电信运营商和互联网公司业务收入的指标。),开拓新的频段支持用户数量的持续增长、更有效的频谱利用率以及更低的运营成本,而不得不进行的变革转型。

3G/4G 技术的发展和普及,使得当前电子商务发展的主流转向移动商务。《中国电子商务报告(2016)》显示,中国移动端购物在整体网络购物交易规模中占 70.7%,这是移动商务发展过程中又一个新的里程碑,标志着移动商务从配角开始发挥主流作用。忽视移动商务将会直接导致企业市场份额的丢失,移动商务开始被纳入企业发展战略的重要一环。

5G(第五代移动通信技术)是 4G 之后的延伸,中国(华为)、韩国(三星电子)、日本、欧盟都在投入相当的资源研发 5G 网络。5G 除了能使人与人之间实现无缝连接,也能够加强"人与物"及"物与物"之间的高速连接,创建一个新的数字生态系统,驱动网络流量加速增长。5G 将从单纯提升带宽转向大幅提升用户体验,从满足个人信息消费应用转向满足万物互联的信息化社会应用。在 5G 时代,服务永远就在用户身边,用户需要更便捷高效地使用移动办公、信息分享、社交互动、电子商务、互联金融等移动互联网业务。

随着 4G/5G 技术的成熟,移动设备已经对电子商务交易过程产生重大影响。面向未来,电子商务的扩展必须要突出移动优势,才能做出特色业务,形成规模市场。

2．HTML5

为了推动 Web 标准化运动的发展,部分企业共同成立了一个名为 Web Hypertext Application Technology Working Group(Web 超文本应用技术工作组-WHATWG)的组织。WHATWG 致力于 Web 表单和应用程序,而 W3C(World Wide Web Consortium,万维网联盟)专注于 XHTML2.0。在 2006 年,双方决定进行合作,来创建一个新版本的 HTML即 HTML5。HTML5(简称 H5)对于移动应用的便携性意义重大,但是它的分裂性和不成熟会产生许多实施和安全的风险。然而,随着 HTML5 及其开发工具的成熟,移动网站和混合应用的普及将增长。因此,尽管有许多挑战,HTML5 对于提供跨多个平台应用的机构来说是一个重要的技术。HTML5 本身是由 W3C 推荐出来的,它的开发是通过谷歌、苹果、诺基亚、中国移动等几百家公司一起酝酿的技术,这个技术最大的好处在于

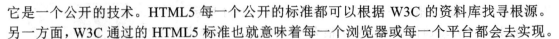

它是一个公开的技术。HTML5每一个公开的标准都可以根据W3C的资料库找寻根源。另一方面，W3C通过的HTML5标准也就意味着每一个浏览器或每一个平台都会去实现。

3．多平台/多架构应用开发工具

大多数机构需要应用开发工具支持未来的"3×3"平台与架构，即三个主要移动平台（Android、iOS和Windows）和三个主要架构（本地、混合和移动Web）。工具选择是一个复杂的平衡行动，权衡许多技术和非技术问题，如生产效率和厂商的稳定性。大多数机构将需要一些工具组合以提供他们需要的架构和平台。

4．高精确度移动定位技术

知道一个人的精确位置是提供相关位置信息和服务（LBS）的一个关键因素。利用室内准确定位的应用现在使用的是Wi-Fi、图像、超声波信号和地磁等技术。可以预期的是，使用新蓝牙智能标准的无线信号的应用将增加。从长远看，智能照明等技术也将变得非常重要。准确室内定位技术与移动应用的结合将产生新一代非常个性化的服务和信息。

手机摇一摇应用就是基于LBS技术，目前摇一摇技术极为火爆，比如微信摇一摇，用户可以在展馆、景区、博物馆等获取周边服务，用户能通过摇周边享受定位导航、随身讲解服务；在展会、会议、公关活动等现场，用户可通过摇周边与主办方进行签到、投票、提问、发言、游戏等互动；在广告箱和指示牌中放置设备后，用户可实时查询附近门店、导航，进行延伸浏览、领取优惠券等。

5．新的Wi-Fi标准

新的Wi-Fi标准，如802.11ac、11ad、11aq和11ah，将提高Wi-Fi性能，使Wi-Fi成为遥测等应用的更重要的技术部分，并且使Wi-Fi能够提供新的服务。在未来，随着机构中出现更多的具有Wi-Fi功能的设备，随着蜂窝工作量转移更流行，以及定位应用需要密度更大的接入点配置，对于Wi-Fi基础设施的需求将增长。新标准和新应用所需要的性能产生的机会要求许多机构修改或者更换自己的Wi-Fi基础设施。

6．LTE和LTE-A

LTE和接替它的技术LTE-A是提高频谱效率的蜂窝技术，从理论上可将蜂窝网络的最大上载速度提高到每秒1GB，同时减少延迟。所有的移动用户都将从改善的带宽中受益。优越的性能和LTE广播等新功能将使网络运营商能够提供新的服务。

7．二维码技术

二维码（2-Dimensional Bar Code）是用某种特定的几何图形，按一定规律在平面（二维方向）上分布的黑白相间的图形记录数据符号信息的。二维码在代码编制上巧妙地利用构成计算机内部逻辑基础的"0"和"1"比特流的概念，使用若干个与二进制相对应的几何形体来表示文字数值信息，通过图象输入设备或光电扫描设备自动识读，以实现信息自动处理。二维码具有条码技术的一些共性：每种码制有其特定的字符集；每个字符占有一定的宽度；具有一定的校验功能等。二维码有多种编码制式（码制），常用的码制有Data Matrix、Maxi Code、Aztec、QR Code、Vericode、PDF417、Ultracode、Code 49和Code 16K等。QR码是1994年由日本Denso-Wave公司发明的。QR来自于英文"Quick Response"的缩写，即快速反应的意思，发明者希望QR码可让其内容被快速解码。QR码最常见于日本和韩国，并为目前日本最流行的二维空间条码。

与普通条码（一维码）相比，由于是几何图形文件，因此二维码可存储的信息量是前者的几十倍，并且在编码和译码时加上了密码，保密性更好，而普通条码光凭肉眼就能读出粗细线的意义。二维码还可以打印和传真，大大减少了制作成本，而我们平常看到的普通条码内容只是一个关键词，完整信息仍保存在数据库中，打印和传真件识别不出条码内容。再者，假如普通条码严重折叠或出现了磨损的情况，那么它也无法被识读出内容，而二维码则采用了"错误纠正码"技术，在磨损率达到50%的情况下仍能读出有效信息。

8. RFID 技术

RFID 是 Radio Frequency Identification 的缩写，即射频识别，俗称电子标签。RFID 技术是一种非接触式的自动识别技术，它通过射频信号自动识别目标对象并获取相关数据，实现对静止或移动中的物品的识别。作为条码的无线版本，RFID 技术具有防水、体积小、使用寿命长及存储数据容量大等优点。最基本的 RFID 系统由 3 部分组成，即标签（Tag）、阅读器（Reader）和天线（Antenna）。电子标签是射频识别系统的数据载体，由标签天线和标签专用芯片组成。每个标签具有唯一的电子编码，实现被识别物体信息的存储。RFID 阅读器（读写器）通过天线读取和写入 RFID 电子标签上的信息。天线负责在标签与阅读器之间传输数据和信号。

随着技术的不断进步，RFID 产品的种类会越来越多，应用也会更加全球化。相信在未来的几年里，RFID 技术会越来越完善。

9. NFC 技术

NFC（Near Field Communication）技术，即近距离无线通信技术。由飞利浦公司和索尼公司共同开发的 NFC 技术是一种非接触式识别和互联技术，可以在移动设备、消费类电子产品、PC 和智能控件工具间进行近距离无线通信。NFC 技术提供了一种简单、触控式的解决方案，可以让消费者简单直观地交换信息、访问内容与服务。NFC 技术允许电子设备之间进行非接触式点对点数据传输，在 10cm 内交换数据，其传输速度有 106Kbit/s、212Kbit/s 或者 424Kbit/s 三种。NFC 工作模式有卡模式（Card emulation）、点对点模式（P2P mode）和读卡器模式（Reader/writer mode）。虽然 NFC 技术和蓝牙技术都是短程通信技术，而且都被集成到移动电话。但 NFC 技术不需要复杂的设置程序，并且 NFC 也可以简化蓝牙连接。NFC 技术不需要电源，对于移动终端或是其他移动消费性电子产品来说，NFC 技术的使用比较方便。

10. 移动操作系统

操作系统是对计算机系统内各种硬件和软件资源进行控制和管理、有效地组织多道程序运行的系统软件，是用户与计算机之间的接口。移动操作系统就是支持移动终端设备的操作系统，包括 Android、iOS、Windows 10 Mobile 等。

Android（安卓）是 Google 于 2007 年 11 月 5 日宣布的基于 Linux 平台的开源手机操作系统，该平台由操作系统、中间件、用户界面和应用软件组成。Android 目前占据 70% 以上的移动操作系统市场份额。Android 系统架构由 5 部分组成，分别是 Linux Kernel、Android Runtime、Libraries、Application Framework 和 Applications。Android 手机系统是开放的，服务是免费的，使用 Android 手机的人也就越来越多，Android 在中国的前景十分广阔。目前绝大多数智能手机包括小米、华为、360、OPPO 等都是基于 Android 内核的。

iOS 是由苹果公司为 iPhone 开发的操作系统。它主要是给 iPhone 和 iPod Touch 使用的。原本这个系统名为 iPhone OS，直到 2010 年 6 月 7 日在 WWDC 大会上宣布改名为 iOS。iOS

的系统架构分为 4 个层次：核心操作系统层（the Core OS Layer）、核心服务层（the Core Services Layer）、媒体层（the Media Layer）和可轻触层（the Cocoa Touch Layer）。iOS 用于苹果系列移动终端产品，包括 iPod Touch、iPad 和 iPhone，成为苹果最强大的移动操作系统，给用户带来了极佳的使用体验。

Windows 10 Mobile 是美国微软公司所研发的新一代跨平台及设备应用的操作系统。Windows10 Mobile 是微软为智能终端开发的通用操作系统，早期也称为 Windows CE、Windows Mobile 和 Windows Phone。2015 年 5 月 14 日，微软正式宣布以 Windows 10 Mobile 作为下一代 Windows 10 手机版的正式名称，该系统也会作为其他小型 Windows 设备（如平板电脑）的软件版本名称。Windows10 Mobile 软件分为 4 层：硬件层（存储和运行操作系统的存储单元）、OAI 层（建立操作系统与外部设备的通信）、操作系统服务层（提供操作系统的服务）和应用层（实现网络客户端和应用个性化等）。

除了上述三大移动操作系统外，市场上还存在其他份额较小的移动操作系统，如黑莓的 BlackBerry OS、三星的 Bada、阿里云 OS、Tencent OS、HP WebOS、Firefox OS、Tizen 和 Ubuntu 等。

11．移动终端技术

移动终端是能够接受移动通信信息和使用移动通信服务的技术。移动终端设备产品现在非常多，个人移动通信终端设备主要包括手机、平板电脑、便携式计算机和 GPS 定位设备、可穿戴设备等。按照网络的不同，有 GSM、CDMA、WCDMA 和 TD-SCDMA 等；各种终端产品对使用者来说没有太大的区别，主要是运营商不同，包括中国移动、中国联通和中国电信；功能上大同小异，但外观上千差万别。

（1）手机　手机通常被视为集合了个人信息管理和移动电话功能的手持设备。日本及我国台湾地区通常称为手提电话、携带电话或移动电话，早期也有"大哥大"的俗称，是可以在较广范围内使用的便携式电话终端。手机按性能不同分为智能手机和非智能手机。目前手机已发展至 4G 时代。

（2）平板电脑　平板电脑也叫平板计算机（Tablet Personal Computer，简称 Tablet PC、Flat PC、Tablet、Slates），是一种小型且方便携带的个人计算机，以触摸屏作为基本的输入设备。它拥有的触摸屏（也称为数位板技术）允许用户通过触控笔或数字笔来进行作业而不是传统的键盘或鼠标。用户可以使用内建的手写识别、屏幕上的软键盘、语音识别或一个真正的键盘（如果该机型配备的话）来输入。平板电脑的概念是由微软创始人比尔·盖茨在 2002 年提出的，微软在这一年发布了 XP 系统，并且宣布了其 Windows 系统进军平板电脑业的计划。但由于受当时硬件技术的制约，导致微软的平板电脑计划最终搁浅，微软没能开启平板电脑时代。现在，在苹果和三星等企业的带动下，平板电脑快速普及。目前的平板电脑分为 ARM 架构（代表产品为苹果 iPad 和安卓平板电脑）与 X86 架构（代表产品为 Surface Pro 和 Wbin Magic）两种。X86 架构平板电脑一般采用 Intel 处理器及 Windows 操作系统，具有完整的计算机及平板功能，支持 .exe 程序。

（3）便携式计算机　便携式计算机是台式 PC 的微缩与延伸产品，也是用户对计算机产品更高需求的必然产物。其发展趋势是体积越来越小，重量越来越轻，而功能却越发强大，其便携性和备用电源使移动办公成为可能，因此其市场容量迅速扩展。

（4）GPS 定位设备　全球定位系统（Global Positioning System，GPS）是在全球范围内进行实时定位和导航的系统。GPS 功能必须具备 GPS 终端、传输网络和监控平台 3 个要素,缺一不可。GPS 定位设备功能包括全球卫星定位、电子导航、语音提示和偏航纠正等,GPS 导航系统现在已经被广泛使用。

第五节 云计算、物联网和大数据技术

云计算、物联网和大数据是当今移动互联网时代信息技术发展的三大亮点,它们既有区别,又有联系。物联网通过各种异质传感器采集物理世界的海量数据,通过各类网络汇聚到云计算数据中心,依靠云计算的强大处理能力对海量数据进行智能信息处理。云计算是物联网发展的基石,物联网为云计算提供丰富的大数据来源,三者相辅相成,共同促进新形态信息技术发展。在大数据时代,三者的有机融合将进一步推动数据自身应用价值的挖掘与呈现,促进信息产业和电子商务的快速发展。

一、云计算技术

云计算是并行计算(Parallel Computing)、分布式计算(Distributed Computing)和网格计算(Grid Computing)的发展,或者说是这些计算机科学概念的商业实现。云计算是虚拟化(Virtualization)、效用计算(Utility Computing)、IaaS(基础设施即服务)、PaaS(平台即服务)、SaaS(软件即服务)等概念混合演进并跃升的结果。

(一)云计算的概念

云计算的概念是由谷歌提出的,这是一个美丽的网络应用模式。狭义云计算是指 IT 基础设施的交付和使用模式,指通过网络以按需、易扩展的方式获得所需的资源;广义云计算是指服务的交付和使用模式,指通过网络以按需、易扩展的方式获得所需的服务。这种服务可以是 IT 和软件、互联网相关的,也可以是任意其他的服务,它具有超大规模、虚拟化、可靠、安全等独特功效。介绍"云计算"的图书版本也很多,都从理论和实践上介绍了云计算的特性与功用。

1. 狭义的云计算

提供资源的网络被称为"云"。"云"中的资源在使用者看来是可以无限扩展的,并且可以随时获取、按需使用、随时扩展、按使用付费。这种特性经常被称为像水电一样使用的 IT 基础设施。

2. 广义的云计算

"云"是一些可以自我维护和管理的虚拟计算资源,通常为一些大型服务器集群,包括计算服务器、存储服务器、宽带资源等。云计算将所有的计算资源集中起来,并由软件实现自动管理,无须人为参与。这使得应用提供者无须为烦琐的细节而烦恼,能够更加专注于自己的业务,有利于创新和降低成本。

有人打了个比方:这就好比是从古老的单台发电机模式转向了电厂集中供电的模式。它意味着计算能力也可以作为一种商品进行流通,就像煤气、水电一样,取用方便,费用低廉。最大的不同在于,它是通过互联网进行传输的。

总的来说，云计算可以算作是网格计算的一个商业演化版。早在2002年，我国刘鹏就针对传统网格计算思路存在不实用的问题，提出计算池的概念："把分散在各地的高性能计算机用高速网络连接起来，用专门设计的中间件软件有机地黏合在一起，以Web界面接受各地科学工作者提出的计算请求，并将之分配到合适的节点上运行。计算池能大大提高资源的服务质量和利用率，同时避免跨节点划分应用程序所带来的低效性和复杂性，能够在目前条件下达到实用化要求。"如果将文中的"高性能计算机"换成"服务器集群"，将"科学工作者"换成"商业用户"，就与当前的云计算非常接近了。

（二）云计算的特点

云计算具有以下特点：

（1）超大规模　云计算管理系统具有相当的规模，Google云计算已经拥有100多万台服务器，Amazon、IBM、微软、阿里云等的"云"均拥有几十万台服务器。企业私有云一般拥有成百上千台服务器。"云"能赋予用户前所未有的计算能力。

（2）虚拟化　云计算支持用户在任意位置、使用各种终端获取应用服务。所请求的资源来自"云"，而不是固定的有形实体。"应用"在"云"中某处运行，但实际上用户无须了解、也不用担心"应用"运行的具体位置。只需要一台笔记本或者一个手机，就可以通过网络服务来实现我们需要的一切，甚至包括超级计算这样的任务。

（3）高可靠性　"云"使用了数据多副本容错、计算节点同构可互换等措施来保障服务的高可靠性，使用云计算比使用本地计算机可靠。

（4）通用性　云计算不针对特定的应用，在"云"的支撑下可以构造出千变万化的应用，同一个"云"可以同时支撑不同的应用运行。

（5）高可扩展性　"云"的规模可以动态伸缩，满足应用和用户规模增长的需要。

（6）按需服务　"云"是一个庞大的资源池，用户按需购买；云可以像自来水、电、煤气那样计费。

（7）极其廉价　由于"云"的特殊容错措施可以采用极其廉价的节点来构成云，"云"的自动化集中式管理使大量企业无须负担日益高昂的数据中心管理成本，"云"的通用性使资源的利用率较之传统系统大幅提升，因此用户可以充分享受"云"的低成本优势，通常只要花费几百美元、几天时间就能完成以前需要数万美元、数月时间才能完成的任务。云计算可以彻底改变人们未来的生活，但同时也要重视环境问题，这样才能真正为人类进步做贡献，而不是简单的技术提升。

（8）潜在的危险性　云计算服务除了提供计算服务外，还必然提供了存储服务。但是云计算服务当前垄断在私人机构（企业）手中，而他们仅仅能够提供商业信用。对于政府机构、商业机构（特别像银行这样持有敏感数据的商业机构）选择云计算服务应保持足够的警惕。一旦商业用户大规模使用私人机构提供的云计算服务，无论其技术优势有多强，都不可避免地有被这些私人机构以"数据（信息）"的重要性挟制整个社会的可能性。对于信息社会而言，"信息"是至关重要的。另外，云计算中的数据对于数据所有者以外的其他云计算用户是保密的，但对于提供云计算的商业机构而言确实毫无秘密可言。这就像常人不能监听别人的电话，但在电信公司内部，他们可以随时监听任何电话。所有这些潜在的危险，是商业机构和政府机构选择云计算服务，特别是国外机构提供的云计算服务时，不得不考虑的一个重要前提。

（三）阿里云简介

阿里云计算有限公司成立于 2009 年 9 月 10 日，由阿里巴巴集团投资创办，在杭州、北京和硅谷等地设有研发和运营机构。阿里云的目标是打造互联网数据分享的第一平台，成为以数据为中心的先进云计算服务公司。阿里云依托阿里巴巴集团在电子商务领域的宝贵经验积累，汇集来自国内外顶尖的技术人才，专注互联网和电子商务的技术创新，打造未来互联网和电子商务的新体验，用世界一流的技术让阿里巴巴成为世界最有影响力的互联网企业和最大的电子商务服务商。阿里云首页如图2-12所示。

图2-12 阿里云首页

阿里云致力于提供完整的云计算基础服务。在未来的电子商务中，云计算将会成为一种随时、随地，并根据需要而提供的服务，就像水、电一样成为公共基础服务设施。高效的绿色数据中心以及能支持不同互联网和电子商务应用的大规模分布式存储和计算是营造下一代互联网和电子商务的服务平台所需的最基本的核心技术。在此基础上结合新的用户体验技术以及分布式数据库技术、无线移动计算技术和搜索技术等平台技术，高性能、高扩展、高容量和高安全的计算服务将成为未来互联网和电子商务创新的基石。

二、物联网技术

中国早在 1999 年就提出来物联网的概念，当时叫传感网。物联网概念的问世，打破了之前的传统思维。过去的思路一直是将物理基础设施和 IT 基础设施分开，一方面是机场、公路、建筑物；另一方面是数据中心、个人电脑、宽带等。而在物联网时代，钢筋混凝土、电缆将与芯片、宽带整合为统一的基础设施，在此意义上，基础设施更像是一个新的地球。因此，也有业内人士认为物联网与智能电网均是智慧地球的有机构成部分。

（一）物联网概述

物联网（Internet of Things，IOT），也称为 Web of Things，是指通过各种信息传感设备

与技术，如传感器、射频识别（RFID）技术、全球定位系统、红外感应器、激光扫描器、气体感应器等，实时采集任何需要监控、连接、互动的物体或过程，采集其声、光、热、电、力学、化学、生物、位置等各种信息，与互联网结合形成的一个巨大网络。其目的是实现物与物、物与人，所有的物品与网络的连接，方便识别、管理和控制，提供安全可控乃至个性化的实时在线监测、定位追溯、报警联动、调度指挥、预案管理、远程控制、安全防范、远程维保、在线升级、统计报表、决策支持等管理和服务功能，实现对"万物"的"高效、节能、安全、环保"的"管、控、营"一体化。基本的物联网图示如图2-13所示。

物联网把新一代 IT 技术充分运用到各行各业之中，具体地说，就是把感应器嵌入和装备到电网、铁路、桥梁、隧道、公路、建筑、供水系统、大坝、油气管道等各种物体中，然后将"物联网"与现有的互联网整

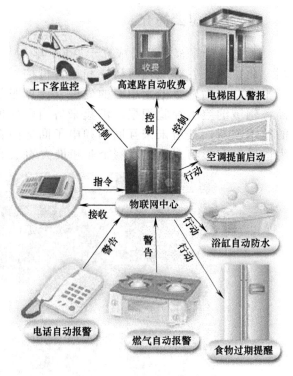

图 2-13　基本的物联网图示

合起来，实现人类社会与物理系统的整合，在这个整合的网络中，存在能力超级强大的中心计算机群，能够对整合网络内的人员、机器、设备和基础设施实施实时的管理和控制，在此基础上，人类可以以更加精细和动态的方式管理生产和生活，达到"智慧"状态，提高资源利用率和生产力水平，改善人与自然间的关系。

毫无疑问，如果"物联网"时代来临，人们的日常生活将发生翻天覆地的变化。然而，不谈什么隐私权和辐射问题，单把所有物品都植入识别芯片这一点现在看来还不太现实。人们正走向"物联网"时代，但这个过程可能需要很长的时间。

（二）物联网关键技术

物联网是继互联网后的又一次技术革新，代表着未来计算机与通信的发展方向。这次革新也取决于一些重要领域的动态技术创新，从 RFID、EPC、传感技术到认知网络、云计算等。

1. RFID、EPC、传感技术

RFID 技术在本章第四节已有介绍。RFID 系统一般由标签、读写器、应用接口等硬件设备与中间件软件、传输网络、业务应用、管理系统等构成。标签是一个内部保存数据的无线收发装置，负责发送数据给读写器。读写器是一个捕捉和处理标签数据的装置，同时还负责与后台处理系统接口。软件包括 RFID 系统软件、RFID 中间件、后台应用程序。RFID 系统软件是在标签和读写器之间进行通信所必需的功能集合。RFID 中间件是在读写器和后台处理系统之间运行的一组软件，它将标签和读写器上运行的 RFID 系统软件和在后台

处理系统上运行的应用软件联系起来。后台应用程序接收由标签发出，经过读写器和RFID中间件处理、过滤后的标准化的数据。这样的RFID系统可以实时自动地对物体进行识别、定位、监控、追踪。EPC（Electronic Product Code）是一种编码及接口标准，专用于RFID。传统的观点认为EPC是RFID中的一种技术标准，也就是说EPC的载体是RFID电子标签。现今提到的EPC系统是在物联网、射频技术与计算机物联网的基础上，利用RFID、无线数据通信等技术构造一个物品信息实时共享的网络。

传感器在弥合物理和虚拟世界差距方面发挥了关键作用，使得物体可以对自身环境的改变做出反应。一般认为短距离的无线低功率通信技术最适合传感网络使用，称为无线传感网络（WSN）。无线传感网络具有无须固定设备支撑的特点，可以快速部署，同时具有易于组网，不受有线网络约束的特点。在无线传感器系统中，单个节点能够感应其环境，然后在本地处理信息，或者通过无线链路将信息发送到一个或多个集结点。由于射频（RF）发射功率低，所以每个节点的传输距离比较近。短距离传输使传输信号被窃听的可能性降到最小，同时还延长了电池的寿命，适用于物与物之间的联系。

2．物联网的认知技术

物体本身加入智能化，通过下放信息处理能力给网络边缘（即网络接入层）来增强网络的功能，这样为数据处理和增加网络弹性提供了更大的可能性，赋予网络边缘的事物独立处理和决定的能力。智能意味着机器能对外界的刺激信息做出反应并通过学习和规划做出决策来应付外界的变化，即能够模拟人类的一些智能活动，能感知当前网络条件，然后依据这些条件做出规划、决策和采取动作。

这里说的认知必须是自感知的：应该能知道内部发生了什么，必须做什么；必须能确定适当行动去达到目标和学习这些过程。通过传感器感知周围环境，由传感器捕捉到的观测结果将被用于规划，然后学习和记忆有用的观测结果，这有助于之后的决策模块做出决策。规划模块基于存储在策略模块的观测数据和策略决定将来可能采取的行动，决策模块根据可能采取的行动和经验来决定当下行动，最后行动模块负责执行重配置。学习模块在某种意义上有着最好的连接性，它可以来源于传感器的数据、战略、决策和执行器，并从这些讯息中进行联合和推断，通过一系列完整的认知过程对物联网增加智能化。

3．物联网云计算技术

物联网要求每个物体都与它唯一的标示符相关联，这样就可以在数据库中检索信息。因此需要一个海量的数据库和数据平台把数据信息转换成实际决策和行动。若所有的数据中心都各自为政，数据中心的大量有价值的信息就会形成信息孤岛，无法被有需求的用户有效使用。云计算试图在这些孤立的信息孤岛之间通过提供灵活、安全、协同的资源共享来构造一个大规模的、地理上分布的、异构的资源池。云计算是由软件、硬件、处理器加存储器构成的复杂系统。它按需进行动态部署、配置、重配置以及取消服务。在云计算平台中的服务器可以是物理的服务器或者虚拟的服务器，其本质是由远程运行的应用程序（在云中）驻留在个人电脑和局部服务器中。

物联网的实现还需要很多关键技术的支持，如接入网技术、体系结构、纳米技术、PAI技术、公共服务软件技术、寻址技术、路由技术等。互联网把所有人连接起来，物联网将人与人、人与物、物与物连接起来。虽然物联网的概念早在十多年前就有了雏形，但想要建立理想中的物联网还有很多技术需要完善，如安全、寻址、标准、接入方式、生物工程等。只有通过这些技术进步和出台统一的规范,才能够获取一个公平和以用户为中心的物联网。

三、大数据技术

与云计算紧密相关的技术就是大数据技术。在互联网思维、互联网经济、移动互联和电子商务等新兴产业纷纷走上历史舞台的大背景下,越来越多的数据使得单纯扩展服务器硬盘容量、提升磁盘阵列性能等传统的存储数据的方式越来越不适应企业的实际需求,分布式计算平台也必然成为时代的新宠,大数据时代来临了,大数据分析行业也应运而生。

1．大数据的概念

大数据(Big Data)又称为巨量资料,指的是所涉及的资料量规模巨大到无法通过目前的主流软件工具,在合理时间内达到撷取、管理、处理并整理成为帮助企业经营决策的量化信息。大数据有 4V 特点,即 Volume、Velocity、Variety、Veracity。大数据首先是指数据体量(Volume)大,指大型数据集,一般达到或超过 10TB 容量规模。但在实际应用中,很多企业用户把多个数据集合放在一起,已经形成了 PB 级的数据量;其次是指数据类别(Variety)多,数据来自多种数据源,数据种类和格式日渐丰富,已冲破了以前所限定的结构化数据范畴,囊括了半结构化和非结构化数据;接着是数据处理速度(Velocity)快,在数据量非常庞大的情况下,也能做到数据的实时处理;最后一个特点是指数据的真实性(Veracity)高,随着社交数据、企业内容、交易与应用数据等新数据源成为移动电子商务时代企业的兴奋点,传统数据源的局限被打破,企业愈发需要有效的数据信息,以确保其真实性和安全性。

2．大数据技术

(1)数据采集　ETL 工具负责将分布的、异构数据源中的数据,如关系数据、平面数据文件等,抽取到临时中间层后进行清洗、转换和集成,最后加载到数据仓库或数据集市中,成为联机、分析处理和数据挖掘的基础。

(2)数据存取　目前比较流行的数据存取技术包括关系数据库、NOSQL 和 SQL 等。

(3)基础架构　基础架构技术包括云存储和分布式文件存储等。

(4)数据处理　自然语言处理(Natural Language Processing, NLP)是研究人与计算机交互的语言问题的一门学科。处理自然语言的关键是要让计算机"理解"自然语言,所以自然语言处理又叫作自然语言理解(Natural Language Understanding, ULD),也称为计算语言学(Computational Linguistics)。一方面,它是语言信息处理的一个分支;另一方面,它是人工智能(Artificial Intelligence, AI)的核心课题之一。

(5)统计分析　假设检验、显著性检验、差异分析、相关分析、T 检验、方差分析、卡方分析、偏相关分析、距离分析、回归分析、简单回归分析、多元回归分析、逐步回归、回归预测与残差分析、岭回归、Logistic 回归分析、曲线估计、因子分析、聚类分析、主成分分析、因子分析、快速聚类法与聚类法、判别分析、对应分析、多元对应分析(最优尺度分析)和 Bootstrap 技术等。

(6)数据挖掘　分类(Classification)、估计(Estimation)、预测(Prediction)、相关性分组或关联规则(Affinity Grouping or Association Rules)、聚类(Clustering)、描述和可视化 Description and Visualization)和复杂数据类型挖掘(Text、Web、图形图像、视频和音频等)。

(7)模型预测　模型预测技术主要是预测模型、机器学习、建模仿真。

(8)结果呈现　以云计算结果、标签云和关系图等形式呈现。

3．大数据分析技术

众所周知，大数据已经不简简单单是数据大的事儿了，而最重要的现实是对大数据进行分析，只有通过分析才能获取很多智能的、深入、有价值的信息。现在，越来越多的应用涉及大数据，而这些大数据的属性，包括数量、速度、多样性等都呈现出大数据不断增长的复杂性，所以大数据的分析方法在大数据领域就显得尤为重要，可以说是决定最终信息是否有价值的决定性因素。基于如此的认识，大数据分析普遍存在的方法理论涉及以下 5 个方面：

（1）大数据可视化分析（Analytic Visualizations） 大数据分析的使用者有大数据分析专家，同时还有普通用户，但他们二者对于大数据分析最基本的要求就是可视化分析，因为可视化分析能够直观地呈现大数据的特点，同时也非常容易被读者接受。

（2）数据挖掘算法（Data Mining Algorithms） 大数据分析的理论核心就是数据挖掘算法，各种数据挖掘的算法要基于不同的数据类型和格式，才能更加科学地呈现数据本身具备的特点，也正是因为这些被全世界统计学家所公认的各种统计方法（可以称之为真理）才能深入数据内部，挖掘公认的价值。另外，也是因为有这些数据挖掘的算法才能更快速地处理大数据，如果一个算法得花上好几年才能得出结论，那大数据的价值也就无从说起了。

（3）大数据预测性分析能力（Predictive Analytic Capabilities） 大数据分析最重要的应用领域之一就是预测分析。从大数据中挖掘特点，科学地建立模型，然后便可以通过模型代入新的数据，从而预测未来的数据。

（4）语义引擎（Semantic Engines） 大数据分析广泛应用于网络数据挖掘，可以从用户的搜索关键词、标签关键词或其他输入中，分析并判断用户需求，从而实现更好的用户体验和广告匹配。

（5）数据质量和数据管理（Data Quality and Master Data Management） 大数据分析离不开数据质量和数据管理，高质量的数据和有效的数据管理，无论是在学术研究还是在商业应用领域，都能保证分析结果的真实和有价值。

4．大数据与电子商务

电子商务价值创造主要来自四个方面：效率、互补、锁定和创新。效率是指电子商务快速、高效的信息传递方式；互补是指大量的交易双方需求信息形成规模经济效应；锁定是指通过需求满足锁定客户；创新是指产品与服务的不断创新。在大数据背景下，电子商务的价值创造方式呈现出新的变化。

（1）电子商务营销精准化和实时化　电子商务平台、社交网络、移动终端、传感设备等促进了消费者数据的快速增长，整合来自不同渠道的消费者数据形成了消费者的全面信息，为及时、全面、精准地了解消费者需求奠定了基础。云计算、复杂分析系统的出现提供了快速、精细化分析消费者偏好及其行为轨迹的工具。移动智能终端的快速发展为随时随地向消费者有针对性地提供相关产品和服务成为可能。移动智能终端一方面提供了用户的地理位置数据，使得提供基于地理位置的服务成为可能；另一方面智能手机通常为个人所独有，使得一对一的定制化服务成为可能。因此，大数据、云计算、移动智能终端促进了数据收集、智能分析、精准推送产品和服务的一体化，实现了营销精准化和实时化。

（2）产品和服务高度差异化和个性化　大数据的产生在很大程度上降低了消费者和企业之间的信息不对称程度。一方面，企业通过多元化的信息获取渠道掌握消费者的全面信息，提供的产品和服务更具针对性；另一方面，分散孤立的消费者同样通过多种渠道了解产品的各种信息，需求逐步呈现出个性化和多样化趋势。交易双方信息的愈加透明促进消费者与生产企业之间更加互动，消费者的个性化需求成为生产企业关注的核心。因此，大数据等新一代信息技术的发展使得消费者的地位日益提高，推动电子商务的价值创造方式发生转变，生产企业以消费者为中心创造高度差异化的产品和服务，并且引导消费者参与产品生产和价值创造。

（3）价值链上企业运作一体化和动态化　大数据时代快速满足消费者需求成为企业的核心竞争力。大数据等新一代信息技术推动来自各个渠道的跨界数据进行整合，促使价值链上的企业相互连接，形成一体。地理上分布各异的企业以消费者需求为中心，组成动态联盟，将研发、生产、运营、仓储、物流、服务等各环节融为一体，协同运作，创造、推送差异化的产品和服务，形成智能化和快速化的反应机制。大数据时代企业间通过信息开放与共享、资源优化、分工协作，实现新的价值创造。

（4）新型增值服务模式不断涌现　新一代信息技术在电子商务中的应用产生了消费、生产、物流、金融等多方面的大数据。来自不同领域的数据进行融合推动产生新的增值服务模式。买卖双方的交易数据与物流、金融数据的整合为确切地掌握消费者与企业的信用奠定了基础，拥有大数据的公司积极开展信用服务，进而推动了供应链金融、互联网金融等增值服务的快速发展，为中小企业的发展提供了帮助。传统电子商务创新主要局限在电子商务的效率、便利化、营销方式等方面，大数据技术的广泛应用给电子商务的模式创新带来机遇。基于大数据的电子商务创新主要在于提炼大数据的价值并将其应用于电子商务的各个流程，形成新的商业模式，如按需定制、线上线下深度融合和互联网金融等。

第六节　电子商务摄影技术

随着电子商务的发展和普及，网上购物已经成为大众消费方式，越来越多的人喜欢上了这种便捷的购物方式，网上店铺数量迅速增加，网店之间的竞争也就显得尤其激烈，使自己的网店鹤立于店海之中是每个电子商务经营人员都渴望做到的。由于网店不同于实体店，买家不能亲自观看、了解商品，而是通过在网上浏览图片的形式选择自己心仪的物品，因此，将图片尽可能地拍摄完美，让观者一眼就能够被图片所吸引才是网店产品畅销的最强有力的秘密武器。拍摄照片很简单，但是要想获得一张好的、称得上是商业作品的照片就不那么容易了。一幅商业作品所传达的信息不仅仅是产品的实用信息，更是对产品商业价值的完美表现。有些商业照片将实用性与创意性完美地结合在一起，达到了通过艺术的角度传播商业价值的目的。相对于用于推销的商品摄影而言，只要能够清晰地表达出产品的相关信息，并且能够吸引大众的眼球，即可称之为一幅优秀的商业照片。因此电商从业人员应在掌握摄影基础知识的基础上勤于操练，提高商品摄影的能力。

一、数码相机概述

随着科技进步和摄影技术的不断发展，相机逐渐由"机械+胶片"时代发展到了数码单反阶段。常见的数码相机根据设计特点和结构不同，通常可以分为4大类：数码单反相机、数码单电相机、数码微单相机和DC卡片机。从普遍性、灵活性和易扩充性等方面综合考虑，数码单反相机是目前电子商务商品摄影拍照的首选，几乎可以用来应对所有题材；数码单电相机可以视作小型化的数码单反相机，但其在对焦速度和操控性上与数码单反存在一定的差距；习惯使用旁轴胶片相机的摄影师，也许会对体积小巧的数码微单相机情有独钟；而超级便携的数码卡片机作为备机，几乎是所有电子商务摄影师都会携带的"暗器"（近年来有被手机取代的趋势）。

数码单反相机的全称是数码单镜头反光相机，英文缩写为 DSLR（即 Digital Single Lens Reflex）。数码单反相机的工作原理是，光线透过镜头到达反光镜后，被反射到上面的对焦屏，再通过五棱镜的折射（或反射）成像，用户透过目镜可以在取景器中实时看到景物。拍摄时按下快门按钮，反光镜弹起，感光元件（CMOS 或 CCD）前面的快门幕帘打开，光线通过镜头到达感光元件，并被转换成电子信号存储为图像文件。快门关闭后，反光镜恢复原位，可以在取景器中再次看到对焦屏上的成像。图 2-14 为尼康 D750 数码单反相机。

按照数码相机感光元件的尺寸大小可以分为大画幅、中画幅、全画幅、APS 画幅等不同画幅相机。

图 2-14　尼康 D750 数码单反相机

二、光圈、景深与快门

光圈和快门是镜头的两个极其重要的指标参数。

1. 光圈

光圈是在相机镜头内用来控制透过镜头进入机身内感光元件上的光量，光圈大小用 f 值表达，对一般情况下，f/5.6 以下的光圈为大光圈，如 f/5.6、f/4.5、f/4.0、f/3.2、f/2.8、f/2.0、f/1.4、f/1.2 等；f/6.3～f/9.0 的光圈为中等光圈，如 f/6.3、f/7.1、f/8.0、f/9.0 等；光圈在 f/10.0 以上时为小光圈，如 f/10.0、f/11.0、f/13.0、f/16.0 等。光圈 f 值越小，通光孔径越大（如图 2-15 所示），在同一单位时间内的进光量便越多简单说就是，在快门速度不变的情况下，数值越小，光圈越大，进光量越多；数值越大，光圈越小，进光量越少。完整的光圈值系列为：f/1.0、f/1.4、f/2.0、f/2.8、f/4.0、f/5.6、f/8.0、f/11.0、f/16.0、f/22.0、f/32.0、f/45.0、f/64.0，这组数值称为正级数光圈，在这一组数值中，上一级的进光量刚好是下一级的两倍，例如，光圈从 f/4.0 调整到 f/2.8，进光量便多一倍，也就是说光圈开大了一级，光圈如果按照这个数量级变化，不利于精确控制相机的入光量，因此相机厂商又在相邻的两级光圈中加入了副级数光圈，以便进行更精确的控制：f/1.2、f/1.8、f/2.2、f/2.5、f/3.2 等，最终构成了完整的光圈值体系。光圈值与实际光圈孔径大小的对比关系如图 2-15 所示。

图 2-15　光圈值与实际光圈孔径大小的对比关系

2. 景深

景深就是指照片中，对焦点前后能够看到清晰对象的范围（纵向距离）来衡量，清晰景物的范围较大，是指景深较深，即远处与近处的景物都非常清晰；清晰景物的范围较小，是指景深较浅，只有对焦点周围的景物是清晰的，远处与近处的景物都是虚化的、模糊的营造照片画面各种不同的效果都离不开景深范围的变化，风光画面一般都具有很深的景深，远处与近处的对象都非常清晰，人物、微距等题材的画面一般景深较浅，从而能够突出对焦点周围的对象。图 2-16 中清晰的猎豹和模糊的前景背景反映了景深的概念。

从实拍图上可以看出，画面中间猎豹所在的位置非常清晰，而向前或向后都比较模糊，基本上是处于景深之外的范围。

3. 快门

快门（Shutter）是相机控制曝光时间长短的装置，分为帘幕式快门（多用在单反和单电相机）和镜间快门，快门只有在按下快门钮时才会打开，到达设定时间后关闭。光线在快门

图 2-16 反映景深的照片

开启的时间内透过镜头到达感光元件，快门速度的设定决定光线进入的时长，快门速度是快门的重要参数，其标注数字呈倍数关系（近似）。中高端数码单反相机的快门速度通常是 30～1/8 000s，还可以设置 B 门。快门速度每提高一倍（例如 1/125s 换到 1/250s），感光元件接收到的光量减少一半。

在相机上，快门速度与光圈一样，也是用数值来表示的 i 快门速度表示的是曝光的实际时间长度，常见的快门速度有 30s、15s、8s、4s、2s、Is、1/2s、1/4s、1/8s、1/15s、1/30s、1/60s、1/125s、1/250s、1/500s、1/1 000s、1/2 000s、1/4 000s 等。快门速度的命名方式与光圈的命名方式类似，上面的这组快门速度即被称为正级数快门。但是可以发现，正级数快门速度的变化幅度较大，有时控制拍摄效果时显得不够精准，因此当前的数码单反相机中又加入了一组副级数快门速度，在正级数相邻快门速度值的中间加入调节幅度更精细的副级数快门速度，可以使拍摄时的参数控制更为精准。可以在自定义功能中设置曝光等级增量。

三、ISO 感光度

ISO 感光度是摄影领域最常使用的术语之一，在胶片时代表示胶卷对光线的敏感度，分有 100、200 和 400 等。感光度越高，感光材料对光线的敏感度就越高，越容易获得较高的曝光值，拍到更为明亮的画面，越适合在光线昏暗的场所拍摄，但同时色彩的鲜艳度和真实性会受到影响。在数码摄影时代，数码相机的感光元件代替了胶卷，并且可以随时调整 ISO 感光度，等同于更换不同感光度值的胶卷。

其实严格来看，ISO 与感光度是不同的两个概念，感光度是指感光元件 CCD/CMOS 对于光线的敏感程度，衡量这种敏感程度的单位是 ISO，ISO 有具体的数值，如 100、200、400、800、1 600 等，数值越大，代表感光元件对光线的敏感程度越高。

曝光时 ISO 感光度的数值不同，最终拍摄照片的画质也不相同。ISO 感光度发生变化即改变感光元件 CCD/CMOS 对于光线的敏感程度，其具体原理是在原感光能力的基础上进行增益（比如乘以一个系数），增强或降低成像的亮度，使原来曝光不足偏暗的画面变亮，或者使原来曝光正常的画面变暗。一般情况下，ISO 值越低画质越好，随着 ISO 值的增加，画面会出现噪点，影响画质。目前，大部分数码相机在 ISO 值低于 1 600 的情况下降噪能力较好，噪点对画质的影响较小。另外，长时间曝光导致噪点增加，从而影响画质也是需要注意的问题，切不可单纯降低 ISO 值。

四、白平衡

物体受热会发光刚点燃的物品,在温度相对较低时候颜色整体为偏红色,然后变为黄色的火焰,燃烧一段时间后温度变得更高,火焰变白,发出耀眼的光芒,有时会变为蓝色的光芒,可以看出,随着温度的变化,火焰的颜色也不一样,火焰从红色变为蓝色的过程,也是温度变高的过程,这就是用色彩来衡量温度,通常称为色温。摄影学中,通常用色温来衡量拍摄现场的光线色彩情况,最为典型的例子是早晚环境中的红色表示太阳光线的色温稍低;而中午略微泛蓝的环境表示光线色温偏高;到了夜间环境,在荧光灯的照射下,色温较低,由此可见,色温是决定照片色调一个非常重要的因素。

相机的白平衡模式是根据不同天气、不同光线条件下测出的白色,将晴天时的白色作为晴天白平衡标准,将阴天时的白色作为阴天白平衡标准,等等。而不同光线又对应着不同的色温,也就是说,白平衡是在不同色温下测出的白色标准,两者是对应关系。例如,相机厂商将在晴天太阳光线下的白色作为日光白平衡,此时的色温在 5 500K 左右,将其内置到相机,这样用户使用日光白平衡模式(对应着 5 500K 左右的色温)拍摄晴天时的画面,就能准确还原色彩。

手动预设白平衡可以通过直接测量的方法,将一个纯白色物体(或标准灰板)物体放置在用于最终拍摄的光线下,操作相机测量当前环境中的白色标准,并将测量的结果作为拍摄的白平衡标准,这样就可以在当前环境中准确还原色彩了。

另外,数码单反相机都具备自动白平衡功能(AUTO)。自动白平衡是相机内存置的针对某些通用光源的最佳优化设置方案,它会根据白平衡感测器,自动探测出拍摄对象的色温值,选择最接近的色调设置并加以校正,然后白平衡控制电路自动将白平衡调到合适的位置。自动白平衡通常是数码相机的默认设置,它通过复杂的算法自动决定画面中的白平衡基准点,以此来完成白平衡的调校。随着当今数码摄影技术和应用的逐渐深入,相机自动白平衡的准确度越来越高。

五、曝光与曝光补偿

曝光(Exposure)是指感光材料上接受光线而产生物理变化的过程。对于传统的胶片相机,感光材料是胶片,而对于数码单反相机则是感光元件。曝光就是在正确测光的基础上由相机自动控制曝光量的过程,使用相机的自动曝光,可以满足大多数的日常拍摄需要,相机通过内部的测光系统对拍摄景物的光照情况进行测量,并将得到的数据传输到相机处理器中,通过自动曝光系统的分析与计算之后,通过实现光圈与快门速度的曝光组合,最终得到一张影调正常并符合拍摄者创意的摄影作品,在这个过程中,测光是获取数据的过程,曝光则是根据这个数据执行的过程,二者协调一致共同运作是摄影师掌控光线完成拍摄的技术基础。

(一)曝光模式

数码单反相机一般都设置有光圈优先、快门优先、P、M 和 B 门这 5 种模式,每种模式都有其适合拍摄的场景和题材。光圈优先模式,是指用户手动控制光圈大小,而快门则由相机根据曝光的需求来确定。如果设定测光模式后选择 P 模式,那么相机会根据计算的曝光值,自动确定一组光圈和快门的组合,用户按下快门按钮即可完成拍摄与此同时,如果对相机给予的光圈和快门速度不满意,可以转动拨盘改为另外的光圈和快门速度组合。

拍摄一些运动的题材时，摄影师应该首先设定合理的快门速度，以确保运动对象不会模糊，这种情况下应设定快门优先模式；全手动模式下，用户可以分别改变光圈和快门速度。也就是说在拍摄时，可以先设定光圈，再设定快门速度，曝光值由用户自行决定。全手动模式是最强大的曝光模式，可以充分表现用户的创作意图。

（二）曝光补偿

摄影时，环境的明暗也会反映在所拍的照片上。例如，夜晚拍摄的照片也比较暗，但会比真实场景要亮一些；有太阳的室外拍摄的照片会比实际场景暗一些这是因为相机为防止曝光过度或曝光不足，自动进行了一定的调节。如果要让照片与实际场景的明暗程度一样，就需要使用曝光补偿来进行调节。如果要增加照片亮度，可适当增加曝光量；反之则减少曝光补偿曝光值以 EV 值来衡量，EV 值每增加 1.0，相当于摄入的光线量增加一倍；EV 值每减小 1.0，相当于摄入的光线量减少 50%，按照不同相机的补偿间隔，可以以 1/2（0.5）EV 或 1/3（0.3）EV 的单位来调节。

六、对焦

随着对摄影认识程度的加深，以及所拍摄题材的拓展，摄影者往往会发现其实对焦是非常难的。这种难不在于一般风光和人像题材的拍摄，而是在于对体育运动、生态鸟类、微距等题材的精准捕捉。

数码单反相机的对焦速度要显著高于小型的数码相机，其根源就在于它们的自动对焦原理不同，数码单反相机通常采用的自动对焦方式是"相位检测对焦"，具有对焦速度快、精度高的特点，而消费级数码相机则采用"反差式对焦"。

数码单反相机的快门按钮有两级行程，半按即启动自动对焦系统，相机瞬间即可完成对焦过程并发出蜂鸣声提示，在取景框中对应的自动对焦点显示为红色，表示对焦已经完成。此时完全按下快门按钮即可拍摄。半按快门按钮，相机执行自动对焦操作。如果镜头中的镜片反复运动，取景框中的景物不清晰，相机未发出对焦提示蜂鸣声，取景框的自动对焦点没有显示为红色，且取景框左下角的对焦指示显示为三角箭头或闪烁的三角箭头，则表示相机此时无法完成自动对焦。这时可以松开快门按钮，重新选择自动对焦点或拍摄目标，再次半按快门按钮重新执行自动对焦操作。

摄影时，更多的情况是对焦位置的主体并不在画面的中央，这可以通过提前改变对焦点位置来实现拍摄时的对焦。此外还有一种普及性更广的方法：先对主体对焦，锁定对焦，然后重新构图拍摄。具体的操作方法是：先半按快门按钮对主体对焦，然后保持快门按钮的半按状态不要松开，再移动相机的取景视角进行构图，构图完成后完全按下快门按钮，完成拍摄。

七、商品摄影举例

1. 小件商品拍摄

时至今日，电子商务经营已经不再满足于仅仅展现商品的外观，在消费者越来越挑剔的目光下，商品的优势和价值、悠闲的生活节奏、小资情调和无法言说的意境都有可能成为打开他们心门的那一把钥匙。

如图 2-17 所示，在当今的网络零售行业，有越来越多的商家在拍摄商品照片时开始加入个人的感情，以此来营造出一种购物的氛围。

2. 反光体类商品拍摄

反光体的表面非常光滑，对光的反射能力也比较强，犹如一面镜子，所以，拍摄反光体一般都是让其出现"黑白分明"的反差视觉效果。反光体多是一些表面光滑的金属饰品，或是没有花纹的瓷器，要表现出表面的光滑质感，就不能使一个立体面中出现多个不统一的光斑或黑斑，因此最好的方法就是采用大面积照射的光或利用反光板照明，光源的面积越大越好。大多数情况下，反射在反光表面上的白色线条可能并不均匀，但必须保持统一性和渐变效果，这样才会显得真实，如果反光面上出现高光，则可以通过很弱的直射光源降低高光效果。反光体布光最关键在于反光效果的处理，特别是一些有圆弧形表面的柱状和球形商品，所以，我们在实际拍摄中通常会使用黑色或白色卡纸来打反光，以加强它们表面的立体感。

图 2-18 中所拍摄的商品既有反光体又有吸光体，手机链和鲜花的制作材质是纺织品，属于典型的吸光表面，化妆镜和手机虽然表面都做了磨砂处理，但还是具有反光的特点，当然，和表面光洁度更高的金属饰品比起来，它们的反光度就小了很多。拍摄这类商品时，要注意相机和拍摄者的倒影不要反射到商品的反光面上，否则就会出现黑斑，用大面积的柔光光源来降低商品表面反射的锐度，使商品的色调和层次更加丰富，准确地表现出光滑的表面质感。

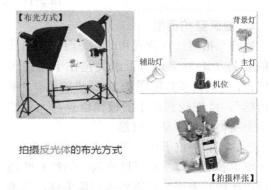

图 2-17　小件商品拍摄　　　　　图 2-18　反光体类商品拍摄

主灯位于被拍摄商品的右前方，灯光照射角度为 45 度左右，闪光灯安装了柔光箱，布光时要特别注意闪光灯照射的角度对手机金属边和化妆盒表面带来反光影响。

辅助灯位于被拍摄商品的左侧，是一盏带有柔光箱闪光灯，这个位置布光的作用在于对暗面进行补光处理，同时减弱由主灯照射带来的商品阴影。

背景灯位于被拍摄商品的右后方，闪光灯上需加装标准反光罩、挡光板和蜂巢，其作用在于勾勒商品轮廓的同时又照亮背景，在拍摄时需要注意挡光板位置的调整，以此来控制副灯的光照范围。

3. 服装摆拍

平铺摆拍要注重服装的颜色和细节，如图 2-19 所示，服装的平铺造型也有很多种，可以将衣服的腰身顺势叠入背后来摆放，因为身体是立体的，商品穿在身上时，正面看过去，腋下和侧身的部分是几乎看不到的，因此，这才是衣服穿上后最真实的状态。

也可以故意弄一点皱褶出来，使平铺的衣服看起来也似乎有了腰身和立体感；比较厚实和挺括的面料，如牛仔裤，可以在摆放的时候用自然的褶皱让裤管之间有涨满空气的感觉，以增加衣服的体量；找一些漂亮的小装饰物来搭配衣服摆放，可以避免画面单调；将平铺的衣服想象成有人穿着的样子,将衣袖和裤腿都拗点造型出来,就像衣服自己在地板上摆 POSE!还可以在摆放时加入一些搭配建议,不仅可以使画面更美观,还有可能实现捆绑销售,提高店铺的客单价。

图 2-19　服装摆拍

4．服装穿拍造型

模特穿拍要注重款式和动态,而模特拍照时的姿势和造型漂亮与否最关键在于手摆放的位置,我们只要按照图 2-20 所讲的那样"哪疼捂哪",就能找到放手的最佳位置,而且照片也会变得更加生动、自然。

"头疼":手位于头部四周的造型。"头疼""牙疼"和"腰疼"都可以分为一侧疼和两边都疼,比较好表现的是前头疼和偏头疼,最难表现的是后头疼,因为脸部的角度较难掌握,补光也较讲究。

图 2-20　服装穿拍

"牙疼":手位于嘴部周围的造型。人在牙疼时手会自然地撑下巴,这种体态最宜表现少女的天真和纯洁,将手放在秀发外的牙齿部位也能收到良好的效果,这属于"牙疼"的一种变形,如果疼得受不了的时候还可以蹲下,这样也会显得很自然。

"腰疼":手位于腰部位置的造型。一侧疼比两边都疼的造型做起来更简单一些,除非是专业模特或者舞蹈演员才能摆好两侧"腰疼"的造型,但是"腰疼"造型如果使用得当会产生意想不到的效果,女人摆一侧疼的造型会显得妩媚,男人摆两侧都疼的造型会增添阳刚之气。

"腿疼":手位于大小腿位置的造型。"腿疼"是模特拍照时的热门造型,有大腿疼、膝盖疼和小腿疼,其中,女孩脚踝疼的造型最美。还可以结合腰部摆出"腰腿疼"的造型,或者利用身体各部位与膝盖的距离,拗出很酷很明星范儿的造型。

杰出人物　刘强东

刘强东,京东集团首席执行官,1974 出生于江苏省宿迁市来龙镇光明村,家境贫寒。

1992年，刘强东考入中国人民大学社会学系，决定要开始独立生活，不再向家里要一分钱。从大一开始就频繁地做很多兼职。1993年，大二的刘强东迷上了电脑编程，为了学习编程，经常是在机房睡到早晨再去上课。学会编程的刘强东给老家的政府部门编了一套电力管理系统，给沈阳的快餐店编了一套餐饮管理系统。由于在校期间频繁兼职，收入颇丰。他也承包过餐馆，但以失败告终。

毕业之后，刘强东在一家外资企业工作了两年，历任电脑担当、业务担当、物流主管等职。

1998年，刘强东拿着1.2万元积蓄赶赴中关村，租了一个小柜台，售卖刻录机和光碟。柜台名叫"京东多媒体"，这便是"京东商城"的前身。到了2001年，京东已成为当时中国最大的光磁产品代理商，并在全国各地开设了十多家分公司。刘强东的个人财富也首次突破了1 000万元。从这时候起，他把京东商城定位为传统渠道商，打算复制国美、苏宁的商业模式经营IT连锁店。

2003年，京东多媒体连锁店已经发展到十多家，但由于"非典"的到来，刘强东担心员工感染，把12家门店全部关闭，开始尝试线上销售。非典结束后，线上线下同步运营。2004年1月1日，京东多媒体网站正式上线，图2-21为目前的京东首页。

2004年底，刘强东下定决心关闭所有线下店面，转型为一家专业的电子商务公司，这一战略决策让京东得以抓住了未来的消费趋势。2007年，京东获得第一笔融资，由此进入发展的快车道。同年，刘强东做出两大决定性战略决策，一是向全品类扩张，从只做3C产品转为一站式购物平台，二是决定自建仓配一体的物流体系，这是京东真正蜕变的开始。

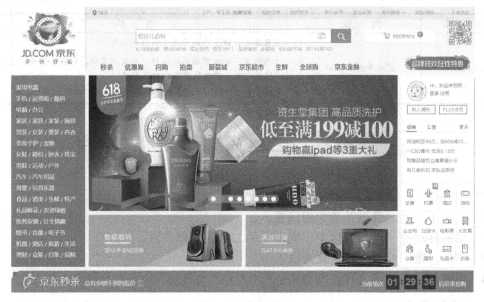

图2-21　京东首页

刘强东提出了针对消费品行业的"十节甘蔗"理论，即零售、消费品行业的价值链分为创意、设计、研发、制造、定价、营销、交易、仓储、配送、售后等十个环节，其中前五个环节归品牌商，后面五个环节则归零售商。从长期来看，市场规律导致了行业和品牌的利润相对固定在一个合理的水平上。那么，如何在固定的利润水平上发掘更大的价值？京东的做法是"吃掉更多的甘蔗节数"，即不只是做交易平台，还要将业务延伸至仓储、配送、售后、营销等其他环节。

刘强东认为,"创造价值才能获得回报"是所有商业模式的基础。他提出:传统商业的价值和经济规律完全适用于互联网,任何一种互联网商业模式,如果不能够降低行业的交易成本,不能够提升行业交易效率的话,那么最后注定会失败的。

2014年5月22日,京东在美国纳斯达克证券交易所挂牌交易,股票代码"JD",成为中国第一家在美国纳斯达克成功上市的大型综合电子商务公司。

2016年1月16日,在京东集团以"新经济,新秩序"为主题的年会上,刘强东提出:"京东始终重视商品的品质及用户的体验,并以'品质、品牌、品商'为核心,逐步建立互联网时代的新秩序和新规则,致力于让每个家庭对品质生活的追求触手可及。""中国经济未来的出路唯有走品质化、品牌化的道路,把质量放在第一位,扶持大量本土品牌,有了好的品牌,有了高溢价,企业才能得到利润,才可以给员工增加薪水,员工收入提高了才能买得起好品牌、高品质的产品,这样才能形成良性循环。"

中国连锁经营协会公布了《2016年中国网络零售百强》榜单,以各零售企业2016年的自营商品交易总额来进行计算,京东以9 392亿的商品交易总额排名榜单第一位,并且实现了大幅度的扭亏为盈。而这也是京东连续亏损12年来,首季度实现完全意义上的盈利。

2016胡润IT富豪榜,刘强东以420亿元排名第7位。

 技术类岗位介绍 前端开发工程师

岗 位 类 型	岗 位	说 明
技术类	前端开发工程师	**岗位界定**:Web前端开发工程师的简称 **工作内容**:Web前端系统设计、开发与实现,Web页面进行性能优化以及特性开发,提升用户体验和可用性 **核心技能**:HTML,CSS,JavaScript

实训项目二　二维码制作技术与应用

一、实训目标

1)了解不同的二维码及其应用场景。
2)掌握移动电子商务应用中不同种类的二维码制作方法。
3)掌握二维码编辑及个性化方法。
4)能够使用二维码进行移动营销。

二、实训环境

1)连接Internet的个人计算机,安装Windows7或Windows10操作系统。
2)使用3G/4G Android或iOS智能手机,开通3G/4G网络或Wi-Fi。

三、实训背景知识

自从二维码出现以后,无论走到哪里,线上还是线下,总能看到大量的二维码,有商家的,也有个人的。二维码的火爆预示着移动营销时代到来了,出现了很多免费的二维码制作软件，图 2-22 所示的是二维码大师软件界面。如何做好二维码营销，现在还处于摸索状态。本实训旨在从移动商务营销的角度出发，带领读者了解二维码，并详细介绍二维码的具体实操方法，从中挖掘出二维码的真正潜能。

实训任务如下：
- 制作文本功能二维码。
- 制作名片功能二维码。
- 制作网址二维码。
- 短信功能二维码制作。
- Wi-Fi 功能二维码制作。
- 电话功能二维码制作。
- 邮箱功能二维码制作。
- 地图功能二维码制作。
- 制作带 Logo 的二维码。

四、实训指导

1．制作文本功能二维码

图 2-22　二维码大师软件界面

1）输入网址"http://www.liantu.com"进入联图网页面，在左侧导航栏单击图标，输入想要展示的内容，这里输入"O2O 电子商务异军突起。"，输入文字完成后，直接在右侧产生相应文本二维码，如图 2-23 所示。

当然，还可以在二维码下面设置不同风格的个性化文本二维码。

2）用手机微信的"扫一扫"功能扫描该二维码，产生的扫描结果为"O2O 电子商务异军突起。"，如图 2-24 所示。

图 2-23　文本二维码制作　　　　图 2-24　手机扫描生成的文本二维码后还原的文本信息

3）如果单击右下方的"保存图片"按钮，可以将该二维码保存为图片形式，用于文本、海报和图片广告等营销设计中。

2．制作名片功能二维码

1）在联图网中，在左侧导航栏单击图标，按照要求输入个人信息，将在右边产生相应的名片二维码，如图 2-25 所示。

2）用手机微信的"扫一扫"功能扫描该二维码，手机上产生的结果如图 2-26 所示。

图 2-25 名片二维码制作　　　　图 2-26 手机扫描名片二维码
后还原的个人名片信息

3）在手机上单击"保存"按钮后,将其信息保存在联系人列表中。

3. 制作网址二维码

1）在联图网中,在左侧导航栏单击图标 ,按照要求输一个网址(网址、页面或产品链接),这里输入的是"京东商城"的链接地址,如图 2-27 所示。

2）单击"保存图片"按钮,将其保存为一个图形文件,打开该二维码图片,使用微信"扫一扫"功能扫描该二维码,将在手机浏览器中打开京东商城购物网站,如图 2-28 所示。

图 2-27 网址二维码制作　　　　图 2-28 手机扫描生成的网址二维码后进
入京东商城网购平台

第二章 电子商务基础技术

4．短信功能二维码制作

1）在联图网中，在左侧导航栏中单击图标 ，按照要求输入短信内容和手机号码，将自动产生相应的二维码，如图2-29所示。

2）使用360安全卫士中的"安全扫码"功能扫描该二维码，将直接进入手机短信发送界面，可以快速编辑并发送短信，如图2-30所示。

图2-29　短信二维码制作　　　　　图2-30　扫描生成的短信二维码
　　　　　　　　　　　　　　　　　　　　　产生收发短信提示信息

5．Wi-Fi功能二维码制作

1）在联图网中，在左侧导航栏中单击图标 ，输入网络账号、密码并在下拉列表框中选择加密类型，即可生成相应的二维码，如图2-31所示。

2）使用360安全卫士中的"安全扫码"功能扫描该二维码，将尝试Wi-Fi连接，如图2-32所示。

图2-31　制作Wi-Fi二维码　　　　　图2-32　扫描生成的Wi-Fi二维码
　　　　　　　　　　　　　　　　　　　　　产生无线Wi-Fi账号信息

6．电话功能二维码制作

1）在联图网中，在左侧导航栏中单击图标 ，输入手机号码即可以生成相应的二维码，如图2-33所示。

2）用手机扫描制成的二维码，就可以拨打相应电话。

图 2-33　电话二维码制作

7．邮箱功能二维码制作

1）在联图网中，在左侧导航栏中单击图标，输入需要发送邮件的电子邮件账号，将产生相应的二维码，如图 2-34 所示。

2）使用手机扫描制成的二维码，将进入电子邮件编辑页面，可以向输入的邮箱地址发送邮件。

图 2-34　邮箱二维码制作

8．地图功能二维码制作

1）在联图网中，在左侧导航栏中单击图标，改变地图中的比例大小并选择某一地点进行标注，右边将产生相应的二维码，如图 2-35 所示。

图 2-35　地图二维码制作

2）使用手机扫描该二维码，将在手机浏览器中打开百度地图到所设定的位置，如图 2-36 所示。

图 2-36　手机扫描生成的地图二维码直接导航到设定位置

9．制作带 Logo 的二维码

准备好需要嵌入二维码的 Logo 图片，注意，Logo 图片应该是高纠错等级的图片，嵌入的 Logo 不能超过二维码图案区域的 30%。

1）在联图网中制作一个地图二维码，在二维码下方单击"嵌入 Logo"选项卡，然后浏览并选择 Logo 图片文件，保存后即可生成带 Logo 的二维码，如图 2-37 所示。

2）使用手机扫描该二维码，将在手机浏览器中打开百度地图到所设定的位置，如图 2-38 所示。

图 2-37　制作带 Logo 的二维码　　　　图 2-38　手机扫描生成的带 Logo
　　　　　　　　　　　　　　　　　　　　　　　的二维码直接导航到设定位置

思考与练习

1. 简述计算机系统的组成及工作原理。
2. 简述计算机网络的构成。网络协议有什么用处？
3. 简述 IP 地址的格式。域名与 IP 地址有什么关系？
4. Internet 提供的服务有哪些？其中在电子商务领域应用最广泛的服务是什么？
5. 移动互联网的哪些技术对电子商务发展有积极作用？举例说明。
6. 物联网、云计算、大数据三大技术之间有什么关系，对我们生活有什么影响？
7. 根据学过的知识和通过上网（或其他途径）查阅资料，对案例导引进行分析。

第三章

电子商务安全与电子支付

学习目标

- 能够描述电子商务活动存在的安全问题。
- 能够描述加、解密的电子认证工作机制。
- 能够描述常用的电子支付工具和支付方法。
- 能够使用网上银行和第三方支付平台进行电子支付。
- 强化电子商务安全意识,在熟练掌握电子支付技术的同时,培养良好的职业道德风尚。

案例导引

CSDN等网站被曝泄露用户数据 互联网深陷"泄密门"

2011年底,国内最大的程序员网站CSDN被曝有600多万用户的数据库信息被黑客公开,随后网上又出现嘟嘟牛、7K7K、多玩网、178游戏网等多家网站用户数据库泄露的消息,一场互联网年末的恐慌如多米诺骨牌般迅速传播。

2011年12月21日,360安全卫士官方微博较早发布消息称,"今日有黑客在网上公开了CSDN网站用户数据库信息,包括600余万个明文的注册邮箱账号和密码",一石激起千层浪。22日,此事急剧升温,嘟嘟牛、7K7K、人人网等网站的"密码集"也先后出现在网络上。

国家互联网应急中心运行部主任表示,正在调查相关情况,但还未能核实清楚到底有多少网站牵涉其中,受影响的用户数量尚不明确,其中不排除有虚假信息炒作。

国家互联网应急中心12月22日发布的《关于CSDN中文社区用户账号密码泄露的安全公告》指出,目前网上泄露的CSDN用户数据库为2009年4月前的用户数据库,用户账户密码采用明文存储。CSDN在2009年4月已经升级系统,使用加密方式保存用户账户密码信息,因此最新的用户数据库尚未发现类似安全问题。

尽管如此,国家互联网应急中心已经要求CSDN尽快采取应对措施,查找并修复系统安全隐患,规范网站管理措施,对用户提供应急处理协助。

"由于许多网民的邮箱、微博、游戏、网上支付、购物等账号设置了相同的密码,如果一家网站的服务器被黑客攻破,用户的常用邮箱和密码泄露后,可能导致网上支付等其他重要账号一并失窃。"360网络安全专家石晓虹博士说,目前除CSDN外,已经通过技术验证确认有其他网站的用户数据库信息被泄露。

360、金山等网络安全企业于2011年12月20日启动红色安全预警,360公司还紧急推出了密码安全鉴定器，许多互联网企业也已通过各种方式提醒用户修改密码。

此次泄密事件也只是我国互联网发生安全隐患的一个例子。近年来，伴随着中国网络规模的持续增长。互联网应用的不断丰富以及电子商务的逐步普及，互联网安全的严峻形势正日益凸显，互联网安全事件时有发生。同时，移动互联网、三网融合、云计算、IPv6 等不断创新发展的技术都在对网络安全提出新的挑战。

（案例来源：http://news.eastday.com/s/20111227/u1a6279150.html，有改动）

信息技术日新月异的发展，使得基于 Internet 技术的电子商务已逐渐成为人们进行商务活动的新模式。伴随着电子商务的日益普及，其安全问题也变得越来越突出。由于电子商务建立在高度开放的 Internet 平台之上，相关的商业报价、方案、谈判、支付等机密信息都在网络上处理、存储和传输，这就对其安全性提出了更高的要求，安全性也成为决定电子商务进一步发展的关键问题。加强对这一问题的研究和探索，对电子商务的发展具有重要的意义。

第一节　电子商务安全技术概述

安全问题一直困扰着电子商务的发展，诸如计算机病毒、计算机黑客、计算机网络系统自身脆弱性等各方面已经对电子商务的安全构成严重威胁。电子商务的安全涉及方方面面，不是单纯依靠哪一种安全技术就能一劳永逸的。安全问题是电子商务成功与否的关键所在，也是致命所在。因为电子商务的安全问题不仅关系到个人的资金安全、商家的货物安全，甚至还关系到国家的经济安全、国家经济秩序的稳定等问题。所以，必须把电子商务的安全问题提到重要的议事日程上来，只有这样，才能保证电子商务的健康发展。电子商务安全从整体上可分为两大部分：网络安全和交易安全。

一、电子商务活动的网络安全

电子商务活动的网络安全包括计算机网络设备安全、计算机网络系统安全、数据库安全等。其特征是针对计算机网络本身可能存在的安全问题，以保证计算机网络自身的安全性为目标，实施网络安全增强方案。一个全方位的计算机网络安全体系结构包含网络的物理安全、访问控制安全、系统安全、用户安全、信息加密、传输安全以及管理安全等。目前的电子商务活动充分利用各种先进的主机安全技术、身份认证技术、访问控制技术、密码技术、防火墙技术、安全审计技术、安全管理技术、系统漏洞检测技术、黑客跟踪技术，在攻击者和受保护的资源间建立多道严密的安全防线，极大地增强了恶意攻击的难度，并增加了审核信息的数量，利用这些审核信息可以跟踪入侵者。

二、电子商务活动的交易安全

电子商务活动的交易安全紧紧围绕传统商务在互联网上应用时产生的各种安全问题，在计算机网络安全的基础上，保障电子商务过程的顺利进行，即实现电子商务的保密性、完整性、可鉴别性、不可伪造性和不可抵赖性。其主要有以下几种情况：

（1）窃取信息　数据信息在未采用加密措施的情况下，以明文形式在网络上传送，攻击者能够在传输信道上对数据进行非法截获、监听，获取通信中的敏感信息，造成网上传输信息泄露。即使数据经过加密,但若加密强度不够,攻击者还是可以通过密码破译得到信息内容,造成信息泄露。

（2）篡改信息　攻击者在掌握了信息格式和规律后,采用各种手段对截取的信息进行篡改,破坏商业信息的真实性和完整性。

（3）身份仿冒　攻击者运用非法手段盗用合法用户身份信息,利用仿冒的身份与他人交易,获取非法利益,从而破坏交易的可靠性。

（4）抵赖　某些用户对发出或收到的信息进行恶意否认,以逃避应承担的责任。

（5）网络病毒　互联网的发展,大大加速了病毒的传播,同时病毒的破坏性越来越大,严重威胁着电子商务的发展。

（6）其他安全威胁　电子商务的安全威胁种类繁多,有故意的也有偶然的,存在于各种潜在方面。操作人员的不慎重所导致的信息泄露,媒介所导致的信息泄露等都对电子商务的安全性构成不同程度的威胁。

网络安全与交易安全实际上是密不可分的,两者相辅相成,缺一不可。没有计算机网络安全作为基础,交易安全就犹如空中楼阁,无从谈起;没有交易安全保障,即使计算机网络本身安全可靠,仍然无法达到电子商务所特有的安全要求。

三、电子商务活动的安全要求

面对电子商务活动过程中的种种网络安全和交易安全的威胁,要保障电子商务活动的正常进行,必须保证以下几点:

（1）信息保密性需求　交易中的商务信息均有保密的要求,它代表着个人、集体或国家的商业机密。交易信息一旦泄露,将直接影响双方的利益,如信用卡的账号和用户名等不能被他人知道。因此,商务信息在传播过程中一般都有加密的要求。

（2）信息完整性需求　信息完整性是指在数据处理过程中,原来的数据和现行数据之间保持完全一致。为了保障商务交易的严肃和公正,交易的文件是不可被修改的,否则必然会损害一方的商业利益。因此,要预防对信息的随意生成、修改和删除,同时要防止数据传送过程中信息的丢失和重复。例如,订单信息通常需要加密,必须以完整性来保证订单信息的准确性和真实性。

（3）不可否认性　不可否认性是防止发送方或接收方抵赖所传输的消息的一种安全服务。也就是说,当接收方接收到一条消息后,能够提供足够的证据向第三方证明这条消息的确来自某个发送方,而使得发送方抵赖发送过这条消息的图谋失败;同理,当发送一条消息时,发送方也有足够的证据证明某个接收方的确已经收到这条消息。由于商情的千变万化,交易一旦达成是不能被否认的,否则必然会给另一方带来损失。因此,必须确保通信或交易双方无法对已进行的业务进行否认。

（4）交易者身份鉴别需求　网上交易的双方很可能素昧平生、相隔千里。要使交易成功,首先要能确认对方的身份,确保交易者是交易者本人,而不是其他人。同时,有的交易者真实存在,但违反商业道德、恶意透支或提供假冒伪劣商品。因此,利用身份认证,结合银行、工商管理部门和税务部门的有关查处信息,可以有效保证交易的安全性,拒绝非法用户访问系统资源,限定合法用户只能访问系统授权的和指定的资源。

（5）系统有效性　电子商务交易随时可能发生,其系统的有效性将直接关系到个人、企业或国家的经济利益和声誉。因此，要对网络故障、操作错误、应用程序错误、硬件故障、系统软件错误及计算机病毒所产生的潜在威胁加以控制和预防，以保证贸易数据在确定的时刻、确定的地点是有效的。

（6）可审查性需求　在确认出现安全问题或可能存在安全问题时，系统应能够对网络安全问题提供调查的依据和手段。例如，在防火墙中设置日志记录器，并提供日志查看器，进行事后跟踪和审查。

（7）操作合法性需求　电子商务安全保障除了依靠技术，还需要相关法律来认可和保护。2004年8月28日，中华人民共和国第十届全国人民代表大会常务委员会第十一次会议通过了《中华人民共和国电子签名法》，并于2005年4月1日起施行。它是一部具有很高级别和地位的法律，赋予了电子签名与传统签名同样的法律效力及法律责任，让进行电子商务活动的人们吃了一颗定心丸。

四、电子商务安全体系及基本安全技术

针对上述电子商务交易时所面临的风险，应该采用较为严密、先进的安全防范体系。电子商务安全体系大体可以分为技术保障、法律控制、社会道德规范、完善的管理政策和制度等几个方面。具体可以将其分为几个层次的措施，即数据信息安全措施、软件系统安全措施、通信网络安全措施、硬件系统安全措施、物理实体安全措施、管理细则、保护措施、法律规范、道德纪律。

信息技术进步所引发的电子商务安全问题更适合依靠技术本身来解决，由信息技术发展所带来的电子商务安全问题也必须用新技术来进行弥补。在这种前提下，在电子商务的安全保护中，不断涌现的各种技术保护措施就变得更加引人注目。电子商务的基本安全技术有信息加密技术、防火墙技术、安全认证技术、黑客防范技术、虚拟专用网技术和防病毒技术等。

五、计算机病毒及防范

电子商务活动离不开计算机和网络。在电子商务交易中，计算机病毒及网络木马造成了严重的安全隐患。

1．病毒及木马概念

《中华人民共和国计算机信息系统安全保护条例》对计算机病毒（Computer Virus）进行了明确的定义："编制或者在计算机程序中插入的破坏计算机功能或者破坏数据，影响计算机使用并且能够自我复制的一组计算机指令或者程序代码。"计算机病毒必须满足以下两个条件：

（1）必须能自行执行　计算机病毒通常将自己的代码置于另一个程序的执行路径中。

（2）必须能自我复制　例如，计算机病毒可能用受病毒感染的文件副本替换其他可执行文件。病毒既可以感染桌面计算机也可以感染网络服务器。

特洛伊木马（Trojan Horse）简称木马，是从希腊神话里面的"特洛伊木马"得名的。其原意出处是希腊人在一只假装用于祭礼的巨大木马中藏匿了许多希腊士兵并引诱特洛伊人将它运进城内，到夜里马腹内的士兵与城外士兵里应外合，一举攻破了特洛伊城。现在所谓的特洛伊木马正是指那些表面上是有用的软件，实际上却会危害计算机安全并导致严重破坏的计算机程序。它是具有欺骗性的文件（宣称是良性的，但事实上是恶意的），是一种基于远程控制的黑客工具，具有隐蔽性和非授权性的特点。隐蔽性是指木马的设计者为了防止

木马被发现,会采用多种手段隐藏木马,这样服务端即使发现感染了木马,也难以确定其具体位置;非授权性是指一旦控制端与服务端连接后,控制端将窃取到服务端的操作权限,如修改文件,修改注册表,控制鼠标、键盘,窃取信息等。一旦中了木马,互联网用户的系统可能就会门户大开,毫无秘密可言。木马与病毒的重大区别是木马不具备传染性,它并不能像病毒那样复制自身,也并不"刻意"地去感染其他文件。它主要通过将自身伪装起来,吸引用户下载执行来进行传播。木马中包含能够在触发时导致数据丢失甚至被窃的恶意代码,要使木马传播,必须在计算机上有效地启用这些程序,如打开电子邮件附件或将木马捆绑在软件中,放到网络上吸引人下载执行等。现在的木马一般以窃取用户相关信息为主要目的,如用户名、密码等。简单地说,两者的区别是病毒破坏用户信息,木马窃取用户信息。

2. 反病毒软件

防治计算机病毒和木马主要使用病毒清除软件,国内也称杀毒软件。杀毒软件是由国产的反病毒软件厂商,如江民、瑞星、金山等起的名字,后来为了和世界反病毒业接轨统称为"反病毒软件"(Anti-virus Software)或"安全防护软件"(Safe-defend Software)。近年来,又陆续出现了集成防火墙的"互联网安全套装""全功能安全套装"等名词,实际上它们都属于同一类,是用于消除计算机病毒、木马和恶意软件的一类软件。反病毒软件通常具有监控识别、病毒扫描和清除以及自动升级等功能,有的反病毒软件还带有数据恢复等功能。

反病毒软件的任务是实时监控和扫描磁盘。部分反病毒软件通过在系统中添加驱动程序的方式进驻系统,并且随操作系统启动。大部分的杀毒软件还具有防火墙功能。反病毒软件的实时监控方式因软件而异。有的反病毒软件是通过在内存里划分一部分空间,将计算机里流过内存的数据与反病毒软件自身所带的病毒库(包含病毒定义)的特征码相比较,以判断是否为病毒;另一些反病毒软件则在所划分到的内存空间里面,虚拟执行系统或用户提交的程序,根据其行为或结果做出判断。扫描磁盘的方式则和上面提到的实时监控的第一种工作方式一样,只是在这里,反病毒软件会将磁盘上所有的文件(或者用户自定义的扫描范围内的文件)做一次检查。

第二节 信息加密及认证技术

在电子商务中,信息加密技术是其他安全技术的基础,是电子商务最基本的信息安全防范措施。其实质是对信息进行重新编码,从而达到隐藏信息内容,使非法用户无法获取真实信息的一种技术手段,确保数据的保密性。认证是防止主动攻击的重要技术,对于保证开放环境中的各种信息系统的安全性有重要作用。认证的主要技术是验证信息的发送者是真的而不是冒充的,此为实体认证;验证信息的完整性,此为信息认证。

一、信息加密技术

为了保证电子商务活动中信息的安全,以及防止欺骗和确认交易双方的真实身份,电子商务活动中的交易信息通常会采用加密技术。加密技术是电子商务安全的一种行之有效的保护手段,是一种主动的信息安全防范措施。为了保护电子商务活动中的有关数据在传递过程中不被非法窃听或修改,必须对传递的数据(即电子商务信息)进行加密(加密后的数据称为密文)。通过某种加密算法将数据变换成只有经过解密后才可读的密文来加以保护,使未经授权的访问即使得到数据也难以解密,这样即使别人窃取了密文,由于没有密钥也无法将之还原成明文(未经加密的数据),从而保证了数据的安全性。同时,由于接收方都有正确的密钥,可以将密文还原成正确的明文。这在很大程度上增强了电子商务有关信息在传输过程中的安全性。

信息加密技术的应用,从根本上来说是对加密算法的使用。电子商务活动中对各种有关信息的加密过程也是通过各种加密算法来具体实施的。根据加密算法所使用的加密密钥和解密密钥是否相同,能否由加密过程推导出解密过程或由解密过程推导出加密过程,可将加密技术分为两种:对称密钥加密和非对称密钥加密。

1. 对称密钥加密

对称密钥加密又称为私有密钥加密,是指加密密钥能够从解密密钥中推算出来,同时解密密钥也可以从加密密钥中推算出来。即发送方用密钥加密明文,传送给接收方,接收方用同一密钥解密。对称密钥加密的特点是加密和解密使用的是同一个密钥,其典型的代表是美国国家安全局的 DES。1977 年,美国国际标准管理局正式颁布其为加密标准,这种方法使用简单,加密解密速度快,适合于大量信息的加密。

对称密钥加密、解密的过程是发送方用自己的私有密钥对要发送的信息进行加密,并将加密后的信息通过网络传送给接收方;接收方用发送方进行加密的那把私有密钥对接收到的加密信息进行解密,得到信息明文,如图 3-1 所示。

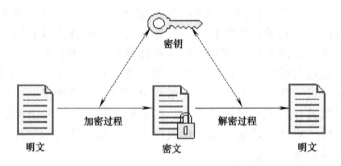

图 3-1 对称密钥加密、解密示意图

对称密钥加密的优点是计算开销小、加密速度快、效率高,是目前用于信息加密的主要算法。它的局限性在于,其存在着发送方和接收方之间要确保密钥安全交换的问题。由于加密、解密双方都要使用相同的密钥,因此在发送、接收数据之前必须完成密钥的分发。因而,密钥的分发便成了该加密体系中最薄弱、风险最大的环节。

2. 非对称密钥加密

非对称密钥加密又称为公开密钥加密,采用两个数学上相关的密钥对—— 公开密钥和私有密钥来对信息进行加密。与对称密钥加密系统相比,非对称密钥技术需要使用两个密钥:一个用来加密;另一个用来解密。该技术的思路是密钥对是与相应的系统联系在一起的,其中私有密钥是由系统所保密持有的,而公开密钥则是公开的,但知道公开密钥并不能推断出私有密钥。

依据非对称密钥是用做加密密钥还是解密密钥,其有两种基本模式:

(1)加密模式 在加密模式中,发送方用接收方的公开密钥对要发送的信息进行加密,发送方将加密后的信息通过网络传递给接收方;接收方用自己的私有密钥对收到的加密信息进行解密,得到信息明文。

(2)验证模式 在验证模式中,发送方用自己的私有密钥对要发送的信息进行加密,然后将加密后的信息通过网络传送给接收方；接收方用发送方的公开密钥对接收到的加密信息进行解密，得到信息明文。

由于非对称密钥加密必须要由两个密钥的配合使用才能完成加密和解密的过程，因而有助于加强数据的安全性。但是，非对称密钥加密技术加密和解密的速度都相当慢，与对称密钥加密技术相比，加密和解密同样的数据所花费的时间要长得多。所以，非对称密钥加密不适合对大量的文件进行加密，一般只适用于那些内容较少的数字作品的加密。考虑到非对称密钥加密和对称密钥加密各有所长，在数字作品的加密保护中，往往将两者结合起来使用。

在实际运用中，电子商务参与者如果要对有关数据进行非对称密钥加密，需要生成一对自己的密钥对。密钥对中的公开密钥是公开的，但私有密钥则由密钥的主人妥善保管。发送方和接收方在对文件进行加密和解密时的实际过程为发送方生成一个私有密钥，并对要发送的信息用自己的私有密钥进行加密，发送方用接收方的公开密钥对自己的私有密钥进行加密，发送方把加密后的信息和加密后的私有密钥通过网络传输到接收方；接收方用自己的私有密钥对发送方传送过来的私有密钥进行解密，得到发送方的私有密钥，接收方用发送方的私有密钥对接收到的加密信息进行解密，得到信息的明文。其整个过程，如图3-2所示。

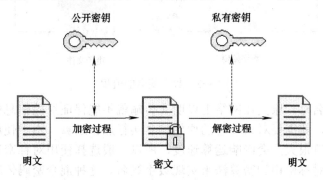

图 3-2 非对称密钥加密、解密示意图

通过对称密钥加密技术实现对发送方私有密钥的管理，可使相应的密钥管理变得更加简单和安全，同时还解决了对称密钥加密中存在的可靠性问题和鉴别问题。发送方可以为每次交换的信息生成唯一的一把私有密钥，并用接收方的公开密钥对私有密钥进行加密，然后将加密后的私有密钥与用该私有密钥加密的信息一起发送给相应的接收方。由于每次信息交换都对应生成了唯一的一把密钥，因此在电子商务有关信息的传输过程中就不需要再对密钥进行维护，也不用担心密钥的泄漏或者过期。

二、数字签名与认证技术

1. 数字签名技术

数字签名是一种以电子形式给一个消息签名的方法，是只有信息发送方才能进行的签名。数字签名是任何其他人都无法伪造的一段数字串，这段特殊的数字串同时也是对签名真实性的一种证明。在电子商务的信息传输过程中，通过数字签名来达到与传统手写签名相同的效果。

数字签名主要是采用非对称密钥加密算法，即先采用单向 Hash 函数，将待发送的数据（电子商务有关信息）生成消息摘要（MD_1），发送方使用自己的私有密钥对消息摘要加密生成数字签名，将数字签名附在原文上一起发送。接收方收到消息以后，先用发送方的公开密钥将签名解密,得到 MD_1。然后利用接收的原数据进行单向 Hash 函数的计算,得到消息摘要(MD_2)并进行验证,如果 MD_1=MD_2,说明签名成功。数字签名的流程,如图 3-3 所示。

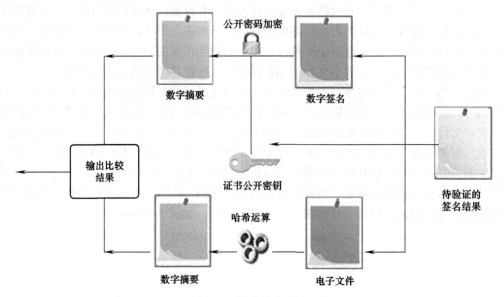

图 3-3 数字签名的流程

如果在数字签名时,原文在网络上以明文传输就不能保证原始信息的机密性。要保证原始信息的机密性,就需要对待发送的原始信息实行加密运算。由于使用非对称密钥加密算法在解密时运算量很大,会影响运算速度,所以一般选择使用对称密钥加密算法对原文进行加密,而用非对称密钥加密算法来实现数字签名。这种混合密码体制,既能实现数字签名,保证了原文在传输过程中的机密性,又能提高运算效率。

2. 认证技术

开展电子商务,最突出的问题是要解决网上购物、交易和结算中的安全问题。为了保证电子商务安全的顺利实现,电子商务使用了基于公开密钥体系的安全系统。基于公开密钥体系的加密系统是按对生成的,每对密钥由公开密钥和私有密钥组成,实际使用中,公开密钥是以证书形式存放的。对于认证技术,一个最基本而同时又是最关键的问题就是公开密钥的分发,也就是证书的分发。如果证书不能得到有效安全的分发,所有的上层应用软件就不能得到安全的保障,解决这个问题的办法就是建立认证中心(Certificate Authority,CA)体系。CA 就是承担网上安全电子交易认证服务、签发数字证书并能确认用户身份的服务机构。CA 通常是企业性的服务机构,主要任务是受理数字凭证的申请、签发及对数字凭证的管理。CA 依据认证操作规定来实施服务操作。

CA 体系由以下几个部门组成:

(1)认证中心(CA) 负责产生和确定用户实体的数字证书。

(2)审核授权部门(RA) 负责对证书的申请者进行资格审查,并决定是否同意给申请者发放证书。同时,承担因审核错误或为不满足资格的人发放了证书而引起的一切后果。RA 应由能够承担这些责任的机构担任。

(3)证书操作部门(CP) 为已被授权的申请者制作、发放和管理证书,并承担因操作运营错误所产生的一切后果，包括失密和为没有获得授权的人发放了证书等。CP 可由 RA 自己担任，也可委托给第三方担任。

（4）密钥管理部门（KM） 负责产生实体的加密密钥对，并对其解密私有密钥提供托管服务。

（5）证书存储地（DIR） 包括网上所有的证书目录。

第三节　电子商务安全协议及电子商务安全管理

电子商务安全协议是指应用在电子商务活动中的安全协议，包括身份验证协议、电子支付协议和加、解密协议等。其中，电子支付协议是电子商务安全协议的关键部分。目前，电子商务活动中有多种安全体制可以保证电子商务交易的安全性，其中 SSL 和 SET 是电子商务安全中两个最重要的协议。电子商务安全管理是保障电子商务安全的重要环节。电子商务安全管理涉及电子商务安全规划、电子商务安全管理机构、电子商务安全管理制度等。

一、安全套接层协议（SSL）

安全套接层协议（Secure Socket Layer，SSL）最初由 Netscape 公司设计开发。它是指通信双方在通信前约定使用的一种协议方法，该方法能够在双方计算机之间建立一个秘密信道，凡是一些不希望被他人知道的机密数据都可以通过公开的通路传输，不用担心数据会被别人偷窃。SSL 协议能够对 TCP/IP 上的网络应用协议数据流加密。SSL 协议只负责端到端的安全链接，只保证信息在传输过程中不被窃取、篡改，但不提供其他安全保证，因而 SSL 协议实质上仅仅提供对浏览器和服务器的鉴别，不能细化到对商家和客户的身份认证，这个缺陷会导致交易的假冒欺诈行为出现。由于 SSL 协议早已嵌入 Web 浏览器和服务器，因此对进行电子商务交易的广大用户而言，使用非常方便。

二、安全电子交易协议（SET）

安全电子交易协议（Secure Electronic Transaction，SET）由 Mastercard、Visa、Netscape 以及 Microsoft 等公司开发。它是为了在互联网上进行在线交易时，保证信用卡支付的安全而设立的一个开放的规范。SET 协议提供了强大的验证功能，凡与交易有关的各方必须持有合法证书机构发放的有效证书。SET 不仅具有加密机制，更重要的是可以通过数字签名、数字信封等实现身份鉴别和不可否认性，最大限度地降低了电子商务交易可能遭受的欺诈风险。但是，由于 SET 是基于信用卡进行电子交易的，因此中间环节增加了 CA 与银行、用户与银行之间的认证，从而提高了软、硬件的环境要求，也增加了交易成本。

三、电子商务安全管理

电子商务安全管理是保障电子商务安全的重要环节。电子商务安全管理涉及电子商务安全规划、电子商务安全管理机构、电子商务安全管理制度等。

1. 安全规划

电子商务安全规划的主要内容是进行电子商务系统的安全需求分析和风险分析，在此基础上，确定电子商务系统的访问控制规划、系统备份与恢复策略及电子商务系统应急事件的处理规程。电子商务系统安全规划的结果是电子商务信息系统的安全政策。

电子商务信息系统的安全政策包括设备采购指南、数据私有性政策、访问政策、审计政策、鉴别政策、可用性声明、系统维护政策、违规报告政策、支援信息、例外情况处理。

2. 安全管理机构的设置

为保证电子商务活动的安全，各电子商务使用单位应建立电子商务安全管理机构。各级商务安全管理机构负责与安全有关的规划、建设、投资、人事、安全政策、资源利用和处理等方面的决策和实施。各级电子商务安全管理机构应根据国家电子商务安全的有关法律、法规、制度、规范，并结合本单位安全需求确立各自的电子商务安全策略和实施细则，并负责贯彻实施。

3. 安全管理制度

电子商务安全管理制度包括人员管理制度、信息保密制度、跟踪审计制度、系统维护制度、数据备份制度、病毒防护制度等。

第四节　电子支付概述

电子支付是指单位、个人直接或授权他人通过电子终端发出支付指令，实现货币支付与资金转移的行为。随着电子商务的发展，参与电子交易的用户对支付相关服务的需求也日益强烈，如何提供更加丰富、适于电子商务用户的相关服务是非常重要的。电子支付在一定程度上满足了电子商务用户对支付的需求。

一、支付方式的发展

自从出现了作为一般等价物的货币，人类社会就进入了采用具有现代意义的货币支付方式的时代，真正的有规模的商品经济就开始了。支付是为了清偿商务伙伴间由于商品交换和劳务活动引起的债权、债务关系，由银行所提供的金融服务业务。支付活动随着商品经济的发展而发展。

1. 物物交换的支付方式

在货币产生以前的以物物交换的社会中，物物交换既是一种原始的商品交换活动，也是一种结清债权、债务的行为，从广义上可以把这种行为称为最原始意义上的结算。其中，采用的支付手段是"以物易物"。

2. 货币支付结算方式

物物交换的支付方式在商品范围、等值交换、交换规模等方面受到很大局限，自货币作为交换的媒介物出现后，才出现了真正意义上的支付。

现金支付是"一手交钱、一手交货"的典型体现，其最大的特点是简单易用、便捷、直观。但是，货币流通中的磨损、易失、易盗、易伪造等弊端，使得它在交易的范围中仅仅局限于企业或个人消费者之间的商品零售过程。随着商品经济的高速发展，人们的交易范围和规模远远超过了简单货币支付所能承受的能力。特别是要求交易与支付环节要在时间和空间上分离时，便出现了以银行为中介的支付方式。

3. 银行转账支付方式

随着商品经济的继续繁荣，作为支付结算中介的银行应运而生。银行不仅促进了交易环节与支付环节的分离,而且产生了以银行为中介的支付结算体系。这种通过银行转账支付的方式也称为非现金结算方式或票据结算。例如,贸易双方在银行都开设了资金账号,支付者提供一张支票,向银行说明接收者及要支付的款额,接收者可持支票直接去银行兑换现金或者把支票交给银行,由银行直接把需要支付的款额从支付者的账号转到接收者的账号上。这样,就提高了资金流通的效率且节省了成本。

通过银行转账支付是目前国际上最主要的资金支付方式,其类型主要可以归纳为 5 类,即信用卡支付结算、资金汇兑、支票支付结算、自动清算和电子资金转账。

4. 电子支付方式

电子通信手段和技术特别是 Internet 技术的发展和普及,产生了以电子计算机及其网络为手段,将负载有特定信息的电子数据取代传统的支付工具用于资金流程,并且有实时支付效力的一种支付方式——即电子支付方式。在互联网技术达到广泛应用的今天,支付宝、财付通、微信支付、网上银行等电子支付也流行起来。

二、电子支付的特点

电子支付(Electronic Payment)是通过电子信息化的手段实现交易中的价值与使用价值的交换过程,即完成支付结算的过程。与传统的支付方式相比,电子支付具有以下特征:

1)电子支付采用现代技术通过数字流转来完成支付信息传输,支付手段均是数字信息;而传统的支付方式则是通过现金的流转、票据的转让以及银行的转账等实体形式的变化实现的。

2)电子支付是基于开放的系统平台(即互联网)进行的;而传统支付则在较为封闭的环境中进行。

3)电子支付使用最先进的通信手段,因此对软、硬件要求很高;传统支付对于技术的要求没有电子支付高,且多为局域网络,无须连入互联网。

4)电子支付可以完全突破时间和空间的限制,可以满足 24/7(每周 7 天,每天 24 小时)的工作模式,其效率之高是传统支付望尘莫及的。

三、电子支付的类型

电子支付从基本形态上看是电子数据的流动。它以金融专用网络为基础,通过计算机网络系统传输电子信息来实现支付。电子支付的类型按电子支付指令的发起方式分为网上支付、电话支付、移动支付、销售点终端交易、自动柜员机交易和其他电子支付。

第五节 常用的电子支付工具

在了解了电子支付的一些基础知识后,本节主要介绍电子支付的几个常用工具,如电子现金、电子钱包、电子信用卡、智能卡和电子支票。

一、电子现金

电子现金(E-Cash)又称数字现金,是一种以电子数据形式流通的、能被客户和商家普遍接受的、通过 Internet 购买商品或服务时使用的货币。电子现金是一种隐性货币，表现为现金数值转换而来的一系列电子加密序列数，这些加密序列数用来表示现实中各种金额的币值。

应用电子现金进行网络支付，需要在客户端安装专门的电子现金客户端软件，在商家服务端安装电子现金服务器软件，在发行银行运行对应的电子现金管理软件等。为保证电子现金的安全及可兑换性，发行银行还应该从第三方认证中心（CA）申请数字证书以证实自己的身份，获取自己的公开密钥/私有密钥对，且把公开密钥公开出去，利用私有密钥对电子现金进行签名。

利用电子现金支付涉及商家、客户与发行银行 3 个主体，以及初始化协议、提款协议、支付协议和存款协议 4 个安全协议过程。图 3-4 所示是电子现金支付流程示意图。

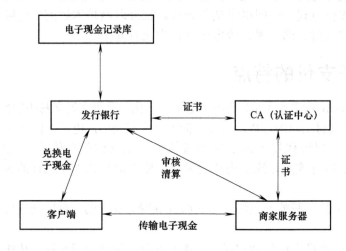

图 3-4　电子现金支付流程示意图

电子现金支付流程一般概括为以下几个步骤：

1）电子现金使用客户、电子现金接收商家与电子现金发行银行分别安装电子现金应用软件。为了安全交易与支付，商家与发行银行应从 CA（认证中心）申请数字证书。

2）客户端（电子现金使用终端）在线认证发行银行的真实身份后，在电子现金发行银行开设电子现金账户，存入一定量的现金，利用客户端与银行端的电子现金软件，遵照严格的购买兑换步骤，兑换一定数量的电子现金。

3）客户使用电子现金客户端应用软件在线接收从发行银行兑换的电子现金，存放在客户机上，以备随时使用。

4）接收电子现金的商家与发行银行应在电子现金的使用、审核、兑换等方面有协议和授权关系，商家也可以在发行银行开设接收与兑换电子现金的账户。

5）客户验证网上商家的真实身份，选择好商品，用自己持有的电子现金支付。

6）客户把订货单与电子现金借助 Internet 平台一并发送给商家服务器。

7）商家接收到电子现金后，把接收的电子现金发送给电子现金发行银行，与发行银行协商进行相关的电子现金审核与资金清算，电子现金发行银行认证后把同额资金转账给商家开户行账户。

8）商家确认客户的电子现金真实与有效性后，确认客户的订单与支付，并发货。

二、电子钱包

电子钱包（Electronic Wallet）是客户在电子商务网站购物时进行小额支付结算的常用工具，通常与信用卡、电子现金等一起使用。它是客户用来进行安全网络交易，特别是安全网络支付并且存储交易记录的特殊计算机软件或硬件设备。电子钱包就像生活中随身携带的钱包一样，能够存放客户的电子现金、信用卡号、电子零钱、个人信息等，经过授权后又可方便、有选择地取出使用的新式网络支付工具，可以说是"虚拟钱包"。

电子钱包本质上是一个装载电子货币的"电子容器"，可把有关网上购物的信息，如信用卡信息、电子现金以及钱包所有者的身份证、地址和其他信息等集成在一个数据结构里，供以后整体调用，需要时又能方便地辅助客户取出其中的电子货币进行网络支付。

利用信用卡的电子钱包的电子支付业务处理流程一般概括为以下 7 个步骤：

1）电子钱包的使用客户到电子钱包支持银行申请一张相应的信用卡，并在银行网站通过 Internet 下载得到对应的电子钱包软件；支持该银行电子钱包的网上商家也申请并且安装对应的电子钱包服务器软件。

2）客户在下载得到的电子钱包软件中设置开包的用户名和开包密码，以保证电子钱包的授权使用。

3）客户往自己的电子钱包添加对应的信用卡，申请并安装信用卡的数字证书。

4）客户通过 Internet 连接商家网站，寻找要购买的商品。

5）客户检查且确认自己的购物清单后，利用电子钱包进行电子支付。

6）发卡银行证明信用卡有效且经客户授权后，在后台专用金融通道把相应的资金从客户信用卡账号转移至商家收单银行的资金账号，完成支付结算，并且回复商家与客户。

7）商家按照客户的订货单要求发货。

图 3-5 所示是电子钱包的电子支付流程示意图。其中，开包应用是指通过电子钱包的账户信息登录使用电子钱包。

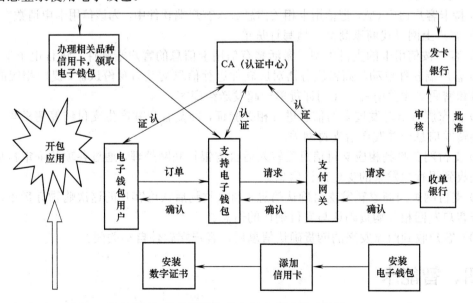

图 3-5 电子钱包的电子支付流程示意图

三、电子信用卡

电子信用卡（简称信用卡）的传统专线支付在全世界都得到了很好的普及，中国政府、银行、企业与普通消费者对信用卡的应用持积极的态度，这为信用卡在电子商务资金流的支付奠定了很好的基础。

电子信用卡是银行或其他财务机构签发给资信状况良好人士的一种特制卡片，是一种特殊的信用凭证。持卡人可凭卡在发卡机构指定的商户购物和消费，也可以在指定的银行机构存取现金。从概念上讲，信用卡一般有广义信用卡和狭义信用卡之分。

从广义上说，凡是能够为持卡人提供信用证明，持卡人可以凭卡购物消费或享受特定服务的特制卡均可称为信用卡。广义上的信用卡包括贷记卡、准贷记卡、借记卡、储蓄卡、提款卡、支票卡及赊账卡等。

从狭义上说，国外的信用卡主要是指由银行或其他财务机构发行的贷记卡，即无须预先存款就可贷款消费的信用卡，是先消费后还款的信用卡。狭义信用卡是真正的凭借持卡人信用而获取银行资金支持进行消费的银行卡，因此称为 Credit Card。国内的信用卡主要是指低贷记卡或准贷记卡（允许小额、善意透支的信用卡）。

在外形上，信用卡大小如同身份证，是由附有信用证明和防伪标志的特殊塑料制成的卡片。标准信用卡的尺寸为 85.5mm×54mm×0.76mm（允许细微误差）。信用卡正面印有特别设计的图案以及发卡机构的名称、标识和名称缩写，有用凸字或平面方式印制的卡号，持有者的姓名、性别、有效期限等信息，还可印上持卡人的彩色照片和证件号码等。使用电子信用卡支付的一般步骤如下：

1）客户到发卡银行办理电子支付的信用卡，商家则去银行洽谈网站支持这类信用卡的结算事宜，得到相关服务器端支持的软件，安装运行。

2）持卡客户从银行领取或从 Internet 下载持卡客户端软件，并进行安装，设置应用软件的用户名和密码。

3）持卡客户访问 CA，把信用卡相关信息添入客户端软件中，为该信用卡申请数字证书。

4）客户上网寻找商家商品，填写订货单。

5）客户按信用卡的支付类型，激活装有信用卡信息的客户端软件，进行电子支付。

6）客户端软件自动与商家服务器对应软件进行信息交互与身份认证，提取相应的信用卡卡号和密码等相关信息，连同订货单一起发送给商家。

7）商家服务器对发过来的信息进行相关验证，回复客户并产生支付结算请求等，连同客户端转发信息一并发送给支付网关。

8）支付网关收到相应支付信息后转入后台与银行联网处理，通过各项验证审核后，支付网关收到银行端发来的支付确认信息。

9）支付网关向商家转发支付确认信息，商家收到后认可客户的这次购物订货单，并且给持卡客户发回相关购货确认与支付确认的信息。

10）客户收到商家发来的购货确认信息后，客户端软件自动关闭。

四、智能卡

智能卡又称为 IC 卡（Integrated Circuit Card）。它的外形与信用卡类似，但卡上不是磁条，而是计算机集成电路芯片（如 MCPU 与存储器 RAM 等），是用来存储用户个人信息及电子货币信息且具有进行支付与结算等功能的消费卡。由于 IC 卡是在 IC 芯片上将消费者信息和电子货币存储起来的，因此其不但存储信息量大，还可用来支付购买的产品、服务和存储信息等，具有多功能性。

利用智能卡支付的一般步骤如下：

1）智能卡持卡客户到发行电子现金的银行申请电子现金，将电子现金下载存入智能卡。
2）客户在网上商家网站上订购购买的商品，填写订单，选择智能卡支付。
3）支付时将智能卡插入智能卡读卡器中。
4）客户输入智能卡支付密码，确认支付金额。
5）读卡器对客户输入的支付密码与卡中的支付密码自动比较，验证一致，打开智能卡，受理支付请求。
6）读卡器将客户智能卡中的电子现金发送给商家。
7）商家收到电子现金后，确认客户的订单并且发货。

智能卡电子支付流程示意图，如图 3-6 所示。

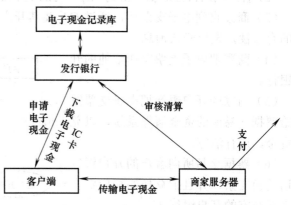

图 3-6　智能卡电子支付流程示意图

五、电子支票

在电子商务交易过程中，以信用卡电子支付方式为代表的小额支付结算方式已经基本上满足了电子商务中 B2C 网络支付的要求。但是，对于企业间的电子商务活动，信用卡是不合适的。作为目前企业间最主要的电子商务结算手段的电子支票则很好地满足了 B2B 电子商务快速发展的需要。

电子支票（Electronic-Check）也称数字支票，是将传统支票的全部内容电子化和数字化形成标准格式的电子版，并借助计算机网络（Internet 与金融专网）在客户之间、银行与客户之间以及银行与银行之间进行传递与处理，从而实现银行客户间的资金支付结算。简单地说，电子支票就是传统纸质支票的电子版，如图 3-7 所示。电子支票包含和纸质支票一样的信息，如支票号、收款人姓名、签发人账号、支票金额、签发日期、开户银行名称等，具有和纸质支票一样的支付结算功能。电子支票系统传输的是电子资金，它代替了纸质支票，最大限度地利用当前银行系统电子化与网络化设施的自动化潜力。例如，借助银行的金融专用网络，可以进行跨省市的电子汇兑和清算，实现全国范围的中大额资金传输，

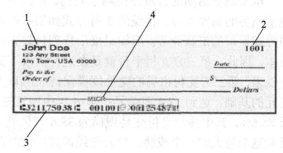

图 3-7　电子支票示意图
1—使用者姓名及地址　2—支票号　3—传递路由号
（9 位数）　4—账号

甚至在世界银行之间的资金传输。

使用电子支票进行支付,消费者可以通过计算机网络将电子支票发向商家的电子信箱,同时把电子付款通知单发到银行,银行随即把款项转入商家的银行账户,这一支付过程在数秒内即可实现。然而,这里面也存在一个问题,那就是如何鉴定电子支票及电子支票使用者的真伪。因此,就需要有一个专门的验证机构来对此做出认证。同时,该验证机构还应像 CA 那样能够对商家的身份和资信提供认证。

电子支票交易的过程可分以下几个步骤:

(1)客户借助网络访问商家服务器,浏览商家的商品,选择使用电子支票支付。

(2)客户利用自己的私有密钥,对填写的电子支票进行数字签名,向商家发出电子支票。

(3)商家收到电子支票后,通过 CA 及其开户银行对支付进行认证,验证客户电子支票的有效性,发出确认消息。

(4)商家把电子支票发送给他的开户银行。

(5)商家的开户银行把电子支票发送给票据交易所的资金清算系统,以兑换资金,进行清算。

(6)票据交易所向客户的开户银行申请兑换支票,并且把兑换的相应资金发送至商家的开户银行。

(7)商家的开户银行向商家发出到款通知,即资金入账,而客户的开户银行则向客户发出付款通知,即为客户下账。

电子支票交易流程示意图,如图 3-8 所示。

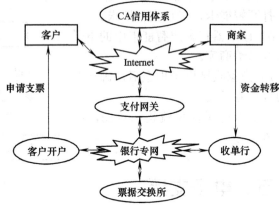

图 3-8　电子支票交易流程示意图

第六节　第三方支付平台

电子商务活动的普及使得网上购物、在线交易已经变成了人们日常生活的一部分。对于电子商务的商家而言,传统的支付方式如银行汇款、邮政汇款等,都需要购买者去银行或邮局办理烦琐的汇款业务;而如果采用货到付款方式,又给商家带来了一定风险和昂贵的物流成本。因此,第三方支付平台就是在这种需求下诞生的。据前瞻产业研究院报告显示,2009年以来,第三方支付市场的交易规模保持 50%以上的年均增速,并在 2013 年成功突破 17 万亿元的基础,达到 17.2 万亿元;2016 年中国第三方支付总交易额为 58 万亿人民币,同比增长 85.6%,其中移动支付交易规模为 38.6 万亿元。不得不承认,第三方支付已经成为传统银行业越来越大的一个威胁。马云曾经说过:"银行不改变,我们就改变银行。"第三方支付平台支付宝也推出一系列举措,并喊出口号——希望用 5 年推动中国进入无现金社会。

一、第三方支付平台概述

当第三方支付平台是除了银行以外的具有良好信誉和技术支持能力的某个机构时,支付也通过第三方在持卡人或者客户和银行之间进行。持卡人和第三方以替代银行账号的某种电子数据的形式（如邮件）传递账户信息，避免了持卡人将银行信息直接透露给商家。另外，也可以不必登录不同的网上银行界面，取而代之的是每次登录时，都能看到相对熟悉和简单的第三方机构的界面。

第三方机构与各个主要银行之间签订有关协议，使得第三方机构与银行可以进行某种形式的数据交换和相关信息确认。这样，第三方机构就能实现在持卡人或消费者与各个银行以及最终的收款人或者是商家之间建立一个支付的流程。第三方支付使商家看不到客户的信用卡信息，同时又避免了信用卡信息在网络多次公开传输可能引起的信用卡被窃风险。

第三方支付平台一般的运行过程如下：

1）消费者在电子商务网站选购商品，最后决定购买，买卖双方在网上达成交易意向。

2）消费者选择利用第三方支付平台作为交易中介，用借记卡或信用卡将货款划到第三方账户，并设定发货期限。

3）第三方支付平台通知商家，消费者的货款已到账，要求商家在规定时间内发货。

4）商家收到消费者已付款的通知后按订单发货，并在网站上做相应记录，消费者可在网站上查看自己所购买商品的状态；如果商家没有发货，则第三方支付平台会通知顾客交易失败，并询问是将货款划回其账户还是暂存在支付平台。

5）消费者收到商品并确认满意后，通知第三方支付平台。如果消费者对商品不满意，或认为与商家承诺有出入，可通知第三方支付平台拒付货款并将商品退还商家。

6）消费者对商品满意，第三方支付平台将货款划入商家账户，交易完成；消费者对商品不满意，第三方支付平台确认商家收到退货后，将该商品货款划回消费者账户或暂存在第三方账户中，等待消费者下一次交易的支付。

二、主流第三方支付平台

目前，国内的第三方支付平台主要有支付宝（阿里巴巴旗下）、PayPal（eBay 公司产品）、财付通（腾讯公司的腾讯拍拍）、快钱（99bill）、百付宝（百度 C2C）、网易宝（网易旗下）、环迅支付、汇付天下等。其中，用户数量最大的是支付宝、财付通和 PayPal（主要在欧美国家流行）。另外，中国银联旗下银联电子支付也开始发力第三方支付。

1. PayPal

通过 PayPal 支付一笔金额给商家或者收款人，可以分为以下几个步骤：

1）只要有一个电子邮箱地址，付款人就可以登录并开设 PayPal 账户，通过验证成为其用户，并提供信用卡或者相关银行资料，增加账户金额，将一定数额的款项从其开户时登记的账户（如信用卡）转移至 PayPal 账户下。

2）当付款人启动向第三人付款程序时，必须先进入 PayPal 账户，指定特定的汇出金额，并提供收款人的电子邮件账号给 PayPal。

3）PayPal 向商家或者收款人发出电子邮件，通知其有等待领取或转账的款项。

4）若商家或者收款人也是 PayPal 用户，其决定接收后，付款人所指定的款项即移转给收款人。

5）若商家或者收款人没有 PayPal 账户，收款人可以依据 PayPal 电子邮件的内容指示链接进入网页并注册，取得一个 PayPal 账户，然后就可以选择将取得的款项转换成支票寄到指定的处所、转入其个人的信用卡账户或者转入另一个银行账户。

2. 支付宝

支付宝公司（Alipay）在 2004 年建立，最初作为淘宝网公司为了解决网络交易安全所设的一个功能，该功能为首先使用的"第三方担保交易模式"，由买家将货款打到支付宝账户，由支付宝向卖家通知发货，买家收到商品确认后指示支付宝将货款转给卖家，至此完成一笔网络交易。简单来说，它的功能就是为淘宝的交易者以及其他网络交易的双方乃至线下交易者提供"代收代付的中介服务"和"第三方担保"。

从支付流程上来说类似于 PayPal 的电子邮件支付模式，业务上的不同之处在于 PayPal 业务是基于信用卡的支付体系，并且很大程度上受到信用卡组织规则（在消费者保护方面）和外部政策的影响。另外，PayPal 支持跨国（地区）的网络支付交易，而支付宝虽然不排斥"国际使用者"，但规定"须具备国内银行账户"。支付宝的设计初衷同样也是为了解决中国国内网上交易资金安全的问题，特别是为了解决在其关联企业——淘宝网C2C 业务中买家和卖家的货款支付流程能够顺利进行。其早期基本模式是买家在网上把钱付给支付宝公司，支付宝收到货款之后通知卖家发货，买家收到货物之后再通知支付宝，支付宝这时才把钱转到卖家的账户上，交易到此结束。在整个交易过程中，如果出现欺诈行为，支付宝将进行赔付。支付宝数字证书是由支付宝通过与公安部、工业和信息化部、国家密码管理局等机构认证的权威机构合作，采用数字签名技术，颁发给支付宝客户用以增强支付宝客户账户使用安全的一种数字凭证，并根据支付宝客户身份给予相应的网络资源访问权限。

现在支付宝已经发展成为拥有超 4.5 亿实名用户的生活服务体系，融合了支付、生活服务、政务服务、社交、理财、保险、公益等多个场景与行业的开放性平台。

三、支付宝流程简介

1. 注册

要成为支付宝的用户，与 PayPal 的流程很相似，必须经过注册流程，用户须有一个私人的电子邮件地址，以便作为在支付宝的账号，然后填写个人的真实信息（也可以公司的名义注册），包括姓名和身份证号码。其具体注册流程如下：

1）进入支付宝网站，单击"免费注册"按钮。

2）输入注册信息，请按照页面中的要求如实填写，否则会导致您的支付宝账户无法正常使用。

注意：支付宝账户分为个人账户和企业账户两种类型，请根据自己的需要慎重选择账户类型。公司类型的支付宝账户一定要有公司银行账户与之匹配。

3）正确填写了注册信息后，单击"确认注册"，支付宝会自动发送一封激活邮件到您注册时填写的邮箱中。

4）登录邮箱，单击邮件中的激活链接，激活您注册的支付宝账户。

5）激活成功，支付宝注册成功，即可体验网上安全交易的乐趣。

另外，淘宝网用户也可以在淘宝网站上根据提示注册支付宝账户。

2. 支付

基于交易的进程，支付宝在处理用户支付时有两种方式。

1）买卖双方达成付款的意向后，由买方将款项划至其所在支付宝账户（其实是支付宝在相对银行的账户),支付宝发电子邮件通知卖家发货,卖家发货给买家,买家收货后通知支付宝,于是支付宝将买方先前划来的款项从买家的虚拟账户中划至卖家在支付宝的账户。

2) 支付宝的即时支付功能,"即时到账交易(直接付款)",交易双方可以不经过确认收货和发货的流程,买家通过支付宝立即发起付款给卖家。支付宝发给卖家电子邮件(由买家提供),在邮件中告知卖家,买家通过支付宝发给其一定数额的款项。如果卖家这时不是支付宝的用户,那么卖家要通过注册流程成为支付宝的用户后才能取得货款。有一点需要说明,支付宝提供的这种即时支付服务不仅限于淘宝和其他的网上交易平台,而且还适用于买卖双方达成的其他线下交易。从某种意义上说,如果实际上没有交易发生(即双方不是交易的买卖方),也可以通过支付宝向任何一个人进行支付。

杰出人物 王峻涛

王峻涛(网名老榕),1962年出生于福建福州,1978年越级考入哈尔滨工业大学计算机科学系计算机软件专业。1982年起在原航天工业部的研究部门从事计算机与网络相关技术的研究与系统方案的实施等工作。

1987年起,王峻涛在美国硅谷从事计算机控制与网络技术的研究,1989年回国后在深圳的中外合资企业担任技术主管。1992年开始,自筹全部资金创办自己的企业,该企业成为福建省最大的计算机产品和图书流通渠道,年销售额突破亿元。

1999年建立北京连邦软件公司电子商务事业部,任北京连邦软件有限公司副总裁兼CIO、电子商务事业部总经理。

王峻涛于1999年创办8848网站,先后担任总裁、董事长。该网站自1999年1月从4个人、约16万人民币起步,迅速发展成为中国电子商务的标志性企业。1999年11月,Intel公司总裁贝瑞特访华,称8848.net是"中国电子商务领头羊";2000年1月,8848被中国互联网大赛评为中国优秀网站工业与商业类第一名;2000年2月,美国《时代周刊》称8848.net是"中国最热门的电子商务站点";2000年7月,8848被《福布斯》杂志列入中国前十大网站;2001年,CNNIC的调查显示,8848是中国工业和商业类网站中被用户访问最多的网站。截至2001年,8848公司先后融资约6 000万美元。

8848是在克服中国电子商务发展初期的重重困难中发展起来的,创造性地推进了中国电子商务的进程:中国第一家全面适应国内数十种在线结算方式的电子商务平台;首家在中国超过50个城市实施货到付款;率先自行开发、完善、使用了一整套适合中国电子商务环境的技术平台;率先开发、采用了完整的物流管理、商务管理、客户关系管理一体化信息平台;率先成功实施异地第三方物流管理系统;率先于2000年4月开通并成功运营了中国第一套开放式网上商城系统;其个性化的网上营销实施方案成为中国网上营销的代表性成功案例。

2000年初,8848的月销售额已经突破千万元大关,销售的商品也扩大到16大类、数万种。最重要的是,8848在网上销售中的份额,用"绝对垄断"来形容是一点不为过的。轰动全国的"72小时生存试验"使8848连续几天出现在CCTV-2的黄金时间,8848也从此作为"唯一真的可以通过在线支付买到东西"的网站闻名全国。

2000年,招商银行宣布,仅8848一家的B2C网上支付数额就超过了他们银行所有B2C网上支付流水的51%;2000年年底,CNNIC调查显示,有接近70%的人说他们上网买东西首选8848；8848在当时B2C市场中的地位甚至受到了美国《商业周刊》的关注。

王峻涛先生为此一直被公认为中国电子商务的领军人物。他曾多次应邀参加全球财富论坛和世界经济论坛。

王峻涛于2001年1月1日起，随着8848的业务拆分，兼任北京时代珠峰科技发展公司董事长，2001年8月辞去该职务。2001年11月，王峻涛与西单商场股份有限公司共同创立西单电子商务有限公司，2002年6月18日正式从北京西单电子商务有限公司离职。

2002年8月，王峻涛带领他的创业团队创办六六八八（www.6688.com）公司，从事电子商务系统的开发和运营，有中国最长的电子商务从业经验，专注于为中国企业提供全面的电子商务服务，成为中国电子商务服务业的开创者：不仅为企业提供电子商务解决方案，还同时提供电子商务的业务外包。六六八八公司与移动、电信、银行、跨国公司等大量企业有深厚的合作伙伴关系，开发、外包或协助运营了多个电子商务平台。同时，通过六六八八商城，整合全国合作伙伴、加盟商户和用户资源，致力于提供跨互联网、移动互联网平台的新型电子商务服务，不仅为大型企业提供完整的解决方案和业务外包，也为中小企业提供业务外包式的网络直销服务。

图3-9　6688网上商城首页

六六八八公司团队有长达十余年的电子商务系统开发经验，具有从电信运营商级到大中小企业级的各种系统实战经验，有开发和维护严苛运营环境下复杂、庞大电子商务系统的能力，系统的先进性、可靠性、完备性、安全性、稳定性及其他性能指标在国内领先。公司有长期积累的优质合作伙伴、成千上万的合作商户、良好的IT行业关系、网络与地面营销渠道，配合丰富的网络推广与市场策划经验，为合作伙伴带来更多价值。

运营类岗位介绍（一） 产品与内容运营

岗位类型	岗位	说明
产品	产品运营	岗位界定：指在产品上进行运营 工作内容：包括内容建设、产品维护、用户维护、活动策划等 核心技能：沟通能力、文字功底、营销技能、数据分析能力
产品	品类运营	岗位界定：电商平台的品类是指不同商品和服务的分类运营，比如电器类与图书类，就是两个大品类，但是这两个大品类还可以细分；品类运营通过推荐合适的产品里面的某款主打产品拉进客户关系 工作内容：负责所辖品类商品的营销策划及试销相关工作；承担所辖品类商品上下架信息录入、图文编辑、核对、定价、采购跟踪等工作 核心技能：office 相关工作软件
内容	内容编辑	岗位界定：指负责内容结构与内容的策划与组织，内容采编策划、设计和页面编辑 工作内容：编辑排版稿件、产品内容、材料内容的收集、写稿和发布等 核心技能：社会活动力、观察判断力、文字表达力、抗压调节力
内容	内容运营	岗位界定：将用户产生的高质量内容，通过编辑、整合、优化和重组等方式进行加工，配合其他手段进行传播，适用于 UGC 社区、媒体产品 工作内容：建立内容标准、栏目规划建设、自己生产内容或促进用户生产、筛选处理内容、专题内容策划等；基于产品的内容进行内容策划、内容创意、内容编辑、内容发布、内容优化等工作 核心技能：优质内容敏感度、内容策划能力、热点追踪能力、文案撰写能力
内容	文案策划	岗位界定：进行广告信息内容表现的形式，广告文案包括标题、正文、口号的撰写和对广告形象的选择搭配；策划涉及前期市场调查、分析、提炼等一系列工序，对市场进行计划、酝酿、决策并运用谋略的过程 工作内容：产品策划，产品概念提炼、策划案撰写；品牌传播推广工作，参与品牌传播规划，负责推广活动创意、活动方案撰写、推广活动执行、与公司各部门或外界资源沟通协调；文案或软文撰写等文字类工作 核心技能：产品策划能力、品牌推广能力、文案撰写能力
内容	商家运营	岗位界定：主要是指拓展商家、商家店铺/服务运营管理、商家商务合作等相关工作 工作内容：服务于电商平台或 O2O 平台上的商家、商家店铺/服务运营的管理；拓展渠道、优化渠道、策划合作方案、监控渠道数据、对接内外 核心技能：商务谈判能力、信息搜集能力、整合资源能力

实训项目三　第三方支付平台——支付宝的使用及安全

第三方支付平台就是一些和产品所在国家以及国外各大银行签约，并具备一定实力和信誉保障的第三方独立机构提供的交易支持平台。在通过第三方支付平台进行的交易中，买家选购商品后，使用第三方支付平台提供的账户进行货款支付，由第三方通知卖家货款到达，进行发货；买家检验物品后，就可以通知第三方支付平台付款给卖家，第三方再将款项转至卖家账户。第三方支付是保证电子商务交易正常进行的必要手段之一。

【实训简介】第三方支付平台在电子商务活动的支付环节有特殊作用，企业和个人如果要从电子商务中获益，就必须选择和使用第三方支付平台。本实训项目以阿里巴巴旗下的支付宝为例，介绍和训练第三方网络支付平台的注册与应用。

【实训任务】本实训的训练任务如下：

1）从支付宝网站（www.alipay.com）注册并通过邮箱激活支付宝账户。

2）从淘宝网（www.taobao.com）注册并激活支付宝账户。
3）支付宝安全控件的安装及使用。
4）支付宝的使用。

一、实训目标

1）掌握第三方支付概念。
2）能够熟练开通支付宝并安装安全控件。
3）能够运用支付宝支付及收款。

二、实训环境

中文 Windows XP/7/10 与 Windows Internet Explorer，连接 Internet，招商银行信用卡或借记卡。

三、背景知识——支付宝

目前，世界上用户数量最大的第三方支付平台是支付宝和 PayPal，前者是阿里巴巴旗下的产品，后者主要在欧美国家流行。其他的第三方支付平台还有财付通、快钱、百度钱包、网易支付、环迅支付、汇付天下等。

支付宝平台（www.alipay.com）是由阿里巴巴集团创办的国内领先的独立第三方支付平台。如果需要使用付款，其简要流程如下：买家需要通过支付宝平台或淘宝等电子商务平台注册一个支付宝账户，然后可以利用开通的网上银行给支付宝账户充值，用支付宝账户在网站上购物并使用网上支付；也可以从信用卡或借记卡中扣款，货款会先付给支付宝，支付宝公司在收到支付的信息后通知卖家发货，买家收到商品后在支付宝确认，支付宝公司收到买家确认收货并满意的信息后，最终将货款划给卖家。

四、实训内容及操作步骤

注册支付宝账户有两种方式。

（一）注册并激活支付宝账户

用户可以使用电子邮件地址或者手机号码来注册支付宝账户。注册时，可以使用下面的两种方法：①登录支付宝网站（www.alipay.com）注册；②在淘宝网站（www.taobao.com）进行注册。

1．登录支付宝网站注册

在支付宝网站上可以用 Email 和手机号码两种方式注册，下面以 Email 账户注册为例说明其注册步骤。

1）打开支付宝网上平台"www.alipay.com"，单击页面上的"注册"链接，然后在注册页面中选择"个人账户"，"国家或地区"系统默认选择"中国大陆"，输入邮箱地址和验证码，单击"下一步"，如图 3-10 所示。

2）在弹出的对话框中单击"立即查收邮件"按钮，到注册邮箱中查看邮件，如果没有收到邮件，可单击"重新发送邮件"链接；在收到的激活支付宝账户邮件中，单击"继续注册"按钮，如图 3-11 所示。

3）在弹出的个人信息填写表单中填写个人信息，然后单击"确定"按钮（注意必须填写真实姓名，个人信息在注册完成后不可修改），如图 3-12 所示。

第三章 电子商务安全与电子支付

图 3-10 支付宝注册账户模式选择

图 3-11 支付宝继续注册提示页面

图 3-12 支付宝注册个人信息填写页面

4）在上面的个人信息填写完成并单击"确定"按钮后，有两种情况：①未通过身份证验证，可以在网上购物，但不可以充值、查询收入明细、收款金额会被冻结（解决方法：单击完成"实名认证"按钮），原来已有支付宝账户通过了实名认证，请单击"关联认证"操作；②通过身份信息验证，可以使用支付宝所有功能（但收款额度只有 5 000 元/年，解决方法：完成实名认证后，无收款额度限制）。在姓名和身份证号通过身份信息验证后，页面提示绑定银行卡，输入用户的银行卡卡号及该卡银行预留手机号，单击"确定"按钮，输入校验码，单击"确认，注册成功"按钮完成开通支付宝服务且绑定银行卡成功，如图 3-13、图 3-14 所示。

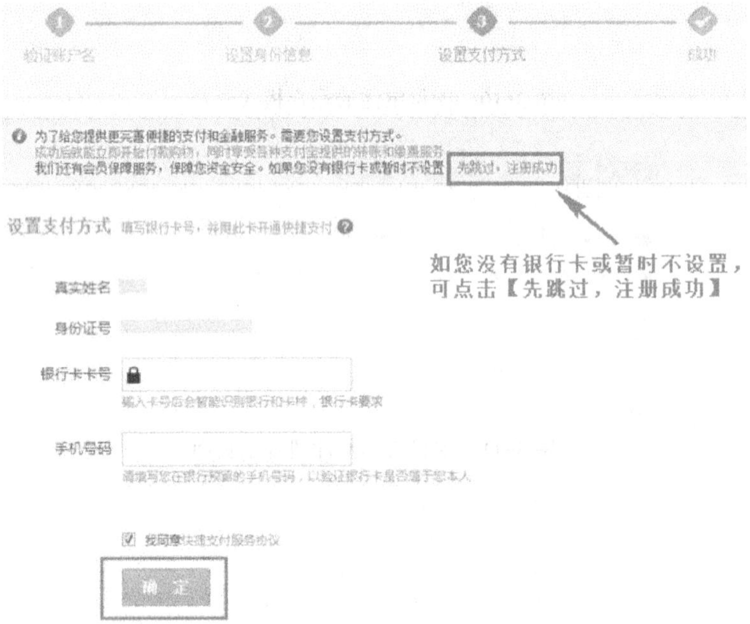

图 3-13 设置支付方式页面

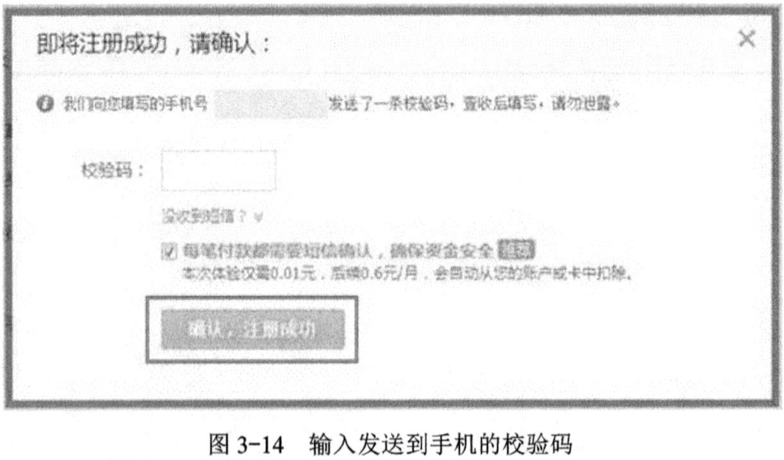

图 3-14 输入发送到手机的校验码

5）到这一步，开通支付宝服务成功，单击"完善账户信息"链接补全用户职业及身份证有效期信息，完成支付宝注册（提示：支付宝账户注册成功后可在支付宝、天猫、淘宝、聚划算、一淘、阿里巴巴国际站、阿里巴巴中文站、阿里云上通用），如图 3-15 所示。

第三章 电子商务安全与电子支付

图 3-15 完成支付宝注册

2．从淘宝网上注册支付宝账户

在淘宝上注册淘宝会员时会同时注册支付宝账户，可以用 Email 和手机号码两种方式注册，下面以手机号码注册为例说明其注册步骤。

1）进入淘宝网主页（www.taobao.com）后，单击淘宝网首页左上方的"免费注册"链接，如图 3-16 所示。

图 3-16 淘宝首页会员免费注册链接

2）显示新会员注册页面，根据提示填写基本信息（包括账户名、登录密码等信息），完成后单击"同意协议并注册"按钮，如图 3-17 所示。

3）在弹出的页面中正确填写手机号码，然后单击"提交"按钮，如图 3-18 所示。

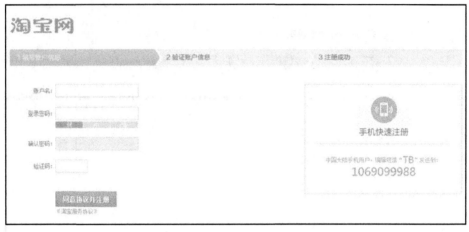

图 3-17　淘宝会员账户信息填写页面

图 3-18　淘宝首页会员免费注册链接

4）此时，填写的手机上将收到淘宝网通过短信发来的手机验证码，输入验证码，然后单击"验证"按钮，如图 3-19 所示。

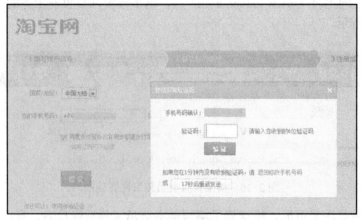

图 3-19　输入手机验证码

5）此时淘宝会员账户注册成功，并已同步创建了支付宝账户，如图 3-20 所示。

第三章 电子商务安全与电子支付

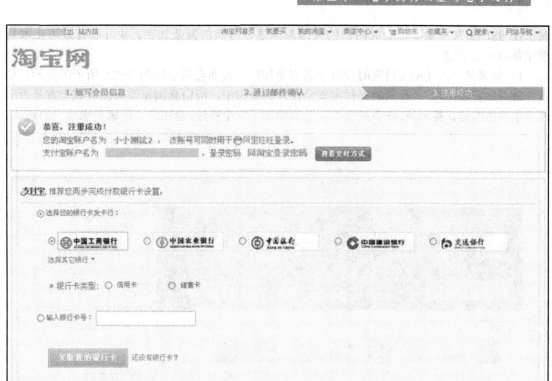

图 3-20　淘宝会员及支付宝账户注册成功

6）进入淘宝账户，单击"立即补全"支付宝账户，如图 3-21 所示。完成淘宝网同步注册，激活支付宝账户之后，该手机号码账户可以在 www.alipay.com 进行登录。

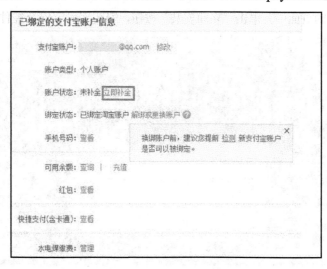

图 3-21　补全信息提示

（二）安装支付宝安全控件

网络病毒及木马对支付宝用户的信息安全构成了威胁，为了提升支付宝账户的安全性，防止账户密码被木马程序或病毒窃取，支付宝公司推出了支付宝安全控件。该安全控件实现了在 SSL 加密传输基础上对用户的关键信息进行再次的复杂加密，并可以有效防止木马程序截取键盘记录。

1）如果第一次使用支付宝时没有安装安全控件，页面会显示如图 3-22 所示的提示，单击"请点此安装控件"。在安装支付宝安全控件的过程中，应留意浏览器页面区域上方是否出现一个黄色的确认提示条。许多高版本浏览器增加了安全特性，会在这个区域要求用户的确认。

图 3-22　浏览器中安装支付宝控件提示

2）在随后出现的页面中，单击"立即安装"按钮，安装支付宝安全控件，如图 3-23 所示。

图 3-23　提示安装对话框

3）下面的步骤按照提示操作即可。在安装安全控件的过程当中，一定要关闭正在运行的其他程序。在安装过程中，IE 浏览器会弹出如图 3-24 所示的对话框，此时选择运行或保存皆可。如选择保存文件，应在文件下载完毕后双击文件安装控件。

第三章　电子商务安全与电子支付

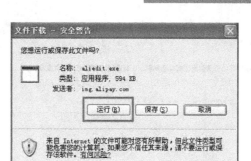

图 3-24　IE 浏览器中支付宝安全控件程序安装对话框

对于 Firefox 浏览器，也会出现对话框如图 3-25 所示，需要在保存文件后，双击文件以安装控件。

4）在安装过程中，如果系统提示重启计算机，如图 3-26 所示，选择"是"，重新启动计算机再打开支付宝网站首页即可。

图 3-25　Firefox 浏览器中支付宝安全控件安装对话框

图 3-26　安装完毕，重启计算机

（三）支付宝安全控件的使用

1）从支付宝网站、淘宝网站或其他支付宝协议网站登录支付宝账户，单击"我要收款"→"担保交易收款"选项，单击"立即使用"按钮，如图 3-27 所示。

图 3-27　使用"担保交易收款"

2）按照要求在"填写买家信息"中正确填写买家支付宝账户，并填写相应的商品信息及商品说明，再填写相应的物流信息，填写完成后单击"确定"按钮，如图 3-28 所示。

3）"担保交易"收款创建成功，如图 3-29 所示，可以在交易管理中查看交易进程。

图 3-28 填写买家商品及物流信息

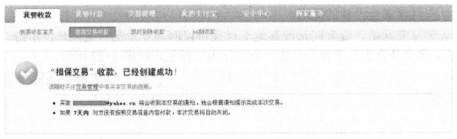

图 3-29 "担保交易"收款创建成功提示页面

五、拓展训练

注册财付通、快钱等第三方支付平台会员账户,并在相关环境下使用。

思考与练习

1. 简述电子商务及网络的安全问题。
2. 简述加密和解密技术的工作机制。
3. 如何进行电子商务的安全管理?
4. 电子支付常用的支付工具有哪些?
5. 简述第三方支付平台的工作原理。目前流行的第三方支付平台有哪些?
6. 在自己的计算机上安装 360 防火墙和杀毒软件,并对自己的计算机网络进行优化设置;熟练运用木马查杀、病毒扫描及处理、网购保护、账户安全保险等功能。

第四章

电子商务交易模式

学习目标

- 能够描述 B2B 电子商务的流程。
- 能够描述 B2C 中网络直销和网络商品中介交易的基本流程。
- 能够在 B2C 网站上成功地购买商品。
- 能够描述 O2O 和 C2B 模式的经营过程及优势。
- 能够利用已有的平台（如淘宝等）开设、运行并管理网店。
- 具有创业意识，团队合作精神，管理思维和能力。

案例导引

中国制造网

中国制造网（Made-in-China.com）是由焦点科技股份有限公司（股票代码：002315）运营的综合性第三方 B2B 电子商务服务平台。网站立足内贸领域，致力于为国内中小企业构建交流渠道，帮助供应商和采购商建立联系、挖掘国内市场商业机会。中国制造网为买卖双方提供信息管理、展示、搜索、对比、询价等流程服务，同时提供第三方认证、广告推广等高级服务，帮助供应商在互联网上展示企业形象和产品信息，帮助采购商精准、快速地找到诚信供应商。

成立于 1996 年 1 月的焦点科技股份有限公司（原南京焦点科技开发有限公司），是国内领先的综合型 B2B 电子商务平台运营商，为企业电子商务提供第三方服务，专注服务于全球贸易领域，在帮助中国中小企业应用互联网络开展国际营销、产品推广方面拥有超过 10 年的成功经验。中国制造网首页如图 4-1 所示。

中国制造网由中国制造网英文版（www.made-in-china.com）和中国制造网中文版（包括简体版 cn.made-in-china.com、繁体版 big5.made-in-china.com）等几个不同版本的网站组成，已成为全球采购商采购中国制造产品的重要渠道，英文版主要为中国供应商和使用英文的全球采购商提供信息发布与搜索等服务，中文版主要为中国供应商和使用中文的全球采购商提供信息发布与搜索等服务。在该平台注册免费会员可以通过虚拟办公室发布并管理企业、产品和商情信息；注册收费会员（目前为中国供应商）除享有免费注册会员的所有服务外，还可以发布网上展示厅、专业客服支持、在产品目录和搜索结果中享有优先排名的机会。

图 4-1　中国制造网首页

（案例来源：https://baike.baidu.com/item/中国制造网）

电子商务交易模式是指在网络环境中基于一定技术基础的商务运作方式和盈利模式。明白电子商务交易模式的分类、特点及演化，有助于挖掘新的电子商务模式，为电子商务模式的创新提供途径；同时也有利于企业制订特定的电子商务战略决策和实施计划。电子商务模式可以从多个角度建立不同的分类框架，有不同的分类方法。电子商务的参与者众多，如企业、消费者、政府、接入服务的提供商（ISP）、在线服务的提供者、配送和支付服务的提供机构等。按照它们扮演的角色和性质，可以分为 B（Business）、C（Consumer）、G（Government），由此形成了 B2B（Business to Business）、B2C（Business to Consumer）、C2C（Consumer to Consumer）、B2G（Business to Government）等多种交易模式。目前，在电子商务领域应用范围比较广泛的是 B2C、B2B、C2C 三大类交易模式，同时随着传统企业涉足电子商务及移动互联网的普及应用，C2B（Consumer to Business）和 O2O（Online to Offline）电子商务也成为热门的电子商务交易模式。

第一节　B2B 电子商务

在当前的电子商务领域，企业之间的网上商务活动是电子商务最为成熟的形式，世界上 60% 以上的电子商务交易额是在企业之间产生的。传统的企业之间的交易往往要耗费企业大量的资源和时间，无论是销售、分销还是采购都要占用产品成本。通过 B2B 的交易方式，买卖双方能够在网上完成整个业务流程，从建立最初印象到货比三家，再到讨价还价、签单、网上支付和交货，直到最后的售后服务都在网上进行。本节简要介绍这种企业之间的电子商务交易模式。

一、B2B 电子商务概述

从概念上讲,B2B(Business to Business)电子商务是商业对商业,或者说是企业之间的电子商务交易模式,即企业与企业之间通过互联网进行产品、服务及信息的交换,实现网上的商务活动。简单地说,B2B 电子商务就是企业与企业之间进行的电子商务活动。B2B 电子商务的业务流程一般是由商业机构(或企业、公司)使用 Internet 发布企业相关的供求信息,向供应商(企业或公司)订货或接受客户订货,签订购销合同,完成网上支付及票据的签发、传送和接收,确定配送方案并监控配送,实现网上售后服务。这类电子商务除交易当事人双方之外,还需要涉及相关的银行、认证、税务、保险、物流、通信等行业、部门的运作和协调;而对于国际 B2B 电子商务,还要涉及海关、商检、担保、外运、外汇等行业部门。通过 B2B 的交易方式,企业之间的交易可以减少许多事务性的工作流程和管理费用,降低企业的经营成本。网络的便利性及延伸性使企业扩大了活动范围,企业的跨地区、跨国界发展更方便、成本更低廉。B2B 电子商务的典型代表有阿里巴巴、中国制造网、慧聪网等。图 4-2 所示是阿里巴巴网站的首页。

图 4-2　B2B 电子商务网站——阿里巴巴网站的首页

B2B 电子商务不仅仅是建立一个网上的买卖者群体,也为企业之间的战略合作提供了基础。任何一家企业,不论它具有多强的技术实力或多好的经营战略,要想单独实现 B2B 是完全不可能的。单打独斗的时代已经过去,企业间建立合作联盟逐渐成为发展趋势。企业之间可以通过网络在市场、产品或经营等方面建立互补互惠的合作,形成水平或垂直形式的业务整合,以更大的规模、更强的实力、更经济的运作真正达到全球运筹管理的模式。

二、B2B 电子商务的主要模式

目前,企业采用的 B2B 电子商务可以分为面向制造业或面向商业的垂直 B2B 电子商务和面向中间交易市场的水平 B2B 电子商务两种模式。

1．面向制造业或面向商业的垂直 B2B 电子商务

垂直 B2B（又称为行业 B2B）可以分为两个方向，即上游和下游。生产商或商业零售商可以与上游的供应商之间形成供货关系，如戴尔公司与上游的芯片和主板制造商就是通过这种方式进行合作的；生产商与下游的经销商可以形成销货关系，如美国思科公司与其分销商之间进行的交易。垂直 B2B 的成本较低，因为垂直 B2B 面对的多是某一个行业内的从业者，所以他们的客户相对比较集中而且有限，如中国化工网、全球五金网、中国轴承网、钢企网等。

2．面向中间交易市场的水平 B2B 电子商务

水平 B2B（又称为区域性 B2B）是将各个行业中相近的交易过程集中到一个场所，为企业的采购方和供应方提供了一个交易的机会，如阿里巴巴、慧聪网、中国制造网、瀛商网、环球资源网、中国网库等。

三、B2B 电子商务的交易流程

B2B 电子商务中买卖双方的网上交易流程有着共同的特点，典型的交易流程有以下 8 个步骤：

1）在 B2B 平台上，买家首先要向卖家发出"用户订单"，该订单应包括产品名称、数量等一系列与产品有关的信息。

2）卖家收到"用户订单"后，根据"用户订单"的要求向供货商查询产品情况，发出"订单查询"。

3）供货商在收到并审核完"订单查询"后，给卖家返回"订单查询"的回答，基本上是有无货物等情况。

4）卖家在确认供货商能够满足商业客户"用户订单"要求的情况下，向运输商发出有关货物运输情况的"运输查询"。

5）运输商在收到卖家的"运输查询"后，给卖家返回"运输查询"的回答，如有无能力完成运输，以及有关运输的日期、线路、方式等。

6）在确认运输无问题后，卖家立刻给商业客户的"用户订单"一个满意的回答，同时要给供货商发出"发货通知"，并通知运输商运输。

7）运输商接到"运输通知"后开始发货。接着买家向支付网关发出"付款通知"。支付网关通过银行结算，将买家支付的货款划拨到卖家的账户。

8）支付网关向卖家发出交易成功的"转账通知"。

四、B2B 电子商务的主要盈利模式

B2B 电子商务的顺利实施一般需要依赖比较有影响的第三方电子商务交易平台，该平台为企业之间电子商务活动提供了实际的网上交易虚拟环境，并为企业产品发布、网上商务洽谈、网上交易合同拟定、物流配送方式选择、网上支付及售后服务提供全方位支持，保障企业之间电子商务的顺利进行。第三方电子商务交易平台也是一个现实的企业，其主要盈利方式如下。

1．会员费

企业要通过第三方电子商务交易平台参与电子商务交易，必须注册为 B2B 网站的会员，且每年要交纳一定的会员费，才能享受网站提供的各种服务。目前，会员费已成为我

国 B2B 网站最主要的收入来源。例如：阿里巴巴网站收取诚信通会员费，每年为 1 688 元；中国化工网和中国五金商机网等 B2B 电子商务平台都按年度收取相应的会员费。

2．广告费

网络广告是门户网站的主要盈利来源，同时也是 B2B 电子商务网站的重要收入来源。阿里巴巴网站的广告根据其在首页的位置及广告类型来收费；例如中国化工网有弹出广告、Banner 广告、文字广告等多种表现形式可供用户选择。

3．竞价排名

企业为了促进产品的销售，都希望在 B2B 网站的信息搜索中将自己的排名靠前，而网站在确保信息准确的基础上，根据会员交费的不同对排名顺序做相应的调整。阿里巴巴的竞价排名是诚信通会员专享的搜索排名服务——网销宝，当买家在阿里巴巴搜索供应信息时，竞价企业的信息将排在搜索结果的前三位，以便被买家第一时间找到。中国化工网的化工搜索是建立在全球最大的化工网站（www.chemnet.com）上的化工专业搜索平台，对全球近 20 万个化工及化工相关网站进行搜索，收录的网页总数达 5 000 万，同时采用搜索竞价排名方式，确定企业排名顺序。

4．增值服务

平台为企业提供一些让企业经营方便的服务，如企业旺铺、网上交易管理软件、客户关系管理软件等，这些增值服务有利于企业电子商务活动的进行，但企业也要支付一定的费用。

5．线下服务

B2B 电子商务的线下服务主要包括展会、期刊、研讨会等。通过展会，供应商和采购商可以面对面地交流，一般的中小企业还是比较青睐这种方式；期刊主要提供关于行业资讯等信息，期刊里也可以植入广告。例如，环球资源网的展会现已成为重要的盈利模式，占其收入的 1/3 左右，而 ECVV（国际贸易平台）组织的线下的展会和采购会也已取得不错的效果。

6．商务合作

商务合作包括广告联盟，与政府、行业协会的合作，以及与传统媒体的合作等。广告联盟通常是网络广告联盟，亚马逊通过这种方式已经取得了不错的成效，但在我国，联盟营销还处于萌芽阶段，大部分网站对于联盟营销还比较陌生。国内做得比较成熟的几家广告联盟有百度联盟、谷歌联盟等。

五、B2B 电子商务的发展现状及典型企业

目前，基于互联网的 B2B 的发展较为成熟，互联网上 B2B 的交易额已经远远超过 B2C 的交易额。中国电子商务研究中心发布的《2016 年度中国电子商务市场数据监测报告》显示，2016 年中国 B2B 电子商务市场交易额 16.7 万亿元，同比增长 20.14%。而 2012 年则是 7.85 万亿元。

目前，中国比较著名的 B2B 网站有以下几个。

（1）阿里巴巴　该网站连续 10 年被评为全球最大 B2B 网站，提供的典型服务是诚信通会员服务。

诚信通是阿里巴巴为从事中国国内贸易的中小企业推出的会员制网上贸易服务，主要用于解决网络贸易信用问题。企业可以通过建立在阿里巴巴上的商铺直接销售产品，并可

宣传企业和产品。诚信通会员可随时查看阿里巴巴网上买家发布的求购信息和联系方式，并享有顶级域名、无限空间展示、20GB 企业邮局等独有功能。除此之外，诚信通会员在阿里巴巴网上交易平台发布的买卖信息排在普通会员之前，并能够获得权威第三方认证机构核实资质，独享诚信标识，拥有自己的网上信用档案。

诚信通会员有机会报名阿里巴巴每周举办的大买家采购（如宜家家居、苏宁电器等）；有机会每年随阿里巴巴免费参加上百场展会；有机会申请阿里巴巴与银行推出的无抵押低利息银行贷款（限已开放地区），该贷款有网络联保贷款和网络信用贷款两种形式。

阿里巴巴还举办仅对诚信通会员开放的网商培训，针对中小企业的实际需求量身定制全套课程。通过网上、网下等各种通道，随时提供培训，帮助企业掌握网络贸易技巧。黄金展位是专为诚信通会员推出的网上品牌推广收费服务，密集曝光、全网推广。阿里巴巴还为诚信通会员提供了按点击付费的网络推广服务。

（2）环球资源网（www.globalsources.com） 以小礼品和电子产品为优势，是目前亚洲知名的电子商务平台。

（3）慧聪网（b2b.hc360.com） 郭凡生带领的全行业电子商务网站，是目前国内行业资讯最全、最大的行业门户平台之一。

（4）中国制造网（www.made-in-china.com） 这是中国制造业综合性、专业性电子商务平台，它的信息平台和优质商业服务为中国对内对外贸易的发展提供了强有力的支持。

（5）生意宝（http://cn.toocle.com/） 生意宝融通了互联网、电信网、移动网络及其先进技术，集生意信息发布、人脉交流、语音通信、电话会议、短信发送等功能于一体，可方便地用于"生意人"生产经营、业务拓展、客户管理的各个环节，是"生意人"低成本、高创新的沟通工具。

第二节 B2C 电子商务

近年来，我国 B2C 电子商务发展极为迅速，企业自建网站与第三方交易平台大量涌现。B2C 电子商务无疑成为近两年受到关注的话题之一。2007 年以来，B2C 电子商务模式迎来了前所未有的快速发展期，成为电子商务行业增长点。

当前，越来越多的传统经销商也开始进入 B2C 电子商务领域拓展其在线零售业务。包括苏宁、国美、迪信通等全国性连锁以及广州百货等也都开辟了自己的 B2C 网站，大量的 B2C 厂商已进入了垂直细分市场。对新渠道的需求催生了 B2C 市场，在被 C2C 市场超越之后，开始了新一轮的急速上升。目前 B2C 市场规模增速已经超越 C2C，中国 B2C 市场复合增长率持续提高。商务部公布的数据显示，2016 年，我国网络零售交易额达 5.16 万亿元人民币，同比增长 26.2%。其中，B2C 模式的优势逐步显现，在网络零售交易额中的占比超过 55%。

一、B2C 电子商务概述

企业与个人客户之间也有相应的电子商务模式，即 B2C（Business to Consumer，商家对客户）模式，中文简称为"商对客"。"商对客"也就是通常说的商业零售，直接面向消费者销售产品和服务。这种形式的电子商务一般以网络零售业为主，主要是企业借助于 Internet 开展在线销售的电子商务交易模式。

B2C 电子商务就是企业对消费者通过电子化、信息化的手段,尤其是 Internet 技术,把本企业或其他企业提供的产品或服务,直接销售给消费者的新型商务模式。这种模式基本上等同于电子化的零售,它随着 Internet 的出现而迅速发展起来。目前,各类企业在 Internet 上纷纷建立网上虚拟商场,从事网上零售业务。由于这种模式节省了客户和企业双方的时间,也扩展了空间,大大提高了交易效率,节省了不必要的开支,因此深受广大网民的欢迎。

简单地说,B2C 即企业通过 Internet 为消费者提供一个新型的购物环境——网上商店(如亚马逊中国、聚美优品、唯品会、京东商城、当当网等),消费者通过网络在网上购物、支付。这种模式节省了客户和企业的时间和空间,大大提高了交易效率,特别是对于工作忙碌的上班族,可以为其节省宝贵的时间。早期在网上出售的商品的特征也非常明显,仅局限于一些特定商品,如图书、音像制品、数码类产品、鲜花、玩具、饮食等。这些商品对购买者视、听、触、嗅等感觉体验要求较低,像服装、音响设备、香水需要消费者特定感官体验的商品早期很少在网上销售,除了少数消费者就认定某一品牌、某一型号而不需要现场体验就决定购买,但这样的消费者起初很少,人们更愿意相信自己的体验,根据感觉来决定是否购买。所以,B2C 市场上较早成功的企业如当当网、亚马逊中国等,当时都是卖一些特定商品的。但是随着电子商务购物环境的日益完善,人们对网购普遍接受,B2C 平台的产品类目也来越丰富。

B2C 电子商务的付款方式是货到付款与网上支付相结合,而大多数企业的配送选择物流外包方式以节约运营成本。随着用户消费习惯的改变以及优秀企业示范效应的促进,网上购物用户还会不断增长。图 4-3 所示是 B2C 电子商务网站当当网的首页。

图 4-3　B2C 电子商务网站当当网的首页

一般来说,B2C 电子商务主要由 3 个部分组成:提供在线购物的网上商店;为所购商品进行交付的物流配送;网上支付系统。

(1)网上商店　网上商店是商家直接面向消费者的场所。网上商店中的商品与实际商场中的商品不一样,实际商品是物理的实体,虚拟商品由图像展示和文字描述组成。随着电子商务的发展，目前已有部分网站将虚拟商品以视频和语音介绍的形式展示，消费者可从多个角度观察商品。最新的虚拟现实（VR）和增强现实（AR）技术也在网购平台逐步推广，给网购用户带来更好的体验。

（2）物流配送　物流配送体系是关系到网上商店能否顺利发展的关键，同时也是电子商务的最大瓶颈。商家根据实际情况选择配送模式，主要有企业自营配送模式、第三方配送模式、共同配送模式、互用配送模式、基于合作的配送体系等。

（3）支付结算　支付方式决定了资金的流动过程。目前，B2C 电子商务模式中主要的支付方式有货到付款、电子支付和第三方支付。其中，送货上门付款方式是最原始的付款方式，即货到付款；电子支付则是指通过银行卡、信用卡等方式支付；第三方支付方式是通过支付宝、财付通等支付平台进行担保支付。随着电子商务的发展，使用电子支付方式付款，已成为电子商务支付的主流。

二、B2C 电子商务主要经营模式

随着 B2C 电子商务活动的发展和演化，产生了一些相对稳定的 B2C 电子商务经营模式，包括网上综合商城、网上百货商店、网上垂直商店、复合品牌店、轻型品牌店、服务型网店等形式。

1．网上综合商城

网上综合商城类似于传统的商城，如义乌小商品城、武汉汉正街、广州天河电脑城等，只是网上综合商城是网上平台代替传统的购物场所。网上综合商城有庞大的购物群体、稳定的网站平台、完备的支付体系及诚信安全体系（尽管目前仍然有很多不足），促进了买卖双方自由、安全地交易。例如，天猫就如同传统商城一样，其提供的是网上购物的环境，自己是不卖东西的，靠为商家提供配套服务的费用来维系自身的运作和发展。相对于传统商城，网上综合商城在人气足够、产品丰富、物流便捷的情况下，具有相当的成本优势，并且是 24 小时的"不夜城"，还具备没有区域限制、产品丰富等优势。

网上综合商城代表有天猫（www.tmall.com）、365 商城等。

2．网上百货商店

网上百货商店也与传统百货商店相对应，百货就是具备满足日常消费需求的丰富产品线。如北京西单商场就是一个传统百货商店的典型代表。它具备自有仓库，可存放商品，能实现快速的物流配送和客户服务。这种类型的商店在网上经营就变成了网上百货商店，甚至会有自己的品牌。

网上百货商店的代表有京东商城、苏宁易购、当当网、亚马逊中国、唯品会、聚美优品等。

3．网上垂直商店

相对于传统的专业商场，网上垂直商店（如国美电器、步步云鞋店等）的产品存在着更多的相似性，要么是满足于某一人群的；要么是满足于某种需要或某种平台的（如文具、电器等）。

网上垂直商店的数量取决于市场的细分。设定细分的种类是 X 的话，那网上垂直商店的数量就是 X 的 3~5 倍，因为每一个领域中总有三五家在相互竞争。而这样也确实给网上垂直商店领域营造了良好的竞争格局，促进了服务的完善。

网上垂直商店代表有麦包包、聚美优品、乐蜂等。

4. 复合品牌店

复合品牌是指公司所生产的产品同时采用两个品牌名称，实务运作上可以结合公司名称和品牌名称，也可以品牌名称和产品名称结合应用。随着电子商务的成熟，会有越来越多的传统品牌商加入电子商务战场，以抢占新市场，扩充新渠道，优化产品与渠道资源。电子商务在今后的发展将更加贴合大众的生活，由传统类商店搬运到线上完成交易的行业会越来越多。B2C电子商务正走向一条复合型商店的道路。而后的发展更是会如雨后春笋，各个行业的产品都将涉足在线经营。

复合品牌店代表有佐丹奴、百丽等。

5. 轻型品牌店

在环境的催熟下，轻型平台概念应运而生，具体表现是：企业做一个品牌已非一定要有自己的工厂，相反中国拥有了得天独厚的优势，品牌商可以更专注地提供个性化、更细腻地满足受众群体需求的产品，基于品牌定位，加强产品设计，通过信息化应用，配合日益成熟的电子商务平台、日趋完善的物流配送乃至各种服务等，整条链条日趋细化与完善，使得品牌商可以专注做自己擅长的事情。通过外包，专心形成自己品牌的产品标准，然后用最好的原材料提供商，找最好的生产厂商，寻找高效益的推广渠道，强强结合，专业化品牌的优势将突现得淋漓尽致。由此，轻型品牌店是可行的，关键是要找出自己核心的竞争力。

轻型品牌店代表有VANCL、梦芭莎、千寻、佑一良品。

6. 服务型网店

随着第三产业的迅速发展，服务型的网店越来越多，这种网店都是为了满足人们不同的个性需求，包括旅游服务、学习培训、医疗保健，甚至代买电影票等。

服务型网店代表有携程旅行网、极客学院等。

三、B2C电子商务基本运作流程

B2C电子商务活动的运作流程如下：

1）用户通过B2C网站入口进入购物网站后，浏览商家在网站上陈列的商品。

2）用户通过注册个人资料交给店家，而店家会将使用者的资料加以存储，以作为未来的行销依据。当使用者要在某家店消费时，会输入订单资料及付款资料。

3）将用户的电子认证资料、订单资料及付款资料一并送到商店端的交易平台，店家保留订单资讯，其他的送到认证平台。

4）收单银行请求授权，并完成认证。

5）完成认证后，店家将资料传送到物流平台，最后完成物流的配送。

四、B2C电子商务基本盈利模式

企业的存在是以盈利为目的的，企业从事B2C电子商务活动也必须有相应的盈利模式，才符合企业生存和发展的宗旨。一般来讲，B2C电子商务的基本盈利模式如下。

1. 交易费用

交易费用主要适用于网上综合商城。由于网上综合商城是为企业在网上经营提供虚拟场所，并不自己经营产品，因此收入来源只能依靠其服务的商家产生的交易费用提成或者扣点。例如，天猫中商家的每笔交易，天猫都要提取一定的扣点。

2．收取服务费

在有些 B2C 平台，用户除了按商品价格付费外，还要向网上商店支付一定的服务费。例如，在 Peapod 网上商店，消费者除了交纳实际购买商品的费用外，需另外支付订货费和服务费。

3．会员费

多数成功的 B2C 电子商务平台都会采取会员制。特别是很多教学类网站，会员向网站注册并交纳一定的费用后可以获得相应的服务；天猫企业入驻会员费也是很高的。

4．降低价格，提高销售量

网上商店可以节约大量的固定投入费用，如人力资源、场地、装修等，为商品低价销售提供了一定的条件。例如，当当网上书店所提供的所有商品，其价格都低于平均市价。低廉的价格更能吸引网上读者购买，从而提高了销售量，实现盈利。

五、B2C 电子商务的发展现状及典型企业

随着互联网在中国的飞速发展，网上购物已经从当时雾里看花、遥不可及的状态，变成了当今最火爆、最适合上班族及年轻人购物品味的一种购物方式。各大购物网站如雨后春笋般出现，一些网站从中脱颖而出，成为这个行业的主流，形成各自不同的发展风格。目前，我国 B2C 电子商务企业发展迅速，如京东商城（www.jd.com）、当当网（www.dangdang.com）、苏宁易购（www.suning.com）、唯品会（www.vip.com）、麦网（www.m18.com）、聚美优品（www.jumei.com）、凡客（www.vancl.com）、1 号店（www.yhd.com）、美国的亚马逊网上商店（www.amazon.com）等。提供电子商务服务的 IT 厂商，如 ShopNum1（武汉群翔）、ShopEx（商派）、ECshop、EC-Spyder（波希网络）、JCRS（精彩人生商城）等。

第三节　C2C 电子商务

在消费者中产生重大影响的电子商务交易模式应该是 C2C 电子商务。随着网民人数的增加，网购交易量也急剧增大。网购已成为人们的一种新型生活方式，由此产生了新商业文化。早在 2006 年，拍拍网的强势介入让 C2C 领域形成了四足鼎立之势，淘宝、eBay 易趣、拍拍、有啊，四家各有千秋，而又强弱分明。历经几年的风雨之后再回头来看，太多的事情让原有格局已悄然改变，现在已经不见有啊、eBay 易趣的踪影，拍拍也并入了京东，强弱之势的易位让 C2C 进入了淘宝一家独大的时期。

一、C2C 电子商务概述

自由集市是传统的个人之间的交易活动场所，与之对应的网上个人之间商务活动是 C2C （Consumer to Consumer）。这里 C 指的是消费者，因此也称为消费者之间的电子商务。

C2C 电子商务所指的个人可以是自然人也可以是商家的商务代表。现代社会中的自然人或者由自然人组成的家庭中蕴藏着丰富的资源，不仅有物质资源而且有更多的知识资源，包括科技、文化、教育、艺术、医药知识和专门技能等。C2C 电子商务能够实现家庭

或个人的消费物资再调配,个人脑力资源和专门技能的充分利用,从而最大限度地减少人类对自然资源和脑力资源的浪费。

C2C 电子商务模式类似于现实商务世界中的跳蚤市场,其构成要素除了包括买卖双方外,还包括电子交易平台供应商,也即类似于现实中的跳蚤市场场地提供者和管理员。在 C2C 交易中,电子交易平台供应商的作用举足轻重。这是因为:①它把 Internet 上无数的买家和卖家聚集在一起,为他们提供了一个平台;②它往往还扮演监督和管理的职责,负责对买卖双方的诚信进行监督和管理,负责对交易行为进行监控,最大限度地避免欺诈等行为的发生,保障买卖双方的权益;③它还能够为买卖双方提供技术支持服务,包括帮助卖方建立个人店铺、发布产品信息、制定定价策略等,帮助买方比较和选择产品以及电子支付等;④随着 C2C 模式的不断成熟发展,它还能够为买卖双方提供保险、借贷等金融类服务,更好地为买卖双方服务。

目前,国外最知名的 C2C 网站是 eBay(www.ebay.com),国内则是淘宝网(www.taobao.com)一统天下。图 4-4 所示是 eBay 网首页。

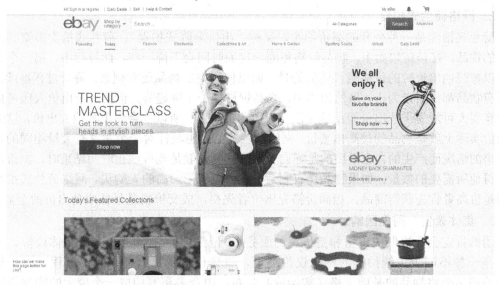

图 4-4　eBay C2C 电子商务网站

从理论上来说,C2C 模式最能体现 Internet 的精神和优势。数量巨大、地域不同、时间不一的买方和同样规模的卖方通过一个平台找到合适的对家进行交易,在传统领域要实现这样大的工程几乎是不可想象的。同传统的二手市场相比,C2C 电子商务不再受到时间和空间限制,节约了大量的市场沟通成本。从实际操作来看,其价值也显而易见。

1)C2C 能够为用户带来真正的实惠。过去,卖方往往具有决定商品价格的绝对权力,而消费者的议价空间非常有限;C2C 网站的出现,则使得消费者也有决定产品价格的权力,并且可以通过消费者相互之间的竞价,让价格更有弹性。

2)C2C 能够吸引用户。打折永远是吸引消费者的制胜良方。由于 C2C 网站上经常有商品打折,对于注重实惠的消费者来说,这种网站无疑能引起他们的关注。

二、C2C 电子商务主要交易模式

C2C 电子商务的主要购物交易方式是网络拍卖。网络拍卖是指网络服务商利用网络通信技术，向商品所有者或某些权益所有人提供有偿或无偿使用的互联网技术平台，让商品所有者或某些权益所有人在其平台上独立开展以竞价、议价方式为主的在线交易模式。目前，在 Internet 上出现的网络拍卖交易方式中有一些是从传统拍卖中的某些交易方式演变而来，另一些则是针对 Internet 本身的特点和消费者的喜好而出现的新的交易方式，这些交易方式主要有以下几种。

1．网络英式拍卖

英式拍卖也称为公开拍卖或增价拍卖，是传统拍卖中最常见的拍卖方式。这种拍卖方式被网络拍卖所采用，成为网络拍卖中最基本、最常见的在线交易方式。网络英式拍卖采用的是正向竞价形式，其规则是后一位出价人的出价要比前一位的高，竞价截止时间结束时的最高出价者可获得竞价商品的排他购买权。买方可以通过浏览历史价格（当前其他买家的出价）决定自己对物品的最高报价，然后提供给系统，系统自动更新后，其所出的价格和历史价格就可以显示在网页上。

2．网络荷兰式拍卖

荷兰式拍卖是一种公开的减价拍卖，又称"出价渐降式拍卖"。荷兰式拍卖多交易的是量大的物品，在传统拍卖中，物品价格每隔一定的时间会下降一些，此过程中，第一个出价人可以按照他出价时的价格购买所需的量。如果他买完后物品还有剩余，降价过程继续，直到所有物品都被买走为止。虽然拍卖中，物品价格处于下降趋势，但第一个出价人因考虑到其他竞买人可能先于他出价而使他无法获得所需的物品，所以他会先于其他人出价，这时他的应价实际上就是物品的最高出售价。网络荷兰式拍卖也是针对一个卖家有大量相同的物品要出售的情况而产生的，它采用的是逆向竞价形式。一般是竞价截止时间结束时，出价最高者获得他所需要的数量，如果物品还有剩余，就由出价第二高的人购买。网络荷兰式拍卖的原则是价高者优先获得商品，相同价格先出价者先得，成交价格是最低成功出价的金额。

3．集体议价（网上团购）

团购肯定会有更低的价格和更优惠的服务，网上购物也有团购形式即集体议价。集体议价是一种不同于传统拍卖的网络议价类型，集体议价实际上并无竞价过程，提供集体议价的网站会将物品的基础价格（初始价）公布，由众多买家构成一个庞大的购物集团，然后根据卖方在销售商品团购阶梯价格列表中所标明不同数量等级时的物品的单价进行购买，买家人数越多，价格越低，但通常会有一个最低价（即集合底价）。集体议价实质上更像网站替一批不认识的人去批发购买他们想要的商品。

4．一口价

一口价是指在交易前卖家预先确定一个固定的价格，让买家没有讨价还价的余地。交易完成后，买家根据卖家预先设定好的价格（即一口价）进行付款。如果卖家出售数量是大于一的多数商品，则交易将持续到买家以一口价购完全部商品或在线时间（竞价截止时间）结束。一般在网络拍卖的实际运用中，一口价的买卖方式可以单独使用，也可以结合其他交易类型（如网络英式拍卖）一起使用。

三、C2C 电子商务的基本运作流程

C2C 电子商务的交易过程，一般来说是以第三方支付平台为中介的交易流程。第三方支付平台主要是为买卖双方暂时保管货款，买方先将货款支付给第三方支付平台，待买方

收货后，在第三方支付平台上确认，第三方支付平台才将货款划给卖方。

目前，国内的 C2C 电子商务平台主要就是淘宝网。下面以淘宝网为例简述 C2C 交易过程。

1）买方在卖方的淘宝店铺上选择商品，并选择网上支付货款。
2）卖方确认订单后，将买方网上支付的请求发送给第三方支付平台（支付宝）。
3）买方在线支付货款至第三方支付平台（支付宝），支付宝暂时代为保管货款。
4）第三方支付平台（支付宝）向卖方通知买方已经支付货款信息，明示其可以向买方发货。
5）卖方根据支付宝反馈的支付结果，通过合适的物流配送公司向买方发送商品。
6）买方收到货物后，通知第三方支付平台（支付宝）向卖方付款。
7）卖方与第三方支付平台（支付宝）结算货款，卖方收款，双方互评，交易完成。

淘宝网这种交易流程可简述为：买方在卖方的网站上浏览选择商品时，可以通过阿里旺旺与卖方沟通；若买方确定收货，一段时间后，支付宝将自动将货款汇至卖方账户；交易成功后，买卖双方进行信用互评。支付宝交易流程，如图 4-5 所示。

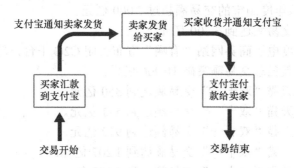

图 4-5 支付宝交易流程

四、我国 C2C 电子商务企业的发展历程

C2C 电子商务在我国的发展只有十几年的历史，其中经历了惊天大逆转的过程，从 1999 年开始的易趣网一统天下，拍拍与有啊参与搅局，eBay 退出中国，再到目前淘宝一家独大的局面。其间也经历了惊心动魄的竞争历程。具体有代表性的 C2C 发展里程碑如下：

1999 年 8 月，邵亦波和谭海音，两位哈佛商学院毕业生，在中国上海创办易趣网（www.eachnet.com）。当时，易趣公司在上海一个两居室的民居内办公，邵亦波和谭海音是当时仅有的两名员工。

2000 年 7 月，易趣推出个人免费网上开店服务，在短短一周就吸引 5 000 多位网友网上开店，此举切实地培养起中国首批真正靠网络来赚钱的网民。

2001 年 7 月，易趣网站开始对卖家登录物品收取登录费，也就是网上发布商品需要付费。

2002 年 9 月，易趣开始对卖家网上商品成交后收取商品交易服务费，即所谓电子商务的交易费用模式，易趣开始进入了电子商务平台非免费运营的阶段。

2003 年 5 月 10 日，阿里巴巴旗下的淘宝网上线，同时宣布全站免费，直接挑战易趣。

2003 年 10 月，淘宝网发布了"支付宝"服务，实现淘宝交易第三方支付。

2004年2月2日,易趣调低了自己的商品登录费用,这是易趣采取收费策略后第一次"降价让利",此时淘宝份额急剧上升。

2004年4月,雅虎与新浪合作的一拍网(www.1pai.com.cn)成立。

2004年9月17日,易趣与eBay正式完成整合,网站更名为eBay易趣。

2005年5月1日,eBay易趣宣布将大规模下调物品登录等费用。

2005年10月20日,淘宝网宣布将继续免费3年,并计划为中国创造100万个就业机会。

2006年5月10日,淘宝正式推出全新B2C(企业对个人)业务——淘宝商城,并同时推出竞价排名服务"招财进宝",在宣布继续免费3年之后,这项有偿增值服务被认为是"变相收费",成为淘宝成立以来最大的一次改革。

2006年9月,腾讯旗下的拍拍网(www.paipai.com)正式上线。

2006年12月,eBay与TOM在线合作,结合双方的优势资源,专为中国市场打造一个本地化的交易平台。TOM在线CEO王雷雷同时兼任合资公司CEO。

2007年7月,eBay和TOM在线联手打造的全新交易平台——易趣正式上线启用。

2008年10月,百度有啊(www.youa.com)高调上线,加入C2C战团。

2009年12月,该年度淘宝的交易额超过2 000亿元。

2010年,淘宝年交易额达到3 700亿元。

2011年4月,百度电子商务网站"有啊"宣布关闭C2C平台,转型提供生活服务。

2012年,淘宝、天猫总交易额突破10 000亿元。

2013年,淘宝、天猫"双十一"交易额达到350亿元。

2014年,淘宝、天猫"双十一"交易额达到571亿元。

2015年,淘宝、天猫"双十一"交易额达到912亿元。

2016年,淘宝、天猫"双十一"交易额达到1 207亿元。

2017年,淘宝、天猫"双十一"交易额达到1 682亿元。

第四节　O2O电子商务

近年来,移动互联网的迅速发展,为移动商务带来了巨大商机,并且未来市场发展潜力巨大。艾瑞咨询分析认为,中国电子商务发展已经步入快速发展时期,通信和硬件条件对市场的推进作用将逐渐被品牌和服务所取代。随着移动电子商务平台建设得更加完善和手机网民电子商务意识的增强,中国移动电子商务市场将进入市场大规模爆发的阶段。据移动数据监测公司Trustdata发布的《2016年本地生活服务O2O白皮书》显示,2016全年国内O2O交易额约7291亿,同比增长64%。O2O业务形态摆脱了团购的单一形式,逐渐演变为到店、到家、外卖三大板块。2016年,O2O到店服务增长迅速,整体交易规模4 231亿,在整体市场中占比58%。O2O电子商务的市场前景和地位日益显现。

一、O2O模式概述

O2O(Online to Offline)模式是将线下商务的机会与互联网结合在一起,就是线上订购、线下消费模式,让互联网成为线下交易的平台,把线上的消费者带到现实的商店中去,真正使线上的虚拟经济和线下的实体经济融为一体。这样企业可以通过在线招揽客户到其线下的实体经营场所购物或消费，而消费者可以在线筛选企业的产品或服务，交易可以在线结算。O2O 模式的核心很简单，就是把线上的消费者带到现实的商店中去——在线支付购买线下的商品和服务，再到线下去享受服务。通过打折，提供信息、服务等方式，平台把线下商店的消息推送给互联网用户，从而将他们转换为自己的线下客户。此外，O2O 模式的关键点就在于，平台通过在线方式吸引消费者，但真正消费的服务或产品须由消费者在线下体验，这就对线下服务提出了更高的要求。

O2O 模式是电子商务业务针对用户个性化、情景感知等特点以及移动网络强大的定位与搜索能力在商业模式方面取得的重大突破。随着物流、支付等问题的解决，社交网络、LBS（基于地理位置的服务）、二维码的有效结合，移动商务将会给用户带来更多、更丰富的购物体验。可以预见，O2O 模式将带动整个移动互联网产业的发展，而移动互联网也将成为 O2O 发展的重要助推剂。

二、O2O 模式分类

互联网的迅猛发展为 O2O 提供了无限想象的空间。消费者通过手机连接互联网，在 O2O 网站、App 商店、社交网店或通过在线下实体店或传单上扫描条码或二维码等方式，查找和获得自己需要的产品和服务，然后利用手机支付进行购买，再到线下实体店获得自己需要的产品和服务。随着 SNS（社会化网络服务）的迅猛发展、LBS 应用的普及以及二维码技术的成熟和应用，O2O 模式更趋多元化，表现出旺盛的市场需求。

1. O2O+SNS

以即时通信、微博、微信为代表的 SNS 近年来发展迅猛，O2O 运营企业除了运用 App 商店这一形式外，要充分运用微博、微信等社交软件。腾讯推出的微信仅用 2 年的时间，就成为腾讯最成功的移动互联网应用，也是互联网历史上增长最快的新软件。自从微信 O2O 开放接口后，在微信上，O2O 服务表现出旺盛的生命力，这种 O2O+SNS 的模式潜力无限。下面看看在微信下，传统 O2O 应用发生的有趣变化。例如，好豆网旗下的"去哪吃"接入微信平台后，增添了一个新的"约饭"功能，选中菜，单击右上方的"约饭"，再按"通过微信去约朋友"分享给朋友，晚上吃什么菜，以及饭店的地址、电话、地图等信息就直接到了朋友的微信上，如果对晚饭还有什么交流，则通过微信群组沟通交流，更便捷、直接。再以微信上的外卖网络应用为例，用户只需要添加其微信公共账号，打开该账号，通过微信发送当前的位置后，外卖网络就会发送 15 条左右你附近 1km 内的餐馆种类、距离、人均消费等信息。用户回复餐馆编号后，外卖网络会发送该家餐馆的详细菜单和订餐电话。无须下载客户端，依托微信的庞大用户群是外卖网络的优势。

2. O2O+LBS

移动设备一个明显的优势是可以体现出用户的地理位置信息。因此，LBS 就成为移动互联网的一项典型应用。LBS 催生了 Check-In 一族，国内的玩转四方、街旁、开开、多乐趣等均是 LBS 网站，用户可以使用这些服务的手机客户端随时签到，获得产品和服务信息，还可以积累积分，以享受商家的优惠和打折服务。

对比 O2O 与 LBS，显然两者的共同之处很多。LBS 本身也是线上与线下的结合，通过 LBS 服务，用户也可以进行周边商家、商品查找和购买。但是两者也有一些不同点，如 LBS 不一定以产生购买行为为目的，某些 LBS 应用也可以通过社交功能聚集用户，然后在此基础上发展出其他的盈利模式,而 O2O 则是专注于用户购买需求的应用。

正如 LBS 有可能成为移动互联网的极具特色的应用一样,O2O 也可能是决定未来移动互联网发展的一项应用模式。关键是 O2O 服务提供商需要具备平台意识,不能仅将 O2O 作为一种电子商务应用,而应当在此基础上聚集用户,形成平台,并提供一系列的增值服务,只有这样才能充分挖掘 O2O 这座金矿。

3. O2O+二维码

从 2012 年开始,二维码(2-dimensional Bar Code)已经越来越多了,在广告、宣传品、服装、商店入口、地铁等诸多介质上,到处都能看到二维码。二维码是指在条码的基础上扩展出另一维具有可读性的条码,使用图案表示二进制数据,被设备扫描后可获取其中所包含的信息。条码的宽度记载着数据,而其长度没有记载数据。二维码的长度、宽度均记载着数据。二维码有普通条码没有的"定位点"和"容错机制"。

进入移动互联网时代,通过手机扫描二维码撬动 O2O 入口提供了极大的便捷性。手机扫拍二维码可以在瞬间获得网址、访问移动互联网,获得商品的信息,也可以下订单,从而拉近了商家和消费者之间的距离,商家可以利用手机这种特定终端推出更多服务,形成更多互动,最终实现更大的商业价值。

现在,二维码已经开始在人们生活中发挥其传播信息和获取信息的作用。在一些城市,微信推出的"扫二维码得商户优惠券"活动,消费者可通过手机扫拍二维码获得一份电子优惠券,即拍即得,立即生效。例如,微信和著名的购物中心海港城商场合作,海港城在商场正门前立了一个二维码扫描系统,用户用手机扫拍以后即自动成为其微信会员,不仅可以获得知名咖啡店的优惠券,还可以取代传统的会员卡,成为商家和消费者长期联系的纽带。微信通过二维码识别,让用户成为商家的微信粉丝,产生入口并可以推送信息,进而开展 O2O 业务。这种模式的本质是以微信的强延展力取代传统媒体在商家和消费者之间的中介地位,在商家和消费者之间建立起一个直接的互动关系,而商家将有更多机会通过微信平台向消费者推广更多的服务和优惠,以吸引客户。

目前,二维码行业还处于起步阶段,尚未出现成熟的商业模式或成规模的商业应用,行业参与者多处于创业阶段。因此,总体来看,O2O+二维码模式的机遇与挑战共存。

总之,随着 4G 网络的成熟和智能手机的大量普及,越来越多的用户开始通过手机获得各种服务,传统 PC 未来必然被智能手机所替代。O2O 只有抓住移动互联网带来的机遇,才能真正获得爆炸式的发展。

三、O2O 模式的盈利点分析

O2O 已经逐渐成为电子商务业投资的热点领域,正吸引着众多企业的加入,其中也不乏成功企业,它们在人们工作生活中发挥着重要作用,发展得如火如荼。一旦形成强大的 O2O 平台,其盈利模式将更加清晰、多元化,从而支撑企业的发展和 O2O 平台的良性发展。O2O 的盈利模式是比较清晰的,有面向用户收费的,也有面向商家收费的,更有通过广告来收费的。总体来说,O2O 模式的收入来源主要有以下几种。

1. 销售佣金收入

O2O 运营企业通过打造 O2O 平台,聚集了大量的商家,平台通过提供打折、优惠券、促销等活动吸引线上客户到线下商家购买商品,由于线上资源增加的顾客并不会给商家带来太多的成本，这样商家在销售产品中会获得更多利润。例如，在豆瓣网，用户看到一本书后，就可以单击右侧的链接，或者将它们添加到购书单，到网上书城里进行购买，豆瓣收取佣金。

2．广告收入

O2O 运营企业通过业务运营、业务模式的创新，结合社交、LBS 等移动互联网应用，丰富 O2O 平台的应用，为消费者提供互动、良好的客户体验，平台一方面聚集海量商家资源，另一方面聚集大量的商家，通过线上巨大流量，聚集消费者，然后把这些流量导入给商家，通过关键字搜索、电子优惠券等形式开展广告，O2O 运营企业可以借此向商家收取广告费。同时，O2O 运营企业汇集有海量的用户消费行为、消费能力、消费习惯、消费需求等数据，通过数据分析为商家开展精准营销，在正确时间将与之需求相适应的商家信息推送给潜在用户，从而向商家收取精准广告推送费用。广告收入是 O2O 运营企业的主要收入来源。大众点评网通过"点评模式"聚集了海量的用户资源，大众点评网采取精准广告模式向商家收取广告费，从而为商家开展关键字搜索、电子优惠券、客户关系管理等多种营销推广服务。大众点评网的关键字搜索类似于谷歌、百度，输入关键词，会有相关的商家信息出现，在此类搜索热词附近，大众点评网推出竞价排名，并向消费者明确这是广告。这类广告模式，并没有给用户的体验效果带来直接的负面影响，反而成为满足用户需求的针对性信息，拓宽了大众点评网的营收渠道。

3．数据服务收入

当 O2O 平台每天访问量达到上百万次或上千万次时，O2O 平台积累的海量用户数据，成为电子商务企业最大的"金矿"。大数据商业价值主要表现在：对每个消费群体制定有针对性的策略和行动，运用大数据模拟实境，发掘新的需求和提高投入的回报率；提高大数据成果为商家等生态系统伙伴服务，提高商家整个管理链和产业链的投入回报率，O2O 运营企业可以将用户数据集成开发客户关系管理（CRM）系统，进行数据分析和挖掘，开展有意义的消费行为分析，制定有针对性的营销方案，为商家商业模式、产品和服务创新提供服务，从而向商家收费。

4．增值服务收入

O2O 运营企业应当借助自身的平台优势和媒体优势，与商家合作进行多元化业务的开发，挖掘一些增值业务。例如，国外有一家网上订餐商店 OpenTable，不仅能为消费者提供快速、便捷的网上订餐服务，还能为商家提供订餐软件系统，帮助商家进行订餐管理，优化业务流程，降低经营成本。而 OpenTable 可以向商家收取这套软件的"初装费"，以获得收入。

5．其他收入

例如，大众点评网作为 CP（互联网内容提供商）与一家实力较强的 SP（互联网服务提供商）合作，为用户提供手机搜索内容，比如用户发送短信"小肥羊、徐家汇"，就可以获得餐馆地图、订餐电话、网友点评等信息。

上述是当前 O2O 模式主要盈利点，针对不同 O2O 运营企业，在制定盈利模式时，要根据企业发展所处的阶段、平台运营状况灵活确定，收入来源也可以是上述 5 种的组合。

四、O2O 模式的思考

作为一种新崛起的电子商务模式，O2O 模式受到越来越多的企业的关注，成为投资的热点。从 O2O 模式特点来看，形成了 O2O 运营企业、商家、客户多赢的局面，随着用户消费习惯的形成、移动支付的成熟、更多商家营销意识的增强，O2O 模式将爆发巨大的力量。诚然，O2O 模式在我国发展时间还不长，在实际运营中还存在一些问题，如分享内容质量不可靠，线上线下没有很好地整合，商家营销意识不强，商家服务、体验和诚信差强人意等。企业运作应该着重做好以下几个方面：

1）要聚焦客户的核心需求，进行专一化运营，不能盲目扩张。成功的 O2O 企业无不专注于某一业务领域：大众点评网聚焦餐饮等生活信息服务而获得良好的口碑；去哪儿网专注于旅游；豆瓣网则一心打造在线书评和影评平台，取得了很好的发展；携程网专注于订票、订房等服务，在在线旅游市场具有领先地位；Uber 专注于网上租车服务，方便了用户，提高了知名度；搜房网就专门提供房屋的租赁和商品房的销售；我买网专注食品网上销售等，都做得风生水起。对于 O2O 运营企业，一定要专注，植根于市场，进一步挖掘市场潜力，不能盲目多元化，更不能不顾自身实力盲目扩张，如果这样广而不专，很可能被各种竞争对手蚕食。

2）要在提高客户体验上下功夫，切实提高服务质量和水平。O2O 企业首先要提高信息服务质量，确保用户分享信息、商家信息、促销活动等信息的准确。从用户需求的角度出发，在提供信息的分类上要更加细致，为消费者提供更加方便的检索服务，使消费者能更快、更准确、更方便地获取所要的信息。其次，要能为客户提供高价值的服务。高价值服务不仅体现在为用户提供优惠的、低价的商家商品，更要体现在根据客户本地需求的特点，不断深耕细作，提供具有本地化特色的产品和服务，广告信息推送要做到精准性和有效性。最后，要有计划地组织一系列主题活动，激发受众参与的积极性、主动性和互动性，保持 O2O 平台的活力，以培养受众的忠诚度，扩大企业的影响力，同时对线下销售起到促进作用。

3）打通线上和线下的通道，实现线上和线下闭环整合运营。O2O 模式的关键点就在于，平台通过在线的方式吸引消费者，但真正消费的服务或者产品必须由消费者去线下体验，这就对线上和线下有效整合提出了更高的要求。事实上，O2O 远比 B2B、B2C 等电子商务复杂。谁能够把自己所服务的商家资源整合起来，再打通线上平台，实现线上线下资源的相互转换，谁就有机会在 O2O 市场中胜出。实现线上和线下联动的关键在于 O2O 运营企业要与商家真正建立在合作共赢、诚信经营的基础上，建立合作的长效机制，确保线上能为客户提供优惠的服务和准确的信息，并联合商家开展各类促销活动，提供更多的服务。O2O 模式是非常强调线下体验的经营模式，因此最为关键的是提高线下商家产品质量，商家要为消费者提供及时送货服务，要具备很强的诚信意识，不能在 O2O 平台上欺骗消费者。对于 O2O 平台企业及商家来说，建立一套完善的诚信标准系统，对 O2O 模式的发展来讲至关重要。此外，需要商家增强营销意识，加强与 O2O 企业合作。

O2O 模式将引导我国电子商务走向多元化。移动互联网时代的到来，为 O2O 提供了绝佳的发展机遇。目前，基于移动互联网应用的全新 O2O 商业模式标志着电商 3.0 时代的到来，这一模式将引导电子商务行业走向蓝海，拓宽电子商务的发展方向，由规模化走向多元化。移动互联网是 O2O 模式的天堂，如今 O2O 已经从概念逐步走向真实产品的用户体验，一个更加美好的 O2O 模式时代正在向人们走来。

第五节　C2B 电子商务

C2B 是以聚合消费者需求为导向的反向电商模式，起源于 1998 年美国 Priceline 客户自我定价系统，在旅游、航空淡季市场非常受欢迎，Priceline 于 1999 年第一季度通过 C2B 就卖掉 19.5 万张机票，最高峰一天通过 C2B 卖掉 6 000 张，同年 3 月 Priceline 在纳斯达克上市，受到投资热捧。C2B 发展需要庞大的社交平台做组件。长期以来，"产消"双方在交易过程中存在空间障碍、时间障碍、金融支付障碍和沟通障碍等，导致交易成本很高，因此消费者和生产企业退而求其次，以牺牲个性化交换工业化生产的低成本，这就是以生产企业为中心、少品种大批量的 B2C 模式。进入 21 世纪，互联网技术特别是移动互联网技术为"产消"双方提供了低成本、快捷、双向的沟通手段，现代物流畅达，金融支付手段便捷，以模块化、延迟生产技术为代表的柔性生产技术日益成熟，使交易成本和柔性生产成本大幅下降，为发展 C2B 创造了条件。

一、C2B 模式概述

C2B（Consumer to Business）模式指消费者对企业的交易模式。狭义上的理解是有别于 B2C 的反向电子商务模式，通过聚合分散分布但数量庞大的用户形成一个强大的采购集团向商家集中采购的行为，也叫反向定制或聚定制。这种理解低估了 C2B 带来的商业变革力量。广义的 C2B 的理解是由消费者（Consumer）发起需求，企业（Business）进行快速响应的商业模式，即客户需要什么，企业就生产什么。C2B 的核心是消费者角色的变化，由传统工业时代的被动响应者变为真正的决策者。B2C 模式是典型的推动（Push），而 C2B 的模式是拉动（Pull），按需定制，降低甚至消除了库存和相应的成本。C2B 的另一个特征是积少成多、聚沙成塔，企业利用社会的零散资源和个人的零碎时间低成本地帮助企业完成需要大量劳动力、短生命周期，或企业不具有能力和资源的项目。

B2C 电子商务模式的特点之一是信息对称，比拼的就是价格，这严重挤压了供应商和电商的生存空间。供应商难过，B2C 企业更难过。然而，从消费者的角度看，有太多的选择，有太多的空间，这让他们无所适从。这样的恶性竞争是注定无法长久的。消费者需要的是性价比，而不仅仅是简单的便宜，移动互联网的发展促进了 C2B 模式的演进。因此马云也早已表示："C2B 是电子商务的未来。"与之对应，C2B 是消费者发起的需求，更加贴近生产。通过博弈数据的挖掘，可以对消费者的层次进行分类，从而可以更有针对性地给消费者提供适合他的高性价比产品，对供应商而言，可以做出更加贴近消费者的产品，降低风险，提高效率。

C2B 模式的竞争优势达成，是消费者在商品的某些属性上的交换，商品价格优势背后是"时间""选择权"等属性的丧失。从商家的角度，是在沉没成本既定和对既有消费群体利益影响较小的情况下，追求利益的最大化，其中信息技术的应用起到至关重要的作用。商业智能体系（BI）是 C2B 模式的核心内容。C2B 模式更适宜作为具有庞大资源和用户的综合性平台的组件，对其他业务模式有着提升促进作用，特别是对社交关系具有其他商业模式难以替代的作用。C2B 模式的典型应用就是用户个性化定制，由消费者主导，提出自己的需求，由厂商根据消费者的需求定制相应的个性化产品。

二、C2B 模式的主要形式

目前看来基于移动互联网的电商 C2B 模式主要依靠的形式还是聚合需求形式和要约形式，同时个性化定制也是一个重要的形式。

1. 聚合需求式

聚合需求式 C2B 模式是通过预售、集体团购等形式将分散的用户需求集中起来，对于一些还没有生产的产品，可以根据集中的需求进行快速的生产，在用户需求完全表达的理想情况下，这使得商家的供给可以正好与用户的需求匹配，避免了资源的浪费。对商家而言,即需即产实现了零库存,而由于已经知道需求的分布,甚至可以选择不同的生产地点进行生产从而降低运输成本,同时由于用户已经付费而确定了收益,商家也不必担心调研时口碑很好的商品大规模生产后出现"叫好不叫座"的情况。这种形式整体降低了商家的成本,在一定程度上避免了商家的损失。

而对用户而言,由于商家的成本降低,通过预售购买的用户可以享受到更低的价格,其实在某种程度上可以理解为是在用"时间"换"价格"。很多用户对一些物品的时间属性并不十分敏感,而低价、不及时则正好迎合了这些用户的需求。可见聚合需求的形式给商家和用户都会带来许多好处,不过目前也存在着许多问题,其中最大的一个问题可能就是商家是否可以根据用户的需求实现迅速生产。

一方面如果聚合的需求较少,生产起来单位成本则会很高,商家一般不会做这些产品,而已经预定的用户的感情也许就会受到伤害;另一方面如果需求较多,商家是否有能力实现快速生产?虽说弱化了时间属性,但时间过长的话用户必定不能忍受。此外还有一个行业问题,比如服装等季节性较强的行业,强调发布的时间,也许就不适合这种形式。针对这个问题,可以考虑在发布预售或团购时就注明预售数量达到多少时该预售生效,让用户有心理准备,同时商家要衡量自身的生产能力和运送能力能不能达到即需即销的要求,也许通过与其他商家或平台共同合作能从一定程度上缓解这个问题,但关键还是商家的能力与规模。聚合需求形式总的来说还是有着较大的用户群体,如果商家有足够能力,这种形式还是很有发展空间的。

2. 要约形式

随着中国经济的发展,人们尤其是富裕人群和都市先锋人群的消费观念已经发生转变,部分高收入者和崇尚自我个性的人群并不很在乎过去所说的消费最重要影响因素——价格,而是把产品的品质和特性的重要性置于价格之上。他们消费时往往更看重产品的质量、样式、品位等方面,由此催生出团购的另一大潜在市场:通过自发或者第三方平台聚合为数众多的该类用户,促使企业按他们的需求进行设计和生产,甚至可能改变企业所提供的产品内容比如材质、外观设计、组合方式等。

这种形式的典型例子是 Priceline,即将销售方与购买方的传统位置调换了一下,用户自己出价,商家选择是否接受。从商家角度而言,这种方法最理想的状况使消费者剩余趋零,提高利润。Priceline 平台帮助用户在商品的品牌、特性和卖家(通常是航空公司、酒店、金融服务公司)的低价格之间求得平衡;用户可以向 Priceline 提交他们的期望价格和产品,卖方通过 Priceline 了解用户的产品需求和价格,然后根据用户需求特征提供他们所需要的产品来达成交易。

所谓消费者剩余就是指消费者为取得一种商品所愿意支付的价格与他取得该商品而支付的实际价格间的差距。比如一款商品价格为 50,用户 A 愿意为这款商品支付 55 元,用户 B 愿支付 60 元,那么用户 A 消费者剩余为 5 元,用户 B 为 10 元。对商家而言最理想的情况是将商品 55 元卖给 A,60 元卖给 B,但由于 50 元的公开定价使得商家在 A、B 用户身上损失了 15 元。而要约模式对商家而言可将价格隐藏,根据用户的出价来进行判断是否销售,这种方法可以获得消费者剩余,对商家有利。对用户而言,如果对一款产品愿意支付的价格是 60 元,尽管产品实际价格为 50 元,尽管用户都想越便宜越好,但在你不知道实际价格时,60 元买到了产品同样会让你感到高兴。

上面说的是比较理想的情况,在真正的要约模式中不可能只是商家得利,如果仅是某一方得利而造成了不平衡,那么这种模式也不可能长久。这种 C2B 电商的问题在于买家之间如果可以互相联系，那么就可以都用较低的成交价格进行买卖，而如果买家可以有较多次的尝试，从低价开始慢慢提高，甚至可以测出产品的实际价格，也就失去了这种要约模式的意义。在设计要约形式时规则十分重要，对用户的保护也十分重要，如果用户多次要约都以商家拒绝而结束，那么我想用户也不会第二次再访问你的网站。以高于产品成本一定区间内的价格销售，给予付溢价较多的用户赠品或更好的服务等超出用户预期的体验，给多次要约失败的用户一定补偿和鼓励，也许会有助于这类网站的稳定发展。这种模式相对较为新颖，可以吸引一定用户与商家，但设计与规则是重中之重，同时如果站内商品在别的公开平台可以查到价格，那么也就失去了意义，所以要约模式对于服务行业更为合适。

3. 个性化定制

由用户提出个性化需求，商家根据需求生产个性化产品，用户为此付出一定的溢价，听上去不错但做起来很难。目前其实也有一些商品在销售时可以个性化定制，但这种个性化一般都仅仅是针对某个小模块，比如 iPad mini 订购时背面的刻字，又比如购买手机时外壳的颜色和样式等。这些定制可以给用户带来一定的个性化元素，让用户体会到产品的不同，但这还不够，仅仅是某一个模块的定制并不能带来实质性的变化，某一商品的外观、功能、包装、销售过程等都应该实现个性化的定制，这在目前看来并不容易实现，但这是一个发展的趋势。人们都有从众的内在倾向，也可能正因为如此我们才更加想让自己看起来与众不同。打造唯一属于你的产品，这会迎合许许多多用户的需求。

当然，用户也需要为了这种个性化付出更多的金钱，目前为个性化买单的理念虽有发展但并没有完全普及，随着人们自我展现需求的不断加强，为个性化买单，买属于自己的产品的理念终会深入人心。这种深度个性化的定制也对商家的设计与生产提出了更高的需求，在设计产品时就要考虑到如何让产品更有可配性，同时要为生产做铺垫，要考虑这样的个性化是否有利于生产？生产流程也需要一定的改变，这无疑会增加成本。可见个性化定制同样要求着商家有较强的实力，普及真正的个性化定制尚需时日。

这个阶段的 C2B 商业模式将极具有创新性，对企业而言，需要在满足用户个性化定制所需的更高成本和群体采购所要求的低价格之间达到平衡。对用户而言，则需要在满足个性化产品所需支付的高价格和群体采购可能出现的个性弱化之间寻求平衡。这对第三方的 C2B 电子商务平台是个巨大的挑战，既要找到可满足个性需求并具有强大的定制生产能力的企业，又要找到尽可能多同时又尽可能小众的个性化用户群体。目前来看，这似乎很难。倒是国内有一些企业网站有些个性化定制的雏形，比如汽车网站，可以让用户对汽车的部分属性如颜色做出选择，比如 DELL，用户可以对电脑配置做出选择等，但这仅限于企业本身，只是 B2C 的一种有些新意的延伸。而作为第三方平台的 C2B 电子商务网站却未真正出现。国内一家服装网站显现出 C2B 个性化定制的雏形：用户可以在网站上自行决定所需服装的颜色、材质、图案和外形等，然后由网站帮用户把这些创意变成产品。

三、C2B 发展问题与趋势

1. C2B 模式发展面临的问题

C2B 行业方兴未艾，服务定制已经有相对成熟的模式，技术定制需要多一些时间的积累爆发。而目前发展的难点主要集中在实物定制领域。体现在如下几个方面。

（1）C2B 规模化量产难度　没有一定的规模实力和品牌知名度，很难实现量产，想要凝聚大量、有同样消费需求的大聚合，本身就是一个很大的挑战。C2B预售模式要求商家要有高效强大的供应链，资金、实力比较强。目前从事电子商务的企业，要么是缺乏足够高效的生产供应体系、规模不够的互联网公司，要么是电商专业性不强的实体企业，想要一步到位实现C2B目前不太可能。

（2）改造的技术难度 个性化定制对企业的设计与生产提出了更高的需求，企业设计产品时需要考虑产品的可配性，考虑这样的个性化是否有利于生产？传统制造业产品都是模块化批量生产的，而定制就意味着要为每一件产品独立建模，这意味着整个生产流程的颠覆性改造。而尚品宅配的做法是借助于计算机技术将不同客户的每笔订单重新拆单分解，每块板都有独立的身份证——条码，相同尺寸的板材会一起合并批量生产，各个部件生产好后，便可像中药铺抓中药一样，依照编号，重新合并订单送达客户。

（3）C2B产品的价格和周期 目前解决大规模生产与个性化定制仍然是核心难题，复杂的定制流程传递到产品上体现出来的是价格过高，沦为少数人的专利。一件定制服装从开始的客户需求沟通、量体裁衣到最后交付，需要经过十多道工序，生产效率低下。而在生产周期上，客户下单的零散性、无计划性也给供应链备货、生产排期带来了新挑战。而尚品宅配跟传统定制家具企业不一样的地方就在于通过技术改造，将传统定制家具行业的生产周期从40天压缩到了10天，而且做到了零库存，降低了成本。

（4）B端的专业化水平 C2B带来了消费意识的回归，但对于消费者而言，本身的消费诉求是模糊不清的，让他们参与到B端的设计环节，除了本身的水平有限以外，消费者是否有足够的耐心和兴趣协助B端还是个未知数。这就需要企业有专业的人才，不但要具备文化修养和沟通能力，还需要精通制作工艺。

（5）客户消费需求的确认 这里有两个难点。一个是如何确认消费者的需求，只有在企业决策前了解了消费者的需求才能发挥这种模式的巨大潜力，如果需求没确认，那么跟B2C并无多大的区别。第二个难点是如何汇集大量订单。C2B是通过聚合分散且数量庞大的用户向企业发出生产需求，如果无法汇集大量订单，C2B模式将很难实现。

2．C2B模式发展趋势

尽管C2B目前仍面临诸多发展的障碍，它的力量虽然不足以撼动传统商业的根基，但却在不断消融传统商业的层层壁垒，C2B会是未来变革商业的重要力量，它不仅仅是电子商务未来的发展趋势，更是一场商业社会的自我革命。

C2B模式强调用户主动参与。其中互动、调研、预售、团购、定制、选配都是主动行为。用户的搜索浏览、驻留时间、商品对比、购物车、下单、评价数据被可以被C2B经营平台全程记录，同时用户的个人资料如性别、地域、年龄、职业、消费水平、偏好、星座等也被C2B平台记载。平台通过大数据技术可以对用户进行交叉分析、定点分析、抽样分析、群体分析。比如C2B平台通过分析，可能是用户不喜欢卧式吸尘器的垃圾倾倒设计，因为需要弯腰。可能广东用户更需要吹风机，因为广东天气湿热。这些分析可以帮助小家电生产企业进行特别的功能设计。除此之外，平台还可以提供其他服务，如天猫通过地域和时间分析指导生产线不同季节的产量和不同地域的库存。

C2B平台可以将它们沉淀的行业数据分享给厂商，从价格分布、关键属性、流量、成交量、消费者评价等维度建模，挖掘出功能卖点、主流价格段分布、消费者需求、增值卖点来指导厂商的研发、设计、生产。这样的模式可以复制到更多厂商，引入更多厂商。这是一种用户不知不觉参与的C2B模式，可以总结为"大数据定制"。它既帮助厂家更好地满足用户的需求，也有助于帮助厂商减少库存、提升销量。规模化的结果是用户和厂商一起瓜分减少的成本。这种 C2B 模式的 C 是全网用户,并不需要兴师动众地组织团购,组织投票,组织调研。要做到大数据定制必须具备几个条件:有海量的数据;这些数据能够挖掘出对生产商家有指导价值的结果;具备挖掘这样的数据的技术能力;有能力整合生产、流通和销售这些关键环节。

未来这种基于大数据的 C2B 模式将会从小家电扩展到服装、3C、家居以及一些长尾品类。C2B 平台有偿提供大数据成果给一些厂商,其他电商卖家以及普通互联网巨头也会纷纷跟进。大数据正在以多种方式落地,C2B 成为受益于大数据的应用。大数据 C2B 时代已到来。

四、实现持续性盈利关键在于创新

移动互联网热闹非凡,进入者众多,企业要想走得更远,扩大用户规模、提升流量、吸引用户是第一位的,但始终不能盈利则是不可持续的。如何实现可持续的盈利则是众多进入移动互联网领域的企业关心的问题,实现可持续盈利的关键在于创新,这包括产品创新、客户体验创新、营销创新、盈利模式创新和商业模式创新。

产品是企业生存和发展的基础,没有好的产品、没有受到客户欢迎的产品是不可能成功的,更谈不上盈利了。对于移动互联网企业选准产品切入点十分重要,不能跟在互联网巨头或领先企业后面走,要树立"小业务,大市场"的观念,寻找市场的空白点或客户需求的痛点进行创新,也可以从最容易获得盈利的游戏类、商务类应用为切入点,进入市场。但关键要有自己的特色,要让产品好用、易用,让用户想用,这就需要做到客户体验创新。

现在是客户占主导地位的市场,客户也更挑剔、更精明,喜新厌旧,一个不好用的应用和产品,产品功能和体验不能持续更新的产品,会逐步被用户抛弃。好的客户体验是建立在对客户需求精准把握的基础上的,这需要移动互联网企业根据客户反馈和建议,持续进行产品快速迭代和更新。围绕提升客户价值,包括产品的使用价值和产品的价值,不断完善,要让用户在使用过程中感到愉悦。对于游戏类产品不断根据客户消费欲望进行升级,否则客户玩腻了,企业发展也就停滞了。如"你画我猜"这一款 App 游戏一推出,很受客户的欢迎,5 周内下载量超过 2 000 万次,拥有 1 200 万活跃用户,每天收入达 25 万美元。但没过多久,"你画我猜"迅速走下坡路,主要是因为没有对功能进行任何改进和升级,从而用户失去热情,渐渐地受到市场的冷落。

商业模式有很多种,在不同的商业模式下,企业能取得的成绩也是不一样的,企业要找到适合企业自身特点的商业模式才是最关键的。商业模式创新追根求源还是植根于客户价值之上,唯有如此,企业才能根深叶茂,基业长青。否则,不管你现在做得规模有多大,最终都会被客户无情抛弃。

因此,移动互联网企业要重视关注目标客户的需求,分析目标客户的价值主张,在未被满足的需求上下功夫,突破客户的边界,这是企业立足的根本,是企业构建核心竞争优势的原点,也是企业商业模式创新之本。

 杰出人物 马云

马云,1964 年 10 月出生于杭州,阿里巴巴集团主要创始人,任阿里巴巴集团主席、阿里巴巴公司主席和非执行董事、软银集团董事、华谊兄弟传媒集团董事、全球互联网治理联盟理事会主席、湖畔大学校长、联合国贸易和发展会议青年创业和小企业特别顾问。

一、马云的经历

1988—1995年，杭州电子科技大学英文及国际贸易的讲师。

1992年，第一次创业，成立海博翻译社。

1995—1997年，创办中国第一家互联网商业信息发布网站"中国黄页"。

1997—1999年，加盟外经贸部中国国际电子商务中心，开发外经贸部官方站点及网上中国商品交易市场。

1999年3月，正式辞去公职，马云和他的团队回到杭州，用50万元人民币在一家民房里创办阿里巴巴网站。

2000年1月，阿里巴巴与全球首屈一指的互联网投资者——软银携手，引入软银的2 000万美元投资。同时，与软银合作开发日文、韩文及多种欧洲语言的当地阿里巴巴国际贸易网站。2000年10月，马云被"世界经济论坛"评为2001年度全球100位"未来领袖"之一。

2003年进军C2C领域，推出个人网上交易平台淘宝网（www.taobao.com），并在2年时间内成长为国内最大的个人拍卖网站。同年，进军电子支付领域，成立支付宝公司，推出独立的第三方电子支付平台，发展迅猛，目前在中国市场位居第一。

2005年和全球最大门户网站雅虎战略合作，兼并其在华所有资产，阿里巴巴因此成为中国最大的互联网公司。

2007年8月，推出了以网络广告为盈收项目的营销平台"阿里妈妈"。阿里巴巴以支付的低端门槛吸引了大量的中小站长加入。2007年11月，马云创立的阿里巴巴网络有限公司在香港联交所主板挂牌上市。

2008年，阿里巴巴实行广告三包政策，再次掀起波浪。

2009年，阿里巴巴集团创立10周年，同时成立阿里云计算；作为"大淘宝"战略的一部分，口碑网注入淘宝网，使淘宝网成为一站式电子商务服务提供商，为更多的电子商务用户提供服务。

2010年，阿里巴巴集团宣布，从2010年起将年度收入的0.3%拨作环保基金，以促进全社会对环境问题的认识；淘宝商城启动独立域名Tmall.com。

2011年，阿里巴巴集团将淘宝网分拆为3个独立的公司，即淘宝网（taobao.com）、天猫商城（tmall.com）和一淘网（etao.com），以更精准和有效地服务客户。

2012年，阿里巴巴集团宣布将现有子公司的业务升级为阿里国际业务、阿里小企业业务、淘宝网、天猫、聚划算、一淘和阿里云7个事业群；淘宝网和天猫平台本年度的交易额突破人民币10 000亿元。

2013年1月，阿里云计算与万网合并为新的阿里云计算公司，阿里巴巴集团重组为25个事业部，以更好地迎接中国增长迅速的电子商务市场所带来的机会和挑战；2013年5月马云高调宣布辞去阿里集团CEO职位。2013年5月28日，阿里巴巴集团、银泰集团联合复星集团、富春集团、顺丰集团、三通一达（申通、圆通、中通、韵达），以及相关金融机构共同宣布，"中国智能物流骨干网"（简称CSN）项目正式启动，合作各方共同组建的"菜鸟网络科技有限公司"正式成立。"菜鸟"小名字大志向，其目标是通过5至8年的努力打造一个开放的社会化物流大平台，在全国任意一个地区都可以做到24小时送达。

2014年9月19日，阿里巴巴集团于纽约证券交易所正式挂牌上市。2014年10月16日成立蚂蚁金服，蚂蚁金服旗下拥有支付宝、支付宝钱包、余额宝、招财宝、蚂蚁小贷及网商银行等品牌。

2015年10月23日,《2015信中利·胡润IT富豪榜》发布,51岁的马云及其家族以1 350亿元资产蝉联中国IT业首富,在13年里财富增长540倍。

2016年10月27日,2016福布斯中国富豪榜公布,马云以282亿美元财富,排名第二位。

2017年4月,马云宣布要想用5年时间推动中国进入"无现金社会"。

二、马云的电子商务之路

"弃鲸鱼而抓虾米,放弃那15%大企业,只做85%中小企业的生意。"这是马云在开始涉足电子商务领域时所做的决断。马云要做的事就是提供这样的一个平台,将全球中小企业的进出口信息汇集起来。1999年3月10日,马云辞去公职,阿里巴巴公司在马云家中诞生。

马云在这个时候建立电子商务网站,在国内是一个逆势而为的举动,在整个互联网界开创了一种崭新的模式,被国际媒体称为继雅虎、亚马逊、eBay之后的第4种互联网模式。

刚刚进入21世纪,马云如愿以偿,阿里巴巴成为全球著名的B2B电子商务服务公司,管理运营着全球最大的网上贸易市场和商人社区——阿里巴巴网站,为来自220多个国家和地区的600多万企业和商人提供网上商务服务,是全球首家拥有百万商人的商务网站。在全球网站浏览量排名中,稳居国际商务及贸易类网站第一的位置。阿里巴巴创始人、首席执行官马云被著名的"世界经济论坛"选为"未来领袖"、被美国亚洲商业协会选为"商业领袖",是第一位成为《福布斯》封面人物的中国企业家,并曾多次应邀为全球著名高等学府麻省理工学院、沃顿商学院、哈佛大学讲学。

马云领导阿里巴巴集团经营多元化的互联网业务,包括促进B2B国际和中国国内贸易的网上交易市场、网上零售和支付平台、网上购物搜索引擎,以及以数据为中心的云计算服务,致力为全球所有人创造便捷的网上交易渠道。阿里巴巴集团由私人持股,现服务来自超过220个国家和地区的互联网用户。

阿里巴巴集团经营多项业务,另外也从关联公司的业务和服务中取得经营商业生态系统上的支援。业务和关联公司的业务包括:淘宝网、天猫、聚划算、全球速卖通、阿里巴巴国际交易市场、1688、阿里妈妈、阿里云、蚂蚁金服、菜鸟网络等。2014年9月19日,阿里巴巴集团在纽约证券交易所正式挂牌上市,股票代码"BABA"。

2017年11月11日全天,2017天猫"双十一"全球狂欢节总交易额(GMV)达到1682亿元人民币,移动端成交占比90%,与2016年相比增长39%,比2009年"双十一"的交易额增长了超过3 000倍。2017年11月,阿里巴巴集团投入约224亿港币(约28.8亿美元),直接和间接持有高鑫零售36.16%的股份。

三、马云的经典语录

1) 当你成功的时候,你说的所有话都是真理。

2) 我永远相信只要永不放弃,我们还是有机会的。最后,我们还要坚信一点,这世界上只要有梦想,只要不断努力,只要不断学习,不管你长得如何,不管是这样,还是那样,男人的长相往往和他的才华成反比。今天很残酷,明天更残酷,后天很美好,但绝大部分死在明天晚上,所以每个人不要放弃今天。

3) 孙正义跟我有同一个观点,一个方案是一流的idea加三流的实施,另外一个方案是一流的实施加三流的idea,哪个好?我们俩同时选择一流的实施加三流的idea。

4) 我既要扔鞭炮,又要扔炸弹。扔鞭炮是为了吸引别人的注意,迷惑敌人;扔炸弹才是我真正的目的。不过,我可不会告诉你我什么时候扔鞭炮,什么时候扔炸弹。游戏就是要虚虚实实，这样才开心。如果你在游戏中感到很痛苦，那说明你的玩法选错了。

5）其实，有时候人的最大问题就在于他说的都是对的。

6）那些私下忠告我们，指出我们错误的人，才是真正的朋友。

7）我生平最高兴的，就是我答应帮助人家去做的事，自己不仅是完成了，而且比他们要求的做得更好，当完成这些承诺时，那种兴奋的感觉是难以形容的。

8）注重自己的名声、努力工作、与人为善、遵守诺言，这样对你们的事业非常有帮助。

9）商业合作必须有三大前提：一是双方必须有可以合作的利益；二是必须有可以合作的意愿；三是双方必须有共享共荣的打算。此三者缺一不可。

10）服务是全世界最贵的产品，所以最佳的服务就是不要服务，最好的服务就是不需要服务。

11）永远不要跟别人比幸运，我从来没想过我比别人幸运，我也许比他们更有毅力，在最困难的时候，他们熬不住了，我可以多熬一秒钟、两秒钟。

12）今天到北大演讲心里特别激动，我一直把北大的学子当作我的偶像，一直考却考不进，所以我想如果有一天我一定要到北大当老师。

13）看见10只兔子，你到底抓哪一只？有些人一会儿抓这只兔子，一会儿抓那只兔子，最后可能一只也抓不住。CEO的主要任务不是寻找机会而是对机会说NO。机会太多，只能抓一个。我只能抓一只兔子，抓多了，什么都会丢掉。

14）我们公司是每半年一次评估，评下来，虽然你的工作很努力，也很出色，但你是最后一个，非常对不起，你就得离开。

运营类岗位介绍（二）　用户、活动与数据运营

岗位类型	岗　位	说　明
用户	用户运营	**岗位界定**：用户运营即运营用户，一般要负责建立并维护用户关系、促进用户活跃等。常见的用户运营有QQ群管理等 **工作内容**：推广拉新、促进活跃、搭建用户体系、策划用户活动；初级用户运营的工作职责包括客服、群管理、兼职管理、用户反馈、线上活动等。高级用户运营包括用户维系、用户分层、用户激励、用户需求发掘、宏观用户画像绘制、用户感知等 **核心技能**：营销推广、转化率提升、用户激励、沟通表达能力、需求理解能力
用户	商家运营	**岗位界定**：主要是指拓展商家、商家店铺/服务运营管理、商家商务合作等相关工作 **工作内容**：服务于电商平台或O2O平台上的商家、商家店铺/服务运营的管理；拓展渠道、优化渠道、策划合作方案、监控渠道数据、对接内外 **核心技能**：商务谈判能力、信息搜集能力、整合资源能力
活动	活动运营	**岗位界定**：指基于产品本身的特点和目标用户策划相关活动进行产品推广和用户运营相关的工作，经常可以归到活动运营和市场运营中 **工作内容**：制定活动策划方案、组织线上线下活动、宣传炒作活动、分析数据复盘活动 **核心技能**：活动策划能力、项目协调能力、执行落地能力、资源整合能力、创新能力、应急处理能力
数据	数据运营	**岗位界定**：指基于产品产生的各种数据，监测、分析、研究产品的相关数据，并通过各种数据模型以及结合产品特点应用到产品中，或者通过数据进行产品创新、精准营销、效果监测等和数据相关的工作 **工作内容**：业务数据的整理、统计、分析、挖掘等 **核心技能**：Excel、Word等相关办公软件

实训项目四　淘宝网上开店

【实训简介】 淘宝构建了一个大众化的电子商务交易平台，在淘宝开店是很多企业及个人涉足电子商务首选的起步方式。本项目重点训练淘宝开店的基本操作步骤和相关技巧。

【实训任务】 在淘宝开店是建立在使用淘宝熟练购物基础之上的。本实训项目的任务是在淘宝开设自己的网店，为网上创业做有益尝试。在淘宝开店，第一步必须通过支付宝实名认证，还包括发布商品、出售商品、商品成交等过程。

1）完成支付宝实名认证。
2）准备及发布需要经营的商品。
3）商品出售。
4）商品成交。

一、实训目标

1）能够在淘宝平台进行支付宝实名认证，为淘宝开店打下基础。
2）能够在淘宝店铺发布商品，开通淘宝店铺。
3）能够管理淘宝店铺，掌握淘宝店铺经营流程。

二、实训环境

中文 Windows XP/7/10 与 Windows Internet Explorer，连接 Internet，支付宝及网上银行账户。

三、背景知识——淘宝开店

网上创业实践成就了许多成功者，人们也越来越喜欢网上创业所带来的机会。网上创业的人们，每天耕耘在互联网这个虚拟空间里，享受更灵活、更宽裕的生活。他们的事业可能起起落落，但没人能解雇他们，他们能够支配自己的生活，安排自己的时间，以天为基数来调节适合自己的生活节奏。

淘宝网自从 2003 年上线运作以来，经过数年的跨越式发展，已经成为亚洲最大的零售商圈，成为个人网上创业的首选平台。

现在网上开店不仅仅是创业，很多人把它作为自己的一种能力拓展和消遣方式。网上开店究竟有什么魅力吸引大家呢？归纳起来，主要有以下几点：

1）零成本、低风险。与传统的店铺相比，网上开店不用租赁门面，不用缴纳水电费，只收取很少的商品上架费与交易费，有的甚至免费，而且按需进货，不用担心货物积压。

2）经营方式灵活。网店不受传统的营业时间、营业地点的限制，经营者可以全职也可以兼职经营，不需要投入大量时间去看店。

3）消费群体广泛。因为网店是开在互联网上的，面向的是所有可能看到商品的网民或消费者，这个群体可以是全国的网民，乃至全球的网民。

选择在淘宝创业有很多不可比拟的优势，但是要知道，创业是不容易的。相对于传统的创业方式，网上创业对创业者的素质有更高的要求，他们应该有很好的网上企业经营管理技能，同时具备行业产品知识和网络营销技巧。万事开头难，要想网上创业，首先必须知道商品的交易流程，如图 4-6 所示。

图 4-6　淘宝商品交易流程

然后要了解网上开店的基本流程，淘宝卖家网上开店及商品经营可简化为卖家交易四部曲，如图4-7所示。

四、实训内容与操作步骤

（一）创建店铺

准备好商品的图片和描述后，进入下面的开店流程。

(1) 进入"我的淘宝" 直接登录淘宝网（www.taobao.com），单击"我的淘宝"链接，进入"我的淘宝"页面，如图4-8所示。

图4-7 淘宝卖家交易四部曲

图4-8 "我的淘宝"页面

(2) 进入"卖家中心" 在"我的淘宝"页面中，单击"卖家中心"，再选择"我要开店"按钮进入卖家中心，如图4-9所示。

(3) 创建个人店铺 在卖家中心点击"创建个人店铺"按钮，阅读开店须知后，点击"我已了解，继续开店"按钮，进入淘宝店铺认证页面，如图4-10所示。在淘宝开店，实际上就是现实的商品经营，与淘宝购物不同，作为卖家，在淘宝这个卖场经营需要受到商品交易相关法律及规则的制约，也必须遵守淘宝卖场的相关规则，否则将会受到相应的惩罚。因此，在淘宝开店必须进行实名认证，经过淘宝审核成功后才能获得在淘宝开店的资格。淘宝上的个人店铺需要通过两个认证，即"支付宝实名认证"和"淘宝开店认证"。

（二）支付宝实名认证

淘宝支付是通过第三方支付平台——支付宝进行的，因此淘宝开店的第一个认证就是支付宝实名认证。支付宝实名认证需要自己提出申请，包括个人认证和商家认证两种。

个人认证简要流程，如图4-11所示。

第四章　电子商务交易模式

图 4-9　淘宝网卖家中心

图 4-10　创建个人店铺页面

图 4-11　淘宝卖家个人认证简要流程

商家认证简要流程，如图 4-12 所示。

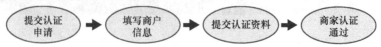

图 4-12　淘宝商家认证简要流程

这里以个人认证为例，描述支付宝实名认证的操作流程。

1）将自己的身份证双面扫描，保存为 .jpg 格式的图片，为身份证提交做准备。并且准备一张银行卡和手机。

2）准备好身份证图片后，登录支付宝账户（账户类型：个人账户，注册淘宝账号的手机号码或者邮箱账号就是支付宝的账号，支付宝登录密码与淘宝账号的登录密码是一致的），如图 4-13 所示。

图 4-13　在支付宝首页使用账号登录

3）登录支付宝账号之后支付宝页面会自动转跳到实名认证资料填写页面，如图 4-14 所示。

图 4-14　支付宝实名认证介绍页面

4）填写好支付密码以及个人身份证信息。注意：支付宝实名认证有三种类型分别为：个人账号、企业账号、海外个人账号。这里选择个人账户认证，设置支付密码及填写身份证信息。如图4-15所示。

图4-15　选择实名认证方式

5）填写完支付宝和身份信息后，点击确定后，还需要用户填写银行卡卡号并确定同意协议，支付宝实名信息注册完成，如图4-16所示。

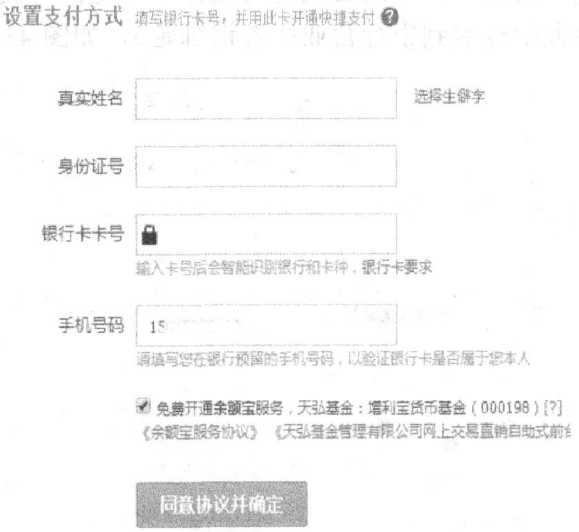

图4-16　填写身份证、银行卡等信息

6）在图4-16所示的页面中填写完身份证银行卡信息并点击"同意协定并确定"按钮之后，我们就可以正常登录支付宝账号了，不过到此还没有真正完成支付宝实名认证的操作。登录支付宝首页在左上角可以看出支付宝未认证状态。点击"未认证"链接，跳转到支付宝实名认证页面后，勾选"同意《支付宝认证服务协议》"选框，然后点击"立即认证

（大陆）"按钮自动转跳到个人身份证信息填写页面，按照提示填写支付宝实名认证个人信息即可，如图4-17所示。

图4-17 支付宝实名认证个人信息填写

7）写完个人身份证信息之后下一步就是填写个人银行卡信息了（注意：银行卡必须是本人身份证开通的银行卡而且手机号码必须是与银行卡绑定的号码，如果不清楚银行卡预留手机号码可以带身份证银行卡到银行营业厅咨询绑定），如图4-18所示。

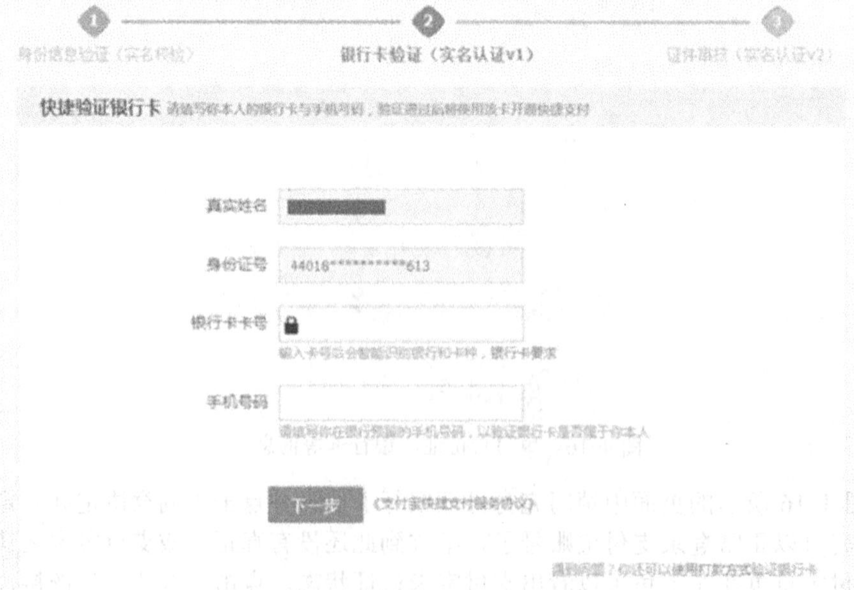

图4-18 填写银行卡信息

8）上传身份证证件信息。在上传页面上传身份证的两面的图片，并填写身份证有效期，确认无误后点击"确定提交"按钮，提交支付宝实名认证审核。如图 4-19 所示。

图 4-19　上传身份证图片

9）支付宝实名认证审核为 24 小时，审核通过后就完成了支付宝实名认证，如图 4-20 所示。

图 4-20　实名认证通过提示

上述支付宝实名认证方法是基于桌面电脑了，也可以通过手机认证，不再赘述。

（三）淘宝开店认证

在支付宝实名认证通过后，下一步需要进行的就是淘宝开店认证，具体步骤如下：

1）在图 4-10 中选择"淘宝开店认证"栏目后面的"立即认证"链接后，单击"下一步"按钮，如图 4-21 所示。按照提示上传合乎要求的真人手持身份证照片，并认真填写相应信息。身份证拍照要清晰，能看清上面的字迹，需要严格按要求进行，不符合要求的会被驳回。审核不通过可以重复提交，没有次数限制。

2）完成上述信息后，提交审核。淘宝会在两个工作日内完成审核工作，审核通过页面如图 4-22 所示。

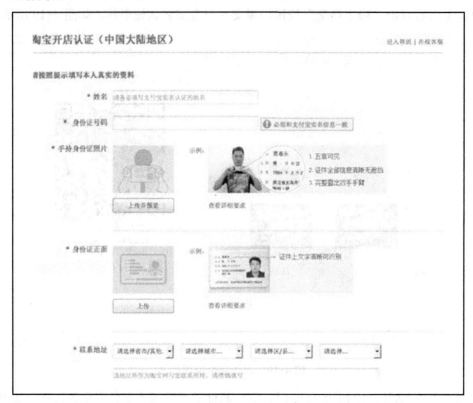

图 4-21 身份证信息填写页面

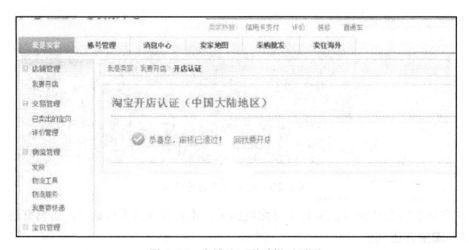

图 4-22 店铺认证通过提示页面

（四）宝贝发布与运营

在通过支付宝实名认证和淘宝开店认证后，在图 4-22 的认证通过的页面上点击"我要开店"链接，就可以进入开店流程。

（1）宝贝发布　进入宝贝发布方式选择页面，有 2 种宝贝发布方式：一口价发布或拍卖发布。实际上卖家有"拍卖""一口价""个人闲置"3种方式可以选择。根据需要选择一种方式，如图4-23所示。

图4-23 淘宝宝贝发布页面

1）一口价。"一口价"就是定一个固定的价格，买家没有讨价还价的余地，交易完成后，卖家得到的货款就是一口价加邮费。当然，卖家也可以设置一口价包邮的方式，让买家更方便。

2）拍卖。拍卖的起拍价就是卖家可以接受的最低价格，淘宝没有底价设置。所以卖家在设置起拍价时一定要慎重，因为一旦有买家以起拍价拍到该宝贝，卖家必须将该宝贝以起拍价卖给对方，不然卖家的信誉就会受到影响。另外，设定一个合适的加价幅度非常重要，加价幅度就是竞拍者为了超越前一个人的出价在现有价格上加的金额。如果起拍价是1元，加价幅度为10元，那么第一个出价者出1元，第二个出价者就必须出11元（也可以出更多），推荐卖家选择淘宝系统加价。

（2）选择宝贝类目 选择发布方式后，需要再选择出售宝贝的类目。淘宝对宝贝的类目有严格规定，如果将商品发布在错误的类目中，淘宝会认为卖家违规，可能下架你的商品或者采取其他处理措施，因此类目需要与宝贝的属性类别等相对应（也可以输入你的宝贝名称，系统会自动匹配类目）。选好类目后，单击"我已阅读以下规则，现在发布宝贝"按钮，如图4-24所示。

（3）填写宝贝信息 最后进入宝贝信息填写页面，卖家应该按照提示填写前面已经准备好的宝贝标题、宝贝描述，上传宝贝图片，填写宝贝运费等内容，检查无误后，单击"确定"按钮，就可以发布一件宝贝。宝贝信息填写页面里有具体的帮助，帮助卖家了解每一项应填写的内容。通过这种方法，卖家就可以发布所有已准备好的宝贝，如图4-25所示。

图 4-24　商品类别选择

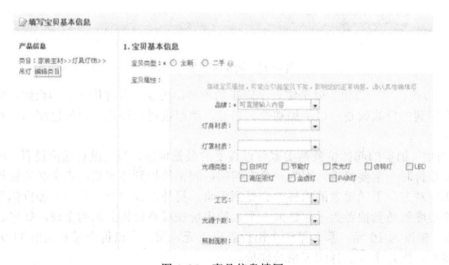

图 4-25　商品信息填写

（4）宝贝标题填写　宝贝标题关系到消费者能不能搜索到你出售的宝贝。可以在淘宝首页里面输入宝贝名称，它会自动出来很多的关键词，复制部分重要的关键词到我们的宝贝标题里，这里显示的关键词一般都是有人搜索的。如图 4-26 所示。

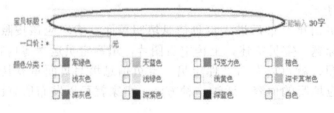

图 4-26　宝贝标题填写页面

（5）上传宝贝图片　宝贝图片大小为 310*310，这样就可以填充整个图框，然后如果想要有细节的展示，可以上传一张 800*800 以上的图片，系统会自动有放大镜功能。另外，上传的第一张宝贝图片是不计图片空间大小的。如图 4-27 所示。

图 4-27　宝贝图片上传页面

（6）宝贝描述　宝贝描述也称商品详情页是展示商品详细信息的一个页面，承载在网站的大部分流量和订单的入口。详情页主要用来展示商品维度（标题、图片、属性等）、商品介绍、规格参数、分类、商家、店铺等；另外还有一些实时性要求比较高的信息，如实时价格、实时促销、广告词、配送至、预售等，详情页制作需要熟悉 HTML、CSS，并掌握图像处理技术。淘宝宝贝描述制作页面如图 4-28 所示。

图 4-28　宝贝描述制作页面

（7）宝贝出售中　宝贝发布结束后，一般半个小时之后店铺即可开通。此时就进入长期的经营过程，卖家可以继续发布宝贝，可以更改宝贝名称、描述和图片，可以进行店铺装修，可以和客户进行交流。宝贝出售中可进行的操作，如图 4-29 所示。

图 4-29　宝贝出售中的操作

（8）宝贝成交后　如果有买家光顾店铺，他可能会通过旺旺与卖家洽谈、提问、讨价还价，然后拍下卖家的商品，向支付宝付款。这时，卖家应该联系快递公司给买家发货，买家收到货后会通知支付宝向卖家支付货款，然后买卖双方互相进行信用评价。宝贝成交后买卖双方交易的基本流程，如图 4-30 所示。

图 4-30　宝贝成交后买卖双方交易的基本流程

五、拓展训练

随着移动商务的快速发展，手机淘宝已经成为淘宝平台和天猫平台的交易主流，到淘宝主页下载安装手机淘宝 APP 到手机上，尝试手机淘宝店铺开设和运营。

提示：在淘宝首页点击"手机逛淘宝"选项，选择手机的系统类型，将弹出手机淘宝 APP 下载安装二维码，手机扫描该二维码就可以完成手机淘宝的安装。图 4-31 是 Android 系统的手机淘宝二维码。

图 4-31　Android 系统手机淘宝二维码

思考与练习

1．建立网上商城应考虑哪些问题？
2．B2B 电子商务可分为哪几类？如何理解水平 B2B 电子商务和垂直 B2B 电子商务？
3．B2B 电子商务的收益来自哪里？
4．B2C 电子商务中可选用的支付方式有哪些？
5．C2C 电子商务的交易方式主要有哪些？
6．O2O 电子商务发展前景如何？目前存在哪些问题？
7．C2B 电子商务内涵是什么？

第五章

电子商务开发与实现技术

学习目标

- 能够描述电子商务系统工作机制及组成。
- 能够描述电子商务网站开发流程及开发技术。
- 了解自助建站软件的特点。
- 能够使用简单工具制作基本的网页页面。

案例导引

北极绒网上轻纺城家纺采购批发 B2P2B 平台的建设

ShopEx（http://www.shopex.cn/）是目前国内规模较大的网上商店建站软件提供平台，该平台为中小企业、大中型企业和行业标杆企业提供完整的电子商务网站建设解决方案 ShopEx 通过与阿里巴巴、淘宝、支付宝、腾讯、财付通、百度、乐酷天、京东商城、亚马逊中国、当当网、1号店、中国移动、中国电信、中国银联、Google、eBay、Paypal、用友、金蝶、新浪等多家重量级合作伙伴结成战略同盟，凸显了 ShopEx 在电子商务领域强大的品牌影响与商业价值，为用户创造更优异的产品及更高品质的服务。其中隶属于 ShopEx 的 Ecshop 是一套开源网店建设系统，专注于网上商店软件的开发，已成功为数以万计的企业和个人用户提供了完美网上开店的解决方案。

北极绒（上海）纺织科技发展有限公司（www.bejirog.com）诞生于 1998 年，北极绒公司拥有 20 多项专利和由 5 000 多家各级代理商组成的销售网络。十四年中，在前进的道路上，北极绒不断实施产品创新改革、营销模式改革。在服务新一代客户的过程中北极绒察觉到，南通家纺城供应商比较集中，但在商品品类、库存、物流、正品授权、电商运营等方面得不到有效保障与引导，线上的销售受到了很多限制。需要建立一个强大先进、用户友好、灵活的商务平台，以整合南通家纺城厂商的资源，更好地为用户提供采购批发服务。北极绒还需要一个能够与入驻商家无缝整合，提供仓储、物流等增值服务，并能快速适应不断变化的市场环境的商务解决方案。针对此情况，北极绒采用了 ShopEx ONex B2P2B 平台解决方案：ONex B2P2B 平台将帮助北极绒采用多供应商、多店铺特征的在线销售业务模式，整合南通叠石桥家纺城的厂商；同时，采用先进的商业思想为传统交易市场经营户转型提供本地化交易平台，并为入驻商家提供仓储、物流对接等增值服务；其次，

ONex B2P2B 平台解决方案承载有批发特征的平台交易业务，在这一平台上，产业链将实现最大程度的资源整合与专业性分工；而 ONex B2P2B 平台的入驻管理、交易监控和业务分析体系在帮助北极绒更好开展平台业务的同时，也帮助入驻商家借助北极绒的品牌影响力以及广泛的渠道终端，实现稳定的生产与销售，完成资本的积累与企业实力的提升。北极绒交易平台如图 5-1 所示。

图 5-1　北极绒使用 ShopEx 系统建立自营网站首页

北极绒集团走过了十几载艰辛历程和辉煌发展道路，取得了斐然的业绩。在电子商务平台建设中，北极绒采用了成熟的第三方网站建设资源——ONex 的信息化技术力量，将"互联网+"与 B2B 电商结合，提高传统家纺行业电商化转型速度。

（案例来源：http://www.shopex.cn/case-defaults-27.html，有改动）

电子商务活动离不开电子商务平台，电子商务平台实际上融合的是企业经营管理的综合业务流程，它形成了一个相互作用的整体，并成为电子商务系统。企业要开展电子商务活动，电子商务平台的构建或者电子商务系统的建设开发是实现电子商务的第一步。目前，电子商务平台的主要表现形式是商务网站。本章重点介绍电子商务网站的开发及实现技术。

第一节　电子商务系统概述

在企业电子商务活动的各个环节中，需要不同的技术手段加以支持。例如，需要通过网站发布信息，需要依靠网络通信工具（QQ、阿里旺旺、飞信等）与商务伙伴进行沟通，通过网上支付工具进行在线付款等。如果离开这些技术手段，企业的电子商务活动就不能称为电子商务，而支撑这些网上商务活动的技术集合就是电子商务系统。

一、电子商务系统概述

电子商务系统有广义与狭义之分。

从广义上讲，电子商务系统是支持商务活动的电子技术手段的集合。

从狭义上讲，电子商务系统则是指在 Internet 和其他网络的基础上，以实现企业电子商务活动为目标，满足企业生产、销售、服务等企业经营管理的需要，支持企业的对外业务协作，从运作、管理和决策等方面全面提高企业信息化水平，为企业提供商业智能的计算机系统。

从技术角度上讲，电子商务系统基本上是一种基于浏览器/服务器（Browser/Server，B/S）结构的系统。它的构造技术还包括一些原有信息系统未曾使用的新技术，如多层结构、站点动态负荷均衡技术、安全与认证技术等，其主要的表现形式为电子商务网上平台，即电子商务网站。

电子商务系统在技术上与传统信息系统有共性，它需要与企业内部信息系统结合，更侧重于企业商务活动的整体，其结构和组成与传统信息系统不同，而且由于 WWW（World Wide Web，即万维网，也作"Web""W3"）、B/S 模式、安全等技术的引入，使电子商务系统在设计与开发上存在很多独特之处。

二、电子商务系统的特点

企业电子商务系统是支撑企业网上商务活动的技术平台，这一平台与传统的管理信息系统（MIS）、决策支持系统（DSS）、企业 ERP 系统、客户关系管理系统等信息系统既有联系又有所不同，具有较为鲜明的特征。

1．电子商务系统是支持企业商务活动整个过程的技术平台

无论是企业内部的生产、销售，还是企业外部的市场活动，都可以依托电子商务系统这一平台，这是电子商务系统与 MIS、DSS 等不同的地方。充分支持企业商务活动的各个环节是电子商务系统的一个重要特点。

2．电子商务系统是企业业务流程重构、价值链增值的技术平台

电子商务追求的是通过"商务整合"完成企业业务流程的再造，充分发挥企业信息资源，提升企业的竞争优势。电子商务系统作为实现这一目标的技术支撑平台，其分析、建造就不能简单地立足于实现企业业务流程的电子化。从某种意义上讲，能否实现企业价值链的增值，是电子商务系统是否成功的一个标志。

3．电子商务系统依托网络，提供基于 Web 的分布式服务

电子商务的形式多种多样，但是支撑企业电子商务运作的电子商务系统基本上都是依托于 Internet、企业内部网（Intranet）或者企业外部网（Extranet）构造的。以 TCP/IP 协议为基础的网络环境是所有电子商务系统的共同基础。因此，电子商务系统是一个在分布式网络环境中提供服务的系统。

4．电子商务系统在系统应用的安全方面有较高的要求

电子商务系统在安全方面的要求较高，其原因在于：①电子商务系统一般处理的是与企业交易活动相关的数据，因此业务数据涉及企业的敏感数据，自然对安全等级的要求很高；②电子商务系统依托于网络，尤其是 Internet，一般是在一种开放的、公共的网络环境中运行，而且 TCP/IP 协议本身就存在漏洞，因此这种开放环境相对于封闭系统而言，存在着一些不安全因素，所以需要强调安全措施来降低风险；③企业传统的商务活动是在法律保护下开展的，企业的交易行为通过契约、合同的形式得到法律保障，开展电子商务活动时，有形的纸质合同转变为电子契约，电子契约的存在是以公共密钥体系为基础的，公共密匙体系本身就有很高的安全规范。

5．电子商务系统大多是依托企业现有信息资源运行的系统

电子商务系统与企业现有的信息系统之间在硬件与网络资源、数据、应用方面存在密切的联系，两者通过数据共享、应用的互操作形成紧密联系的整体。

由于电子商务系统的呈现形式是商务网站，因此电子商务的实现技术就是商务网站的开发技术。

第二节　电子商务网站开发技术

电子商务系统的主要表现形式为电子商务网上平台，即电子商务网站。网站开发就是在进行网站总体规划和软、硬件配置的基础上，对网站进行需求分析、可行性分析、概要设计、详细设计，通过使用网页设计软件，经过平面设计、网页排版、数据库设计、网页编程等步骤，设计出多个网页。这些网页通过一定逻辑关系的超级链接，构成一个网站。网页设计完成以后，再上传到网站服务器上以供用户访问浏览。

一、网站及电子商务网站

网站是网络中一个站点内所有网页的集合。简单地说，网站是一种借助于网络的通信工具，就像公告栏一样，人们可以通过网站来发布自己的信息，或者利用网站来提供相关的服务，还可以通过浏览器来访问网站，获取自己需要的信息或者享受网络服务。

网站由域名、服务器空间、网页3个部分组成。网站的域名就是在访问网站时，在浏览器地址栏中输入的网址。网页是通过Dreamweaver、Expression Web等软件编辑出来的，网站中的多个网页由超级链接联系起来。网页需要上传到服务器空间中，用户可通过浏览器访问其中的内容。

使用超文本标记语言（Hyper Text Markup Language，HTML）来描述文本、图片、动画等内容的排版，然后被浏览器阅读，这就是网页。网页文件的扩展名通常是.htm或.html。浏览器用于解释网页文件中的代码，将网页中的内容呈现给用户。网页中所有的内容都是通过HTML语言描述的。

目前的网站开发已经很重视符合Web标准，即W3C（World Wide Web Consortium，即万维网联盟，是Web技术领域最具权威和影响力的国际中立性技术标准机构）提出的网站开发建议，包括XHTML（Extensible Hyper Text Markup Language，即可扩展超文本标注语言，是一种置标语言，表现方式与HTML类似，不过语法上更加严格。）、CSS（Caseading Style Sheels，即层叠样式表，是一种用来表现HTML或XML等文件样式的计算机语言。）、DOM（Document Object Model，即文档对象模型，是W3C推荐的处理可扩展标志语言的标准编程接口。）等方面，在后续章节有详述。

电子商务网站是一种常见的网站形式，也是一种重要的应用形式。它的内容常常是产品、广告、购物、市场推广等。目前，国内电子商务网站的代表有阿里巴巴（www.alibaba.com.cn）、淘宝网（www.taobao.com）、京东商城（www.jd.com）等。电子商务网站的设计重点是网站的产品管理功能和用户的交互功能。

基于带数据库开发的网站，一般分为网站前端（台）和网站后端（台）。网站前端是面向网站访问用户的，通俗地说也就是给访问网站的人看的内容和页面。网站前端访问可以浏览公开发布的内容，如产品信息、新闻信息、企业介绍、企业联系方式、提交及查看留言等。网站后端操作，有时也称为网站后台管理，是指用于管理网站前端的一系列操作，如产品和企业信息的增加、更新、删除等。通过网站后端，可以有效地管理网站供浏览者查阅的信息。网站的后端通常需要账号及密码等信息的登录验证，登录信息正确即可通过验证，并进入网站后台的管理界面进行相关的一系列操作。通常开发带网站后台管理功能的网站空间，必须支持程序语言和数据开发功能。

二、电子商务网站的开发流程

（一）电子商务网站开发流程图

电子商务网站开发是一个系统的项目，其典型的开发流程示意图如图 5-2 所示。

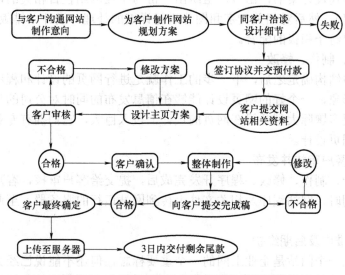

图 5-2　电子商务网站典型的开发流程示意图

（二）商务网站开发流程介绍

1. 客户提出需求

如果要为客户开发商务网站，首先需要了解客户的具体需求。在与客户接洽后，客户通过电话、电子邮件或在线订单的方式提出自己在网站制作方面的基本需求。其涉及内容包括公司介绍、栏目描述、网站基本功能需求、基本设计要求。有时客户还会提出其他很多细节要求，这些都应该注意。

2. 设计建站方案

在了解企业建站具体需求的基础上，根据企业的要求和实际状况，设计适合企业的网站方案，包括选择服务器空间类型，根据企业风格量身定制网站风格等。设计方案时应一切根据企业的实际需要选择，最合适的才是最好的。

3．查询申办域名

网站必须申请域名才能上线，因此需要根据企业的要求，决定是国际域名还是国内域名。域名就是企业在网络上的招牌，是一个名字，并不影响网站的功能和技术。如果是登记国际域名的话，就必须向国际互联网管理中心申请；国内域名则向中国互联网服务中心申请。

4．网站系统规划

商务网站是发布公司产品与服务信息的平台，所以网站内容非常重要。一个好的商务网站，不仅是一本网络版的企业全貌和产品目录，还必须给网站浏览者即企业的潜在客户提供方便的浏览导航、合理的动态结构设计、适合企业商务发展的功能构件（如信息发布系统、产品展示系统等）、丰富实用的资讯和互动空间。

5．确定合作

双方以面谈、电话或电子邮件等方式，针对项目内容和具体需求进行协商。双方认可后，签署《网站建设合同书》并支付一定的网站建设预付款。

6．网站内容整理

根据商务网站建设方案书，由客户组织出一份与企业网站栏目相关的内容材料（电子文档文字和图片等），然后对相关文字和图片进行详细的处理、设计、排版、扫描、制作，这一过程需要客户给予积极的配合。

7．网页设计、制作、修改

网站的内容与结构确定之后，下一步的工作就是进行网页的设计和程序的开发。网页设计关乎企业的形象，一个好的网页设计能够在信息发布的同时对公司的理念以及宗旨做出准确的诠释。很多国际大型公司在网页的设计上投入巨大，它们拥有专业的技术人员，可以提供专业的网页设计。

8．网站提交客户审核并发布

商务网站设计、制作、修改、程序开发完成后，提交给客户审核，客户确认后，支付网站建设余款。同时，网站程序及相关文件上传到网站运行的服务器，至此网站正式开通并对外发布。

9．商务网站推广及后期维护

在网络上建立一个网站是企业上网的一个重要标志，但还不能说已经大功告成了。因为一个设计新颖、功能齐全的网站，如果没有人来看就起不到应有的作用了。为了能让更多的人来浏览企业的网站，必须要有一个详尽而专业的网站推广方案，包括著名网络搜索引擎营销、网络广告发布、邮件群发推广、LOGO 互换链接、软文营销、线下推广等。这一部分尤其重要，专业的网络营销推广策划必不可少。现在有很多公司可以提供国内外搜索引擎登录服务、门户网站分类广告、分布式批量电子邮件广告、电子商务平台产品链接等多种推广方案。另外，它们还根据用户的具体需要，按用户的要求和授权，对用户的网站页面和内容进行适当的修改、更新、维护服务。

三、基于 Web 标准的商务网站前端开发技术

商务网站应该有利于企业的电子商务活动，开发的网站便于网络营销和推广。网站的

前台开发技术主要包括 HTML、XHTML、CSS 和 JavaScript 等。符合 Web 标准的网站应该主要由 3 个部分组成：结构（Structure）、表现（Presentation）和行为（Behavior）。对应的网站标准也分 3 个方面：结构化标准语言主要包括 XHTML 和 XML；表现标准语言主要包括 CSS；行为标准主要包括对象模型（如 W3C DOM）、ECMAScript 等。这些标准大部分由 W3C 组织起草和发布，也有一些是其他标准组织制定的标准。

（一）HTML/XHTML

HTML 是基本的 Web 设计语言，用来描述 WWW 上的超文本文件，当用户使用浏览器下载文件时，就把这些标记解释成它应有的含义，并按照一定的格式将其显示在屏幕上。从本质上来说，WWW 只是一个由 HTML 文件及一系列传输协议所组成的集合。这些 HTML 文件存储在分布于世界各地的计算机的硬盘上，而传输协议能把这些文件从一台计算机传送到另一台计算机上。HTML 早期的版本一般以 HTMLx 的方式命名。

XHTML（Extensible Hyper Text Markup Language，可扩展超文本标识语言）是一个基于 XML 的标识语言，看起来与 HTML 有些相像，只有一些小的但重要的区别。XHTML 是一个扮演着类似 HTML 角色的 XML。2000 年底发布的 XHTML 1.0 是在 HTML 基础上优化和改进的新语言，在一定程度上可以说是 HTML 4.0 的重新组织，也可以看作是在 HTML 4.0 基础上的延续，W3C 目前正在完善 XHTML 2.0 规范。同时，XHTML 是一种采用 XML 的 DTD 文件格式定义，并运行在支持 XML 的系统上的 XML 应用。所以，从本质上说 XHTML 是一个过渡技术，结合了部分 XML 的强大功能及 HTML 的特性。

现在，HTML5 是 HTML 新的版本，简称 H5。HTML5 的设计目的是为了在更多的设备（包括 PC、平板电脑、手机及其他移动终端）上支持多媒体。主流浏览器都对 HTML5 有了广泛支持，目前正在普及之中。

（二）CSS

CSS（Cascading Style Sheets，层叠样式表）是一种用来表现 HTML 或 XML 等文件式样的计算机语言，它的定义是由 W3C 来维护的。在主页制作时采用 CSS 技术，可以有效地对页面的布局、字体、颜色、背景和其他效果实现统一样式设置，从而使页面格式控制更加容易，页面布局更加轻松，整个网站风格更加容易统一。

CSS 有 CSS1、CSS2、CSS2.1、CSS3 等不同的版本和标准。CSS3 是 CSS 技术的最新版本，CSS3 语言开发是朝着模块化发展的。以前的规范作为一个模块实在是太庞大而且比较复杂，所以，把它分解为一些小的模块，更多新的模块也被加入进来。这些模块包括盒子模型、列表模块、超链接方式、语言模块、背景和边框、文字特效、多栏布局等。CSS3 主要的影响是将可以使用新的可用的选择器和属性，这些会允许实现新的设计效果（譬如动态和渐变），而且可以很简单地设计出现在的设计效果（比如说使用分栏）。配合 HTML5 技术，CSS3 的在现在的移动互联网时代应用越来越广泛。

（三）JavaScript

JavaScript 是一种基于对象（Object）和事件驱动（Event Driven）并具有安全性能的脚本语言。它的解释器被称为 JavaScript 引擎，为浏览器的一部分，广泛用于客户端的脚本语言，最早是在 HTML 网页上使用，用来给 HTML 网页增加动态功能。使用它的目的是与 HTML 超文本标记语言、Java 脚本语言（Java 小程序）一起实现在一个 Web 页面中链接多个对象，与 Web 客户进行交互，从而可以开发客户端的应用程序等。JavaScript 语法与 C/C++、Java 的语法很相似，有变量、常量、函数的概念，有各种运算符和控制语句。基于 JavaScript 的 AJAX、jQuery、Bootstrap 等技术为 Web 前端开发特别是移动 Web 开发提供了便捷。

（四）Web 标准

Web 标准应该是 2005—2016 年流行的 IT 话题之一。各大门户网站、大型电子商务网站的重构，让人看到了 Web 标准的好处，网页开发人员纷纷开始学习 Web 标准。

Web 标准，英文为 Web Standards。Standards 是复数的，是一些规范的集合，是由 W3C（详见 www.w3c.org）和其他的标准化组织共同制定的，用来创建和解释网页的基本内容。其中，主要成员对应的标准也分 3 个方面：结构（Structure）主要包括 HTML、XHTML 和 XML；表现（Presentation）主要包括 CSS；行为（Behavior）主要包括对象模型（如 DOM、Script 等）。这些标准大部分由 W3C 起草和发布，如图 5-3 所示。

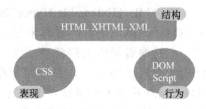

图 5-3　Web 标准成员

（1）结构化和语义化的语言　包括超文本标识语言 HTML5、可扩展超文本标识语言（XHTML）1.0 和可扩展标识语言（XML）1.0。

（2）表现层语言　包括层叠样式表（CSS）level 1、CSS level 2 revision 1、CSS level 3（候选推荐标准或更理想的）3 个部分。

（3）文档对象模型　包括文档对象模型（DOM）level 1、DOM level 2（HTML，Core，Events，Traversal）、DOM level 3（Core）3 个部分。

（4）脚本语言　包括 ECMAScript 262（JavaScript 的标准化版本）。

（5）对 HTML 和 XHTML 的扩展与更新　包括微格式（Microformats）、Web 应用（Web Applications）1.0（即"HTML 5"）、XHTML 1.1、XHTML 2.0。

（6）其他的标记语言　包括数学标记语言（MathML）1.0、MathML 2.0 及其他新兴的标准，如为电视设备、手持设备上的浏览器而设立的标准。

传统网站的前端展现方式是把结构和表现混合在一起，而应用 Web 标准进行设计的方式是把结构和表现分开，但是不管使用什么方式，它们表面看上去都差不多。

为了便于理解，以一个简单的网页页面为例，如图 5-4 所示。该网页看起来似乎比平时看到的网页简单，或者说更像一篇文章，下面来分析它的构成。

（1）语义的结构　把图 5-4 所示的例子删除掉 CSS 部分，如果没有了表现类语言（CSS），它是由浏览器的默认表现来修饰的，如图 5-5 所示。

HTML 本身就是结构化的语言，就像在例子中看到的表示标题的<h1>、表示特定信息（如地址、签名、作者）的<address>、表示内容的<p>等，外观并不是最重要的，网页的表现可以不用仅仅依赖 HTML 来完成。设计者不用再像以前一样，把装饰的图片、字体的大小、页面的颜色甚至布局的代码都堆在 HTML 里面。对于 HTML，更多的是要考虑结构和语义。

第五章 电子商务开发与实现技术

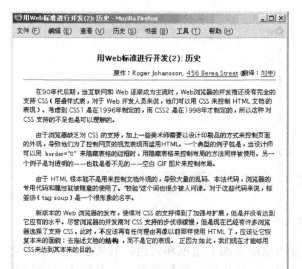

图 5-4 一个简单的网页页面　　　　图 5-5 没有 CSS 渲染的网页页面效果

在 Web 标准时，结构和表现分离的重要性总是被提及，刚开始理解结构和表现的分离可能有点困难，特别是在还不习惯思考文档的语义和结构的时候。然而，理解这点是很重要的，因为当结构和表现分离后，用 CSS 文档来控制表现就很容易了。例如，网站的字体太小，只要简单地修改样式表中的一个定义就可以了。

（2）华丽的表现　这个例子所用的 CSS 并不复杂，可能远远达不到想要的效果，选择它做例子只是为了说明表现不应该依赖结构。

CSS Zen Garden（CSS 禅意花园）是一个专注于 CSS 表现效果和艺术的网站，通过它可以认识到 CSS 的强大力量，可以看到各式各样的设计。图 5-6 所示是最初的设计和后来的一份优秀设计，它们使用着相同的 HTML。

图 5-6　CSS 禅意花园的典型效果

（3）交互的行为　当用户在某个网站注册会员时会发现，在填完某一项或提交时，网站会给予输入提示，当输入有误时会给予错误提示等。图 5-7 所示是苏宁易购会员注册部分截图，其中图标 ⊘、👁 以及下面的文字"不能为同一字符"、安全程度提醒等均为页面交互行为。

图 5-7　苏宁易购会员注册部分截图

当用户用鼠标单击文本框时，后面的辅助说明会加上边框和底色，其实在用户单击之前已经发生了很多事件：鼠标进入、鼠标移动、鼠标按下、鼠标松开，只是因为它们没有通过其他方式改变页面的元素表现出来，从而感觉不到；而当单击文本框时，页面发生了变化，所以能感觉到。当输入信息时，文本框会通过右下角和右上角的小三角形给予提示，这都归功于 DOM 和 JavaScript，是它们把行为表现出来的。

（五）jQuery

jQuery 是一套跨浏览器的 JavaScript 库，简化 HTML 与 JavaScript 之间的操作。由 John Resig 在 2006 年 1 月的 BarCamp NYC 上发布第一个版本。目前是由 Dave Methvin 领导的开发团队进行开发。全球前 10 000 个访问最高的网站中，有 59%使用了 jQuery，是目前最受欢迎的 JavaScript 库。图 5-8 是 jQuery 首页。

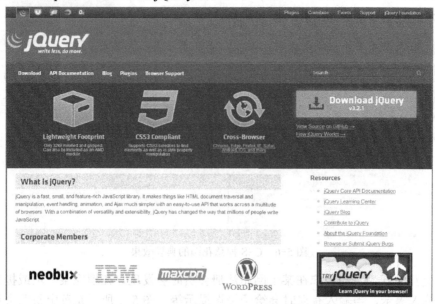

图 5-8　jQuery 首页

jQuery 是一个优秀的轻量级 JavaScript 框架。其宗旨是——"Write Less, Do More"，写

更少的代码，做更多的事情。它是一个快速和简洁的 JavaScript 库，可以简化 HTML 文档元素的遍历，事件处理，动画和 Ajax 交互以实现快速 Web 开发，它被设计用来改变编写 JavaScript 脚本的方式。具有独特的链式语法和短小清晰的多功能接口；具有高效灵活的 CSS 选择器，并且可对 CSS 选择器进行扩展；拥有便捷的插件扩展机制和丰富的插件。

（六）Bootstrap

Bootstrap 是当前世界最受欢迎的用于建立响应式、移动设备优先的站点和应用的框架。Bootstrap 是基于 HTML5 和 CSS3 开发的，它在 jQuery 的基础上进行了更为个性化的完善，形成一套自己独有的网站风格，并兼容大部分 jQuery 插件。Bootstrap 中包含了丰富的 Web 组件，根据这些组件，可以快速搭建一个漂亮、功能完备的网站。其中包括以下组件：下拉菜单、按钮组、按钮下拉菜单、导航、导航条、路径导航、分页、排版、缩略图、警告对话框、进度条、媒体对象等。

在开发电子商务网站和应用时，能在 Bootstrap 的帮助下通过同一份代码快速、有效适配手机、平板、PC 设备。

四、网站后台开发技术

目前，最常用的动态网页语言有 ASP.NET、PHP（Hypertext Preprocessor）、JSP（Java Server Pages），可以任选其一实现商务网站的开发建设。

（一）ASP.NET

微软发布的 ASP.NET 不仅仅是 ASP 的下一个版本，而且是一种建立在通用语言上的程序构架，能被用于一台 Web 服务器来建立强大的 Web 应用程序。ASP.NET 提供许多比现在的 Web 开发模式更强大的优势。

ASP.NET 是把基于通用语言的程序在服务器上运行。不像以前的 ASP 即时解释程序，ASP.NET 是将程序在服务器端首次运行时进行编译，这样的执行效果比一条一条的解释强很多。

ASP.NET 技术的优势在于，它是基于通用语言编译运行的程序。它的强大性和适应性，可以使它运行在 Web 应用软件开发者的几乎全部平台上。通用语言的基本库、消息机制、数据接口的处理都能无缝整合到 ASP.NET 的 Web 应用中。ASP.NET 同时也是 Language-independent（语言独立化）的，所以开发者可以选择一种最适合自己的语言来编写程序，或者把程序用很多种语言来写，现在已经支持的有 C#、VBScript、JavaScript。将来，这样的多种程序语言协同工作的能力可以保护现在的基于 COM+开发的程序，能够完整地移植到 ASP.NET。

（二）PHP

PHP 是一种跨平台的服务器端的嵌入式脚本语言。它大量地借用 C、Java 和 Perl 语言的语法，并耦合 PHP 自己的特性，使 Web 开发者能够快速地写出动态页面。它支持目前绝大多数数据库，PHP 是完全免费的，用户可以从 PHP 站点（www.php.net）自由下载，并可以不受限制地获得源码，甚至在其中加进自己需要的特色。

PHP 可以编译成具有与许多数据库相连接的函数。PHP 与 MySQL 是现在绝佳的群组合。用户还可以自己编写外围的函数去间接存取数据库。通过这样的途径，当用户更换使用的数据库时，可以轻松地修改编码以适应这样的变化。PHPLIB 就是最常用的可以提供一般事务需要的一系列基库。但 PHP 提供的数据库接口支持彼此不统一，如对 Oracle、MySQL、Sybase 的接口都不一样，这也是 PHP 的一个弱点。PHP 的网站综合开发环境有 LAMP、WAMP、APPServer 等。

（三）JSP

JSP 是 Sun 公司推出的新一代网站开发语言，Sun 公司借助自己在 Java 上的不凡造诣，除 Java 应用程序和 Java Applet 之外，又有新的硕果，就是 JSP（Java Server Page）。JSP 可以在 Serverlet 和 JavaBeans 的支持下，完成功能强大的站点程序。

1．将内容的产生和显示进行分离

使用 JSP 技术，Web 页面开发人员可以使用 HTML 或者 XML 标识来设计和格式化最终页面，并使用 JSP 标识或者小脚本来产生页面上的动态内容。产生内容的逻辑被封装在标识和 JavaBeans 群组件中，并且捆绑在小脚本中，所有的脚本在服务器端执行。如果核心逻辑被封装在标识和 Beans 中，那么其他人如 Web 管理人员和页面设计者，能够编辑和使用 JSP 页面，而不影响内容的产生。在服务器端，JSP 引擎解释 JSP 标识，产生所请求的内容（如通过存取 JavaBeans 群组件，使用 JDBC 技术存取数据库），并且将结果以 HTML（或者 XML）页面的形式发送回浏览器。这有助于开发者保护自己的代码，而又保证任何基于 HTML 的 Web 浏览器的完全可用性。

2．强调可重用的群组件

绝大多数 JSP 页面依赖于可重用且跨平台的组件（如 JavaBeans 或 Enterprise JavaBeans）来执行应用程序所要求的更为复杂的处理。开发人员能够共享和交换执行普通操作的组件，或者使得这些组件为更多的使用者或用户团体所使用。基于组件的方法加速了总体开发过程，并且使得各种群组织在他们现有的技能和优化结果的开发中得到平衡。

3．采用标识简化页面开发

Web 页面开发人员不会都是熟悉脚本语言的程序设计人员。JSP 技术封装了许多功能，这些功能是在易用的、与 JSP 相关的 XML 标识中进行动态内容产生所需要的。标准的 JSP 标识能够存取和实例化 JavaBeans 组件、设定或检索群组件属性、下载 Applet，以及执行用其他方法耗时和更难于编码的功能。通过开发定制化标识库，JSP 技术是可以扩展的。今后，第三方开发人员和其他人员可以为常用功能建立自己的标识库。这使得 Web 页面开发人员能够使用熟悉的工具和如同标识一样的执行特定功能的构件来工作。JSP 技术很容易整合到多种应用体系结构中，以利用现存的工具和技巧，并且扩展到能够支持企业级的分布式应用。作为采用 Java 技术家族的一部分，以及 Java 2EE 的一个成员，JSP 技术能够支持高度复杂的基于 Web 的应用。由于 JSP 页面的内置脚本语言是基于 Java 程序设计语言的，而且所有的 JSP 页面都被编译成为 Java Servlet，JSP 页面就具有 Java 技术的所有好处，包括健壮的存储管理和安全性。作为 Java 平台的一部分，JSP 拥有 Java 程序设计语言"一次编写，各处执行"的特点。随着越来越多的供货商将 JSP 支持加入到他们的产品中，开发人员可以使用自己所选择的服务器和工具，而不影响目前的应用范围。

总的来说，ASP、ASP.NET、PHP、JSP 都提供在 HTML 代码中混合某种程序代码、由语言引擎解释执行程序代码的能力。但 JSP 代码被编译成 Servlet 并由 Java 虚拟机解释执行，这种编译操作仅在对 JSP 页面的第一次请求时发生。在 ASP、ASP.NET、PHP、JSP 环境下，HTML 代码主要负责描述信息的显示样式，而程序代码则用来描述处理逻辑。普通的 HTML 页面只依赖于 Web 服务器，而 ASP、ASP.NET、PHP、JSP 页面需要附加的语言引擎分析和执行程序代码来动态形成 HTML 页面。程序代码的执行结果被重新嵌入到 HTML 代码中，然后一起发送给浏览器。ASP、ASP.NET、PHP、JSP 都是面向 Web 服务器的技术，客户端浏览器不需要任何附加的软件支持。

第三节　常用的商务网站开发工具

制作网页需要专用的网页设计工具，最常用的工具是 Dreamweaver，借助于这两个工具可以方便地对网页进行设计和排版。网页中的图片需要使用 Photoshop 进行设计和编辑，网络视频需要使用视频制作软件制作。

1．网页设计软件 Dreamweaver

Dreamweaver 是一个功能强大的网页设计工具，有着方便实用的工具和所见即所得的排版功能，界面十分友好，使用方便。在不需要掌握 HTML 语言的情况下，即可利用其强大的功能开发出专业的网页。Dreamweaver 也是一个方便的编程工具，可以方便地编写 ASP、PHP、JSP 代码，软件的自动提示填充功能和代码染色功能可以有效地帮助用户编写和调试各种代码。借助于 Dreamweaver 可以快速方便地开发出各种动态或静态网站。图 5-9 为运用 Dreamweaver CC 设计的一个简单的网页。

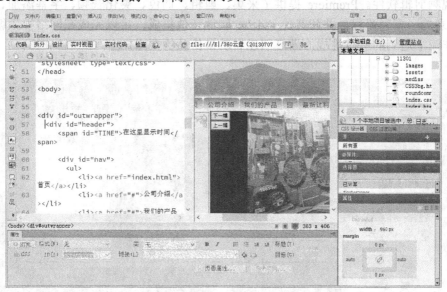

图 5-9　运用 Dreamweaver CC 设计的一个网页

2．平面设计软件 Photoshop

Photoshop 是一个专业的平面设计软件，具有功能强大的平面图像设计功能。借助于 Photoshop 可以设计出各种图片。在网页设计中，可以使用 Photoshop 设计网页效果图。图 5-10 为用 Photoshop CC 设计的一个简单的网页效果图。

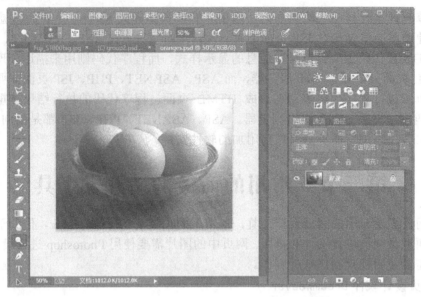

图 5-10　用 Photoshop CC 设计的网页效果图

3．视频编辑软件 Premiere

在电子商务网站建设中，视频元素的地位越来越重要，其中使用较多的网站视频编辑软件是会声会影和 Premiere，其中 Premiere 是视频编辑爱好者和专业人士准备的必不可少的编辑工具，如图 5-11 所示。它可以提升您的创作能力和创作自由度，它是易学、高效、精确的视频剪辑软件。Premiere 提供了采集、剪辑、调色、美化音频、字幕添加、输出、DVD 刻录的一整套流程，并和其他 Adobe 软件高效集成，足以完成在网络视频编辑、制作、工作流上遇到的所有挑战，满足创建高质量作品的要求。

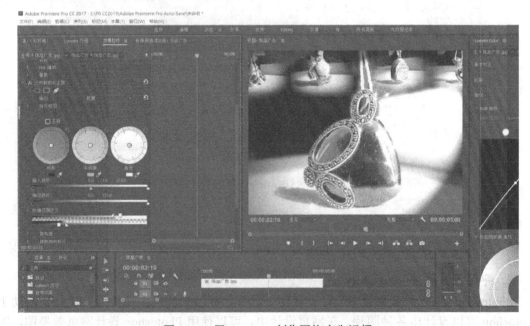

图 5-11　用 Premiere 制作网络广告视频

第四节　使用 HTML/CSS 建立简单的企业介绍网页

HTML 语言是一种纯文本的文件，几乎可以用任何文字编辑软件来建立。从结构上讲，HTML 文件由元素（Element）组成。组成 HTML 文件的元素有许多种，用于组织文件的内容和指导文件的输出格式。它通过使用一些不同意义的标记（Tags）来表示不同的格式、定义文件的结构以及描述文件之间的逻辑关系，即 HTML 是通过各种标记来描述多媒体信息的。

一、HTML 语言的基本语法

HTML 是一种标记语言，用来创建与操作系统无关的文档。也就是说，按照 HTML 语法规则创建的文档可以为不同硬件配置的计算机及其应用程序所理解。HTML 的基本语言包括标记本身、标记属性、注释等方面的内容。

1．标记

HTML 标记（标签）用于修饰浏览器窗口内文本的样式。用户只需输入文本并插入标记，该文本在浏览器窗口内就会按照用户的设置显示出来。一般地，HTML 标记使用下列格式：

<标记>内容</标记>

在标记之间插入的"文本"将受到标记的影响，多数的标记是由 1～2 个英文字母组成的。它表明了用户希望看到的效果类型。例如，如果用户希望"欢迎光临"用粗体字在浏览器窗口内显示，可在 HTML 文件内输入下面的内容：

<strong>欢迎光临</strong>

其中，第一个<strong>表示粗体标记的开始，第二个</strong>表示粗体标记的结束。实际上，所有的结束标记只不过是在开始标记前添加了"/"而已，这样只需记忆开始标记即可，HTML 就是这些标记的汇总。

注意，HTML 的标记不区分大小写，也就是说，<STRONG>、<sTrOng>和<strong>的标记效果是一样的。

2．标记属性

HTML 语言的标记都有属于自己的属性，这些属性可由用户自定义，否则将采用 HTML 的默认属性。属性的名称总是出现在起始标记的结束符">"之前，标记本身与标记属性之间以空格符分隔。对于具有多种属性的标记，它们之间需要插入空格进行隔离。例如：

<body bgcolor=" blue "　background=" images\color.jpg ">

定义网页文本的颜色为蓝色，并且以图片"images\color.jpg"作为网页的背景图案。

标记属性需要使用双引号或单引号括起来，HTML 语法为每个标记的属性都定义了相应的属性值，用户只能使用那些合法的赋值，这些赋值是由英文字母、数字、连字符和英文句号（.）组成的。

注意，标记的属性名称不区分大小写，属性值一般也不区分大小写。考虑到压缩算法对出现频率较多的内容具有较高的压缩比，用户应该尽量使用小写字母表示 HTML 的标记及其属性。

3．内容注释

在制作网页的过程中，为了增强网页的可维护性，必须改善它的可读性。对于大型、复杂的网页设计，往往是由多人合作完成的，某个人的意图必须被他人所理解，这样就有必要在网页内添加适当的注释。它可以是网页的制作人、创建时间、使用某些特定标识的目的等。HTML 注释的基本格式如下：

<!--注释内容-->

其中，"注释内容"既可以是一行内容，也可以是多行内容，这取决于网页制作人的需要。为了区别于网页内的标记，人们往往在注释内容之前添加"--"，但感叹号"!"必须保留，它是注释标记的一部分。

Web 浏览器对网页内的注释不作处理，因此站点访问者并不能看到这部分内容。网页的生命力在于更新，为了方便网页的维护、修改，有必要在网页内添加一些注释信息，这样就不会使自己或其他维护人员对网页结构、标记意图的理解出现偏差。

二、网页结构

HTML 网页通常是由 3 部分内容组成的：版本信息、网页标题（head）、文档主体（body），其中，文档主体是 HTML 网页的主要部分。它包括文档所有的实际内容，下面就是网页结构的总体框架：

```
<!doctype html>
<html>
    <head>
        <!--页面关键字、描述、字符编码等内容-->
        <title>页面标题</title>
    </head>
    <body>
        <!--主体标记、属性及其内容-->
    </body>
</html>
```

也可以直观的表示，如图 5-12 所示。

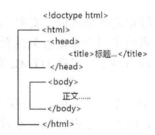

图 5-12　HTML 文件的一般结构

三、标题信息

<!doctype html>是网页文档信息，提示浏览器当前页面为 HTML5 版本。

<head>标记出现在 HTML 文档的起始部分，用来标明当前文档的有关信息，如文档的标题、搜索引擎可用的关键词以及不属于文档内容的其他数据。

在<head>标记之间，使用频率最高的标记就是<title>。它用于定义文档的标题，并且同一网页内只能有一个标题，也就是说<title>只能出现一次。例如，给网页设置黑体字的"欢迎光临"的标题，可在文档内输入下列内容：

```
<!doctype html>
<html>
<head>
<title><strong>欢迎光临</strong ></title>
</head>
</html>
```

当网页被浏览时，网页的标题将出现在浏览器的标题栏内。为了区别起见，将网页的说明信息称为网页的首部，而将网页的正文称为网页的主体。在网页首部出现的标记除了<head>之外，最重要的是<title>、<meta>、<link>、<script>等标记，它们的意义如下：

<title>用于设置 HTML 的标题。

<meta>用于记录 HTML 文档的相关信息，这些信息一般不会显示在浏览器内，但可以供 Web 搜索和程序参考。

<link>用于链接外部页面样式文档。

<script>用于嵌入页面脚本程序，实现动态页面效果。

四、主体标记

网页的主体是<body>和</body>标记对中的内容，可以简单地将网页的主体理解为 HTML 文档中标题以外的所有部分。<body>标记用于定义 HTML 文档主体的开始。它能够设置网页的背景图像、背景颜色、链接颜色以及网页边距等属性，其基本用法如下：

```
<body
background="url"
bgcolor=color
bgproperties=fixed
leftmargin=n
link=color
alink=color
text=color
topmargin=n
vlink=color
>
</body>
```

其中，各个属性的意义如下：

background 用于定义网页文件的背景图案，图案文件的位置是由它的 URL 决定的。使用"bgproperties=fixed"之后，网页文本滚动时，背景图案并不随之滚动。

bgcolor、text 用于定义网页背景颜色和网页文本的颜色。

link 和 vlink 分别确定超链接的颜色和已访问的超链接的颜色。在 Web 浏览器窗口内，当用户将鼠标指向链接源时，它的颜色也将发生变化。alink 就是用于定义此时链接源颜色的标记属性。

上述颜色值既可以采用英文单词的表示形式，如 red、blue、yellow 等，也可以使用颜色的十六进制数值表示，格式为#RRGGBB，如#23ff45、#ff00ff 等。

leftmargin、topmargin 用于设置网页的左边距和上边距，它们是以像素为单位的。如果没有指定网页的页边距，它们将采用 HTML 提供的默认数值。

五、常用标记列表

常用标记见表 5-1。

表 5-1 常用标记

标　　记	功　　能
基 本 标 记	
<html></html>	创建一个 HTML 文档
<head></head>	设置文档标题和其他在网页中不显示的信息
<title></title>	将文档的题目放在浏览器的标题栏中
<body></body>	设置文档的主体部分

（续）

标 记	功 能
文档整体属性标记	
\<body bgcolor="">	设置背景颜色。使用名字或 RGB 的十六进制数值
\<body text="">	设置文本颜色。使用名字或 RGB 的十六进制数值
\<body link="">	设置链接颜色。使用名字或 RGB 的十六进制数值
\<body vlink="">	设置已使用的链接的颜色。使用名字或 RGB 的十六进制数值
\<body alink="">	设置正在被击中的链接的颜色。使用名字或 RGB 的十六进制数值
格式标记	
\<p>\</p>	创建一个段落
\<p align="">	将段落按左、中、右对齐
\ 	插入一个回车换行符
\<blockquote>\</blockquote>	从两边缩进文本
\<dl>\</dl>	定义列表
\<dt>	放在每个定义术语词前
\<dd>	放在每个定义之前
\<ol>\</ol>	创建一个标有数字的列表
\<ul>\</ul>	创建一个标有圆点的列表
\<li>\</li>	放在每个列表项之前，若在\<ol>\</ol>之间则每个列表项加上一个数字，若在\<ul>\</ul>之间则每个列表项加上一个圆点
\<div align="">\</div>	用来排版大块 HTML 段落，也用于格式化表
文本标记	
\<pre>\</pre>	预先格式化文本
\<h1>\</h1>	最大的标题
\<h6>\</h6>	最小的标题
\\	加重文本（通常是黑体）
\\	强调文本（通常是斜体）
\<del>\</del>	删除字体
\<cite>\</cite>	引用，通常是斜体
\<ins>\</ins>	插入文本（下划线）
\<q>\</q>	引用信息
\<font size="">\</font>	设置字体大小，范围为 1~7
\<font color="">\</font>	设置字体的颜色，使用名字或 RGB 的十六进制数值
图像标记	
\<img src="name">	在 HTML 文档中嵌入一个图像
\<img src="name" align="">	排列对齐一个图像：左、中、右或上、中、下
\<img src="name" border="">	设置图像的边框的大小
\<hr>	加入一条水平线
\<hr size="">	设置水平线的厚度
\<hr width="">	设置水平线的宽度。可以是百分比或绝对像素点
\<hr noshade>	没有阴影的水平线

（续）

标　　记	功　　能
表　格　标　记	
<table></table>	创建一个表格
<tr></tr>	表格中的每一行
<td></td>	表格一行中的每一个格子
<th></th>	设置表格表头：通常是黑体居中文字
<table border="">	设置边框的宽度
<table cellspacing="">	设置表格格子之间空间的大小
<table cellpadding="">	设置表格格子边框与其内部内容之间空间的大小
<table width="">	设置表格的宽度：使用绝对像素值或总宽度的百分比
<tr align="">	设置表格格子的水平对齐方式（左、中、右）
<tr valign="">	设置表格格子的垂直对齐方式（上、中、下）
<td colspan="">	设置一个表格格子所占的列数（默认值为1）
<td rowspan="">	设置一个表格格子所占的行数（默认值为1）
<td nowrap>	禁止表格格子内的内容自动断行
链　接　标　记	
<a href="URL"></a>	创建超文本链接
<a href="mailto:EMAIL"></a>	创建自动发送电子邮件的链接
<a name="name"></a>	创建位于文档内部的书签
<a href="#name"></a>	创建指向位于文档内部书签的链接
表　单　标　记	
<form></form>	创建表单
<select multiple name="name" size=""></select>	创建滚动菜单，size 设置在需要滚动前可以看到的表单项数目
<option></option>	设置每个表单项的内容
<select name="name"></select>	创建下拉菜单
<textarea name="name" cols=40 rows=8></textarea>	创建一个文本框区域，列的数目设置宽度为40个字符，行的数目设置高度为8个字符
<input type="checkbox" name="name">	创建一个复选框，文字在标签后面
<input type="radio" name="name" value="">	创建一个单选框，文字在标记后面
<input type=text name="foo" size=20>	创建一个单行文本输入区域，size 设置字符串的宽度为20字符
<input type="submit" value="name">	创建提交（submit）按钮
<input type="image" border=0 name="name" src="name.gif">	创建一个使用图像的提交（submit）按钮
<input type="reset">	创建重置（reset）按钮

六、CSS 语法简介

CSS（Cascading Style Sheet）称为级联样式表或层叠样式表。它属于 DHTML 的重要内容，用于控制 HTML 的显示格式，实现 HTML 文档内容和格式的分离，能够方便地控制网页页面的样式特征，如布局、字体、颜色、背景、边界、文本和其他图文效果。CSS 表格允许设计者和用户控制网页的表述方式，它的 HTML 代码简单，又遵循 HTML 的标准，使设计者能确保每个人都能访问到设计的网页。

虽然 CSS 是在 HTML 文件内，但是它不属于 HTML 格式。CSS 扩展了 HTML 的格式设置，能够重新定义 HTML 元素的显示方式。通过 CSS 技术，可以很方便地让整个网站具有统一风格。例如，能够让网页中所有<h3>标记的文本居中并用粗体字排。

CSS 能够改变的文本性质有字体、文字间的间距、列表、颜色、背景、位置，以及版面或版面设计的准确精度等。

CSS 是一个网页文件，此文件由许多用来改变网页外观的定义组成。基本形式分解成了一个标记选择器（selector），其形式为

标记选择器{属性 1：值；属性 2：值 2……}

上述格式中的属性名主要有 position、top、left、width、height、background、border、color、filter、font-size 等。其中，filter 包括了十多种滤镜和二十多种转换。

标记选择器可以带多个属性，分别用分号隔开。在使用 CSS 时，所有的定义在 HTML 文件的<head>…</head>标记对内，在<style>…</style>标记之中。

其中，标记选择器（selector）分别代表以下 3 种情况之一：

1）HTML 的标记，如 p、body、a、h1 等。
2）CSS 的类（class）。
3）ID 与 class 类似，功能大同小异，只是它们的语法和用法不同。

Property 表示需要修改的属性的性质，如颜色 color。
Value 为属性的取值。例如，文字的格式等。

在上述格式中，CSS 允许通过使用分号分隔其内容，进行分组，方便了网页设计者按需要同时改变网页页面几种样式的属性。另外，绝大多数的标记可以继承 CSS 选择器中的 HTML 标记。

七、制作简单的网页

1）在 Windows 系统中，打开记事本，在其中输入相应的 HTML 代码，如图 5-13 所示。

2）在记事本的菜单栏中，单击"文件"→"另存为"选项，选择"桌面"位置。然后在"文件名（N）"的文本框中输入""introduce.htm"，如图 5-14 所示（注意：必须用一对英文引号将文件名包含，网页扩展名可以为.htm 或.html）。

3）单击"保存（S）"按钮，则在桌面上形成一个网页文件图标，如图 5-15 所示。

4）双击上面的图标，在浏览器显示制作的网页效果，如图 5-16 所示。

第五章 电子商务开发与实现技术

图 5-13 使用记事本编写网页代码　　　　图 5-14 网页页面文件保存

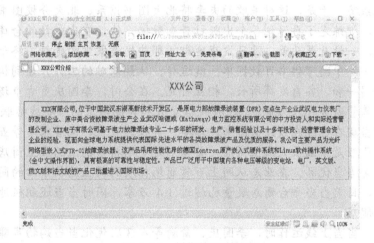

图 5-15 网页文件图标　　　　图 5-16 制作的网页效果

 杰出人物　李国庆、俞渝

当当网（www.dangdang.com）正式开通至今，当当已从早期的网上卖书拓展到网上卖各品类百货，包括图书音像、美妆、家居、母婴、服装和3C数码等几十个大类，其中在库图书、音像商品超过 80 万种，百货 50 余万种；目前当当网的注册用户遍及全国，每天有 450 万独立 UV，每天要发出 20 多万个包裹；物流方面，当当在全国 11 个城市设有 21 个仓库，并在 21 个城市提供当日达服务，在 158 个城市提供次日达服务，在 11 个城市提供夜间递服务。这一国内 B2C 电子商务的奇迹是由一对夫妻创造的——李国庆和

163

俞渝。

李国庆毕业于北京大学，两次创业均以出版为主体。创办当当网之前，他已在图书出版领域摸爬滚打了10年，很了解中国传统的图书出版和发行方面的所有环节。俞渝是美国纽约大学金融专业MBA毕业，在华尔街做融资，做过几个很成功的案例。她在美国生活了整整10年，投资者非常信任她，又有共同语言。1996年，李国庆和俞渝在美国邂逅，然后在纽约结婚，当当的故事就这样开始了。

那时他们是一对情侣，但也在思考创业。他们一起聊亚马逊的商业模型与传统贸易手段的根本区别。后来，夫妇俩常探讨在图书这个行业中间赚钱最关键的环节是什么，有着多年图书出版运营经验的李国庆说肯定是出版社和读者的直接联系。于是，他们一起去找风险投资商，说服了IDG、LCHG（卢森堡剑桥集团，该集团公司拥有欧洲最大的出版集团）共同投资，目标锁定在凭借发达国家现代图书市场的运作模式和成熟的管理经验，结合当今世界最先进的计算机技术和网络技术，用来推动中国图书市场的"可供书目"信息事业以及"网上书店"的门户建设，成为中国最大的图书资讯集成商和供应商，成为全球最大的中文图书网站。

问题是显然的，那时中国国内并不具备开办网上书店的条件；没有一个动态更新的书目数据库；网民基础人数也达不到开办网上书店的要求，更没有一个适合做图书配送的物流系统。于是，这对果敢的夫妻将北大图书馆系、北大分校图书馆系的学生整班整班地训练，训练完了再派到各个出版社普查数据。他们在出版社的仓库里，在不同地方的犄角旮旯，一钻就是几天，没日没夜地翻阅那些发黄蒙尘的资料。终于拿出了一张数据库普查清单——中国可供书目数据单。就这样，从最基础的工作开始到构建网上书店大厦，夫妻俩一唱一和，各自发挥所长，相互补充。在公司，李国庆负责市场、技术、采编、运营；俞渝掌管财务和人力资源，还有战略发展和其他网上的一些战略联盟等。经过多年辛苦积累，当当现在已经在线经营图书、母婴、美妆、服装、家居家纺等五大目标品类，其中当当婴童已经是中国最大线上商店，美妆则是中国排名前五的线上商店。当当还在大力发展自有品牌当当优品。在业态从网上百货商场拓展到网上购物中心的同时，当当也在大力开放平台，目前当当平台商店数量已超过1.4万家，同时当当还积极地在腾讯、天猫等平台开设旗舰店。

当当上线运作时，李国庆、俞渝等人3次优化当当购物步骤，改变了原来烦琐的购物步骤，每一步都有非常清楚的提示，使购物便捷轻松。公司还建立了无忧购物的保障体系，承诺如果顾客对其在当当所购买的商品有任何的不满意，可以在收到商品7天内，无条件退换商品，当时这在众多电子商务网站中，也是不多见的。为了给更多的顾客带来便利，享受足不出户的购物便利，李国庆、俞渝等公司领导不断拓展货到付款的地区，现在，货到付款的地区已经从原来只有北京一个城市，发展到覆盖全国数百个城市的货到付款服务，当当的顾客遍及全球几十个国家和地区，真的是把书店开到了无限的境界。由于有以前做"中国可供书目"的专业优势，李国庆在商品的分类上，一直胜人一筹，当当的分类，已成为众多网上书店借鉴的标准。

在电子商务活动中，物流和配送都是困扰电子商务发展的一个瓶颈，当当没有自建物流公司，而是依靠专业的配送公司，这在很大程度上节约了运营成本当当网首页如图5-17所示。

目前，当当网已经成为全球知名的综合性中文网上购物商城。

第五章 电子商务开发与实现技术

图 5-17 当当网首页

 设计类岗位介绍 APP 设计师、视觉设计师、UI 设计师、广告设计师、网页设计师等

岗 位	说 明
APP 设计师	**岗位界定**：建立在一定的程序语言逻辑基础上、考虑用户交互的 APP 界面设计的工作 **工作内容**：APP 产品的界面的设计、编辑、美化；软件功能图标设计；项目视觉创意、设计和视觉美化 **核心技能**：Photoshop，Illustrator，Dreamweaver，Flash，After Effects，Sketch，Axure，Fireworks
FLASH 设计师	**岗位界定**：flash 设计师可分为原画设计师和动画设计师，其工作难点在于 flash 语言、与美工的协调以及动画的表达 **工作内容**：游戏广告动画设计；H5 动画效果的实现；视频短片的设计制作 **核心技能**：Flash，Dreamweaver 等代码类软件，Photoshop，Illustrator 等图形处理软件
UI 设计师	**岗位界定**：UI 设计师简称 UID（User Interface Designer），指从事对软件的人机交互、操作逻辑、界面美观的整体设计工作的人 **工作内容**：项目中各种交互界面、LOGO、按钮等相关元素的设计及制作；提升产品的用户体验与视觉美观度，推进界面及交互设计的最终实现 **核心技能**：Photoshop，Illustrator，Dreamweaver 等设计软件，Axure 等工具
广告设计师	**岗位界定**：指采用现代设计观念、程序和方法从事以平面广告设计为主的策划、创意与制作的专业人员 **工作内容**：公司形象、品牌形象、产品包装及宣传物料的设计；广告创意设计；了解客户对各类宣传资料、广告的设计制作要求，根据广告内容进行构思，准确地完成广告的制作 **核心技能**：图形处理软件 Photoshop，矢量软件 Illustrator，CorelDRAW，排版设计软件 InDesign
平面设计师	**岗位界定**：在二度空间的平面材质上，运用各种视觉元素的组合及编排来表现其设计理念及形象的工作 **工作内容**：日常产品平面设计，广告平面设计、制作及其他图文处理；VI 系统、企业宣传资料的设计、制作与创新 **核心技能**：Photoshop，Illustrator，Dreamweaver

(续)

岗 位	说 明
视觉设计师	**岗位界定**：视觉设计（GUI Design）是指针对眼睛功能的主观形式的表现手段和结果，可分为两个发展方向，一个是界面视觉设计，一个是界面交互设计 **工作内容**：标志设计、广告设计、包装设计、店内外环境设计、企业形象设计、辅助VI设计、宣传画册设计、产品宣传设计、包装设计等；VI更新和维护 **核心技能**：Photoshop，Illustrator，Flash等图形设计软件
网页设计师	**岗位界定**：网页设计师是指精通Photoshop，Coreldraw，Dreamweaver等多项网页设计工具的网页设计人员。网页设计师可以将平面设计中的审美观点套用到网站设计中 **工作内容**：网站的整体设计制作；系统、页面整体框架的设计；其他web视觉设计；网站的图片设计及更新，网站架构的优化 **核心技能**：Photoshop，Illustrator，Dreamweaver等设计类软件

实训项目五　企业介绍网页制作

【实训简介】目前，电子商务主要是基于商务网站的商品及服务的交易活动，商务网站的建设是电子商务项目建设的基本环节。实际上，商务网站是由一个个网页相互链接组成的，网页是商务网站的基本单元。本实训是建立一个企业介绍页面，为读者打开商务网站建设之门，消除网站建设及网页设计的神秘感，为后续的专业学习奠定基础。

【实训任务】使用HTML为湖北白隆管业有限公司的电子商务网站制作企业介绍页面，网页参考效果如图5-18所示。

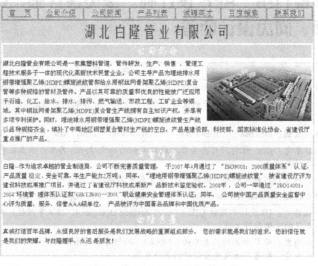

图5-18　企业介绍网页参考效果

一、实训目标

1）了解网站建设流程。
2）能够使用"记事本"建立网页页面。
3）能够进行网页文件的浏览及修改。

二、实训环境

中文Windows XP/7/10与Windows Internet Explorer，连接Internet，企业介绍文字及图片。

三、实训内容与操作步骤

（一）素材准备

1）准备好企业介绍文字内容及图片（jj.jpg）。

2）在桌面上新建文件夹，命名为"bailong"。

3）进入文件夹"bailong"，新建文件夹"images"；将企业介绍图片文件"jj.jpg"复制到"images"文件夹下。

（二）页面 HTML 代码编写

1）打开 Windows XP 的附件中的"记事本"程序，输入下列 HTML 代码：

```html
<!doctype html>
<head>
<meta http-equiv="Content-Type" content="text/html; charset=utf-8" />
<title>公司介绍</title>
<style type="text/css">
p { font-size:15px; line-height:1.5em;}
</style>
</head>
<body bgcolor="lightgrey">
<center>
<table width="780" cellspacing="1" cellpadding="3" border="1" bordercolor="green">
<tr align="center" >
<td ><a href="#">首    页</a></td>
<td><a href="#">公司介绍</a></td>
<td><a href="#">公司新闻</a></td>
<td><a href="#">产品列表</a></td>
<td><a href="#">诚聘英才</a></td>
<td><a href="http://www.baidu.com">百度搜索</a></td>
<td><a href="#">联系我们</a></td>
</tr>
</table>
<table width="780" cellspacing="4" cellpadding="0" bgcolor="lightblue">
<tr>
<td align="center">
<font face="方正姚体" size="6" color="red">湖北白隆管业有限公司</font>
</td>
</tr>
</table>
<table width="780" cellspacing="4" cellpadding="0" bgcolor="lightyellow">
<tr>
<td bgcolor="lightgreen" align="center">
<font face="方正舒体" size="5" color="white">公司简介</font>
</td>
</tr>
<tr>
<td>
<p align="left">
<img src="images/jj.jpg" width="260" height="150" align="right" />
```

湖北白隆管业有限公司是一家集塑料管道、管件研发、生产、销售、管道工程技术服务于一体的现代化高新技术民营企业。公司主导产品为埋地排水用钢带增强聚乙烯（HDPE）螺旋波纹管和给水用钢丝网骨架聚乙烯（HDPE）复合管等多种规格的管材及管件。产品以其可靠的质量和优良的性能被广泛应用于石油、化工、给水、排水、排污、燃气输送、市政工程、工矿企业等领域。其中，钢丝网骨架聚乙烯（HDPE）复合管生产线拥有自主知识产权，并享有多项专利保护。同时，埋地排水用钢带增强聚乙烯（HDPE）螺旋波纹管生产线以品种规格齐全，填补了中南地区钢塑复合管材生产线的空白，产品是建设部、科技部、国家标准化协会、省建设厅重点推广的产品。

    </p>
    </td>
    </tr>
    </table>
    <table width="780" cellspacing="4" cellpadding="0" bgcolor="lightyellow">
    <tr>
    <td bgcolor="lightgreen" align="center">
    <font face="方正舒体" size="5" color="white">质量信誉</font>
    </td>
    </tr>
    <tr>
    <td>
    <p align="left">

白隆——作为追求卓越的管业制造商，公司不断完善质量管理，于2007年4月通过了"ISO 9001：2000质量体系"认证，产品质量稳定、安全可靠，年生产能力2万吨；同年，"埋地用钢带增强聚乙烯（HDPE）螺旋波纹管"被省建设厅评为建设科技成果推广项目，并通过了省建设厅科技成果新产品新技术鉴定验收。2008年，公司一举通过"ISO 14001：2004"环境管理体系认证和"GB/T 28001—2001"职业健康安全管理体系认证；同年，公司被中国产品质量安全监督中心评为质量、服务、信誉AAA级单位，产品被评为中国著名品牌和中国优质产品。

    </p>
    </td>
    </tr>
    </table>
    <table width="780" cellspacing="4" cellpadding="0" bgcolor="lightyellow">
    <tr>
    <td bgcolor="lightgreen" align="center">
    <font face="方正舒体" size="5" color="white">白隆愿景</font>
    </td>
    </tr>
    <tr>
    <td>
    <p align="left">

真诚打造百年品牌，永恒良好的售后服务是我们发展战略的重要组成部分。您的需求就是我们的追求，您的信任就是我们的荣耀。与白隆握手，永远是朋友！

    <p>
    </td>
    </tr>
    </table>
    </center>
    </body>
    </html>

2）代码录入完成后，在菜单栏中单击菜单"文件（F）"→"另存为（A）"选项；在"保存在（I）"文本框中选择在桌面上建立的"bailong"文件夹；在"文件名（N）"

第五章 电子商务开发与实现技术

文本框中输入一对英文半角模式的双引号（""），在该双引号内输入网页文件名"introbl1.htm"；在"编码（E）"的下拉菜单中选择"UIF—8"；然后点击"保存（S）"按钮，如图 5-19 所示。

3）进入桌面的"bailong"文件夹，如图 5-20 所示。

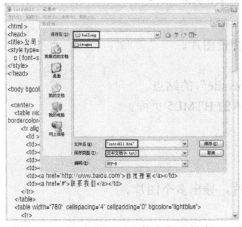

图 5-19　记事本网页文件命名及保存　　　　图 5-20　网页文件图标

双击"introbl1.htm"网页图标，在浏览器中浏览页面效果，如图 5-21 所示。

图 5-21　企业介绍网页浏览效果

四、拓展训练

使用 HTML 设计制作一个关于家乡介绍网页或个人特长介绍网页页面。

实训项目六　使用 PS 及 DW 制作滑动门效果导航条

【实训简介】所谓滑动门技术，就是使得 HTML 的标签外形一致，但其宽度在一定的限度内背景效果像一个滑动门一样，可以根据内容的大小自由滑动伸缩，滑动门也是一个典型的网页设计技术，常常使用该技术制作滑动门导航条。本项目任务就是设计制作一个滑动门效果导航条，效果如图 5-22 所示。

图 5-22　滑动门效果导航条

【实训任务】

1）使用 Photoshop 制作实现滑动门效果的背景图片。
2）建立一个网站文件夹"mysite"。
3）使用 Dreamweaver CC 正确设置基于"mysite"的站点。
4）在站点"mysite"中建立并保存一个基本的 HTML5 页面。
5）使用列表实现导航条结构。
6）完成滑动门导航条的设计。

一、实训目标

1）能够使用 Photoshop 参考线准确划分切片，导出多个图片。
2）了解 Dreamweaver 的一般功能。
3）能够使用 Dreamweaver CC 建立网站站点。
4）能够使用 Dreamweaver CC 建立网页文档。
5）能够使用 HTML 列表构建导航条结构。
6）能够使用 CSS 实现导航效果。

二、实训环境

中文 Windows XP/7/10 与 Windows Internet Explorer，连接 Internet，电脑安装 Photoshop 及 Dreamweaver。

三、实训内容与操作步骤

（一）使用 Photoshop 制作滑动门背景图片

1）建立基本的背景效果图片。打开 Photoshop，建立一个 500×40 像素的图片文档，制作基本的效果图片，按组合键 CTRL+R 打开标尺，并将标尺刻度单位设置为像素，如图 5-23 所示。

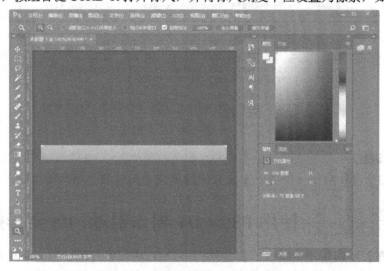

图 5-23　PS 制作基本的效果及填充

2）建立参考线。在菜单栏选择 视图(V) → 新建参考线(E)... → ● 水平(H) → 位置(P): 20像素，建立一条水平位置为 20 像素的参考线，如图 5-24 所示。

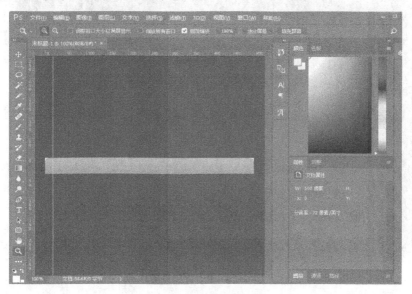

图 5-24　建立参考线

3）基于参考线切片。在工具栏选择切片工具 ，然后在上方的切片工具的属性栏点击 基于参考线的切片 ，完成切片，然后在菜单栏选择 视图(V) → 清除参考线(D) ，如图 5-25 所示。

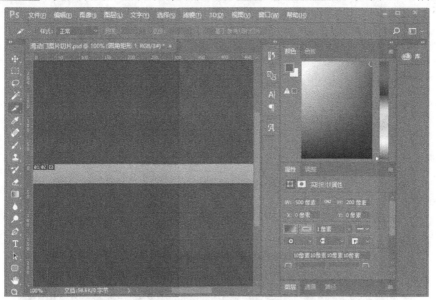

图 5-25　PS 基于参考线的切片

4）切片设置。这里仅有两个切片，在工具栏选择切片工具 ，按住 Ctrl 键的同时用鼠标点击 01 号切片，切片标识边框变为棕色，表示该切片被选中，然后点击鼠标右键，选择 编辑切片选项... ，将其名称改为 lbg，其他设置栏目不做任何改动，然后点击确定按钮，完成第一个切片的设置，如图 5-26 所示。

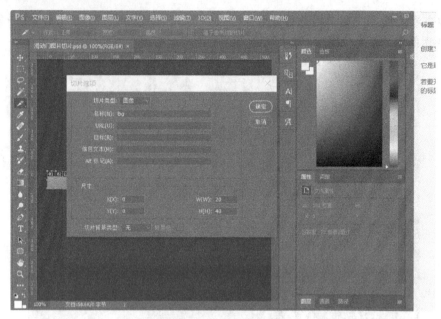

图 5-26 PS 切片设置

用同样的方法将编号为 02 的切片名称设置为 rbg。

5）切片图片优化。在菜单栏选择 文件(F) → 存储为 Web 所用格式，在弹出的对话框中选择 双联，在右侧的优化窗口中选择 01 号切片，将其图片类型改为 JPEG 格式，品质设置为高，如图 5-27 所示。

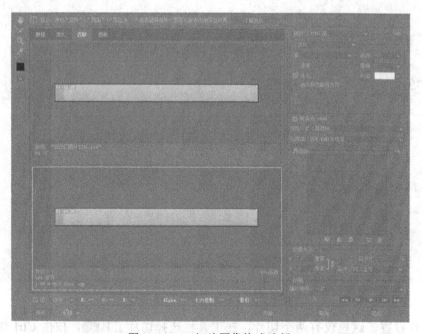

图 5-27 PS 切片图像格式选择

使用同样的方法，将编号为 02 的切片也设置成为中等高品质的 .JPEG 图片。然后按住 Shift 键不放，使用鼠标同时选中编号为 01、02 的两个切片（选中后边框为棕色），如图 5-28 所示。

第五章 电子商务开发与实现技术

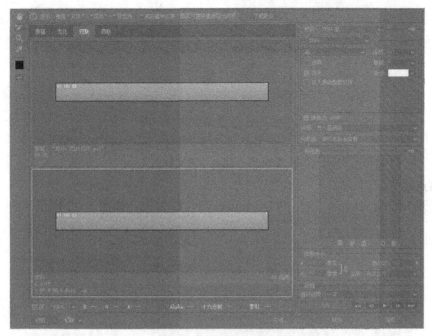

图 5-28　PS 切片优化

6）九宫图小图片导出。在上图中点击 存储 按钮，在文件存储对话框中，将格式设置为"仅限图像"，切片设置为"选中的切片"，如 5-29 所示。

点击 保存(S) 按钮，将完成九宫图小图片导出，导出的 images 文件夹下的图片如图 5-30 所示。

图 5-29　切片保存

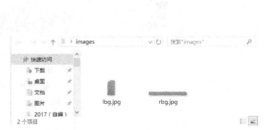

图 5-30　PS 制作的滑动门背景图片

（二）使用 Dreamweaver 建立网站站点

1．站点文件夹建立

在桌面上建立一个名为"mysite"的文件夹，用于存放站点页面文件。同时，在该文件夹中再建立一个名为"images"的子文件夹，将上面使用 Photoshop 制作的图片 lbg.jpg、rbg.jpg 保存在"images"文件夹中。文件夹结构如图 5-31 所示。

173

图 5-31　建立站点文件夹

2. 站点建立

1）打开 Dreamweaver，这里以 Dreamweaver CC 为例，如图 5-32 所示。

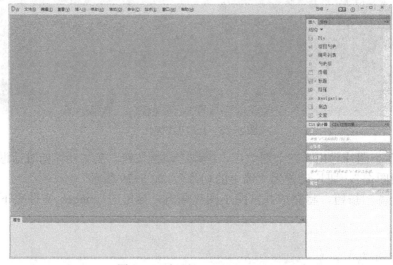

图 5-32　打开 Dreamweaver CC

2）选择 站点(S) ➡ 新建站点(N)...，在弹出对话框中将"站点名称"命名，这里为"mysite"，将"本地站点文件夹"设置为前面建立在桌面上的文件夹"mysite"。如图 5-33 所示。

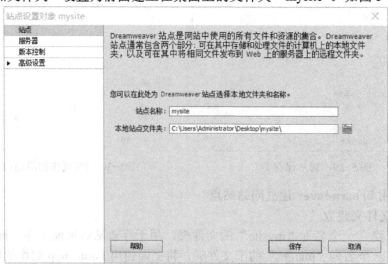

图 5-33　建立站点

3）点击图 5-33 中的 ▶高级设置 。在弹出对话框中，将"默认图像文件夹"设置为"mysite"文件夹下的"images"子文件夹，如 5-34 所示。

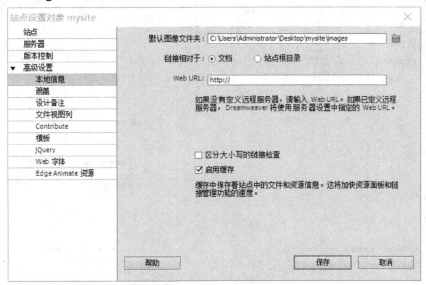

图 5-34 设置站点图像文件夹

4）在上图中点击 保存 按钮，完成站点创建，如图 5-35 所示。

3．建立页面文件

1）选择 文件(F) ➡ 新建(N)... Ctrl+N，在弹出的对话框中设置创建 HTML5 文档，如图 5-36 所示。

图 5-35 完成站点创建

图 5-36　Dreamweaver 新建网页页面界面

2）如图 5-36 所示，点击 创建(R) 按钮，完成页面创建。然后点击 拆分 按钮，在代码栏将文字"无标题文档"改为"测试网页"，使用"Ctrl+S"将页面文件保存为"index.html"，站点的第一个页面建立完成，如图 5-37 所示。

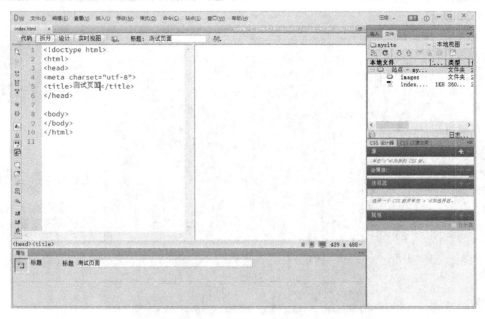

图 5-37　完成新建页面创建

（三）完整的滑动门导航条实现代码

在使用上面的方法建立 Dreamweaver 站点和页面后，输入以下代码（请注意不需输入每行代码前的编号），并在浏览器中浏览。

```
[1]  <!DOCTYPE html>
[2]  <html>
[3]  <head>
[4]  <meta charset="UTF-8">
[5]  <title>滑动门向导航条</title>
[6]  <style type="text/css">
[7]       #nav { background:#fff; width:900px; height:40px; }
[8]       #nav ul { list-style-type:none;   margin:0; padding:0;
[9]                }
[10]      #nav li { height:40px;   float:left;
[11]              background:url(images/rbg.jpg) no-repeat right 0 ;
[12]          margin-right:1px;}
[13]      #nav a   { display:block; height:40px;
[14]                text-decoration:none;
[15]              background:url(images/lbg.jpg) no-repeat left 0;
[16]              font:17px/40px 微软雅黑; line-height:40px;
[17]                  padding:0 20px; color:lightgreen;
[18]
[19]                }
[20]      #nav   a:hover { color:white;}
[21]
[22] </style>
[23] </head>
[24]
[25] <body>
[26]      <div id="nav">
[27]        <ul>
[28]          <li><a href="#">首页</a></li>
[29]          <li><a href="#">商店简介</a></li>
[30]          <li><a href="#">新闻公告</a></li>
[31]          <li><a href="#">新品汇</a></li>
[32]          <li><a href="#">国庆节用户真情回馈促销活动</a></li>
[33]          <li><a href="#">反馈留言</a></li>
[34]          <li><a href="#">酷</a></li>
[35]        </ul>
[36]      </div>
[37]
[38] </body>
[39] </html>
```

思考与练习

1．简述电子商务系统的组成。
2．常用的电子商务网站开发技术有哪些？
3．自助建站软件对于电子商务网站建设有什么特别意义？
4．常用的网站建设及网页制作工具有哪些？
5．什么是 HTML？如何编写 HTML？

第六章

网络营销及技术

学习目标

- 能分析网络营销的基本内容及特点。
- 能分析网络广告的形式。
- 掌握网络广告的发布途径。
- 理解并辨析各种网络广告计价方式。
- 能够灵活地使用 E-mail 营销。
- 能够制作网络广告。
- 能够使用移动设备开展微信营销。
- 能够确定网络促销的组合方式。

案例导引

美国联合航空成功的搜索引擎营销

成功的搜索引擎营销策略的实施,带动了美国联合航空业务的增长。

美国联合航空公司(United Airlines)在 2007 年第 1 季度期间,充分利用搜索营销手段,在消费者形成机票购买决策前就与之充分互动,将消费者最想预先知道的机票信息做有效的传达,在广告预算没有增加的情况下,搜索引擎营销使销售业绩增长超过两倍。

通过调研,美国联合航空公司获知有 65%的消费者在做出旅行决定前,会在互联网上进行 3 次以上搜索;29%的消费者会在互联网上进行 5 次以上的搜索。这些用户在网上关注的信息主要是以下 3 个方面:价格、服务和关于航空公司的详细信息。美国联合航空公司针对这 3 个方面的信息,分别对其搜索关键词的选择以及结果的呈现方式做了优化,使用户在做出决策之前就能在其通过关键词搜索到的美国联合航空公司网站的页面上了解相关的信息,从而带动了机票销量的增长。

美国联合航空成功的搜索引擎营销案例告诉我们,在互联网时代,搜索引擎营销能够告知客户在购买周期内关注的细节是什么及如何把握这些细节,如果能在营销活动中提升与客户的信息传达能力,并且时刻优化这些信息的呈现,让市场营销人员和用户保持互动循环,就能对销售产生实际的促进意义。

(案例来源:http://www.vecn.com/328/,内容有改动)

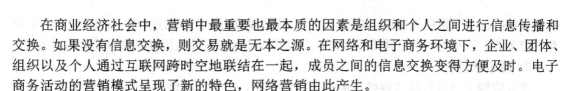

在商业经济社会中，营销中最重要也最本质的因素是组织和个人之间进行信息传播和交换。如果没有信息交换，则交易就是无本之源。在网络和电子商务环境下，企业、团体、组织以及个人通过互联网跨时空地联结在一起，成员之间的信息交换变得方便及时。电子商务活动的营销模式呈现了新的特色，网络营销由此产生。

第一节　网络营销概述

互联网的迅猛发展和电子商务活动的广泛普及，使得网络营销成为一种新的营销方式。网络营销突破了时间和空间的限制，全世界的消费者都可以通过网络主动搜索企业的促销信息。例如，网上商店每天都能够为顾客提供 24h 的购物服务。再如，在传统方式下，由于地域、交通的制约，企业的商圈被局限在某一个范围内，而在互联网上面对的是所有网络用户，传统企业实现网络营销后其商圈可拓宽到全国乃至全球。但是，网络营销并不是对市场营销的背离和取代，而是在市场营销的基础上，有了新的发展和延伸。市场营销和网络营销究竟有什么不同、网络营销有什么独特的优势、能够给各种组织和个人带来哪些机会、如何对这样一个虚拟的市场进行细分和定位等，将是本节需要思考和解决的问题。

一、网络营销的概念

网络营销是电子商务时代网上营销的主要方式。网络营销是指借助互联网、计算机和数字交换等技术手段进行的营销活动（网络分销、网络促销、网络服务、网络推广等）的总称。网络营销的英文表达方式很多，如 Cyber Marketing、Internet Marketing、Network Marketing、E-Marketing 等，但内涵有一定差异。目前，比较习惯采用的是 E-Marketing，其"E-"表示电子化、信息化、网络化，既简单又直观，同时与电子商务 E-Commerce 相对应。

网络营销是伴随着 Internet 的产生和发展而产生的新的营销方式。它的产生有着特定的条件：①Internet 的产生为网络营销的发展提供了技术基础；②消费者价值观的变革为网络营销的发展提供了观念基础；③激烈的市场竞争为网络营销的发展提供了现实基础。

从网络营销的概念可以看出，网络营销并不是完全独立于传统营销活动的，它是建立在新型的计算机和网络技术上的营销活动。尽管网络营销是一种新的营销形式，但同传统的营销还有着千丝万缕的联系，它们同样都是以开发产品、生产产品、宣传、销售以及增加与消费者的沟通为目的。但是，它们之间又存在着明显的不同，特别是在实施和操作过程中有着明显的差别。

二、网络营销的特点

简单地讲，市场营销的本质就是排除或减少障碍，引导商品或服务从生产者转移到消费者的过程，即在企业和用户之间进行广泛的信息传播。互联网的发展使用户能以低廉的费用有效地交换信息，这就为企业利用网络进行营销活动创造了条件。相对于传统的营销模式，网络营销具有以下新的特点。

1. 时域性特点

营销的最终目的是占有市场份额。互联网能够超越时间约束和空间限制的特点，可以使网络营销的信息交换更加快捷、方便。这样，营销脱离时空限制而进行交易变成可能，企业有了更多的时间和更大的空间进行营销，可以每天24h随时随地地提供全球性营销服务。

2. 富媒体特性

在互联网上可以传输多种媒体的信息，如文字、声音、图像、视频、动画等信息，使得为达成交易进行的信息交换能以多种形式存在和交换，可以充分发挥营销人员的创造性、能动性和趣味性。

3. 交互式特性

互联网通过展示商品图像、商品信息资料、商品关键字以及提供有关的查询、浏览来实现供需互动与双向沟通，还可以进行产品测试与消费者满意调查等活动。互联网为产品联合设计、商品信息发布以及各项技术服务提供最佳工具。

4. 个性化特性

电子商务的交易销售活动是在互联网上进行的，大多是一对一的、理性的、消费者主导的、非强迫性的、循序渐进式的，而且是一种低成本与人性化的促销，避免推销员强势推销的干扰，并通过信息提供交互式交谈，与消费者建立长期良好的关系。很多网上商品和服务可以按照用户的要求定制，充分体现网络营销的个性化。

5. 成长性特性

互联网用户数量快速增长并遍及全球，使用者多属年轻、中产阶级、高教育水平的人群。由于这部分群体购买力强而且具有很强的市场影响力，因此是一项极具开发潜力的市场渠道。

6. 整合性特性

互联网上的营销可由商品信息到收款、售后服务一气呵成，因此也是一种全程的营销渠道。同时，企业可以借助互联网将不同的营销活动进行统一设计规划和协调实施，以统一的传播资讯向消费者传达信息，避免传播中的不一致性产生消极影响。

7. 超前性特性

互联网是一种功能最强大的营销工具，同时兼具渠道、促销、电子交易、互动顾客服务以及市场信息分析等多种功能。它所具备的一对一营销能力，正是符合定制营销与直复营销的未来趋势。

8. 高效性特性

网上商务活动中使用的计算机可存储大量的信息待消费者查询，可传送的信息数量与精确度远超过其他媒体，并能应市场需求及时更新产品或调整价格，因此能及时有效地了解并满足顾客的需求。

9. 经济性特性

电子商务活动主要通过互联网进行信息交换，代替以前的实物交换，一方面可以减少印刷与邮递成本、可以无店面销售、免交租金、节约水电与人工成本；另一方面可以减少由于迂回多次交换带来的损耗。

10. 技术性特性

网络营销是建立在高技术作为支撑的互联网的基础上的。企业实施网络营销必须有一定的技术投入和技术支持、改变传统的组织形态、提升信息管理部门的功能、引进懂营销与计算机网络通信技术的复合型人才，才能具备市场的竞争优势。

网络营销的上述特性说明在电子商务环境下营销模式和手段有了新的变化，电子商务从业人员应能及时感知和跟进这些变化，掌握基于互联网的网络营销特点和手段，以应对新的经济环境的挑战。

三、网络营销理论

网络营销的理论基础主要是直复营销理论、网络整合营销理论、网络关系营销理论、网络软营销理论和新兴的移动营销理论。

1. 直复营销理论

直复营销（Direct Marketing）是指依靠商品列表、印刷品邮件、电话或附有直接反馈的广告，以及其他相互交流形式的媒体进行的大范围营销活动。美国直复营销协会对其下的定义是"一种为了在任何地方产生可度量的反应和（或）达成交易所使用的一种或多种广告媒体的相互作用的市场营销体系"。互联网的发展和普及催生了一些网络直复营销企业，如美国的MyPoints早已成为美国网上消费者最喜欢的直复营销网站之一，其主页如图6-1所示。

图6-1 MyPoints网站主页

直复营销的指导思想是一种新型的市场营销观念。其内涵是坚持以消费者需要为导向，强调以比竞争者更有效的方式传递目标市场所期待的产品与服务。直复营销活动具有很强的目标指向性，即针对顾客个人的需要提出特殊的产品营销方案，再加上计算机技术的应用，可以在广告信函的信息中发展具有个性化的信息，以"投其所好"。直复营销以"一对一"为基础，通过互联网、直邮、电话、短信及即时通信等手段，在竞争对手不知晓的情况下进行，具有一定的隐蔽性。

2. 网络整合营销理论

整合营销又是网络营销理论中的一个新理念，是传统的市场营销理论为适应这一网络营销的新环境而逐步转化形成的。互联网的特征在市场营销中所起到的主要作用在于使顾客在整个营销过程中的地位得到提升。网络这一互动的特性使消费者能真正参与到整个营销活动的过程中，消费者不仅增强了参与的主动性，而且其选择的主动性也得到了加强。其内涵具体体现在以下几方面：

1）必须时刻关注消费者的价值取向，或者说必须能够深刻理解什么正在吸引消费者的眼球。

2）协调使用不同的传播手段，发挥不同传播工具的优势。

3）在深刻理解消费者价值取向的基础上，将价值观融入品牌，通过品牌传达让消费者产生相应的价值取向心理体验，让品牌通过价值取向心理体验深深吸引消费者，从而形成品牌体验，达到口碑营销、品牌传播的目的。

3．网络关系营销理论

关系营销是 20 世纪 90 年代逐步受到重视的营销理论。它主要包括两个基本点：①在宏观上认识到市场营销会对范围很广的一系列领域产生影响，包括顾客市场、劳动力市场、供应市场、内部市场、相关者市场及影响者市场；②在微观上认识到企业与顾客的关系不断变化，市场营销的核心应从过去简单的一次性的交易关系转变到注重保持长期的关系上来。

4．网络软营销理论

网络软营销理论实际上是针对工业经济时代的大规模生产为主要特征的"强势营销"而提出的新理论。它强调企业在进行市场营销活动时，必须尊重消费者的感受和体验，让消费者乐意主动接受企业的营销活动。

5．移动营销理论

移动营销（Mobile Marketing）是指面向移动终端（手机或平板电脑）用户，在移动终端上直接向消费者精确地传递个性化即时信息，通过与消费者的信息互动达到市场营销目标的行为。随着 4G/5G 技术和应用的成熟，移动社交媒体和移动营销优势更加凸显。

移动营销早期被称作手机互动营销或无线营销。移动营销是在强大的云端服务和大数据技术支持下，利用移动终端获取云端营销内容，实现把个性化即时信息精确有效地传递给消费者个人，达到"一对一"的互动营销目的。移动营销是互联网营销的一部分，它融合了现代网络经济中的"网络营销""数据库营销"（Database Marketing）、云计算、大数据的理论，亦为经典市场营销和网络营销的派生，是各种营销方法中最具潜力的部分，但其理论体系才刚刚开始建立。

四、网络营销的内容和基本职能

电子商务环境下的网络营销产生于 Internet 飞速发展的网络时代，作为依托网络的新的营销方式和营销手段，有助于企业在网络环境下实现营销目标。网络营销涉及的范围较广，主要包括下面一些主要内容和基本职能。

1．网上市场调查

市场调查是企业市场营销实施的重要环节。网上市场调查是指企业利用 Internet 的交互式信息沟通渠道来实施市场调查活动，所采取的方法包括直接在网上通过发布问卷进行调查，在网上收集市场调查中需要的各种资料。网上市场调查的重点是利用网上调查工具，提高调查的效率和调查效果，同时利用有效的工具和手段收集整理资料，在 Internet 的信息库中获取想要的信息和分辨出有用的信息。

2．网络消费者行为分析

网络消费者是网络社会一个特殊的群体，与传统市场上的消费群体的特性是截然不同的，因此要开展有效的网络营销活动必须深入了解网上用户群体的需求特征、购买动机和购买行为模式。Internet 作为信息沟通的工具，成为许多有相同兴趣和爱好的消费群体聚集交流的地方，在网上形成了一个个特征鲜明的虚拟社区，网上消费者行为分析的关键就是了解这些虚拟社区的消费群体的特征和喜好。

3. 网络营销策略的制定

企业在采取网络营销实现企业营销目标时,必须制定与企业相适应的营销策略,因为不同的企业在市场中所处的地位是不同的。企业实施网络营销需要进行投入,并且会有一定的风险,因此企业在制定本企业的网络营销策略时,应该考虑各种因素对网络营销策略制定的影响。例如,产品周期对网络营销策略的影响。

4. 网络产品策略

网络作为有效的信息沟通渠道,改变了传统产品的营销策略,特别是营销渠道的选择。在网上进行产品和服务营销,必须结合网络特点重新考虑对产品的设计、开发、包装和品牌的产品策略研究。作为一种新的信息交流和传播工具,Internet 从诞生开始就实行自由、平等和信息基本免费的策略,因此在网络市场上大多采取免费或者低价的价格策略。所以,制定网上价格营销策略时,必须考虑到 Internet 对企业产品的定价影响和 Internet 本身独特的免费特征。

5. 客户关系建立

良好的客户关系是网络营销取得成效的必要条件,利用网站的交互性,通过客户参与等方式,在为客户服务的同时,也增强了与客户之间的关系。客户关系是与客户服务相伴而产生的一种结果,良好的客户服务才能带来稳固的客户关系。客户关系对于开发客户的长期价值具有至关重要的作用,以客户关系为核心的营销方式成为企业创造和保持竞争优势的重要策略。网络营销为建立良好的客户关系和提高客户满意度提供了更为有效的手段,通过网络营销的交互性和良好的客户服务手段,增进客户关系成为网络营销取得长期效果的必要条件。

6. 网上信息发布

网络营销的基本思想就是通过各种互联网工具,将企业营销信息以高效的方法向目标用户、合作伙伴、公众等群体传递,因此信息发布就成为网络营销的基本职能之一。互联网为企业发布信息创造了优越的条件,不仅可以将信息发布在企业网站上,还可利用各种网络营销工具和网络服务商的信息发布渠道向更大的范围传播信息。

7. 品牌价值推广及延伸

网络营销的重要任务之一就是在互联网上建立并推广企业的品牌,知名企业的网下品牌可以在网上得以延伸,一般企业则可以通过互联网快速树立品牌形象,并提升企业整体形象。网络品牌建设是以企业网站建设为基础,通过一系列的推广措施,促进顾客和公众对企业的认知和认可。在一定程度上来说,网络品牌的价值甚至高于通过网络获得的直接收益。与网络品牌建设相关的内容包括专业性的企业网站、域名、搜索引擎排名、网络广告、电子邮件、会员社区等。

8. 特色服务

网络营销具有特色服务功能。顾客可以获得形式最简单的常见问题解答、邮件列表、信息查询等各种即时信息服务,还可以获取在线收听、订购、付款等选择性服务。全天候的服务、信息跟踪、信息定制和智能化的信息转移、手机接听服务、网上选购、送货到家等服务以及服务之后的跟踪延伸,不仅极大地提高了顾客的满意度,使以顾客为中心的原则得以实现,而且客户成为商家的一种重要的战略资源。网络营销的特殊服务能增强顾客对企业服务的感性认识。将服务通过一些有形方式表现出来,以增强顾客的体验和感受。网络营销的特殊服务功能能获得用户信息,了解客户的需求和爱好,与客户双向沟通,将企业公司服务个性化、私人化，从而增强企业与用户之间的稳定性。

网络营销特殊服务提供比传统营销服务更高级的服务，能最大限度地满足顾客的个人需求。网络营销的职能是通过各种网络营销方法来实现的。同一个职能可能需要多种网络营销方法的共同作用，而同一种网络营销方法也可能适用于多个网络营销职能。这也说明，开展网络营销需要用全面的观点，充分协调和发挥各种职能的作用，让网络营销的整体效益最大化。

第二节　网络营销方法和手段

数字化降低了使用互联网的成本，当今社会，几乎所有的企业和个人用户都具有经济支付能力来加入上网者的行列，再加上互联网的易用性，使得互联网将数十亿的人们连接起来并创建了一个全新的营销环境，这便是网络营销。网络营销为营销者创造了新的商业机会和挑战。当然，网络营销需要营销信息传递的工具，只有借助这些工具，网络营销才可以实现信息的发布、传递及与用户的交互，以及为实现销售营造有利的环境。

在电子商务环境下，网络营销职能的实现需要通过一种或多种网络营销方法和手段，如搜索引擎营销（SEM）中的 PPC 竞价广告和搜索引擎优化（SEO），其中搜索引擎优化是通过对网站进行符合搜索引擎标准的方法进行优化，从而提高在搜索引擎上的自然排名以获得用户访问流量，达到推广目的的一种推广方式。电子商务发展到现阶段，移动商务所占比重越来越大，网络营销方法也不断推陈出新。常用的网络营销方法除了搜索引擎营销之外还有其他的方法，如许可 E-mail 营销、病毒性营销、网络广告、博客营销、交换链接、威客营销、个性化营销、会员制营销、微博营销、微信营销、二维码营销、H5 营销、内容营销等。下面简要介绍 19 种常用的网络营销方法及效果。

1. 搜索引擎营销

搜索引擎营销是基于搜索引擎平台的网络营销，利用人们对搜索引擎的依赖和使用习惯，在人们检索信息的时候尽可能将营销信息传递给目标客户。用户通过网站获取信息主要有两种方式：如果已经知道或者利用网络实名就能查到网站的网址，用户可直接通过网址访问；如果不知道网址，则通过搜索引擎查询。搜索引擎是互联网信息检索工具，因此搜索引擎对网络营销的基本作用首先表现在引导用户发现网站产品服务的相关摘要信息，并通过链接到网站获取详细信息。在这个过程中，搜索引擎成为一个传递网络营销信息的基本工具。

与企业网站具有详细的信息不同，搜索引擎的特点之一是其传递的信息只发挥向导作用。搜索引擎检索出来的是网页信息的索引，一般只是某个网站/网页的简要介绍，或者搜索引擎自动抓取的部分内容，而不是网页的全部内容，因此这些搜索结果只能发挥一个"引子"的作用。如何尽可能好地将有吸引力的索引内容展现给用户，是否能给用户提供所期望的信息，这些是搜索引擎营销所需要研究的主要内容。

2. 许可 E-mail 营销

许可 E-mail 营销的定义：在用户事先许可的前提下，通过 E-mail 的方式向目标用户传递有价值信息的一种网络营销手段。其中强调了 3 个基本因素：①基于用户许可；②通过 E-mail 传递信息；③信息对用户是有价值的。3 个因素缺少一个，都不能称之为有效的 E-mail 营销。

可见，开展 E-mail 营销需要一定的基础条件，成功的 E-mail 营销需要长期的过程。在许可营销的实践中，企业最关心的问题是如何实现许可 E-mail 营销，获得用户许可的方式有很多，如用户为获得某些服务而注册为会员，或者用户主动订阅新闻邮件、电子刊物等。也就是说，许可营销是以向用户提供一定有价值的信息或服务为前提的。开展 E-mail 营销需要解决 3 个基本问题：①向哪些用户发送 E-mail；②发送什么内容的 E-mail；③如何发送这些 E-mail。

3．病毒性营销

病毒性营销（Viral Marketing）也称为病毒式营销或病毒营销，是一种常用的网络营销方法，常用于进行网站推广、品牌推广等。病毒性营销利用的是用户口碑传播的原理。在互联网上，这种口碑传播更为方便，可以像病毒一样迅速蔓延，因此病毒性营销成为一种高效的信息传播方式。由于这种传播是用户之间自发进行的，因此几乎是不需要费用的网络营销手段。病毒性营销既可以被看作是一种网络营销方法，也可以被认为是一种网络营销思想，即通过提供有价值的信息和服务，利用用户之间的主动传播来实现网络营销信息传递的目的。

Killerstandup.com 是圣地亚哥一家出版公司的网站。为了推广这个网站，该公司的网络营销人员创建了第二个网站 FreeJokeBooks.com，这个网站提供可免费下载的笑话和幽默电子书，通过公司网络编辑人员的精心设计，这些电子书看起来像一个独立的网站，并且包含有 Killerstandup.com 和 FreeJokeBooks.com 的超级链接，在电子书通过电子邮件流传的过程中，很多用户通过链接访问到上面的两个网站，几天之内就获得了来自几个国家的 3 万次点击，而且网站的访问量还在快速增加。Killerstandup.com 的营销手段就是病毒式营销，病毒式营销并非真的以传播病毒的方式开展营销，而是通过用户的口碑宣传，使得信息在网上像病毒一样传播和扩散，利用快速复制的方式传向数以万计的受众。

病毒性营销具有自身的基本规律，成功的病毒性营销策略必须遵循病毒性营销的基本思想，并充分认识其一般规律，包括：为用户免费提供有价值的信息和服务，而不是采用强制性或者破坏性的手段；在进行病毒性营销策略设计时，有必要对可利用的外部网络营销资源进行评估；遵照病毒性营销的步骤和流程；不要指望病毒性营销方案的设计和实施完全没有成本；希望病毒性营销信息会自动在大范围内进行传播是不现实的，进行信息传播渠道设计和一定的推动是必要的。

4．网络广告

网络广告是指在互联网站点上发布的以数字代码为载体的经营性广告。无论从信息的传播形式，还是产生的效果来看，网络广告与传统广告相比，都有了极大的改变。网络广告的类型很多，根据形式不同可分为弹出广告、浮动广告、对联广告、轮播广告、侧边栏广告、博客广告、移动开屏广告、移动信息流广告、移动积分墙广告等。例如，一汽大众平面广告鲜明的黑、银、灰相结合的颜色与弹出式广告形式特点相结合更能凸显出一汽大众品牌迈腾 V6 旗舰版的视觉形象，网络浏览者在繁杂的信息中一眼就看到了一汽大众的广告画面。画面中霸气的汽车图片大幅提升迈腾的豪华感，所体现出来的低调的奢华气质与迈腾所要展现的理念更是浑然天成，突显了其全新璀璨上市的亮点，使得"智臻成就辉映人生"的广告语对网络浏览者的视觉冲击与心理冲击更大。

5．博客营销

博客就是网络日志（网络日记），英文单词为 Blog（Web Log 的缩写）。绝大多数网民都有自己的博客，如 QQ 空间、天涯论坛、新浪博客等。并且，很多企业逐步认识到了博客在网络营销中产生的重要作用。

博客营销是通过博客网站或博客论坛接触博客作者和浏览者，利用博客作者个人的知识、兴趣和生活体验等传播商品信息的营销活动。有些类型的博客直接与网络营销相关，如企业博客、营销博客等，这些也都是从博客具体应用的角度来描述，主要区别那些出于个人兴趣甚至个人隐私为内容的个人博客。其实无论叫企业博客还是营销博客，一般来说，博客都是个人行为（当然也不排除有某个公司集体写作同一博客主题的可能），只不过在写作内容和出发点方面有所区别。企业博客或者营销博客具有明确的企业营销目的，博客文章中或多或少会带有企业营销的色彩。

博客营销的本质在于通过原创专业化内容进行知识分享争夺话语权，建立起信任权威形成个人品牌进而影响读者的思维和购买，实际上还是一种网络公关活动。如果做博客营销，则需要掌握软文写作技巧。

6. 交换链接

交换链接在商务网站和网上商店中极为常见。交换链接或称互惠链接，是具有一定互补优势的网站之间的简单合作形式，即分别在自己的网站上放置对方网站的 LOGO 或网站名称并设置对方网站的超级链接，使得用户可以从合作网站中发现自己的网站，达到互相推广的目的。交换链接的作用主要表现在获得访问量、增加用户浏览时的印象、在搜索引擎排名中增加优势、通过合作网站的推荐增加访问者的可信度等方面。更重要的是，交换链接的意义已经超出了是否可以增加访问量，比直接效果更重要的在于业内的认知和认可。

7. 威客营销

"威客"源于英文单词 Witkey，中文的意思是"智慧的钥匙"，是指通过互联网把自己的智慧、知识、能力转换成实际收益的人。在威客网上，个人和企业如果有任何需求，只需要发布任务、公布任务期限和赏金，在网站上等活儿的"威客"们就会竞标来争取接下任务。大到市场调查、程序开发，应有尽有。

威客模式相比其他新兴的 Web2.0 应用，最显著的优势在于拥有一个相对清晰的商业模式，这是博客等应用所不具备的。目前，威客包括积分激励和现金激励两种商业模式，但从本质来看区别不大。一个成熟的威客模式应该由提问与报价系统、检索系统、知识库系统、订购系统和交易系统 5 个模块组成。用户通过提问与报价系统提出问题，通过检索系统在知识库中查找匹配的知识，如果没有匹配知识，通过订购系统由专家给出答案，并将新知识扩充进知识库，以避免知识的重复创造。最后，通过交易系统完成知识的获取。其中，知识库系统由不同的子知识库组成，由不同专家组和网络服务商共同管理。网络服务商可以从每次交易中抽取利润实现盈利，并通过广告、通信和其他增值业务支撑威客模式的运作。

比较知名的威客网站有猪八戒网、时间财富网、孙悟空威客、一品威客网、任务中国、中国赏金写手等。

8. 个性化营销

所谓个性化营销（Personalization Marketing），就是企业面向消费者，直接服务于顾客，并按照顾客的特殊要求制作个性化产品的新型营销方式。它避开了中间环节，注重产品设计创新、服务管理、企业资源的整合经营效率，实现了市场的形成和裂变发展，是企业制胜的武器。特别是随着移动互联网技术的发展，个性化营销的重要性日益凸显。个性化营销的主要内容包括用户定制自己感兴趣的信息内容、选择自己喜欢的网页设计形式、根据自己的需要设置信息的接收方式和接收时间等。个性化服务在改善顾客关系、培养顾客忠诚度以及增加网上销售方面具有明显的效果。

比如凡客诚品、一号店、麦包包等众多购物网站采用个性化推荐系统，为消费者提供实时智能的个性化营销推荐服务。

9．会员制营销

如果注册网站会员，会得到网站的一些特定的服务，当然用户需要支付一定的费用或者为网站做相应的贡献，这是网站会员制的基本出发点。会员制营销已经被证实为电子商务网站的有效营销手段，国外许多网上零售型网站都实施了会员制计划，几乎已经覆盖了所有行业，国内多数成功的电子商务网站也都进行了会员制营销。

阿里巴巴诚信通会员制是典型的会员制营销典范。企业通过申请、缴费并通过审核认证获得诚信通会员资格后，可随时查看阿里巴巴网上买家发布的求购信息和联系方式。享有顶级域名、无限空间展示、20G 企业邮箱、企业在线一体的网站等。超过 100 万的诚信通会员为阿里巴巴带来了不菲的收入。而近 3 000 万阿里巴巴普通会员没有这些特权。

10．软文营销

人们对于软文的定义有很多种，广义上的软文是指企业在直邮广告（DM）、网络、报纸、杂志、手机短信等媒体上刊登的一些宣传性、阐释性的文章，其中包括新闻报道、行业评论、短文广告、案例分析等，其目的是提升企业品牌形象和知名度，以促进企业的销售业绩。狭义的软文是指企业花钱在报纸或杂志等宣传载体上刊登的纯文字性的广告，也称为付费文字广告。有的在电视节目中以访谈、座谈方式进行宣传，这也属于软文营销。

【软文案例】

4G 时代的到来，让我们随时随地高速上网的梦想成真，更让我们的移动生活变得丰富精彩。然而细数我们身边的移动终端，除手机外，其他终端大都只能通过 Wi-Fi 接入互联网，即移动生活几乎等于不停地寻找 Wi-Fi 热点。针对此问题，×××横空出世，让 Wi-Fi 真正变得如影随形！

这篇软文写出了产品发布的时代背景"4G 时代的到来"，然后写出了产品开发的原因。"其他的终端大都只能通过 Wi-Fi 接入互联网"，最后介绍了产品的功能"让 Wi-Fi 真正变得如影随形！"从这里就可以看出软文推广的大致特点。全篇不过 10 个字，而产品名称只出现了一次，却完成了一整套营销的过程。它并没有对消费者说"你一定要买"，但是它列出了这几条信息之后，反而会让消费者觉得"好想买一个"，接着就会点击搜索这款产品，从而达到网络营销效果。

软文推广不同于传统意义上的硬性广告，软文不是简单地宣传产品，它更注重向人们传输价值观念。企业由此能从软文中收到意想不到的效果。相对于传统的硬性广告，软文推广有成本较低、更易被消费者接受、传播速度快、持续宣传、多点传播、受众广泛等优势。软文非常贴近日常生活，同时又能调动起人们的情感，所以人们更愿意关注，受众更广泛，除了普通的消费者以外，投资者、媒体人、编辑等各行各业的人士都会被软文所吸引。

11．网络视频、音频、图片营销

通过数码技术将产品营销现场实时视频图像信号和企业形象视频信号传输至 Internet 上。客户只需上网登录该公司网站，就能看到对该公司产品和企业形象进行展示的现场直播。网络视频营销是"视频"与"互联网"的结合，让这种创新营销形式具备了两者的优点：它具有电视短片的种种特征，例如感染力强、形式内容多样、肆意创意等，又具有互联网营销的优势，例如互动性、主动传播性、传播速度快、成本低廉等。

音频营销就是以音频为主要传播载体的营销方式。或者更通俗地说，音频营销就是通过音频来推广，是一种新兴的网络营销模式。

有人称网络经济为眼球经济，就是需要通过吸引顾客的眼球达到营销目的。在互联网上吸引顾客眼球的主要媒体就是网络图片。网络图片营销现在已经成为人们常用的网络营销方式之一。我们时常会在 QQ 或微信上接收到朋友发过来的有创意的图片，在各大论坛上看到以图片为主线索的帖子，这些图片中多少也掺有了一些广告信息，这其实就是网络图片营销的一种方式。

12. 微博营销

微博是微型博客（MicroBlog）的简称，是一个基于用户关系信息分享、传播以及获取的平台，并实现即时分享。截至 2017 年 3 月 31 日，新浪微博月活跃用户达 3.4 亿，已超过 Twitter 成为全球用户规模最大的独立社交媒体公司。微博的广泛应用使其突显惊人的网络营销价值。

微博营销以微博作为营销平台，每一位听众（粉丝）都是潜在营销对象，企业通过更新自己的微型博客向网友传播企业信息、产品信息，树立良好的企业形象和产品形象。每天更新内容就可以跟大家交流互动，或者发布大家感兴趣的话题，这样来达到营销的目的，这样的方式就是微博营销。微博营销具有立体化、高速度、便捷性、广泛性、效率高的特点。

13. 微信营销

2011 年 1 月 21 日，腾讯推出即时通讯应用"微信"，支持发送语音短信、视频、图片和文字，可以群聊。截至 2016 年 12 月，微信及 WeChat 合并月活跃用户数达 8.89 亿。微信一对一的互动交流方式具有良好的互动性，精准推送信息的同时更能形成一种朋友关系。基于微信的种种优势，借助微信平台开展客户服务营销也成为继微博之后的又一新兴营销渠道。

微信营销有 3 个特点：

（1）点对点精准营销　微信拥有庞大的用户群，借助移动终端、天然的社交和位置定位等优势，每个信息都是可以推送的，能够让每个个体都有机会接收到这个信息，继而帮助商家实现点对点精准化营销。

（2）形式灵活多样　在微信公众平台上，用户可以打造自己的微信公众账号，并在微信平台上实现和特定群体间的文字、图片、语音的全方位沟通和互动。用户可以通过扫描识别二维码身份来添加朋友、关注企业账号；企业则可以设定自己品牌的二维码，用折扣和优惠来吸引用户关注，开拓 O2O 的营销模式。商家可以利用"用户签名档"这个免费的广告位为自己做宣传，附近的微信用户就能看到商家的信息等。

（3）强关系的机遇　微信的点对点产品形态注定了其能够通过互动的形式将普通关系发展成强关系，从而产生更大的价值。

14. 体验式微营销

移动互联网时代的到来，使社会化媒体与生活的联系更加紧密，营销传播开始迈向崭新的时代，产生了很多全新的网络营销思想和方法，其中包括体验式微营销。

体验式微营销是以用户体验为主，以移动互联网为主要沟通平台，配合传统网络媒体和大众媒体，通过有策略、可管理、持续性的 O2O 线上线下互动沟通，建立和转化、强化顾客关系，实现客户价值的一系列过程。体验式微营销在消费者的感官（Sense）、情感（Feel）、思考（Think）、行动（Act）、关联（Relate）五个方面，重新定义、设计营销的思考方式。

体验式微营销的核心就是注重媒体渠道的创新、体验内容的创新以及沟通方式的创新，强调 O2O 线上线下虚拟与现实的互动。

体验式微营销突破了传统的"理性消费者"假设,认为消费者是理性与感性兼具的,消费者在消费前、消费时、消费后的体验,才是研究消费者行为与企业品牌经营的关键。体验式微营销借助 SNS、微博、微电影、微信、微视、微生活、微电子商务等为代表的新媒体形式,为企业或个人达成传统广告推广形式之外的低成本传播提供了可能。

15．APP 营销

APP 是英文 Application 的简称,是指智能手机等移动终端的第三方应用程序。APP 营销是通过手机、社区、SNS 等平台上运行的应用程序来开展的营销活动。

随着移动互联网的兴起,传统的营销方式因其性价比太低而越发不受企业的重视。以 APP 营销来作为企业的主要营销方式已经成为各大企业营销的常态。首先通过 APP 营销,可以将信息精准地传递给客户。在传统推广上,企业都面临着"传播贵""传播难""传播无法测量"等困扰,而 APP 却能很好地解决这些难题。它不仅入驻成本很低,而且其嵌入式 APP 得到各行业的青睐,它的推广效应深入人心,无须大规模广告投入,无须大规模行销人员,就能获得很高的曝光率、转化率和成交率。并且 APP 营销还能够黏住顾客。与传统营销模式不同的是,APP 营销不再受时间、地点的限制,也不再只是信息单向流通。更大的不同是,从接触顾客、吸引顾客、黏住顾客,到管理顾客、发起促销,再到最终的达成销售,整个营销过程都可以只在 APP 这一个小小的端口内发生。

16．大数据营销

大数据(Big Data)又称为巨量资料,指的是海量、高增长率和多样化的信息资产,需要新处理模式才能使应用者具有更强的决策力、洞察力和流程优化能力。大数据具有 4V 特点:Volume(大量)、Velocity(高速)、Variety(多样)、Value(价值)。大数据营销是指通过互联网采集大量的行为数据,首先帮助广告主找出目标受众,以此对广告投放的内容、时间、形式等进行预判与调配,并最终完成广告投放的营销过程。

互联网与未来的移动互联网主导下的数字营销时代,可以帮助企业以前所未有的速度收集用户的海量行为数据,而在大数据的基础上分析、洞察和预测消费者的偏好,并据此为消费者提供最能满足他们需求的产品、信息和服务,以及准确的广告信息。在网络时代,广告主的营销理念已从"媒体导向"向"受众导向"转变。以往的营销活动须以媒体为导向,选择知名度高、浏览量大的媒体进行投放。如今,广告主完全以受众为导向进行广告营销,因为大数据技术可让他们知晓目标受众现在身处何方,正在关注着什么位置的什么屏幕。大数据技术可以做到当不同用户关注同一媒体的相同界面时,广告内容有所不同,大数据营销实现了对网民的个性化营销。

17．二维码营销

二维码营销则是指通过二维码图案的传播,引导消费者扫描二维码,获取产品资讯、商家推广活动,并刺激消费者进行购买的新型营销方式。二维码营销常见的互动类型有视频、商家推广活动、订阅信息、社会化媒体、商店地址等。在日常生活中,二维码的应用非常广泛,我们在手机上团购的电影票,可以用二维码在取票机上取票;使用支付宝或者微信购买商品时,需要使用二维码进行支付;在商场、饭店等公共场都会有各种各样的二维码供人们扫描。二维码能够提供的内容形式多样,非常适合营销。使用二维码营销也成了各企业、个体进行营销时首先想到的营销方式。

二维码营销最基本的目的是引导用户进入你的手机网站，直接让消费者看到你希望他看到内容。但在实际运用移动二维码进行营销时，用户不是看到任何二维码都会进行扫描，只有对产品或活动感兴趣时，才会扫描。从这点出发，商家必须在制作、展示、用户扫描和查看等每一个环节，充分考虑用户的心理和习惯。因此在移动二维码营销过程中，需要考虑：为用户提供有价值的扫码理由；把二维码放在合适的地点；营销内容编排要简洁等因素。

18．H5营销

H5页面就是HTML5页面，HTML5是万维网的核心语言、标准通用标记语言下的一个应用超文本标记语言（HTML）的第五次重大修改。HTML5的设计目的是为了在移动设备上支持多媒体。新的语法特征被引进以支持这一点，如video、audio和canvas标记。HTML5还引进了新的功能，可以真正改变用户与文档的交互方式。从2014年起，H5页面正式进入人们视野，无论是基于H5页面开发的小游戏，还是邀请函、招聘公告，乃至网易、腾讯、人民网等大型网站开发的H5新闻页面，都试图通过这种以触碰、滑动为第一接触方式的页面技术向用户推荐产品、传播信息。当前H5页面也成为各大公关机构和网络公关传播者普遍采取的表现形式。在移动端各个领域，H5页面有多个名称，如翻翻看、手机微杂志、广告页、场景应用、海报、画报（动态海报、指尖海报、掌中海报、动画海报、敞画报、微海报）等。

19．内容营销

内容营销是一种通过生产发布有价值的、与目标人群有关联的、持续性的内容来吸引目标人群，改变或强化目标人群的行为，以产生商业转化为目的的营销方式。

内容营销已经成为企业营销中的"空气"——无处不在，随着移动互联网的不断发展，能同时打破时间、地域、空间限制的移动端网络营销已成为电商企业青睐的重要营销手段，移动端内容营销竞争也由此变得日益激烈。因此，企业该怎么做好移动端内容营销，将企业想要的内容传递出去，并和消费者形成良好互动，已成为做好内容营销的关键。

成功的内容营销应该以受众为中心，提供有价值的、相关的内容。企业以内容来做营销，包含很多种方式，譬如可以通过自己制作并发布电子报、杂志、DM（快讯商品广告）、企业博客等的品牌订制化媒体来进行，也可以找人写文章、找杂志合作介绍新产品等。内容营销并不追求短期或即时性的不理性的直接的行为改变，而是追求理性的、倾向长期的内容教育，最后，内容营销可帮助企业扎实提高品牌的忠诚度及黏度。

内容营销是借助娱乐化的内容进行的营销模式。如知名的运动品牌——特步就曾凭借长期为电视节目"天天向上"冠名，并辅以其他的广告投放模式而声名远扬。强视听冲击力和大信息承载是其营销的基础，优质的内容和一定的用户基数是其营销的核心。企业有很多方式可以进行内容营销，如社交媒体、新闻稿、信息图等。但哪些方式对企业来说是最好的营销手段，得取决于企业提供的产品和服务以及目标消费群体。

第三节　搜索引擎营销及技术

搜索引擎营销（Search Engine Marketing，SEM）是根据用户使用搜索引擎的方式，利用用户检索信息的机会尽可能将营销信息传递给目标用户。简单来说，搜索引擎营销就是基于搜索引擎平台的网络营销。搜索引擎营销追求最高的性价比，以最小的投入，获取最大的来自搜索引擎的访问量，并产生商业价值。搜索引擎营销的最主要工作是扩大搜索引擎在营销业务中的比重，通过对网站进行搜索优化，更多地挖掘企业的潜在客户，帮助企业实现更高的转化率。

一、搜索引擎营销的原理及思想

从本质上来说，搜索引擎的工作原理属于技术层面的问题，但是营销人员只有掌握了其工作原理后，才能加深对搜索引擎的理解，从而更好地制定符合本企业实际的搜索引擎营销策略。一般认为，搜索引擎营销主要目标有两个层次：被搜索引擎收录和在搜索结果中排名靠前。搜索引擎存在两种不同的搜索技术模式：自然搜索和付费放置。营销人员可根据这两种技术模式，选择与之相对应的搜索引擎营销模式。

搜索引擎目前仍然是最主要的网站推广手段之一，尤其是基于自然搜索结果的搜索引擎推广，到目前为止仍然是免费的，因此，受到众多中小网站的重视，搜索引擎营销方法也成为网络营销方法体系的主要组成部分。目前，对于搜索引擎营销的研究，无论是搜索引擎优化还是付费搜索引擎广告，基本上都处于操作层面。新竞争力公司通过对搜索引擎营销的规律进行深入研究认为：搜索引擎推广是基于网站内容的推广。这就是搜索引擎营销的核心思想，包含了搜索引擎推广的一般规律。有人认为网站内容不仅仅是大型网络内容服务商（ICP）网站的生命源泉，对于企业网站网络营销的效果同样是至关重要的。因为网站内容本身也是一种有效的网站推广手段，只是这种推广需要借助于搜索引擎这个信息检索工具，因此网站内容推广策略实际上也就是搜索引擎推广策略的具体应用。搜索引擎营销的核心思想对网站推广策略的指导意义在于搜索引擎推广是基于网站有效文字信息的推广。

二、搜索引擎营销基本方法

搜索引擎营销的基本方法有搜索引擎优化、竞价排名、购买关键词广告和 PPC 四种。

1．搜索引擎优化

搜索引擎优化（SEO）就是通过对网站进行优化设计，使网站的部分网页针对特定的搜索引擎关键词在自然搜索结果中排名靠前。搜索引擎优化又包括网站内容优化、关键词优化、外部链接优化、内部链接优化、代码优化、图片优化、搜索引擎登录等方法。搜索引擎优化需要比较综合的技能，包括网站建设与网页制作技术、Web 标准、关键词选择技术、软文写作技术等。

2．竞价排名

顾名思义，竞价排名就是网站付费后才能出现在搜索结果页面，付费越高者排名越靠前。竞价排名服务是由客户为自己的网页购买关键字排名，按点击计费的一种服务。客户可以通过调整每次点击付费价格，控制自己在特定关键字搜索结果中的排名，并可以通过设定不同的关键词捕捉到不同类型的目标访问者。百度推广就是采用典型的按点击付费的手段。

3．购买关键词广告

购买关键词广告就是在搜索结果页面显示广告内容，实现高级定位投放，用户可以根据需要更换关键词，相当于在不同页面轮换投放广告。

4．PPC

PPC（Pay Per Call，按照有效通话收费）就是根据有效电话的数量进行收费。购买竞价广告也被称为 PPC。

目前，SEM 正处于发展阶段，它将成为今后专业网站乃至电子商务发展的必经之路。SEO（搜索引擎优化）属于 SEM 的一部分，SEM 包含 SEO。SEO 和 SEM 最主要的区别是最终目标的不同：SEO 主要是为了关键词的排名、网站的流量、网站的结构、搜索引擎中页面收录的数据；SEM 是在 SEO 技术基础上扩展为搜索引擎所带来的商业价值，策划有效的网络营销方案，包括一系列的网站运营策略分析与实施，并对营销效果进行检测。

三、搜索引擎优化技术

搜索引擎优化就是针对搜索引擎对网页的检索特点，让网站建设的各项基本要素适合搜索引擎的检索原则，从而使搜索引擎收录本网站尽可能多的网页，并且在搜索引擎自然检索结果中排名靠前，最终达到网站推广的目的。搜索引擎优化的英文描述全称：to use some technics to make your website in the top places in search engine when somebody is using search engine to find something，意为"使用一些技术，使得用户搜索某些关键词时，让你的网站出现在搜索引擎结果的首页"，这句话诠释了搜索引擎优化的意思。

（一）搜索引擎优化的用途

简单地说，搜索引擎优化就是利用技术手段优化网站。当用户在百度、雅虎等搜索引擎搜索特定关键词时，让网站排在搜索结果的前列，促进网上商务活动的进行。而更专业的说法是指通过采用易于搜索引擎索引的合理手段，使网站对用户和搜索引擎更友好，从而更容易被搜索引擎收录及优先排序。

（二）搜索引擎优化的主要环节

网站实施搜索引擎优化是一个综合的项目，一般要注意以下 5 个环节。

1．关键词选取

用户在搜索引擎界面输入关键词，单击"搜索"按钮后，搜索引擎程序即对输入的搜索词进行处理，然后列出相关内容的排序。找到一个适合自己网站的关键词，是整个 SEO 过程中最为关键的一步。因为在任何时候，如果网站没有适合自己的关键词，必然无法获得精准的用户浏览，更谈不上做好的 SEO 了。由此，进行搜索引擎优化时，关键词的选择很重要。

2．网站内部优化

网站内部优化的工作包括所有在网站上可以控制的因素，如网站大小、网站结构、内部导航、标题标签、关键词标签、文件大小、URL 静态化、目录和文件的命名、关键词在网页出现的位置、关键词是否出现在 H1 或 H2 标签中、是否有黑体斜体、文案写作、词干技术、内部链接及链接文字、图片 ALT 属性、导出链接、代码精简等。

3．网站外部优化

网站外部优化主要指外部链接的情况。例如，外部链接数目和质量，来自哪种域名，链接页和网站的内容相关性，链接文字是否有关键词，链接文字的多样性，时间长短，链接本身及链接文字随时间的变化，交叉链接和交换链接的比例等。

4．域名及信任度

与域名和整个网站的信任度有关的因素有域名年龄、域名注册时间、域名所有人和历史记录、域名和网站与其他网站的关联性。

5. 用户行为模式

衡量用户是否喜欢你的网站的主要因素有网页在搜索结果中的点击率，用户浏览网站的页数、时间，是否加入书签，是否有其他社会性搜索的标签、网摘、书签，用户是否多次返回网站等。

（三）搜索引擎优化基础技术

1. 关键词选取技术

（1）关键词长尾理论　先看一个简单的例子，如果有用户想购买某种 FAG 进口轴承（球轴承），该用户为了节约时间，他不会在搜索引擎上搜索"轴承"这样的关键词，因为"轴承"比较宽泛，搜索列表中可能包含数十万以上的条目。为了更准确地找到自己需要的产品，客户一般会搜索"FAG 球轴承"或者"FAG 进口球轴承"这样的带约束条件的关键词，这种关键词就叫作长尾关键词。

美国《连线》杂志主编 Chris Anderson 提出了长尾理论（The Long Tail），用来描述诸如亚马逊和 Netflix 之类网站的商业和经济模式。网络经济的很多现象可以用长尾理论解释和指导。在搜索引擎营销中，长尾理论发挥的作用显著。实际上，在很多时候长尾关键词的搜索量要明显大于主要关键词。更重要的是，如果我们可以准确地选择长尾关键词作为网页优化的关键词时，关键词本身的竞争压力也会下降。也就是说，搜索引擎优化中，我们要了解用户的网络搜索习惯，发掘用户经常使用的长尾关键词。

（2）通过联想给出尽量多的相关联的词　在考虑关键词时，除了找出与产品直接相关的词外，还要通过联想，找出与其相关的词。例如，在卖牛仔裤的网站中，可以考虑的关键词除牛仔裤、牛仔、牛仔衣、牛仔裙、牛仔短裤外，还应选用九分裤、七分裤、三分裤等词汇作关键词。例如，在提供公务员考试咨询的网站中，使用了这些关键词：公务员考试、公务员招考、考试软件、在线测试、在线练习、免费资料、招考信息、历年真题、考前复习、押题猜题、面试技巧、考试通过率、行政职业能力、申论、招警、选调生等，其主要目的是尽量扩大覆盖面。

（3）站在用户角度给出适合大众习惯称谓的词　在考虑关键词时，要多做调查研究，使关键词符合大多数人的用语习惯。例如，在研究生考试咨询网站中，是用"研考"还是用"考研"更符合大众的用语习惯，就要仔细斟酌。有人认为，"中考和高考"，再上去应当是"研考"，所以在百度上关键词竞价时用了"研考"，而结果却不理想。在遇到这种捉摸不透的情况下，可以到百度等搜索引擎上用这两个关键词查一下，看哪个反馈的结果多，就选用哪一个。在百度中搜索"研考"和"考研"发现，用"研考"去搜索，只有 19 800 000 条信息；而用"考研"去搜索，就有 100 000 000 条信息。说明大众的用语习惯是"考研"而不是"研考"。

（4）勿用意义太泛的关键字　如果从事螺钉等机械制造，选择"机械"作为核心关键词就无益于吸引到目标客户，而选用"螺钉"就具体多了。实际上，为了准确找到需要的信息，搜索用户倾向使用具体词汇及组合词汇寻找信息（尤其是二词组合），而不是使用那些大而泛的概念。

（5）其他关键词策略　给出有一定的专业术语的词，如知名企业用自己的品牌做关键词，使用地理位置做关键词等。

（6）利用搜索引擎关键词选取工具

1）百度关键词指数工具（http://index.baidu.com）。该工具是由百度免费提供的关键词查询工具。利用该工具可以查询所有存在于百度指数数据库中的关键词的平均搜索量。通过该工具，就可以知道有些热门关键词每天的搜索量是多少。但是，该工具并没有包含所有的关键词，所以如果想要在这里查询一个任意的关键词，用户还需要拥有百度指数的邀请码。

2）流量与关键词工具（http://ziyuan.baidu.com/keywords/index）。百度的竞价排名服务虽然是收费的，但是也提供免费的流量关键词工具。该工具提供站点的热门关键词在百度搜索结果中的展现及点击量数据，同时提供关键词定制功能，方便网站根据需求设置需要重点关注的关键词，通过对关键词表现情况的监控，帮助网站更好地进行优化，工具旨在全面帮助站长了解网站在百度搜索引擎中的表现，决定页面及网站的优化方向，为网站运营决策提供分析依据。

2．页面优化技术

（1）搜索引擎友好的页面　所谓搜索引擎友好的页面，就是符合搜索引擎搜索习惯的网页页面，只有这样的页面才容易被搜索引擎收录并呈现给用户。判断页面是否为搜索引擎友好页面，一般应该从以下几个方面考虑。

1）优秀的网页内容。人们常说："网络营销，内容为王。"优秀的内容永远是吸引搜索引擎最重要的因素。优秀的网页内容主要有以下特点：

- 原创的内容：容易被众多网站引用，引用的过程一般都会给这个页面加链接，所以这个页面可以获得较好的评分，排名自然会好。
- 网站内容丰富：丰富的网站内容会让百度收录网站之中的许多内容，网站各个页面之间的链接有利于提高网站各个页面在百度中的评分。
- 用文本来表现内容：内容要用合理的文本描述出来，不要用图片和 Flash 来描述网页内容。

2）页面关键词的密度和位置。关键词密度是许多搜索引擎所关注的，包括雅虎、百度等。每个搜索引擎都有一套关于关键词密度的数学公式，合适的关键词密度可使你获得较高的排名位置。但必须注意的是，网页内容中并不是关键词密度越大越好，不同的搜索引擎之间也存在不同的容许级别。一般的关键词最多不要超过 7 个，所有内容都针对这几个核心关键词展开，才能保证关键词密度合理，搜索引擎也会认为该页主题明确。如果网页中关键词密度过大，会造成搜索引擎认为你在 SEO 中通过关键词作弊，对搜索引擎优化不利。

3）设计符合 Web 标准的网页结构，使用有意义的 HTML/XHTML 标记。在 W3C 提出的 Web 标准中，网页设计制作倡导网页的结构与表现分开，符合搜索引擎习惯，利用 XHTML 中有意义的标记定义网页结构是搜索引擎优化的重要步骤。有意义的标记可以合理引导搜索引擎搜索网页内容。例如，在 HTML 中，标记...和... 中的文字显示效果是一样的，但是...对于搜索引擎没有指示作用；而...有强调的意义，可以在其中置入关键词，合理引导搜索引擎。有意义的 HTML 标记还有无序列表<ul>...</ul>、标题<h1>...</h1>、插入<ins>...</ins>、段落<p>...</p>、块引用<blockquote>...</blockquote>、强调...、简写<abbr>...</abbr>、页面头部<header>...</header>、文章<article>...</article>、区域<section>...</section>、边栏<aside>...</aside>、导航<nav>...</nav>、页面页脚<footer>...</footer>、地址<address>...</address>等。

4）外置 CSS 和网页行为代码。搜索引擎搜索网页时，其关心的是页面内容，而网页中的标记属性、CSS 和 JavaScript 行为代码以及 Flash 和网页图像等对搜索引擎来说是没有价值的。因此，外置 CSS 和 JavaScript 行为代码会使网页的核心内容靠前，可以让搜索引擎容易发现页面内容并收录和排名。当然搜索引擎友好的页面还需要考虑其他因素，如页面的链接密度，不要使用框架，不要进行 SEO 作弊，定期、及时更新网页页面等。

（2）简单的页面优化技巧

1）title 优化。在 HTML 文档中，标记 <title>…</title> 用来定义网页标题。title 应该直观地反映一个网页的中心内容。因此，搜索引擎首先会从 title 中了解网页本身是什么内容。在进行搜索引擎优化时，应该在其中加入主体关键词并合理描述和排序。下面是一个 title。

<title>腾讯网_财经_2017 全国担保高峰论坛在京举行</title>

当搜索引擎抓取该形式的网页时，整个网站的 title 前面的字符都是"腾讯网_财经"这些相同的字符。如果网站包含大量类似页面，搜索引擎甚至可能会认为网站的大部分页面都是相同的内容。所以，要创建一个完全符合网页内容，不重复的 title 是页面 SEO 的第一步。进行修改后为

<title>2017 全国担保高峰论坛在京举行_财经_腾讯网</title>

可以让搜索引擎在第一时间内了解这个网页的内容，这样搜索引擎才会更有兴趣地抓取下去。

title 优化中需要避免以下问题：

问题 1：加入与主题无关的关键词。

问题 2：标题是"New Page 1"，也就是使用 Dreamweaver 等网页制作工具自动生成的标题，没有自己设计修改。

问题 3：全站所有页面前面的十几个字都是相同的。

问题 4：频繁更换 title。

2）meta 优化。HTML 文档的头部中有一个元标签 <meta> 很受搜索引擎关注，元标签在 HTML 代码中的 <head>…</head> 之间，标签为"meta"的内容。其作用主要是陈述支持该网页运行的程序或者搜索引擎搜索该网页的内容和基本信息。meta 有很多属性，包括关键词（keywords）、描述（description）、作者（author）、版权（copyright）等。其中 keywords 和 description 对搜索引擎优化有实际意义。

在代码中可以看到的"meta name="keywords""的关键词描述，可以对其进行优化。其优化原则是在 keywords 优化过程中，每个页面只要有两三个关键词就够了，不需要放置太多的关键词；keywords 是关键词的集合，而不是句子的集合，应该设计为关键词组合。

例如，下面的代码是不合适的：

<meta name="keywords"content="进口电机销售商，武汉·电机厂主要销售电机、AW 电机等，是武汉最大的进口电机销售商">

可以通过下述修改进行优化：

<meta name="keywords"content="电机，电机网，进口电机">

下面再来看看网页描述的优化，就是"meta name="description""部分。一般来说，description 最大的作用就是，如果搜索引擎在网页中的 <body>…</body> 之间没有找到与用户搜索的关键词绝对匹配的词汇，就以 description 的内容作为显示的索引内容。其规范描述应该注意以下几点：

● description 是描述网页内容的，因此最好是用一句话来概括本网页的主题内容。

- description 不要超过 255 个字符，搜索引擎索引一般都会索引 description 的前 255 个字符。因此，这 255 个字符是做搜索引擎优化的关键。
- description 部分无论出现中文还是英文，其标点符号都要使用英文格式的标点符号。例如，中文的句号是一个小圆圈，而英文的句号是一个点，在 description 部分中就是用英文点作为一句话的结束符号。以下是一个正确的 description 格式，以本篇文章为例，description 的基本写法如下：

    <meta name="description"content="本文描述搜索引擎优化 SEO 中对元标签和网页描述的优化，另外对 meta 标签进行简单解释">

3）网页正文优化。网页的最优化是 SEO 的细致工作，需要一页一页地认真开展。在英文中，这个工作阶段和过程被称为 on-page optimization（页面优化），就是通过改进网页的修饰性因素，如网页标题、描述、题头文字，注重网页内文的撰写技巧，使搜索引擎在访问网页的时候能够迅速抓住网页的要领，正确、完整地将网页所发布的信息带走。这里从图像、内容题头、网文写作等方面进行介绍。

关于图像。由于搜索引擎不能阅读图片，那么图像标签就给了搜索引擎一个介绍。图像替代文字就放置在图像标签内，每个图像都有自己的文件名。这里说的"图像替代文字"不是文件名，在 HTML 中用来描述图片的简短词组，称为 alt image tag。在 HTML 中，原先的图像描述可以这样得到改进。

改进前：　<img src="fitness-tea.jpg">

改进后：　<img src="fitness-tea.jpg"　ALT="减肥茶的作用">

关于题头。小标题，HTML 中叫作题头标签。题头在网页中是指网页 HTML 中对内文标题所进行的着重强调，<h1><h2><h3>等依次显示重要性的递减。一共有 6 种表示不同的题头级别。题头标签是采用关键词的重要地方，这个标签应该包括内文中最重要的关键词。然而，过分使用关键词反而容易产生不利的影响。一般来讲，第一批最重要的关键词用于<h1>，而第二批次重要的关键词则用于<h2>，依此类推。下面是一些使用技巧：

- 使用<h1><h2><h3><h4><h5>来分别说明内文中谁是主，谁是次。
- 使用关键词的时候，不要让题头失去可读性，要考虑读者的感受。
- <h1>代表最重要，<h6>代表最不重要。根据这个递减，适当安排关键词。
- <h1>中使用的关键词，往往是在网页标题中使用的。
- <h1>尽量靠近 HTML 中的<body>标签，越近越好，以便让搜索引擎最快地领略主题。

搜索引擎营销还要注意一个重要方面——网文写作。这里首先需要回答的问题是：网站的内容首先应该给谁看？

一般只知道设计网站的人一定是回答："那还用说，内容是给人（用户）看的。"但是，在搜索引擎优化这一层面上，这个回答错了，正确的回答应该是："内容首先是给搜索引擎看的。"因为如果搜索引擎看不到，用户就无法搜索到，那么他自然就看不到了。当我们在写给用户看的网页内容时，也就是为网站访问者写网文时，网站的内容一般会先推出，然后会修改几次，但是很少去改动。另外，网站内容在为访问者编写时，会考虑到访问者的时间很宝贵，内容越精简越好。因此，网站管理者的任务并不是网页的制作或者管理，而是注重引导访问者的意识。这样，会采用大量的图片和 Flash 来表达网站的意思，与文字一起来打动访问者。

但遗憾的是，搜索引擎不是人，不会受人的引导，它只认得网页上放的文字，不能识别图片和 Flash 的内容。优化一个网站，实际上就是优化它的文字内容，也就是网页内文。在英语中，网页的文字内容被称为 copy。将 copy 翻译成"内文"就说明了"内容"实质上是网页内文，而不是文字加图像或动画特效。这就是搜索引擎优化最根本性的工作。搜索引擎只有把网站推荐给搜索者，搜索者才能访问网站。由于搜索引擎有自己的阅读网站和排名的标准，也就是算法，所以网站内容即内文必须首先要让搜索引擎看得懂才行。从 SEO 的观点看，网页首先是写给搜索引擎看的，然后是给用户看的。因此，在网页网文写作时应该做到：依据关键词来组织内容；掌握关键词的密度和位置；编写让读者心动的内文；确定合理的内文长度；经常进行内容更新。

第四节　网 络 广 告

网络广告是许多商务网站盈利的重要手段，如新浪、淘宝等都以网络广告为主要的收入来源。目前，网络广告的市场正在以惊人的速度增长，网络广告发挥的作用越来越重要。与传统的四大传播媒体（报纸、杂志、电视、广播）广告及户外广告相比，网络广告具有得天独厚的优势，是实施现代营销媒体战略的重要部分。Internet 是一个全新的广告媒体，传播速度快、效果好，是中小企业扩展壮大的好途径，对于广泛开展国际业务的公司更是如此。因此，在网络营销中，网络广告的地位是显而易见的。

一、网络广告的概念和特点

1997 年 3 月，我国第一个商业性的网络广告诞生了。该广告的传播网站是 Chinabyte 网站，其内容是 468×60 像素的动画旗帜广告。Intel 公司和 IBM 公司是国内最早在互联网上投放广告的广告主。我国的网络广告一直到 1999 年初才稍有规模。

1. 网络广告的概念

顾名思义，网络广告（Web Advertisement）就是在互联网上做的广告，是指运用专业的广告横幅、文本链接、多媒体的方法，在互联网刊登或发布广告，通过网络传递到互联网用户的一种高科技广告运作方式。采用多媒体技术，提供文字、声音、图像等综合性的信息服务，不仅能做到图文并茂，而且可以双向交流，使信息准确、快速、高效地传达给每一位用户。

目前，网络广告是主要的网络营销方法之一，在网络营销方法体系中具有举足轻重的地位。事实上，多种网络营销方法也都可以理解为网络广告的具体表现形式，并不仅仅限于放置在网页上的各种规格的网幅广告，如电子邮件广告、搜索引擎关键词广告、搜索固定排名等都可以理解为网络广告的表现形式。无论以什么形式出现，网络广告所具有的本质特征是相同的：作为向互联网用户传递营销信息的一种手段，是对用户注意力资源的合理利用。

2. 网络广告的特点

相对于传统广告形式，网络广告呈现出一系列自身的特点，了解这些特点，是把握网络广告营销策略实质的基础。关于网络广告的特点，许多相关书籍和文章都罗列了一些表面的现象，如交互性、广泛性、针对性、表现形式多样性、易统计性等，网络广告的确在一定程度上具有这些特征,但这些基本特征在现阶段的实践应用中不是没有完全发挥出来,就是不足以从深层次说明网络广告的本质,因此有必要从更深的层次上认识网络广告的特征。网络广告所具有的4个本质特征:需要依附于有价值的信息和服务载体;核心思想在于引起用户关注和点击;具有强制性和用户主导性的双重属性;应体现出用户、广告客户和网络媒体三者之间的互动关系。

二、网络广告的基本形式

网络广告出现的早期是以网页本身的形式展现的。随着电子商务的发展,产生了越来越多的商务网站,如何让消费者知道自己的网站就成了一个需要解决的问题。不同的网络广告模式由此应运而生,如轮播广告、弹出式广告、对联广告、文本链接广告、电子邮件广告、赞助式广告、插播式广告和富媒体广告等。

1. 轮播广告、弹出式广告、对联广告

早期电子商务网站出现的最常见的网络广告形式就是网幅广告(Banner),以图像文件(GIF、JPG、PNG 等格式)定位在网页中,大多用来表现广告内容,同时还可使用 Java 等语言使其产生交互性。它和传统的印刷广告有点类似,但是有限的空间限制了网幅广告的表现,现在已经逐渐被轮播广告、弹出式广告、对联广告代替。

(1)轮播广告 轮播广告也称焦点广告,就是在横幅广告的基础上设置广告轮番播放,比如5个产品的广告在同一广告区域进行重复轮番播放。这种广告创意来自于电视节目中的广告轮播方式,以求在短时间内有效分流业务和扩充服务能力。图 6-2 所示为苏宁易购平台 2017 年"双十二"期间首页轮播广告,在 8 个产品广告中轮番交替呈现。

图 6-2 苏宁易购 2017 年"双十二"期间首页轮播广告

(2)弹出式广告 弹出式广告是指当浏览某网页时,网页会自动弹出一个图片或动画形式的广告的对话框,一般持续 5~10s 时间,用户可以选择关闭。弹出式广告的对象是与互联网相连的所有计算机或移动终端客户,弹出式广告采用文字介绍、声音、影像、图像、颜色、音乐等于一体的丰富表现手段,具有报纸、电视的各种优点,更加吸引受众。图 6-3 所示为手机搜狐首页的弹出式广告示例。

图 6-3 手机搜狐首页的弹出式广告

（3）对联广告 对联广告是指利用网站页面左右两侧的竖式广告位置而设计的广告形式。这种广告形式可以直接将客户的产品和产品特点详细的说明，并可以进行特定的数据调查、有奖活动。不干涉使用者浏览页面，注目焦点集中，有助于吸引访问者点阅，有效地传播广告相关信息。

2．文本链接广告

文本链接广告是一种对浏览者干扰最少，但却最有效果的网络广告形式。整个网络广告界都在寻找新的宽带广告形式，而有时候，最小带宽、最简单的广告形式效果却最好。

3．电子邮件广告

调查表明，电子邮件是网民最经常使用的互联网工具，有超过 70% 的网民每天使用电子邮件。

电子邮件广告具有针对性强、费用低廉的特点，且广告内容不受限制。特别是针对性强的特点，可以针对具体某一个人发送特定的广告，为其他网络广告方式所不及。

电子邮件广告一般采用文本格式或 HTML 格式。通常采用的是文本格式，就是把一段广告性的文字放置在新闻邮件或经许可的 E-mail 中间，也可以设置一个 URL，链接到广告主公司主页或提供产品和服务的特定页面。HTML 格式的电子邮件广告可以插入图片，和网页上的网幅广告没有什么区别，但是因为许多电子邮件的系统是不兼容的，HTML 格式的电子邮件广告并不是每个人都能完整看到的，因此把邮件广告做得越简单越好，文本格式的电子邮件广告兼容性最好。

4．赞助式广告

赞助式广告（Sponsorships）是网络广告形势的一种。赞助有 3 种形式：内容赞助、节目赞助、节日赞助。广告主可以对自己感兴趣的网站内容或节目进行赞助，或在特别时期赞助网站的推广活动。这种概念下的赞助式广告其实可分为广告置放点的媒体企划创意及广告内容与频道信息的结合形式。

浏览者对于每天浏览的网站往往比较信任，所以在这些网站的信息中夹杂广告主的信息比单纯的广告更有作用。广告不一定能吸引广大受众的注意，位于网页最上方的大块版面也不见得是最好的选择，广告内容若能与广告置放点四周的网页资讯紧密结合，效果可能比选择网页上下方的版面更好。此外，广告尺寸大小也并非是决定广告效果的标准，尺寸小（如120×30 像素、88×31 像素等）但下载速度快的广告形态，也会受到商业服务或金融业客户的青睐；工具栏形态的广告犹如网页中的分隔线，巧妙地安排在网页内容里，虽然空间有限，只适于做简单的图像和文字的表达，但对预算有限的广告主而言也不失为一种好的选择。

5. 与内容结合的广告

广告与内容的结合可以说是赞助式广告的一种，从表面上看起来它们更像网页上的内容而并非广告。在传统的印刷媒体上，这类广告都会有明显的标示，指出这是广告，而在网页上通常没有清楚的界限。

这种广告以网页内容的形式出现，所以它们的点击率往往会比普通的广告高。然而，广告主在做这种广告的时候需要非常小心，如果让浏览者有上当受骗的感觉，就会对品牌造成负面的影响。

6. 插播式广告

插播式广告的英文名称为 Interstitial，不同的机构对此的定义可能有一定的差别。在中国互联网络信息中心关于网站流量术语的解释中，将 Interstitial 定义为空隙页面，是这样描述的："空隙页面是一个在访问者和网站间内容正常递送之中插入的页面。空隙页面被递送给访问者，但实际上并没有被访问者明确请求过。"好耶广告网（www.allyes.com）在网络广告术语库中对 Interstitial 的解释为弹出式广告：访客在请求登录网页时强制插入一个广告页面或弹出广告窗口。

它们有点类似电视广告，都是打断正常节目的播放，强迫观看。插播式广告有各种尺寸，有全屏的也有小窗口的，而且互动的程度也不同，从静态的到全部动态的都有。浏览者可以通过关闭窗口不看广告（电视广告是无法做到的），但是它们的出现没有任何征兆。

7. 富媒体广告

富媒体广告（Rich Media Banner）一般指使用浏览器插件或其他脚本语言编写的具有复杂视觉效果和交互功能的 Banner。这些效果的使用是否有效，一方面取决于站点的服务器端设置；另一方面取决于访问者的浏览器是否能顺利查看。一般来说，Rich Media Banner 要占据比一般 GIF Banner 更多的空间和网络传输字节，但由于能表现更多、更精彩的广告内容，往往被一些广告主采用。国际性的大型站点也越来越多地接受这种形式的 Banner。

三、网络广告的发布途径

从目前来看，企业一般可以根据自身的需求，从以下几种方式中选择一种或几种发布网络广告。

1. 主页形式

建立自己的主页，对于大公司来说是一种必然的趋势。这不但是一种企业形象的树立，也是宣传产品的良好工具。按照今后的发展趋势，一个公司的主页也会像公司的地址、名称、标志、电话、传真一样，是独有的，是公司的标志，将成为公司的无形资产。

2．通过网络内容服务商（ICP）

由于 ICP 提供了大量的互联网用户需要的、感兴趣的、免费的信息服务，因此网站的访问量非常大，是网上最引人关注的站点。国内有许多这样的 ICP，如新浪、搜狐、网易、Chinabyte 等都提供大量的新闻、评论、生活常识、财经等内容的信息。目前，这些网站是网络广告发布的主要阵地，但在这些网站上发布的网络广告主要形式是旗帜广告。

3．利用专类销售网

这是一种专类产品直接在 Internet 上进行销售的方式。现在有越来越多这样的网络出现，著名的如 Automobile Buyer's Network、AutoBytel 等。

4．应用免费的互联网服务

在互联网上有许多免费的服务，如国外的 www.hotmail.com 及国内的www.163.net、腾讯等都提供免费的 E-mail 服务，很多用户都喜欢使用。由于 Internet 上广告内容繁多，即使公司建有自己的 Web 页面，但是需要用户主动通过大量的搜索查询工作，才能看到广告的内容。而这些免费的 Internet 服务就不同，它能帮助公司将广告主动送给使用该免费 E-mail 服务又想查询此方面内容的用户。

5．采用黄页形式

在 Internet 上，有一些专门的用以查询检索服务的网络服务商的站点，这些站点就如同电话黄页一样，按类别划分便于用户进行站点的查询。在其页面上，都会留出一定的位置给企业做广告。在这些页面上做广告的好处是针对性强，在查询的过程中一般是以关键字区分的，所以广告的针对性较好；醒目，处于页面的明显处，容易被正在查询相关问题的用户所注意，成为用户浏览的首选。

6．列入企业名录

一些 Internet 服务提供者（即 ISP，Internet Service Provider）或政府机构会将一些企业信息融入他们的主页中。

7．借助网上报纸或杂志

一些世界著名的报纸和杂志，如美国的《华尔街日报》《商业周刊》、国内的《人民日报》《文汇报》《中国日报》等，纷纷转向了 Internet，在 Internet 上建立自己的 Web 主页。而更有一些新兴的报纸与杂志，干脆脱离了传统的"纸"媒体，完完全全地成为一种"网上报纸或杂志"，反响非常好，每天的访问人数不断上升。对于注重广告宣传的公司，在这些网上报纸或杂志上做广告也是一个较好的传播渠道。

8．建立虚拟社区和公告栏（BBS）

虚拟社区和公告栏是网上比较流行的交流沟通渠道，任何用户只要遵循一定礼仪都可以成为其成员。任何成员都可以在上面发表自己的观点和看法，因此便可以发表与公司产品相关的评论和建议，起到非常好的口碑宣传作用。这种方式的好处是宣传是免费的，但要注意遵循网络礼仪，否则会适得其反。

在以上几种通过 Internet 做广告的方式中，以第一种即公司主页方式为主，其他皆为次要方式，但这并不意味着公司只应取第一种而放弃其他。公司在决定通过 Internet 做广告之前，必须认真分析自己的整体经营策略、企业文化以及广告需求，将其与公司从整体上进行融合，真正发挥 Internet 的优势。

四、网络广告的效果评估

1. 网络广告的评价指标

（1）PV（Page View） PV即页面浏览量，通常是衡量一个网络新闻频道或网站甚至一条网络新闻的主要指标。监测网站PV的变化趋势和分析其变化原因是很多站长定期要做的工作。Page Views中的Page一般是指普通的HTML网页，也包含PHP、JSP等动态产生的HTML内容。来自浏览器的一次HTML内容请求会被看作一个PV，累计成为PV总数。

（2）UV（Unique Visitors） UV即独立访客数，就是在同一天内有多少具有独立IP的电脑访问该网站，由此统计有多少不同的用户通过互联网访问了该网站。因为IP是一个反映网络虚拟地址对象的概念，UV是一个反映实际使用者的概念，每个UV相对于每个IP，更加准确地对应一个实际的浏览者。访问（Visit）用户点击进入一个网站后，进行一系列点击为一次访问。它是衡量站点受欢迎程度的一个统计量。

（3）广告浏览量（AD Views） 广告浏览量是指网络广告所在页面被用户浏览的次数，一般以时间为单位计算浏览次数（如次/天）。

（4）点击次数（Click Through）与点击率（Click-through Rate） 点击次数是指网络广告被访问者点击浏览的次数；点击率是指网络广告被点击的次数与被下载次数之比。

（5）印象（Impression） 印象等同于页面浏览（Page View），即广告图片被访问的次数就是印象。

（6）首页浏览量（First View） 首页浏览量是指访问一个页面进入后所看到的第一屏。首页是投放广告的最佳位置。

（7）转化率（Conversion Rate） 转化率是指用户进行了相应目标行动的访问次数与总访问次数的比率。简而言之，就是当访客访问网站的时候，把访客转化成网站常驻用户，也可以理解为访客到用户的转换。电子商务网站转化率越高，网站盈利能力越强，单位来访者产生的客户越多，提高网站转化率能够在无法增加流量的情况下增加网站的盈利，所以网站转化率是我们必须关注的指标。

（8）客单价（per customer transaction） 客单价是指每一个顾客平均购买商品的金额，也即是平均交易金额。

2. 评价网络广告

加权计算法是建立在对广告效果有基本监测统计手段的基础之上的。它是在投放网络广告后的一定时间内，对网络广告产生效果的不同层面赋予权重，以判别不同广告所产生效果之间的差异。这种方法实际上是对不同广告形式、不同投放媒体或者不同投放周期等情况下的广告效果比较，而不仅仅反映某次广告投放所产生的效果。

例如，假定在A网站投放的网幅广告在1个月内获得的效果为产品销售200件（次），点击数量5000次；在B网站投放的网幅广告在1个月内获得的效果为产品销售230件（次），点击数量3000次。如何判断这两次广告投放效果的区别呢？

根据一般的统计数字，每100次点击可形成2次实际购买，那么可以将实际购买的权重设为1.00，每次点击的权重为0.02，由此可以计算上述两种情况下广告主可以获得的总价值。

A的总价值为200×1.00+5000×0.02=300（次）

B的总价值为230×1.00+3000×0.02=290（次）

可见，虽然第二种情况获得的直接销售比第一种情况要多，但从长远来看，第一种情况更有价值。这个例子说明，网络广告的效果除了反映在直接购买之外，同样反映在品牌印象或者用户的认知上。

杰出人物　于刚

于刚，1药网（原名壹药网）董事长，联合创始人，曾任1号店董事长、联合创始人。于刚于2008年与搭档刘峻岭一起联合创建了1号店，于2010年成立岗岭集团并创建了壹药网。

1号店自从2008年上线以来，在于刚的带领下快速增长，到2011年，1号店的销售额就达到了27.2亿元人民币，进入当时中国电子商务的第一梯队。1号店在线销售近百万种商品，涵盖了食品饮料、美容护理、厨卫清洁、母婴玩具、家居家电、图书等不同类名商品。1号店的飞速发展被美国沃顿商学院和复旦大学写成案例，在多个大学的EMBA/MBA和大学生课堂上使用。2011年，于刚获得《中国企业家》21世纪未来之星第一名，同年于刚领导的1号店年也获得了德勤"高科技、高成长亚太区500强"第一名。2012年，1号店获得国际ECR协会"高效消费者响应"亚太区金奖。2015年7月23日，沃尔玛收购1号店实现全资控股。

2015年7月，1号店被沃尔玛收购后，于刚从1号店离职，改任岗岭集团旗下的1药网董事长。在2015年，1药网月销售额持续破亿元，当年官网注册用户数突破千万，销售额中的70%来自于自身官网，顾客数中的80%来自于移动端。2016年4月，1药网还与贵州省共同建立了西南互联网医院，并且正式上线运营。1药网首页如图6-4所示。

图6-4　1药网首页

1药网秉承"用心选药，便民可信，为民省钱"的经营理念，先后与拜耳、辉瑞、杜蕾斯、诺华、惠氏、强生、养生堂、同仁堂、云南白药、海昌等国内外数百家知名医药健康产品厂商合作，为消费者提供《互联网药品交易许可证》允许交易范围内的万余种医药健康产品，涵盖了市面上常见的中西药、营养保健品、医疗器械、成人保健品、隐形眼镜、美容护理、孕婴用品、参茸细品等多个品类。

网络营销类岗位介绍（一）　网络营销策划与推广

岗位类型	岗位	说明
策划	市场策划	**岗位界定**：从事应用科学的思维和方法，对以赢利为目的的社会经济组织的整体活动进行系统、科学的创造构思、谋划和设计，以期达到最佳效果的专业人士 **工作内容**：包括策划目标定位、策划诊断调查、策划创意构想、策划方案论证、策划实施操作、策划评估服务，侧重市场分析及市场策划方案的编写 **核心技能**：PPT、Excel等办公软件，CorelDRAW、Photoshop等设计软件
推广	市场推广	**岗位界定**：为扩大产品市场份额、提高产品销量和知名度，从而将有关产品或服务的信息传递给目标消费者、激发和强化其购买动机并促使这种购买动机转化为实际购买行为的一种职业 **工作内容**：协助市场推广主管策划和制定各类推广活动方案，负责推广活动的全面执行以及活动效果评估的市场人员 **核心技能**：敏锐的市场洞察力，准确的人际分析能力，语言表达能力、沟通能力、应变能力
推广	SEO	**岗位界定**：从事google等搜索引擎优化的SEO专员 **工作内容**：熟悉各大搜索引擎排名技术，对网站的结构、标签、内容等各方面进行优化 **核心技能**：SEO、Google、SEM、360、HTML、Baidu、SNS、CSS、ASO、BBS、PHP、JavaScript、blog、Alexa、Android、B2B、ROI
推广	SEM	**岗位界定**：根据用户使用搜索引擎的方式利用用户检索信息的机会尽可能将营销信息传递给目标用户的一种职业岗位 **工作内容**：主要做竞价广告投放 **核心技能**：SEM、360、SEO、Google、Excel、DSP、ROI、PPT、Adwords、Baidu、KPI、CPC、Analytics、Sogou、RTB、Adwords、HTML、Word、AdSense
推广	网络营销	**岗位界定**：为实现企业总体经营目标，以互联网为基本手段营造网上经营环境及各种活动的岗位 **工作内容**：通过互联网手段和工具进行产品营销的一种工作 **核心技能**：SEO、SEM、SNS、Google、O2O、B2B、PPT、Baidu、Analytics、ROI、Photoshop
推广	市场营销	**岗位界定**：针对市场开展经营活动、销售行为的营销人员，在创造、沟通、传播和交换产品中，为顾客、客户、合作伙伴以及整个社会带来经济价值 **工作内容**：研究客户的分类，并定期向销售端输出客户名单；根据公司的产品定位，定期进行竞争分析或新领域行业分析，定期推进公司的形象包装软文和PPT介绍等；公司官网的运营以及市场推广活动策划和实施 **核心技能**：PPT、B2B、O2O、SEM、SEO
销售	电话销售	**岗位界定**：以打电话进行主动销售的模式。同时可借助网络、传真、短信、邮寄递送等辅助方式 **工作内容**：利用电话推广、销售公司产品，完成销售任务，达成业绩目标；开发潜在客户，协助建立客户跟进体制；建立良好的客情关系，解决客户使用疑问，并促成二次销售 **核心技能**：客户关系管理（CRM）
销售	销售助理	**岗位界定**：销售助理的工作侧重点在于对内，主要工作职责是协助销售代表进行客户管理工作，接受客户质量反馈与投诉，以及其他后勤管理工作；销售代表的工作侧重点在于对外，主要工作职责是开拓市场，联系客户，反馈市场信息等；销售助理要求心细，销售代表要求胆大 **工作内容**：配合销售人员的销售工作，完成销售文档的整理和保管；协助销售人员和各相关部门之间的工作衔接，应收账款的催收；协助销售人员和客户之间的工作衔接，经营客户关系 **核心技能**：Excel、PPT等办公软件，B2B、O2O等相关技能
销售	海外市场	**岗位界定**：基于海外市场的产品销售活动分为两种：①在国内上班，主要接待来访的来自海外的客户或邮件，通过电话同海外客户沟通；②常驻某国，负责当地市场拓展 **工作内容**：海外市场的推广，建立和发展海外客户关系，拓展海外销售渠道，海外客户和定单跟踪等 **核心技能**：英语听说能力和沟通技巧，熟悉有关国外社交软件和Amazon、Yandex等购物网站

实训项目七　企业介绍网页搜索引擎优化

【**实训简介**】电子商务活动最为重要的营销手段之一就是搜索引擎营销，搜索引擎优化是搜索引擎营销的基本方法。其主要工作是通过了解各类搜索引擎如何抓取互联网页面，如何进行索引以及如何确定其对某一特定关键词的搜索结果排名等技术，来对网页内容进行相关的优化，使其符合用户浏览习惯，在不损害用户体验的情况下提高搜索引擎排名，从而提高网站访问量，最终提升网站的销售能力或宣传能力。搜索引擎优化处理是为了让网站更容易被搜索引擎接受。搜索引擎会将包含用户搜索关键词的网站彼此间的内容做一些相关性资料的比对，然后再由浏览器将这些内容以最快速且最接近完整的方式呈现给搜寻者。本实训项目对企业介绍页面进行搜索引擎优化，优化后的效果如图 6-5 所示。虽然网页内容在浏览器中的效果相差不大，但是页面代码的改变还是较大的。

【**实训任务**】对实训项目七中制作的湖北白隆管业公司的企业介绍网页进行简单的搜索引擎优化，使之在不改变用户体验的同时，更好地适应搜索引擎搜索与排名。

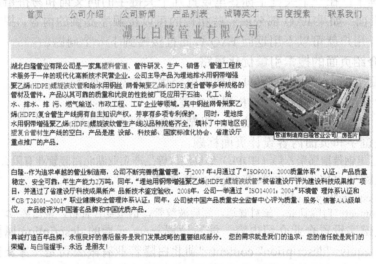

图 6-5　企业介绍网页搜索引擎优化后的浏览效果

一、实训目标
1）了解搜索引擎优化的概念。
2）能够制作基本的搜索引擎友好的网页页面。
3）能够进行搜索引擎友好网页文件的浏览及修改。

二、实训环境
中文 Windows XP/7/10 与 Windows Internet Explorer，连接 Internet，企业介绍文字及图片。

三、背景知识——实现针对搜索引擎友好的网站设计
1）网页标题：对每个网页应使用不同的网页标题。确保特定网页的主要关键词在网页标题的开始部分出现。
2）内部链接：在建立网站内部链接时，在锚文本（anchor text）里使用关键词是很重要的（在大多数情况下，锚文本是带下划线的以蓝色字体显示的相关文本或材料）。搜索引擎使用引入链接的锚文本来评估某个网页的内容。

3）导航：在可能的情况下，使用至少一套文本链接来为站点创建有效的导航是很重要的。

4）标题：如果可能的话，使用一个富含关键字的标题<H1>。

5）副标题：富含关键字的副标题（<H2>或<H3>）也有助于提高关键字密度，使得该网页更加易于检索。

6）文件命名：使用想要获得高排名的单词给文件命名。使用间隔符（"-"）来分隔单词而不是空格或下划线（"_"）。

7）使用 Flash：对于搜索引擎来说，Flash 文本和其他富媒体（Rich Media）资料并不总是可识别的。即使可以识别，它们给搜索引擎提供的内容通常也是很少的。所以，如果必须使用 Flash，则确保在网页中包含源文本内容。

8）img alt：在可应用的地方使用描述性 img alt 标签。

9）粗体：将重要概念用粗体或斜体表示。使用项目列表（bulleted lists）切割文本，使其更易于阅读，并提高关键字密度。

10）元标签描述：在描述性元标签里设置一两个主要关键词的变形。

11）元关键字：在一个关键字标签里设置几个关键字的同义词和易拼错词。

12）连续页面：如果 FAQ 部分或一些相似的可以按顺序提供的内容，提供一个至下一个页面的链接，用户就可以不用返回 FAQ 页面直接转到下一个问题。

四、企业介绍页面的搜索引擎优化思路

对实训项目七中企业介绍网页页面搜索引擎优化的思路如下：

1）对企业介绍文字内容进行分析提取关键词。

白隆管业，塑料管道，螺旋波纹管，钢塑复合管材，聚乙烯

2）根据关键字和页面内容设计页面标题。

<title>塑料管道钢带增强聚乙烯（HDPE）螺旋波纹管生产企业湖北白隆管业有限公司</title>

3）根据关键字设置 meta 元素的 keywords 属性。

<meta http-equiv="keywords"
        content="白隆管业，塑料管道，螺旋波纹管，钢塑复合管材，聚乙烯" />

4）根据关键字设置企业介绍内容，编写设置 meta 元素的 description 属性。

<meta http-equiv="description" content="湖北白隆管业有限公司是一家集塑料管道、管件研发、生产、销售、管道工程技术服务于一体的现代化高新技术民营企业。公司主导产品为埋地排水用钢带增强聚乙烯（HDPE）螺旋波纹管和给水用钢丝网骨架聚乙烯（HDPE）复合管等多种规格的管材及管件。产品以其可靠的质量、优良的性能被广泛应用于石油、化工、给水、排水、排污、燃气、市政工程、工矿企业等领域。" />

5）摒弃不利于搜索引擎的表格布局及页面修饰，使用 div 元素及有意义的标记改写页面结构。页面板块使用 div 元素定义；页面主题使用 h1 元素；小标题使用 h2 元素；段落使用 p 元素；导航使用 ul 及 li 元素。将导航内容放在页面结构的后面，使搜索引擎容易发现主题内容；将企业介绍文本的关键词使用 em 元素强调，以提醒搜索引擎重视；将图像文件增加 alt 提示，让搜索引擎指导图像的含义。由此，页面结构改写为

<body>
<div id="maincontent">
<h1>湖北白隆管业有限公司</h1>
<h2>公司简介</h2>
<p id="p1">

湖北白隆管业有限公司是一家集塑料管道、管件研发、生产、销售、管道工程技术服务于一体的现代化高新技术民营企业。公司主导产品为埋地排水用钢带增强聚乙烯（HDPE）螺旋波纹管和给水用钢丝网骨架聚乙烯（HDPE）复合管等多种规格的管材及管件。产品以其可靠的质量和优良的性能被广泛应用于石油、化工、给水、排水、排污、燃气输送、市政工程、工矿企业等领域。其中，钢丝网骨架聚乙烯（HDPE）复合管生产线拥有自主知识产权，并享有多项专利保护。同时，埋地排水用钢带增强聚乙烯（HDPE）螺旋波纹管生产线以品种规格齐全，填补了中南地区钢塑复合管材生产线的空白，产品是建设部、科技部、国家标准化协会、省建设厅重点推广的产品。

</p>
<img src="images/jj.jpg" alt="管道制造商白隆管业公司厂房图片"/>
<h2 style="clear:both">质量信誉</h2>
<p>

白隆——作为追求卓越的管业制造商，公司不断完善质量管理，于2007年4月通过了"ISO9001：2000质量体系"认证，产品质量稳定、安全可靠，年生产能力2万吨；同年，"埋地用钢带增强聚乙烯（HDPE）螺旋波纹管"被省建设厅评为建设科技成果推广项目，并通过了省建设厅科技成果新产品新技术鉴定验收。2008年，公司一举通过"ISO14001：2004"环境管理体系认证和"GB/T 28001—2001"职业健康安全管理体系认证；同年，公司被中国产品质量安全监督中心评为质量、服务、信誉AAA级单位，产品被评为中国著名品牌和中国优质产品。

</p>
<h2>白隆愿景</h2>
<p>

真诚打造百年品牌，永恒良好的售后服务是我们发展战略的重要组成部分。您的需求就是我们的追求，您的信任就是我们的荣耀。与白隆握手，永远是朋友！

</p>
</div>
<ul id="nav">
<li><a href="#">首页</a></li>
<li><a href="#">公司介绍</a></li>
<li><a href="#">公司新闻</a></li>
<li><a href="#">产品列表</a></li>
<li><a href="#">诚聘英才</a></li>
<li><a href="http://www.baidu.com">百度搜索</a></li>
<li><a href="#" style="width:113px;">联系我们</a></li>
</ul>
</body>

6）使用CSS修饰页面，使之达到项目实训八的浏览效果，然后将样式表保存在外部文件中，使用link元素导入，使得搜索引擎避开对齐没有实际意义的样式表内容。

<link type="text/css" rel="stylesheet" href="introbl2.css" />

7）增加文档类型定义和域名空间定义，采用规范的XHTML元素定义页面结构，使得页面符合Web标准，利于搜索引擎搜索。

<!DOCTYPE html>
<html>

五、实训内容与操作步骤

（一）素材准备

1）准备好实训项目八做好的文件。

2）准备好企业介绍文字内容及图像（jj.jpg）。
3）在桌面上新建文件夹，命名为"bailong"。
4）进入文件夹"bailong"，新建文件夹"images"；将企业介绍图像文件"jj.jpg"复制到"images"文件夹中；将实训项目八的代码文件放到文件夹"bailong"中。

（二）页面 HTML 代码编写

1）打开 Windows XP 附件中的"记事本"程序，输入下述 HTML 代码，将其保存在"bailong"文件夹中，取名为"introbl2.htm"。

<!DOCTYPE html>
<html>
<head>
<meta http-equiv="Content-Type" content="text/html; charset=utf-8" />
<meta http-equiv="keywords" content="白隆管业,塑料管道,螺旋波纹管,钢塑复合管材,聚乙烯" />
<meta http-equiv="description" content="湖北白隆管业有限公司是一家集塑料管道、管件研发、生产、销售、管道工程技术服务于一体的现代化高新技术民营企业。公司主导产品为埋地排水用钢带增强聚乙烯（HDPE）螺旋波纹管和给水用钢丝网骨架聚乙烯（HDPE）复合管等多种规格的管材及管件。产品以其可靠的质量和优良的性能被广泛应用于石油、化工、给水、排水、排污、燃气、市政工程、工矿企业等领域。" /><title>塑料管道钢带增强聚乙烯（HDPE）螺旋波纹管生产企业湖北白隆管业有限公司</title><link type="text/css" rel="stylesheet" href="introbl2.css" />
<head>
<body>
<div id="mainContent">
<h1>湖北白隆管业有限公司</h1>
<h2>公司简介</h2>
<p id="p1">
湖北白隆管业有限公司是一家集<em>塑料管道</em>、管件研发、生产、销售、管道工程技术服务于一体的现代化高新技术民营企业。公司主导产品为埋地排水用钢带增强聚乙烯（HDPE）<em>螺旋波纹管</em>和给水用钢丝网骨架<em>聚乙烯</em>（HDPE）复合管等多种规格的管材及管件。产品以其可靠的质量和优良的性能被广泛应用于石油、化工、给水、排水、排污、燃气输送、市政工程、工矿企业等领域。其中，钢丝网骨架聚乙烯（HDPE）复合管生产线拥有自主知识产权，并享有多项专利保护。同时，埋地排水用钢带增强聚乙烯（HDPE）螺旋波纹管生产线以品种规格齐全，填补了中南地区<em>钢塑复合管材</em></em>生产线的空白，产品是建设部、科技部、国家标准化协会、省建设厅重点推广的产品。
</p>
<img src="images/jj.jpg" alt="管道制造商白隆管业公司厂房图片"/>
<h2 style="clear:both">质量信誉</h2>
<p>
白隆——作为追求卓越的管业制造商，公司不断完善质量管理，于 2007 年 4 月通过了"ISO 9001：2000 质量体系"认证,产品质量稳定、安全可靠,年生产能力 2 万吨;同年，"埋用钢带增强聚乙烯（HDPE）<em>螺旋波纹管</em>"被省建设厅评为建设科技成果推广项目，并通过了省建设厅科技成果新产品新技术鉴定验收。2008 年，公司一举通过"ISO 14001：2004"环境管理体系认证和"GB/T 28001—2001"职业健康安全管理体系认证；同年，公司被中国产品质量安全监督中心评为质量、服务、信誉 AAA 级单位，产品被评为中国著名品牌和中国优质产品。
</p>
<h2>白隆愿景</h2>
<p>
真诚打造百年品牌，永恒良好的售后服务是我们发展战略的重要组成部分。您的需求就是我们的追求，您的信任就是我们的荣耀。与<em>白隆</em>握手，永远是朋友！

```
</p>
</div>
<ul id="nav">
<li><a href="#">首页</a></li>
<li><a href="#">公司介绍</a></li>
<li><a href="#">公司新闻</a></li>
<li><a href="#">产品列表</a></li>
<li><a href="#">诚聘英才</a></li>
<li><a href="http://www.baidu.com">百度搜索</a></li>
<li><a href="#" style="width:113px;">联系我们</a></li>
</ul>
</body>
</html>
```

2）打开 Windows XP 附件中的"记事本"程序，输入下述 HTML 代码，将其保存在"bailong"文件夹中，取名为"introbl2.CSS"。

```
@charset "utf-8";
/* CSS Document */
*,body    {margin:0; padding:0; background-color:lightgrey;}
#mainContent {width:780px; background:lightyellow; position:relative;left:50%; top:30px; margin-left:-390px;}
h1    { font:30px 方正姚体; color:red; background:lightblue; width:780px; text-align:center;   padding:2px 0; }
h2    { font:25px 方正舒体; color:white; background:lightgreen;   width:774px; text-align:center; margin: 4px; }
p    { background:lightyellow; margin:4px; font-size:14px; line-height:1.4em; width:774px; }
#p1    { float:left; width:509px;}
img    { width:260px; height:160px; margin-right:3px;}
em    { font-style:normal; background:lightyellow; color:#030;}
ul { list-style-type:none; width:780px; position:absolute; top:0; left:50%; margin-left:-390px; background:lightyellow; }
ul li { float:left; }
ul a    { display:block; width:110px; background:lightgreen; text-align:center; text-decoration:none; margin-left:1px; padding:4px 0; height:21px;}
ul a:hover { background:green; color:yellow;}
```

3）进入桌面的"bailong"文件夹，如图 6-6 所示。

图 6-6　优化后的网页文件图标

双击"introbl2.htm"网页图标,浏览页面效果,如图6-7所示。

图 6-7 优化后的页面浏览效果

六、拓展训练

继续实训项目五的项目进行拓展训练,对制作的家乡介绍网页或个人特长介绍网页进行搜索引擎优化设计,使之适应搜索引擎优化与排名。

实训项目八 网络广告制作与实现

【实训简介】网络广告是网络营销的重要手段之一,很多电子商务企业的主要收入来源之一就是网络广告。网络广告主要包括轮播广告、对联广告、弹出广告、浮动广告、侧边栏广告等。本项目重点任务设计制作焦点广告和对联广告。

【实训任务】

(1)制作实现轮播广告 准备 5 个广告图片;广告每隔 5s 自动顺序切换;用户可以在右下角选择广告,也可以在广告区域进行左右翻页。效果如图 6-8 所示。

图 6-8 轮播广告效果

图 6-8 轮播广告效果（续）

（2）制作实现对联广告　准备两个大小一致的对联广告图片；页面加载后显示对联广告，页面滚动时，广告在固定位置保持不变，不随页面内容上下滚动。用户可以点击任何图片上的关闭按钮或文字，将对联广告隐藏。效果如图 6-9 所示。

图 6-9 对联广告效果

一、实训目标

1）能够建立广告区域及翻页导航按钮结构。
2）能够使用 CSS 合理设计广告区域效果和导航按钮的外观及位置。
3）能够使用 JS 编程焦点广告的自动翻页切换及用户自由选择广告的功能。

4）能够描述对联广告的具体实现流程。

5）能够使用 CSS 的定位技术使 div 层及按钮浮于页面之上并保持固定。

6）能够 JS 的编程实现对联广弹出及隐藏功能。

二、实训环境

中文 Windows XP/7/10 与 Windows Internet Explorer，连接 Internet，Dreamweaver 网页设计软件。

三、背景知识——实现针对搜索引擎友好的网站设计

1）轮播广告是电子商务网站典型的广告形式之一，表现为不同的广告在网页的固定的广告区域，广告定时切换，用户也可以选择其感兴趣的广告，用户点击广告图片将会跳转到相应的广告页面。

2）对联广告是中小型电子商务网站常用的网络广告形式，一般在表现为在页面两侧的空白区域显示两条长条形广告，广告外观形式对称，类似于对联。对联广告有单联对联和双联对联广告，双联对联广告中，广告内容有时相同，有时不同。

四、实训内容与操作步骤

（一）轮播广告制作与实现

1．素材准备

1）准备好 5 个焦点广告图片文件，命名分别为：Ads01.jpg、Ads02.jpg、Ads03.jpg、Ads04.jpg、Ads05.jpg，放在 images 文件夹中，如图 6-10 所示。

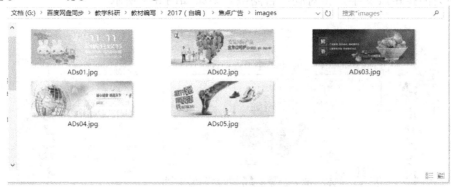

图 6-10　焦点广告图片及命名

2）准备好企业介绍文字内容及图像（jj.jpg）。

3）在桌面上新建文件夹，命名为"bailong"。

4）进入文件夹"bailong"，新建文件夹"images"；将企业介绍图像文件"jj.jpg"复制到"images"文件夹中；将实训项目八的代码文件放到文件夹"bailong"中。

2．建立站点与代码编写

1）建立文件夹"jdgg"，将上面准备好的包含 5 个广告图片的文件夹"images"复制到"jdgg"文件夹中。

2）使用记事本或 Dreamweaver 在"jdgg"中分别建立网页文件"DS330.html"和 CSS 文件"DS.css"，代码如下（代码中的编号为注解使用，实训操作时不要输入该编号）：

①DS330.html

[1]　　<!doctype html>

```
[2]     <html>
[3]     <head>
[4]     <meta charset="utf-8">
[5]     <title>焦点广告</title>
[6]     <link rel="stylesheet" type="text/css" href="DS.css">
[7]     <script type="text/javascript">
[8]         window.onload =
[9]         function () {
[10]            // alert("页面加载了");
[11]            var count = 1;
[12]            var oImg = document.getElementById("ADimg");
[13]            var oAD = document.getElementById("AD");
[14]            var oLis = oAD.getElementsByTagName("li");
[15]            //alert( oLis.length );
[16]            oAD.getElementsByTagName("a")[0].onmouseover =    function () {
[17]                document.getElementById("prev").className = "showprev";
[18]                document.getElementById("next").className = "shownext";
[19]
[20]            }
[21]            oAD.getElementsByTagName("a")[0].onmouseout = function () {
[22]                document.getElementById("prev").className = "hideprev";
[23]                document.getElementById("next").className = "hidenext";
[24]
[25]            }
[26]            document.getElementById("prev").onmouseover = function () {
[27]                document.getElementById("prev").className = "showprev";
[28]            }
[29]            document.getElementById("next").onmouseover    = function () {
[30]                document.getElementById("next").className = "shownext";
[31]            }
[32]            oLis[0].className = "liactive";
[33]            function reNormal() {
[34]                for ( var i = 0; i < (oLis.length-2); i++ ) {
[35]                    oLis[i].className = "linormal";
[36]                }
[37]            }
[38]
[39]            oLis[0].onclick = function () {
[40]                    oImg.src = "images/ADs01.jpg";
[41]                count = 1;
[42]                reNormal();
[43]                oLis[0].className = "liactive";
[44]                    }
[45]            oLis[1].onclick = function () {
[46]                    oImg.src = "images/ADs02.jpg";
[47]                count = 2;
[48]                reNormal();
[49]                oLis[1].className = "liactive";
[50]                    }
[51]            oLis[2].onclick = function () {
```

```
[52]                              oImg.src = "images/ADs03.jpg";
[53]                              count = 3;
[54]                              reNormal();
[55]                              oLis[2].className = "liactive";
[56]                          }
[57]              oLis[3].onclick = function () {
[58]                              oImg.src = "images/ADs04.jpg";
[59]                              count = 4;
[60]                              reNormal();
[61]                              oLis[3].className = "liactive";
[62]                          }
[63]              oLis[4].onclick = function () {
[64]                              oImg.src = "images/ADs05.jpg";
[65]                              count = 5;
[66]                              reNormal();
[67]                              oLis[4].className = "liactive";
[68]                          }
[69]              oLis[5].onclick = function () {
[70]                              count--;
[71]                              if ( count == 0 ) { count = 5; }
[72]                              oImg.src = "images/ADs0" + count + ".jpg";
[73]                              reNormal();
[74]                              oLis[count - 1].className = "liactive";
[75]                          }
[76]
[77]              oLis[6].onclick = function () {
[78]                              count++;
[79]                              if ( count == 6 ) { count = 1;}
[80]                              oImg.src = "images/ADs0" + count + ".jpg";
[81]                              reNormal();
[82]                              oLis[count - 1].className = "liactive";
[83]                          }
[84]
[85]              var timer02 = setInterval( function () {
[86]                                  count++;
[87]                                  if ( count == 6 ) { count = 1; }
[88]                                  oImg.src = "images/ADs0" + count + ".jpg";
[89]                                                  reNormal();
[90]                                  oLis[count - 1].className = "liactive";
[91]                              } ,10000);
[92]
[93]          }
[94]      </script>
[95]      </head>
[96]
[97]      <body>
[98]          <div id="AD">
[99]              <a href="#"><img id="ADimg" src="images/ADs01.jpg"></a>
[100]             <ul>
[101]                 <li class="linormal">1</li>
[102]                 <li class="linormal">2</li>
[103]                 <li class="linormal">3</li>
[104]                 <li class="linormal">4</li>
[105]                 <li class="linormal">5</li>
[106]             </ul>
```

```
[107]                <ol>
[108]                    <li id="prev" class="hideprev"><<<</li>
[109]                    <li id="next" class="hidenext">>>></li>
[110]                </ol>
[111]            </div>
[112]        </body>
[113]    </html>
```

②DS.css

```
[1]     @charset "utf-8";
[2]     /* CSS Document */
[3]     #AD { width:660px; height:215px;
[4]             border:1px solid #888;
[5]             margin:5px auto;
[6]             position:relative;}
[7]     #AD img { width:660px; height:215px; border:none; }
[8]     #AD ul { list-style-type:none; margin:0; padding:0;
[9]             position:absolute;
[10]            right:0; bottom:0;}
[11]    #AD ol { list-style-type:none; margin:0; padding:0;}
[12]    .linormal {border:1px solid #888; border-radius:15px;
[13]            width:30px; height:30px;
[14]            background:rgba(0,51,0,.3);
[15]            color:#fff; text-align:center; line-height:30px;
[16]            float:left;   margin-right:5px; margin-bottom:5px;
[17]            }
[18]    .liactive {border:1px solid #888; border-radius:15px;
[19]            width:30px; height:30px;
[20]            background:rgba(255,51,0,.3);
[21]            color:#fff; text-align:center; line-height:30px;
[22]            float:left;   margin-right:5px; margin-bottom:5px;}
[23]
[24]    #AD ol li { border:1px solid #888; border-radius:15px;
[25]            width:30px; height:30px;
[26]            background:rgba(0,51,0,.3);
[27]            color:#fff; text-align:center; line-height:30px;
[28]            float:left; }
[29]
[30]    .hideprev { position:absolute; top:80px; left:5px;
[31]            display:none;   }
[32]    .hidenext { position:absolute; top:80px; right:5px;
[33]            display:none;}
[34]
[35]    .showprev { position:absolute; top:80px; left:5px;
[36]            display:block;   }
[37]    .shownext { position:absolute; top:80px; right:5px;
[38]            display:block;}
```

3．代码重难点解释

1）标准的网页结构设计中，导航功能一般使用列表，因此这里广告切换及翻页导航分别使用了无序列表和有序列表（代码第100~110行）。

2）焦点广告图片实际上是广告页面的入口，需要用户点击该广告图片进入相应的广告商的网站或页面，广告图片一般设置为链接图片（代码第99行）。

3）CSS 代码第 6 行代码 position:relative；是为了将后续列表项的绝对定位的偏移参照确定为 id 为 AD 的 div 元素，而不是浏览器窗口（DS.css 代码）。

4）CSS 代码第 16 行代码 float:left；是将无序列表项由纵向改为横向。

5）将列表导航列表项设置为 30×30 像素的正方形大小并带边框，然后设置其四个角的圆角值为 15 像素（代码 border-radius:15px；），这样将列表导航列表项目设置为圆形（CSS 代码第 18、19、24、25 行）（DS.css 代码）。

6）在 CSS 中，属性 display:none；将隐藏元素，属性 display:block；将元素设置为块元素并显示（CSS 代码第 31、33、36、38 行）（DS.css 代码）。

7）代码中第 10 行和第 15 行被注释的语句是编程提示语句，可以确定程序到此是否完成了相应的功能，比如第 15 行的 alert 对话框显示为 7 表示程序到此是正确的，因为总共有 7 个列表项（DS330.html 代码）。

8）代码第 16～20 行实现当鼠标进入广告图片区域时显示左右翻页有序列表项；代码第 21～25 行实现鼠标离开广告图片区域时隐藏左右翻页有序列表项。但是如果鼠标进入广告图片区域后在移动到左右翻页有序列表项上时，由于鼠标也离开了广告图片区域，会隐藏列表项，隐藏后鼠标又直接进入广告图片区域，又导致列表项显示，于是反反复复、没完没了地快速闪烁。为了解决该问题，需要用代码实现当鼠标进入两个有序列表项上时显示自己，这就是代码 26～31 行的功能（DS330.html 代码）。

9）代码第 71、79、87 行是为了实现广告图片的循环切换，当图片计数到最后一幅是，下一幅切换为第一幅；如果是向前翻页到第一幅时，下一幅应该是最后一幅（DS330.html 代码）。

（二）对联广告制作与实现

1．素材准备

准备好两个焦点广告图片文件，分别命名为 coupletl.jpg 和 coupletr.jpg，放在文件夹"images"中，如图 6-11 所示。

图 6-11　对联广告图片及命名

2．建立站点与代码编写

1）建立文件夹"dlgg"，将上面准备好的包含两个广告图片的文件夹"images"复制到文件夹"dlgg"中。

2）使用记事本或 Dreamweaver 在"dlgg"中分别建立网页文件"dlgg.html"和 CSS 文件"DS.css"，代码如下：

```
[1]    <!doctype html>
[2]    <html>
```

```
[3]     <head>
[4]     <meta charset="utf-8">
[5]     <title>EC 数码荟萃</title>
[6]     <style type="text/css">
[7]     <!--
[8]     #lcoup,#rcoup  {    width:150px; height:470px;
[9]                         border:1px solid #ccc;
[10]                        position: absolute;}
[11]    #couplet button { border:1px solid #ccc;
[12]                                background: rgba(248,245,245,0.91);
[13]                                width:18px; height: 18px;
[14]                                font-size:16px;
[15]                                line-height: 18px; text-align: center;
[16]                                }
[17]    #couplet label { font-size:14px; color:#555;}
[18]    #lcoup label { float:right;}
[19]    #rcoup label { float:left;}
[20]    #lcoup { position:fixed; left:5px; top:30px;}
[21]    #rcoup { position:fixed; right:5px; top:30px;}
[22]    -->
[23]    </style>
[24]    <script type="text/javascript">
[25]    window.onload = function ( ) {
[26]                        var oCouplet = document.getElementById("couplet");
[27]                        oCouplet.getElementsByTagName("label")[0].onclick =
[28]                        function () {
[29]                                oCouplet.style.display = "none";
[30]                        }
[31]
[32]                        oCouplet.getElementsByTagName("label")[1].onclick =
[33]                        function () {
[34]                                oCouplet.style.display = "none";
[35]                        }
[36]            }
[37]    </script>
[38]    </head>
[39]    <body>
[40]    <div id="couplet">
[41]      <div id="lcoup">
[42]         <label><button>&times;</button>关闭</label>
[43]         <img src="images/coupletl.jpg">
[44]      </div>
[45]      <div id="rcoup">
[46]         <label><button>&times;</button>关闭</label>
[47]         <img src="images/coupletr.jpg">
[48]      </div>
[49]    </div>
[50]    </body>
[51]    </html>
```

3．代码重难点解释

1）代码 `<label><button>&times;</button>关闭</label>` 只是用于按钮的显示效果，其内置按钮没有实际功能意义（代码第 49 行）。

2）整个对联广告代码应该放在页面结构代码之外比较合适。

3）CSS 中灰色可以用 16 进制数 0～f 中任何 3 个数字重合表示，其中#000 表示黑色，#fff 表示白色，其他数字表示不同灰度的灰色（第 12、14、20 行）。

4）CSS 代码第 23、24 行代码 position:fixed；表示固定定位，实现对联固定浏览器窗口的某个位置，不随用户页面内容滚动。

5）对联广告中，用户点击左右两个对联广告的任何一个关闭按钮都是关闭整个广告，因此两个点击事件的处理程序是一样的。

6）getElementsByTagName()是以标签名称获得标签元素对象，其结果是数组，两个 label 标签对象的下标分别是 0 和 1（代码第 31、36 行）。

五、拓展训练

在网上查阅资料或自学，实现弹出广告和浮动广告。

实训项目九 博客营销基础技术

【实训简介】博客不仅仅是个人日志，它也是一种重要的网络营销工具，它具备广告等其他营销方式所不能具备的互动功能。世界上的一些著名的国际性公司，如微软、惠普、宝洁、IBM、波音、尼桑等，也早已洞察到网络经济时代博客所具有的无与伦比的巨大优势，以及博客营销对市场可能造成的颠覆性力量，率先开展博客营销、赢得优势、创造卓越。本实训项目主要训练博客注册登录技术及基本的博客写作技巧，了解博客营销的基本知识。

【实训任务】注册成为天涯博客会员，掌握网站的基本设置和管理技术，通过发表博客日志掌握博客的基本写作技巧。本实训的训练任务如下：

1）注册天涯博客会员。
2）登录管理博客网站。
3）博客写作及发表。

一、实训目标

1）了解博客营销的概念及博客写作的要点。
2）通过训练，掌握博客会员注册及基本信息修改技巧。
3）能够对博客网站进行个性化管理并正确写作发表博客日志。

二、实训环境

中文 Windows XP/7/10 与 Windows Internet Explorer，连接 Internet。

三、背景知识——天涯社区介绍

天涯社区（www.tianya.cn）是目前中国国内最有影响力的社区之一。据统计，天涯社区注册用户超过 1.3 亿，这个庞大的用户群体为天涯社区带来了超强人气、人文体验和互动原创内容。

天涯社区创办于 1999 年 3 月，是海南天涯在线网络科技有限公司下属的一个网络社区。自创立以来，以其开放、包容、充满人文关怀的特色受到了全球华人网民的推崇，经过 10 年的发展，已经成为以论坛、部落、博客为基础的交流方式，综合提供个人空间、相册、音乐盒子、分类信息、站内消息、虚拟商店、企业品牌家园等一系列功能服务，并以人文情感为核心的综合性虚拟社区和大型网络社交平台。

其中的天涯博客（http://blog.tianya.cn/）也是国内最具影响力的博客平台之一。天涯博客界面如图 6-12 所示，天涯社区版面见表 6-1。

第六章 网络营销及技术

图 6-12 天涯博客界面

表 6-1 天涯社区版面

天涯论坛	包括娱乐八卦、时尚资讯、贴图专区、天涯杂谈、情感天地、舞文弄墨、关天茶舍、经济论坛、莲蓬鬼话、闲闲书话等 60 多个版面，其中娱乐八卦、贴图专区、情感天地、时尚资讯、关天茶舍、天涯杂谈、舞文弄墨等版面在业内具有较高的地位
天涯城市	目前，开通天涯城市的总共有 40 多个省份和地区的 200 多个以城市区域划分的讨论版面
天涯别院	包括文学、时尚、消费、情感、娱乐、女性、影音、兴趣、聚会、专题及其他共 12 类近百个版面
职业交流	包含有会计、教师、军人等各种职业版面和金融业、交通业、通信业等行业版面，还有华为、联想等企业版面共约 30 个版面
大学校园	包括青春杂言、女生宿舍、毕业之后、校园贴图、校园时尚、考场加油站等校园版面
天涯网事	包括天涯网刊、瞭望天涯、天涯志、天涯秀场、天涯居委会、天涯婚礼堂、天涯玫瑰园、天香赌坊、天涯交易所等十余个版面

四、实训内容与操作步骤

（一）注册天涯用户

1）登录天涯社区网站（www.tianya.cn），在首页中可以看到图 6-13 所示的登录界面（注：目前在线人数是指现在所有在浏览社区的人数）。

图 6-13 天涯社区登录界面

如果没有进行天涯用户注册或者是第一次来到天涯社区，为了得到天涯社区更多的服务，应该首先注册天涯用户。

2）如果希望以浏览方式登录社区，那么可以单击"浏览进入"链接；如果希望成为其会员，单击"免费注册"链接，进入用户注册页面，如图6-14所示。

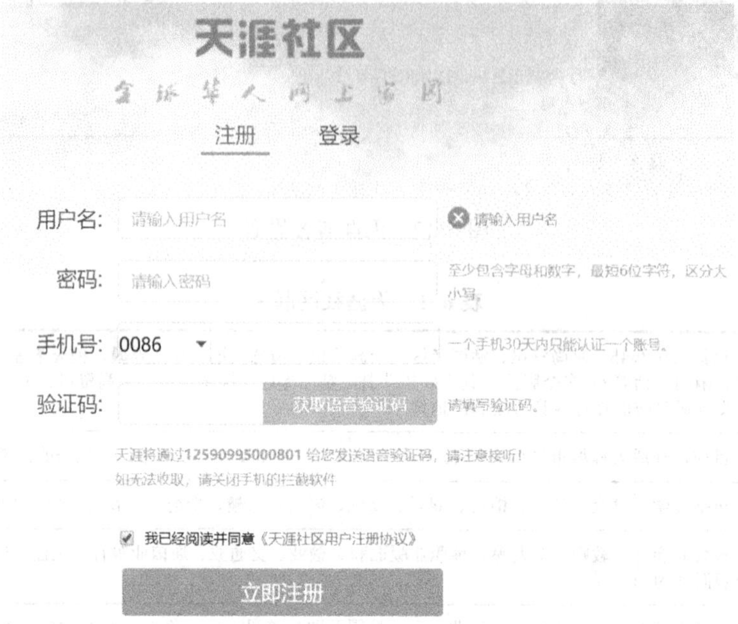

图6-14 天涯社区新用户注册界面

填写完注册信息后，单击"立即注册"按钮进入手机认证页面，如图6-15所示，按照要求通过手机短信认证的方式进行认证开通，完成天涯会员的注册。

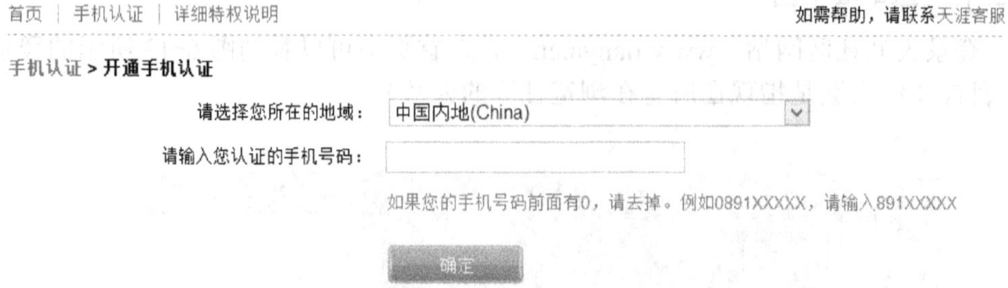

图6-15 天涯社区新用户注册界面手机认证页面

（二）天涯博客

天涯博客是国内最有影响力的博客平台之一。下面介绍天涯博客的开通和使用基础技术，包括开通博客、发布博文、博客管理等。天涯社区博客界面如图6-16所示。

1. 开通博客

成功注册天涯社区会员后，就可以开通天涯博客，具体步骤是：

1）先登录天涯社区，在左侧导航中单击"我的博客"按钮，进入博客列表页，单击"开通博客"按钮，进入开通天涯博客页面，如图6-17所示。

第六章 网络营销及技术

图 6-16 天涯社区博客界面

图 6-17 开通天涯博客信息设置页面

2）按要求填写相关信息，包括博客名称、博客地址、博客简介，填写完成后单击图 6-17 中的"开通博客"按钮开通博客，博客开通后页面如图 6-18 所示。

图 6-18 天涯博客开通成功页面

2. 发布博文

如果天涯博客会员想亲自动手装饰自己的博客，可以单击图 6-18 中的"模板管理"按钮进入模板管理界面，对现有模板进行修改。在进行自定义模板操作时，先将现有模板进行备份，以免出现意外导致页面错误。在写作新的博文时，要注意博文的标题和分类。在其中可以加入图像、声音和视频等媒体文件，博文写作完成后，单击"发布"按钮，完成博文的发布，如图6-19所示。

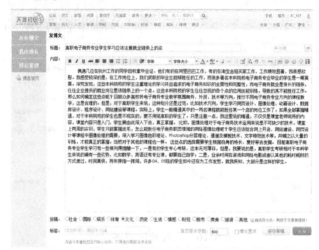

图6-19 天涯博客博文发布页面

3．博客管理

登录天涯社区，在左侧导航中单击"我的博客"按钮进入博客列表页面，单击"博客管理"链接，进入博客的管理操作，其界面如图6-20所示。

图6-20 天涯博客管理页面

天涯博客管理首页包括以下项目：

1）博文管理：管理自己博客中已经发布的博文。
2）博客设置：设置博客的个人信息，如昵称、头像图片、爱好、联系方式等。
3）评论管理：管理其他浏览者对该博客的文章所发表的新评论，可以查看、删除和回复。
4）分类管理：会员可以通过此功能对自己的文章进行分类，这样可以更方便地查找、管理文章，同时也为其他浏览者提供了一个阅读检索。
5）友情链接：与其他的博客建立超级链接，实现互相交流、信息共享及收藏。
6）收藏博文：对其他感兴趣的博文或博客网站进行收藏，以便查阅或推荐。
7）成员管理：管理访问本博客的成员，进行分类或设置权限。

8）模板管理：选择博客模板，也可以增加自定义的博客模板。

在博客管理页面，还可按操作提示对现存博文进行删除、修改以及状态更改。如果用户的博文较多，可在列表右上侧搜索框中输入所要查找的博文中的关键词，单击"查询"进行搜索。

（三）博客写作技巧

博客是当前最为火爆的网络应用之一。博客营销实际上是话语权的争夺。要想让你的博客从浩如烟海的文章中被人注意到，应掌握一些博客写作的技巧。

1．确定博客写作关键词

所写的博客需要被搜索引擎收录，才可能提高曝光率，所以关键词的选取极为重要。例如，某人的博客主题是"记录技术和生活"。一般我们的做法是技术方面用到什么写什么，生活上想到什么就写什么。但是，就写博客而言这种做法错了，因为没有选择相对合适的关键词作主题。

又例如，如果要写关于"博文写作"方面的博客，博客高手的做法是用关键词工具查看博文的搜索频率，发现"博文写作技巧""博文写作""博客SEO"3个关键词中"博客SEO"的搜索频率大大高于前面的两个，因此确定写作主题为"博客写作SEO技巧"。

2．分析搜索关键词前几位的页面

在进行博文写作之前，还应该分析目前搜索引擎对所选关键词搜索页面的排名情况，要看看目前占领着这几个关键词的前几位的页面，通过分析才能知道为什么它会在前几位，也就知道怎样才能超过它们。这里只以第二个关键词"博客写作"来举例说明一下，如图6-21所示。

图 6-21 在百度中搜索"博文写作"的效果

排在第一位的是"沪江网校_雅思写作……"属于付费广告推广，这里不做讨论；第二位的是"高校辅导员博文写作技巧……"关键词位于标题中部，要想超越它，首先至少把"博文写作"几个字写到title的前面，并且它的标题中还有其他的字，title可以只用"博文写作"几个字。"博文写作"在百度搜索中排第三位的是"科学网—博文写作应该有什么

标准（一）- 文克玲的博文"，它排第三位的原因之一是它的博客名字有关键词，还在其描述文字中包括关键词"博文写作"。

3．开始博客写作

博客内容上的写作这里不做介绍，简要介绍一下博客正文写作中需要注意的 SEO 问题。

（1）博客网页标题　网页标题设置很重要，一定要有技巧地将 2~3 个关键词包括进去。

（2）标签的应用　Web2.0 的重要特征之一就是有意义标签的广泛应用。这些标签如 strong、em 等包括相应的关键词，使得系统将相关的文章按照标签（关键词）聚合在一起。标签的使用应该有分类和区别，如果标签名称与分类大量重合，标签对用户来说是没有意义的。

一般的博客模板中，博客的名字通常是<h1>，文章的题目是<h2>，小标题就从<h3>开始。多使用<h>标签不但可以使文章结构清楚，而且可以使搜索引擎更好地理解文章的中心内容，而写在<h>标签里面的关键词会享有更高的权重。

（3）使用图片　在博文中放置一些图片能吸引用户仔细看自己的博客文章，而不是匆匆忙忙看一眼就离开。这里所说的图片不一定就是为了说明某个问题不得不使用的图片，还可以是放松心情的小图片。

（4）meta 标签处理　meta 标签可以设置关键词和博文描述，便于搜索引擎搜索，可以参考 HTML 语法规范中 meta 标签属性设置方法设置。

（5）提高博客文章中关键词的频率

1）提高频率最好不要仅是简单的重复，在重复的同时要改变，用上关键词的同义词，才会达到最好的效果。

2）将关键词写入永久链接。

3）标题<title>和<h>标签中尽可能出现关键词。

（6）定期更新　博客是日记形式的网站，内容需要经常更新才能留住老读者，吸引新读者，这一点与新闻及门户类网站类似。博客的更新最好是定时的，形成一定的间隔规律，使读者有一个明确的心理预期，知道什么时候来看你的博客。博客篇幅不一定要很长，有话则长，无话则短，有时一两句话的感想也足以引起读者参加讨论的兴趣。

五、拓展训练

在和讯博客或新浪博客等博客网开通自己的博客网站，确认自己的博客主题，按照上述博客写作技巧，发表两篇以上高质量博客。探索企业博客营销的思路和技巧。

思考与练习

1．网络营销有何特点？简要说明网络营销的内容。

2．简述目前常见的网络广告形式，网络广告的计价方式是怎样的？如何监测网络广告的投放效果？

3．网络营销的基本职能有哪几个方面？

4．如何进行电子邮件营销？

5．搜索引擎营销的基本技术有哪些？

6．微博营销及微信营销各有什么优点？

7．如果要使用网络营销的方法推广一部新开发的轮椅，请提出 5 种以上的网络营销方法。

第七章

电子商务物流

学习目标

- 能够通过案例，分析电子商务物流的重要作用。
- 能够识别物流中运用的电子商务物流技术。
- 通过调查，能够说出不同类型企业电子商务物流的配送模式及其优缺点。
- 能够为自己的网店或他人的网店进行物流配送。
- 具有服务意识，协作精神，能够正确处理网上交易及物流中的客户投诉。

案例导引

亚马逊：打造超前的智能物流体系

2017年，美国亚马逊这家由电子商务在线零售成长起来的科技公司正打算用新技术反哺其零售业务，从物流入手，打造未来无人化的智能快递服务。在其整个无人物流系统设想中，包含了已有的无人化仓库、无人机，同时还有自动驾驶货车，乃至更加"科幻"的空中仓库以及地下传送带。亚马逊在交付、运输、仓储这三个物流的核心环节的大手笔揭示其打造超前的智能物流体系的雄心。

一、Prime Air 无人机解决快递交付"最后一公里"

2013年年底，亚马逊CEO贝索斯首次宣布了公司准备推出面向消费者的无人机快递服务Prime Air，旨在半小时内将重量低于5磅（1lb≈0.45kg）的货物，用无人机投递到客户家中。物流的"最后一公里"是整个流程中成本最高的一个环节，需要耗费大量的时间与人力，如果能用无人机实现快递无人化交付，无疑能节省不少物流开支，同时也能为消费者提供更多便利。2016年12月，亚马逊才正式用Prime Air向客户完成了首次交付，显示出在亚马逊未来的物流系统中，无人机将是一股中坚力量。

二、自动驾驶货车、地下传送带化解运输难题

2017年1月，亚马逊一项关于自动驾驶车辆的专利被通过，预示亚马逊正发展自动驾驶货车车队。这项专利描述了一种使自动驾驶车辆通过车联网与交通管理中心进行数据交换的技术，通过这种技术，自动驾驶车辆可以从交管中心获知潮汐车道的车流方向变化，从而提前规划好行车路径，避免产生交通事故。更进一步，这项技术还能让自动驾驶车辆获取整个地区的交通情况，避开拥堵片区，设计效率最高的行车路线。自动驾驶技术的逐渐成熟对亚马逊来说是一个重大的利好消息。这家零售巨头为了建设自己的物流渠道，在

2016年购置了数千辆卡车。如果能够应用自动驾驶技术，亚马逊可以省下大量维持庞大司机队伍的人工成本；同时，也无须为司机短缺造成的物流压力担忧。

三、仓储机器人占领仓库

在仓储方面，亚马逊的智能化脚步迈得最早。早在2012年，亚马逊以8亿美金收购了机器人公司Kiva，获得其智能仓库机器人系统Kiva System。在这套系统的帮助下，仓库工人需要做的只是产品分类与包装，省去了大量烦琐的找货步骤。也正是得益于该系统，亚马逊在半小时内就可以完成一个订单的处理。虽然在未来的一段时间内，亚马逊仓库内的机器人仍然得与人类共事。不过随着新技术的发展，机器人的运动能力也在提升，波士顿动力的机器人Handle都能蹦跶，能双手搬东西，能扔纸飞机了。在成本问题得以解决后，未来仓库里的机器人必然会越来越多，而人类将越来越少。

四、用科技武装物流自动驾驶或成突破口

从仓储到运输至交付，从天空到地面至地下，亚马逊意图打造一个全方位立体化的智能物流体系。

（1）仓储　亚马逊在建设无人物流的设想中，仓储这一环节已初见成效。对Kiva的收购使亚马逊的仓库实现了相当程度的自动化，亚马逊的零售能取得今日的成就，这一方面功不可没。并且，亚马逊还在不断扩大着其仓库机器人的队伍。

（2）交付　而在这一环节上，亚马逊让Prime Air在超级碗上露脸，似乎也在暗示，无人机交付快递离消费者已经不远了。对亚马逊来说，此前一直困扰其无人机交付业务发展的监管问题正在消解，美国联邦航空管理局（FAA）准备划定低空空域以供无人机飞行。对于无人机续航这个老大难问题，如果电池技术没有显著突破，亚马逊还是只能依靠兴建专利中所描述的基础设施来解决。

（3）运输　运输环节上，地下传送带这个方案实在太过于宏大，其花费的成本对于任何商业机构都是一个天文数字。或许未来当地面交通承载力达到上限时，大公司会联合起来开发这个项目。从目前来看，亚马逊最有希望取得突破的，其实是自动驾驶货车。亚马逊已经拥有了一支包含数千辆货车的物流车队，一旦自动驾驶技术完全成熟，可以通过改装应用新技术，快速建立起无人驾驶货车队伍。

尽管在亚马逊的智能物流体系中，许多想法都是预期，但是它却代表了先进的技术解决方案。当过去的方法已经无法应对复杂的状况时，全面智能化这样更加未来的想法未必不是更好的出路。否则京东也不会发展"三无物流"（无人仓、无人机、无人配送），阿里巴巴也不会学习Kiva开发仓库机器人。

另外一方面，亚马逊有着近5000多亿美元的市值为其理想背书。这家人们认知中的"网上书店"靠着新技术实现了华丽转身，成为现今最成功的科技公司之一，去年其在云计算、人工智能方面的成果，都为人们称道。而这一智能物流体系的设想，则显示亚马逊要把科技基因彻底注入公司的所有业务。亚马逊的宏大愿景具体何时才能实现？没人能给出确切回答。但这家零售起家的巨头，在智能化的浪潮之下，凭借科技力量的加持，市值已经超过了美国八大传统零售商的总和。

（案例来源：http://www.100ec.cn/detail--6384118.html 有改动）

电子商务虽然发展很快，但也不是一帆风顺的，其中诚信、安全支付和物流是其主要的3个障碍。随着第三方支付平台的成熟及广泛应用，加之安全防范技术的进步和人们安

全意识的提高，诚信与安全支付问题得以解决。如果没有一个有效的、合理的、畅通的物流系统，电子商务所具有的优势就难以发挥；没有一个与电子商务相适应的物流体系，电子商务也难以得到有效的发展。

第一节 电子商务物流概述

在电子商务活动中，物流是其中的一个环节，也就是卖家将商品递交到买家手中的过程。可以这么说，电子商务的发展将推动物流业的发展，同样，物流业的进步又将促进电子商务的发展。电子商务作为数字化生存方式，代表未来的贸易方式、消费方式和服务方式。因此，要求整体生态环境要完善，建设和发展以商品代理和配送为主要特征，物流、商流、信息流有机结合的社会化物流配送中心，建立电子商务物流体系，使各种"流"畅通无阻，达到最佳的电子商务境界。

一、电子商务物流简介

（一）物流的定义

物流（Physical Distribution，PD）一词最早出现于美国。1915 年，阿奇·萧在《市场流通中的若干问题》一书中就提到物流一词，并指出"物流是与创造需求不同的一个问题"。1935 年，美国销售协会阐述了实物分配（Physical Distribution，PD）的概念，即实物分配是与销售有关的物质资料和服务从生产场所到消费场所的流动过程。在 20 世纪初，西方一些国家已出现生产大量过剩、需求严重不足的经济危机。因此，企业界提出了销售和物流的问题，不过此时的物流主要是指销售过程中的物流。

第二次世界大战中，围绕战争供应，美国军队建立了"后勤"（Logistics）理论，并将其用于战争活动中。其中所提出的"后勤"是指将战时物资生产、采购、运输、配给等活动作为一个整体进行统一布置，以求战略物资补给的费用更低、速度更快、服务更好。后来，"后勤"一词在企业中广泛应用，又有商业后勤、流通后勤的提法，这时的后勤包含了生产过程和流通过程的物流，因而是一个包含范围更广泛的物流概念。

现在欧美国家多把物流称为 Logistics，Logistics 逐渐取代 PD，成为物流科学的代名词。Logistics 包含生产过程中的原材料采购、物料搬运、厂内物流，流通过程中的物流、实物分配。可见，Logistics 的外延更为广泛。

当然，我国还有些学者将 Logistics 一词译为后勤学，但多数学者仍将其译为物流或物流学。在我国《物流术语》的国家标准中，将物流定义为"物流（Logistics）：物品从供应地向接收地的实体流动过程。根据实际需要，将运输、存储、装卸、搬运、包装、流通加工、配送、信息处理等基本功能实施的有机结合"。

（二）电子商务物流含义

电子商务是完整的商务活动，包括一系列的活动链条，而电子商务物流就是该链条上的一个活动。电子商务物流的概念是伴随电子商务技术和社会需求的发展而出现的，是实现电子商务真正的经济价值不可或缺的重要组成部分。

很多学者将电子商务物流理解为是与电子商务这一新兴商务模式相配套的物流；也有人认为电子商务物流是物流企业的电子商务化。其实，可以从更广义的角度去理解这一个概念，既可以理解为"电子商务时代的物流"，即电子商务对物流管理提出的新要求，也可以理解为"物流管理电子化"，即利用电子商务技术（主要是计算机技术和信息技术）对传统物流管理的改造。此外，也有人称其为虚拟物流，即以计算机网络技术进行物流运作与管理，实现企业之间物流资源共享和优化配置的物流方式。

从上述观点来看，电子商务物流实际上是信息化、现代化、社会化和多层次的物流系统。该系统主要是针对电子商务企业的需要，采用网络化的计算机技术和现代化的硬件设备、软件系统及先进的管理手段，严格地进行一系列分类、编配、整理、分工和配货等理货工作，定时、定点、定量地交给没有范围限制的各类用户，满足其对商品的需求。当前的网络经济环境下，用户对商品的需求已不仅仅只满足于其使用价值的本身，优质的服务已经成为 21 世纪必然的要求。通过新型的电子商务物流，可以使传统的商品流通环节中的物流和配送方式更容易信息化、自动化、社会化、智能化、合理化和简单化，在降低库存成本的同时提高了物流效率，加速了资金的周转，可以让企业在更低成本的运作中完成高效的商品营销。

（三）现代物流系统

系统是由一个以上动态的元素组成的有机整体，用系统的观点来研究物流活动是现代物流的核心问题。物流系统是指在一定的时间和空间里，由所需输送的物料和有关设备、输送工具、仓储设备、人员以及通信联系等若干相互制约的动态要素构成的具有特定功能的有机整体。物流系统是由运输、仓储、包装、装卸搬运、流通加工、配送、信息处理等环节组成的。系统的输入是运输、仓储、包装、装卸搬运、物流信息、流通加工等环节所消耗的劳务、设备、材料等资源，经过处理转化，变成系统的输出，即物流服务。

现代物流系统由包装、运输、仓储、装卸搬运、流通加工、配送及信息服务等要素构成。各个要素的内容及功能描述如下。

1．包装

为了使货物完好地运送到用户手中，并满足用户和服务对象的要求，需要对大多数商品进行不同方式、不同程度的包装。包装分工业包装和商品包装两种。工业包装的作用是按单位分拣产品，以便于运输并保护在途货物。商品包装的作用是便于最后的销售。因此，包装的功能体现在保护商品、单位化、便利化和商品广告等几个方面。前三项属物流功能，最后一项属营销功能。

2．运输

运输的任务是对物资进行较长距离的空间移动。物流部门通过运输解决物资在生产地点和需要地点之间的空间距离问题，从而创造商品的空间效益，实现其使用价值，以满足社会需要。运输是物流的中心环节之一。选择何种运输手段对于物流效率具有十分重要的意义。在决定运输手段时，必须权衡运输系统要求的运输服务和运输成本，可以从运输工具的服务特性作为判断的基准，如运费、运输时间、频度、运输能力、货物的安全性、时间的准确性、适用性、伸缩性、网络性等。

3．仓储

在物流系统中，仓储是和运输同样重要的构成要素。仓储功能包括对进入物流系统的货物进行堆存、管理、保管、保养、维护等一系列活动。仓储的作用主要表现在两个方面：①完好地保证货物的使用价值；②为将货物配送给用户，在物流中心进行必要的加工活动而进行的保存。随着经济的发展，物流由品种少、大批量物流进入到品种多、小批量物流时代，仓储功能从重视保管效率逐渐变为重视如何顺利地进行发货和配送作业。流通仓库作为物流仓储功能的服务据点，在流通作业中发挥着重要的作用，它不再将以存储保管作为其主要目的。流通仓库包括拣选、配货、检验、分类等作业，并具有多品种、小批量、多批次等收货配送功能，以及附加标签、重新包装等流通加工功能。

物流系统现代化仓储功能的设置，以生产支持仓库的形式，为有关企业提供稳定的零部件和材料供给，将企业独自承担的安全储备逐步转为社会承担的公共储备，减少企业经营的风险，降低物流成本，促使企业逐步形成零库存的生产物资管理模式。

4. 装卸搬运

装卸搬运是随运输和仓储而产生的必要物流活动，是对运输、仓储、包装、流通加工等物流活动进行衔接的中间环节，以及在仓储等活动中为进行检验、维护、保养所进行的装卸活动，如货物的装卸、移送、拣选、分类等。装卸作业的代表形式是集装箱化和托盘化，使用的装卸机械设备有吊车、叉车、传送带和各种台车等。在物流活动的全过程中，装卸搬运活动是频繁发生的，而且也是产品损坏的重要原因之一。对装卸搬运的管理，主要是对装卸搬运方式、装卸搬运机械设备的选择和合理配置与使用以及装卸搬运合理化，尽可能减少装卸搬运次数，以节约物流费用，获得较好的经济效益。

5. 流通加工

流通加工功能是在物品从生产领域向消费领域流动的过程中，为了促进产品销售、维护产品质量和实现物流效率化，对物品进行加工处理，使物品发生物理或化学变化的功能。这种在流通过程中对商品进一步的辅助性加工，可以弥补企业、物资部门、商业部门生产过程中加工程度的不足，更有效地满足用户的需求，更好地衔接生产和需求环节，使流通过程更加合理化，是物流活动中的一项重要增值服务，也是现代物流发展的一个重要趋势。流通加工的内容有装袋、定量化小包装、挂牌子、贴标签、配货、挑选、混装、刷标记等。

6. 配送

配送功能的设置，可采取物流中心集中库存、共同配货的形式，使用户或服务对象实现零库存，依靠物流中心的准时配送，而无须保持自己的库存或只需保持少量的保险储备，减少物流成本的投入。配送是现代物流的一个最重要的特征。

7. 信息服务

现代物流需要依靠信息技术来保证物流体系正常运作。物流系统的信息服务功能包括进行与上述各项功能有关的计划、预测、动态的情报及有关的费用情报、生产情报、市场情报活动。对物流情报活动的管理，要求建立情报系统和情报渠道，正确选定情报科目和情报的收集、汇总、统计、使用方式，以保证其可靠性和及时性。

物流系统的信息服务功能必须建立在计算机网络技术和国际通用的 EDI 信息技术基础之上，才能高效地实现物流活动一系列环节的准确对接，真正创造"场所效用"及"时间效用"。可以说，信息服务是物流活动的中枢神经，该功能在物流系统中处于不可或缺的重要地位。

物流系统是由运输、仓储、包装、装卸搬运、流通加工、配送、信息处理等环节组成的。物流系统的效益并不是上述各个局部环节效益的简单相加，因为各环节的效益之间存在相互影响、相互制约的关系，也就是存在交替损益的关系。例如，过分强调包装材料的节约，则因其易于破损可能给装卸搬运作业带来麻烦；片面追求装卸作业均衡化，会使运输环节产生困难。任何一个环节过分削弱都会影响到物流系统链的整体强度。重视系统观念，追求综合效益最佳，是现代物流的重要理念之一。

二、电子商务与物流的关系

（一）电子商务对物流活动的影响

1．电子商务为物流业的发展提供了新的机遇

电子商务的蓬勃发展必将导致物流业逐渐强大。这是因为，在电子商务的环境里，消费者在网上的虚拟商店购物，并在网上支付，配送的功能就由物流公司承担。物流公司不但要把消费者从虚拟商店订购的货物配送到用户手上，而且还要从各个生产企业及时进货，存放到物流企业的仓库中。物流公司既为生产企业服务，又为销售商店服务，还要为具体的消费者服务。

在电子商务环境下，商务事务处理实现了信息化，物流成了整个市场运行的核心之一。物流企业成了代表所有生产企业、供应商向用户进行实物供应的唯一最集中、最广泛的提供者，是进行市场实物供应配送的唯一主体。电子商务把物流业提升到了前所未有的高度，可以说，电子商务为物流业的发展提供了新的机遇。

2．电子商务促使物流服务空间的拓展

电子商务需要的不是普通的运输和仓储服务，而是物流服务。物流与仓储运输存在比较大的差别，正是因为传统的储运经营者用传统物流服务的要求和标准为电子商务服务，才使得电子商务经营者在21世纪的今天仍然抱怨物流服务跟不上电子商务的要求。电子商务经营者需要的是增值性的物流服务，而不仅仅是传统的物流服务。增值性的物流服务包括增加便利性的服务、加快反应速度的服务、降低成本的服务，以及一些延伸服务等。

3．电子商务促进物流技术水平的提高

传统的物流技术主要是指物资运输技术或者物资流通技术。也就是说，物流技术是各种流通物资从生产者转移给消费者时，实现各种流通形态的停顿与流动功能所需要的材料、机械、设施等硬件环境和计划、运用、评价等技术。现代的物流技术包括各种操作方法、管理技能等，如流通加工技术、物品包装技术、物品标识技术、物品实时跟踪技术等。物流技术也包括物流规划、物流评价、物流设计、物流策略等。在计算机网络技术得到应用并普及后，尤其随着电子商务的飞速发展，物流技术涉及许多现代技术，如地理信息系统、全球卫星定位系统、电子数据交换系统、条码技术等。

（二）物流对电子商务的影响

1．物流是电子商务的重要组成部分

电子商务的本质是商务，商务的核心内容是商品的交易，而商品交易会涉及4个方面：商品所有权的转移、货币的支付、有关信息的获取与应用、商品本身的转交。物流即商品实体的流动过程，是商品交易的关键环节，是电子商务的重要组成部分。

2. 物流是实现电子商务的重要保证

电子商务通过快捷、高效的信息处理手段，可以比较容易地解决信息流（信息交换）、商流（所有权转移）和资金流（支付）的问题。而将商品及时地送到用户手中，即完成商品的空间转移（物流）才标志着电子商务过程的结束。因此，物流作为电子商务的重要组成部分，是实现电子商务的重要保证。物流系统的效率高低是电子商务成功与否的关键。

3. 物流是电子商务实现以"顾客为中心"理念的核心

电子商务的出现最大程度地方便了消费者。他们不必到拥挤的商业街挑选自己所需的商品，而只要坐在家里，上网浏览、查看、挑选，就可以完成购物活动。物流是电子商务实现以顾客为中心理念的核心，缺少现代化物流技术与管理，电子商务给消费者带来的便捷等于零，消费者必然会转向他们认为更为可靠的传统购物方式上。

三、电子商务物流特点

电子商务时代的来临和行业高速发展，给全球物流带来了新的发展，使其具备了一系列新特点。这些特点主要包括信息化、自动化、网络化、智能化和柔性化 5 个方面。

1. 信息化

电子商务时代，物流信息化是电子商务的必然要求。物流信息化表现为物流信息的商品化、物流信息收集的数据库化和代码化、物流信息处理的电子化和计算机化、物流信息传递的标准化和实时化、物流信息存储的数字化等。因此，条码技术（Bar Code）、数据库（Data Base）、电子订货系统（Electronic Ordering System，EOS）、电子数据交换（Electronic Data Interchange，EDI）、快速反应（Quick Response，QR）、有效客户反应（Effective Customer Response，ECR）、企业资源计划（Enterprise Resource Planning，ERP）等技术与观念在物流活动中得到广泛的应用。信息化是一切的基础，没有物流的信息化，任何先进的技术设备都不可能应用于物流领域。信息技术及计算机技术在物流中的应用将会彻底改变世界物流的面貌。

2. 自动化

自动化的基础是信息化，自动化的核心是机电一体化，自动化的外在表现是无人化，自动化的效果是省力化。另外，自动化还可以扩大物流作业能力、提高劳动生产率、减少物流作业的差错等。物流自动化的设施非常多，如条码/语音/射频自动识别系统、自动分拣系统、自动存取系统、自动导向车、货物自动跟踪系统等。这些设施在发达国家已普遍用于物流作业流程中，而在我国由于物流业起步晚，发展水平低，自动化技术的普及还需要相当长的时间。

3. 网络化

物流领域网络化的基础也是信息化。这里指的网络化有两层含义：①物流配送系统的计算机通信网络，包括物流配送中心与供应商或制造商的联系要通过计算机网络，与下游顾客之间的联系也要通过计算机网络通信。例如，物流配送中心向供应商提出订单这个过程，就可以使用计算机通信方式，借助于增值网（Value Added Network，VAN）上的电子订货系统（EOS）和电子数据交换（EDI）技术来自动实现；物流配送中心通过计算机网络收集下游客户的订货的过程也可以自动完成。②组织的网络化，即所谓的企业内部网（Intranet）。例如，我国台湾地区的计算机企业在 20 世纪 90 年代创造出了"全球运筹式产销模式"，这种模式的基本点是按照客户订单组织生产，生产采取分散形式，即将全世界的计算机资源都利用起来，采取外包的形式将一台计算机的所有零部件、元器件、芯片外包给世界各地的制造商去生产，然后通过全球的物流网络将这些零部件、元器件和芯片发往同一个物流配送中心进行组装，由该物流配送中心将组装的计算机迅速发给客户。这一过程需要有高效的物流网络支持，当然物流网络的基础是信息、计算机网络。

物流的网络化是物流信息化的必然，是电子商务下物流活动的主要特征之一。当今世界 Internet 等全球网络资源的可用性及网络技术的普及为物流的网络化提供了良好的外部环境，物流网络化不可阻挡。

4. 智能化

智能化是物流自动化、信息化的一种高层次应用，物流作业过程中涉及大量的运筹和决策，如库存水平的确定、运输（搬运）路径的选择、自动导向车的运行轨迹和作业控制、自动分拣机的运行、物流配送中心经营管理的决策支持等问题都需要借助于大量的知识才能解决。在物流自动化的进程中，物流智能化是不可回避的技术难题。为了提高物流现代化的水平，物流的智能化已成为电子商务下物流发展的一个新趋势。

5. 柔性化

柔性化本来是为实现"以顾客为中心"理念而在生产领域提出的，但要真正做到柔性化，即真正地根据消费者需求的变化来灵活调节生产工艺，没有配套的柔性化的物流系统是不可能达到的。20 世纪 90 年代，国际生产领域纷纷推出弹性制造系统（Flexible Manufacturing System，FMS）、计算机集成制造系统（Computer Integrated Manufacturing System，CIMS）、制造资源计划（Manufacturing Resource Planning，MRP）、企业资源计划（ERP）以及供应链管理的概念和技术。这些概念和技术的实质是将生产、流通进行集成，根据需求端的需求组织生产，安排物流活动。因此，柔性化的物流正是适应生产、流通与消费的需求而发展起来的一种新型物流模式。这就要求物流配送中心要根据消费需求"多品种、小批量、多批次、短周期"的特色，灵活组织和实施物流作业。

另外，物流设施、商品包装的标准化，物流的社会化、共同化也都是电子商务下物流模式的新特点。

第二节 电子商务物流与配送

一、电子商务物流配送模式

电子商务物流配送是指物流配送企业采用网络化的计算机技术和现代化的硬件设备、软件系统及先进的管理手段，针对客户的需求，根据用户的订货要求，进行一系列分类、编码、整理、配货等理货工作，按照约定的时间和地点将确定数量和规格要求的商品传递给用户的活动及过程。这种新型的物流配送模式带来了流通领域的巨大变革，越来越多的企业开始积极搭乘电子商务快车，采用电子商务物流配送模式。配送模式的选择对于降低配送成本、提高配送效率和服务水平起到了关键作用，并且配送模式还会对库存和其他物流环节产生影响。不同规模和经营状况的企业适合于不同的配送模式，正确选择配送模式对于改善配送效果、提高物流系统的效率和效益有着重要意义。

1. 企业自营配送模式

企业自营配送模式是指企业物流配送的各个环节由企业自身筹建并组织管理，实现对企业内部及外部货物配送的模式。这种模式有利于企业供应、生产和销售的一体化作业，系统化程度相对较高。既可满足企业内部材料、半成品及成品的配送需要，又可以满足企业对外进行市场拓展的需求。其不足之处表现在，企业建立配送体系需要投入较大的资金和设备，在企业配送规模较小时，配送的成本和费用相对较高，而且也容易造成社会资源的浪费。

一般而言，采取自营性配送模式的企业大都是规模较大的集团公司。特别是连锁企业的配送，基本上都是通过组建自己的配送系统来完成企业的配送业务，包括对内部各连锁店的配送和对企业外部顾客的配送。

2. 将配送外包——第三方配送模式

自营配送模式大多数是大型企业采用，因为其拥有雄厚的资金和技术实力，可以建立庞大的物流配送中心与配送队伍。而对大部分中小型企业来说，不可能具有大公司那样建立自己的物流配送系统的能力，而将物流配送业务委托于专业化的第三方物流公司是非常划算的，不仅可以节约资金，而且可以大大提高配送的准确性。这符合社会发展的要求，经济越发展，社会分工越细，专业化程度越高，效率也就越高。可以认为，将物流配送业务外包给第三方是电子商务经营者组织物流的可行方案。

具体来说，第三方是指为交易双方提供部分或全部配送服务的一方。第三方配送模式是指交易双方把自己需要完成的配送业务委托给第三方来完成的一种配送运作模式。随着物流产业的不断发展以及第三方配送体系的不断完善，第三方配送模式将成为工商企业和电子商务网站进行货物配送的一个首选模式和方向。

3. 共同配送模式

共同配送是指企业之间为了提高配送效率以及实现配送合理化所建立的一种功能互补的配送联合体。进行共同配送的核心在于充实和强化配送的功能，共同配送的优势在于有利于实现配送资源的有效配置，弥补配送企业功能的不足，促使企业提高配送能力和扩大配送规模，更好地满足顾客需求，提高配送效率，降低配送成本。

4. 互用配送模式

互用配送模式是指几个企业为了各自利益，以契约的方式达成某种协议，互用对方的配送系统而进行的配送模式。其优点在于企业不需要投入较大的资金和人力就可以扩大自身的配送规模和范围，但需要企业有较高的管理水平以及与相关企业的组织协调能力。互用配送模式比较适合电子商务的 B2B 交易方式。

5. 基于合作的配送体系

纯粹的在线电子商务经营者所缺乏的是传统的实体商店，以实物商品交易的电子商务企业可以同拥有实实在在经营场所的企业进行战略联盟，形成互补。例如，2011 年小米手机（www.mi.com）与凡客诚品（www.vancl.com）建立了基于合作的配送体系，通过合作，小米手机的配送业务都由凡客诚品完成。又如 2017 年 11 月京东集团与中远海运集团签署战略合作协议，中远海运集团拥有最大规模的全球运营船队，而京东的中国国内全覆盖网点最广和"最后一公里"配送优势刚好可以形成互补优势。这种合作方式使所有成员都获益，因为它既提高了在线商家和物流企业的配送效率，使客户满意度提高，又使合作的在线电子商务企业拓展销售渠道。

6．第四方物流（4PL）

第四方物流是 1998 年美国埃森哲咨询公司率先提出的，第四方物流（Fourth party logistics）是一个供应链的集成商，是供需双方及第三方物流的领导力量。它不是物流的利益方，而是通过拥有的信息技术、整合能力以及其他资源提供一套完整的供应链解决方案，以此获取一定的利润。它是帮助企业实现降低成本和有效整合资源，并且依靠优秀的第三方物流供应商、技术供应商、管理咨询以及其他增值服务商，专门为各方提供物流规划、咨询、物流信息系统、供应链管理等活动。第四方并不实际承担具体的物流运作活动。为客户提供独特的和广泛的供应链解决方案。第四方物流有能力提供一整套完善的供应链解决方案，是集成管理咨询和第三方物流服务的集成商。第四方物流是通过对供应链产生影响的能力来增加价值，在向客户提供持续更新和优化的技术方案的同时，满足客户特殊需求。

二、电子商务物流配送流程

1．准备商品

准备商品是物流配送的基础工作，包括筹集货源、订货或购货、进货和相关的质量检查、款项结算、单据交接等。电子商务下的物流配送的优势之一就是集中用户的需求进行一定规模的商品准备。准备商品是决定物流配送是否成功的初期工作，如果准备商品的成本太高，会大大降低电子商务和物流配送的经济效益。

2．储存商品

一般来说，处于电子商务物流配送的储存有储备和暂存两种形态。

物流配送储备是按一定时期的物流配送要求，形成对物流配送的一种资源保证。这种类型的商品储备数量大，结构完善。根据货源和到货时间，可以有计划地确定周转储备及安全储备的结构和数量。物流配送的储备保证了电子商务的网上订购得到解决。

物流配送暂存是接到电子商务的配送单执行配送时，按配送单要求，在暂存区放置的少量储存准备。暂时储备是周转速度较快的商品的一种储存形态，是适应电子商务及时快速物流配送的方法。暂存可减少作业次数和劳动力，节约成本。

3．分拣与配货

分拣与配货是物流配送中很有特点的流程要素，也是物流配送成败的一项重要支持性工作。分拣与配货是完善物流配送的准备性工作，是物流配送必不可少的作业之一，也是不同物流配送企业在配送时进行市场竞争和提高自身经济效益的延伸。分拣与配货会大大提高物流配送服务水平，是决定整个物流配送水平的关键要素。

4．加工与配装

物流配送中，加工要素不具有普遍性，但它往往是有重要作用的要素。通过配送加工，可以大大提高用户的满意程度。如果单个用户在电子商务中达成购买的商品数量不能达到配送车辆的有效载运负荷时，就存在如何集中不同用户的订购商品，进行搭配装载以充分利用运能、运力的问题，这就需要配装。

5．配送

配送处于物流流程的末端，是把商品送到目的地的最后一个环节。配送是较短距离、较小规模、频率较高的物流形式，一般使用汽车做运输工具。配送的城市运输由于配送用户较多，交通路线又较复杂，因而如何设计最佳路线，如何使配装和路线有效搭配是配送中难度较大的工作。配送中的送达商品和用户交接非常重要，有效、方便地处理相关手续是大有讲究的最末段管理。

第三节　京东自建物流与阿里菜鸟物流

一、京东自建物流

京东物流隶属于京东集团，以打造客户体验最优的物流履约平台为使命，通过开放、智能的战略举措促进消费方式转变和社会供应链效率的提升，将物流、商流、资金流和信息流有机结合，实现与客户的互信共赢。2017年4月25日，京东物流宣布独立运营，组建京东物流子集团。京东物流拥有庞大的仓储设施，其规模在全国电商行业中处于领先地位。截至2017年12月30日，京东在全国拥有7大物流中心，在全国44座城市运营166个大型仓库，拥有4 142个配送站和自提点，覆盖全国2 043个区县。京东专业的配送队伍能够为消费者提供一系列专业服务，如211限时达、次日达、夜间配和三小时极速达，GIS包裹实时追踪、售后100分、快速退换货以及家电上门安装等服务。京东物流的配送服务分为四种模式。

1. FBP模式

FBP配送模式是一种全托管式的物流配送模式。商家与京东商城确定合作后，商家在京东商城上传店铺信息和标价并进行备货，京东商城在消费者产生订单后从仓库进行调货、打印发票，同时进行货物的配送，京东结束交易后与商家进行结算。京东商城根据消费者订单进行货物配送和开具发票，商家查看库存信息及时进行补货。从而在配送过程中减少货物运输的成本，减少物流配送成本。由于商家提前进行备货，京东商城能够第一时间进行货物配送，缩短配送时间，做到京东提出的211限时达服务。

211限时达为京东提供的物流配送服务，即上午11:00前下单，当日送达；晚上11:00前下单，次日送达。由京东自营配送且是京东库房出库的商品（偏远区域除外），享受此服务。

2. LBP模式

LBP配送模式是一种无须提前备货的配送模式。商家与京东商城确定合作后，商家无须在京东仓库备货，只需在订单产生的12小时内对订单进行包装和发货，36小时内到达京东配送中心，由京东进行货物的配送和发票的开具。京东商城与商家合作时，只提供配送和客服两项服务，减轻京东库存压力。运用LBP模式的优势在于，产生订单后，商家能够第一时间进行配货，发货相对方便。但是货物在配送时需经过京东仓库，所以运输速度有所下降，配送周期有所增加。同时，加大商家的配送运输成本，降低京东的配送效率。

3. SOPL模式

SOPL配送模式与LBP配送体系相似，在配送过程中无须提前备货，直接从商家库房发货。商家与京东商城确定合作后,商家无须在京东仓库备货,只需在订单产生的 12 小时内对订单进行包装和发货,36 小时内到达京东配送中心,由京东进行货物的配送。与 LBP 模式不同的是,SOPL 模式的发票开具环节是由商家完成的,京东在整个物流过程中只提供配送服务,其他的工作都由商家自己完成。SOPL 模式的运用,一定程度上减轻了京东仓储的压力,减少物流配货过程中的配货成本。与 LBP 模式相同,订单的生成和发货从商家开始,会影响货物的发货速度和运输时间,降低配送效率,导致客户满意度下降。

4. SOP 模式

SOP 配送模式是一种直接由商家发货的物流配送模式,京东在物流过程中不起任何作用。商家与京东商城合作,京东商城只提供可操作的后台,物流配送的工作以及后期服务全部由商家自己完成。京东商城只要求商家在订单产生 12 小时内进行配货发送。SOP 模式的整个物流配送过程都由商家独自完成,大大降低京东商城的物流配送压力,减少配送支出和运输成本,减轻京东的库存压力。SOP 模式的优势在于商家已有成型的团队同时操作京东平台。

5. 京东 O2O 配送服务

为了应对 O2O 电子商务迅速发展的局面,京东与快客、好邻居、良友等多家知名连锁便利店品牌的上万家便利店达成合作,正式进军 O2O 领域。用户在网上下单后,将由距离家最近的便利店负责进行配送,在最短的时间内将用户采购的商品送到用户的手中。京东快递联合全国上万家便利店,试点 O2O 战略,最快可在 15 分钟内送达用户,而在 24 小时内,消费者可以任意选择商品送达的时间,通过这种方式实现从线上到线下的全覆盖。

现阶段,京东已经开始践行大数据和人工智能的在物流中的深入应用,已经让京东物流在仓储布局、拣货路径优化、智能排产、路网规划、动态路由规划等领域取得了显著成果,提升了运营效率;而无人仓、无人机、无人车组成的智慧物流更将成为京东智能化商业版图中的关键环节,提升全社会的物流效率,让消费者拥有更好的体验。在京东的智慧物流科技布局中,"无人"堪称最明显的特点。京东通过创新性的硬件设备和模式创新,打造全自动化的无人智慧仓库。拥有 3D 视觉系统、动态分拣、自动更换端拾器等功能的 DELTA 型分拣机器人,可以惯性导航、自动避障的智能搬运机器人 AGV 等机器人的京东构建了一套系统化的整体物流解决方案,支持分拣、搬运、拆码垛等仓储全流程的自主实现。当货物走出京东无人仓后,就将依靠无人机和无人车送到用户手中。京东无人机技术今后将着力于提高感知、自主航迹规划、多机协同和人机交互等能力,让"无人"技术更好地为用户服务。

2016 年四季度京东平均每单履约成本 13.2 元,这其中还包括大小家电大件配送,如果只计算小件履单成本,还可以更低。按照国美今年早些时候披露的财报数据,国美在线大家电等大件平均每单履单成本约 60 元,小件履单成本约 25 元,而天猫超市 2016 年支付给菜鸟物流的费用是 23.7 亿,另根据投行消息天猫超市销售额不足 150 亿,意味着履单成本费用率 16.7%。以客单均价 150 元计算,每单履单成本约为 23.7 元,远高于京东。而京东的仓配一体化,随着自建仓库增加,货物离消费者越来越近,移动距离越来越短,所以速度越来越快,成本才能越来越低,因此是一个正向循环,规模越大,物流成本摊薄越低,物流规模效应越明显,物流对社会的价值就会越凸显。京东物流体系成本与效率的提升,靠的是不断创新的技术手段。京东很早就完成了全自动分拣系统、开放式仓储系统等物流支持系统的自主研发。2017年,京东专门成立了X事业部布局智慧物流。X事业部囊括了京东全自动物流中心、京东无人机、京东仓储机器人以及京东自动驾驶车辆送货等一系列备受瞩目的尖端智能物流项目,以技术和科技武装物流体系,主要用于完善京东物流战略布局、驱动业务高速成长,而这一切的背后,依然是以提升效率为核心出发点,让"京东效率"在与对手的竞争中脱颖而出,为提升效率而不断升级的物流体系正帮助京东逐步扩大技术壁垒,加强物流优势。

电商企业自建物流是未来发展的必由之路,现代物流模式的发展离不开自建物流的推动。京东自建物流的成功为其他电商企业解决物流瓶颈的方法,因为从整个零售业来看,电子商务企业的用户体验其实是最难做的,其中物流配送用户体验占有很大的比重。现在亚马逊在美国也开始复制京东的物流模式,京东的211限时达服务为行业树立了标杆。

二、阿里菜鸟物流

2013年5月28日,阿里巴巴集团、银泰集团联合复星集团、富春集团、顺丰集团、三通一达(申通、圆通、中通、韵达),以及相关金融机构共同宣布,"中国智能物流骨干网"(简称CSN)项目正式启动,合作各方共同组建的"菜鸟网络科技有限公司"正式成立,也称为菜鸟物流。

1. 菜鸟物流的特点

菜鸟物流专注打造的中国智能物流骨干网将通过自建、共建、合作、改造等多种模式,在全中国范围内形成一套开放的社会化仓储设施网络。同时利用先进的互联网技术,建立开放、透明、共享的数据应用平台,为电子商务企业、物流公司、仓储企业、第三方物流服务商、供应链服务商等各类企业提供优质服务,支持物流行业向高附加值领域发展和升级。最终建立社会化资源高效协同机制,提升中国社会化物流服务品质。菜鸟通过打造智能物流骨干网,对生产流通的数据进行整合运作,实现信息的高速流转,而生产资料、货物则尽量减少流动,以提升效率。菜鸟物流有以下特点:

(1)完全的轻资产模式,只做平台 过去几年的发展,菜鸟物流虽然占据到国内70%的包裹量,但中国消费者从未看到含有菜鸟物流标识的包装盒或者快递公司。菜鸟网络的平台模式决定了其快速发展的基本要素,骨干节点可以迅速地进行批量复制。

(2)掌握信息和大数据的巨头公司运作 统一的模式、给予同等的资金和政策支持,菜鸟物流这种第四方物流的模式也只要几个公司可以完成,在中国理论上来说只有掌握IT信息和数据最多的两家公司——腾讯和阿里巴巴才可以完成这项工作,而由于阿里巴巴常年和电商以及物流公司打交道,所以做这项工作比腾讯更适合。

2. 菜鸟网络

中国智能骨干网将应用物联网、云计算、网络金融等新技术,为各类B2B、B2C和C2C企业提供开放的服务平台,并联合网上信用体系、网上支付体系共同打造中国未来商业的三大基础设施。菜鸟网络表示不会从事物流,而是希望充分利用自身优势支持国内物流企业的发展,为物流行业提供更优质、高效和智能的服务。

菜鸟网络方面还表示,中国智能骨干网要在物流的基础上搭建一套开放、共享、社会化的基础设施平台,打造中国未来商业基础设施,一个真正的覆盖全国甚至未来统筹全球物流体系的第四方物流。

3. 菜鸟物流赢利模式

菜鸟物流整体来说与快递公司是合作关系。菜鸟向卖家提供仓配网络服务、跨境网络服务和基于平台大数据的传统快递服务，向物流企业提供的大数据分析及物流云服务，此外菜鸟还推出针对农村卖家及消费者的农村物流，以及面向最终端消费者的菜鸟驿站代收代寄件服务。具体包括以下方面：

1）仓配网络服务——商家产品统一入仓，省去揽件及干线运输成本。
2）跨境网络服务——菜鸟帮助商家完成跨境电商中的基础性服务。
3）快递平台服务——整合分散资源，提升标准化程度。
4）大数据、物流云——向物流企业提供服务。
5）农村物流——面向未来物流不断下沉的趋势。
6）菜鸟驿站——"最后100米"方案解决者。

4. 菜鸟物流的定位

菜鸟物流的目标定位是促进电商物流不断变革升级，让各家快递物流企业为消费者提供更好的服务。这一目标，使得菜鸟主观上并不会直接与快递企业竞争，但是客观上会影响快递企业未来竞争的路径。一方面，加入菜鸟联盟的几家快递公司的相对份额会比较稳定，不会出现一家逐渐做大甚至垄断的局面，集中度不大可能再显著提升。另一方面，积极参与菜鸟体系的快递企业会比不积极参与的更加受益。此外，菜鸟的动作也会影响到快递公司战略。菜鸟的定位是要做行业标准的制定者、行业的监管者。

5. 菜鸟物流的格局

（1）接入快递公司，推物流信息化　　快递公司是与"卖家"和"消费者"这两端直接接触的角色，也是菜鸟背后最重要的支撑。一些快递公司在"效率提升"这件事情上没有好的表现，重要原因之一在于没有一个高效的信息管理系统。菜鸟搭建物流生态的第一步就是要输出一套"端到端"的物流管理系统，让合作快递公司以此为适配标准开发或更新自己的后台管理系统，并接入其中。在此基础上，菜鸟可以将快递环节中原本低效的"手动作业方式"一步步电子化。此外，菜鸟结合了高德地图的算法将所有地址分拆为结构化的"四级地址"，在此基础上能够实现"路由分单"，以此取代人工分单，提升分拨中心的效率。原本，分拨中心流水线上会有大量分拣员，他们需要看着包裹上的地址信息凭记忆确定包裹的下一站到达哪个网点。当地址都经过"四级结构化"后，快递公司可以根据这些数据实现包裹与网点的精准匹配。

（2）布局仓储，做仓配一体化　　作为物流网络中的节点，布局仓储可以看作是菜鸟在搭建整个物流网络的骨架。更重要的是，菜鸟想要实现"仓配一体化"。菜鸟物流前期引人关注的事情之一就是"拿地建仓"。但这么"重"的做法只是第一步。菜鸟在包括北上广深在内的全国8个关键节点拿地建仓，面积皆为10万平方米以上，其他仓库则由仓储合作伙伴提供。目前，菜鸟在国内已经有128个仓库，近200万平方米。未来，菜鸟还会更多地整合闲置的小型社会仓储资源，将网的分层做得更密。菜鸟并不介入仓库运营，包括自建仓在内的所有仓库运营均外包给广州心怡科技公司、百世汇通、日日顺等第三方仓配管理公司，这些公司多已获得阿里投资。目前，菜鸟已经与上述第三方公司实现了仓库管理系统的深度打通，菜鸟可监控所有订单在仓储流程中的每一环节的实现情况。由于商家的货物在菜鸟的仓库里、仓库的信息已经打通，菜鸟就可以实现"智能分仓"，即通过分析消费者数据提前对商品的走向做出判断,将库存和消费者做智能匹配。这也是京东已经尝试的做法。

(3)布点菜鸟驿站,建末端网络 社区范围内的投递是物流链路中最接近消费者的环节,直接影响到用户的最终体验。但传统的投递方式难以面对消费者端的多样化需求和多种突发状况,这"最后一公里"的物流投递成本不可避免地会上升。所以,菜鸟也必须介入物流的末端,建一个能够更接近消费者的末端网络。目前,这个网络的主要承载者是菜鸟驿站。一方面,菜鸟驿站可以提供代收包裹服务,避免用户不在家时带来的落地配时间成本的上升,类似自提柜的作用。另一方面,菜鸟驿站还可以替快递公司揽件,整合零散的寄件需求,提高快递公司的揽件效率,驿站经营者可以按件分成。菜鸟驿站的布点主要在社区和高校里。菜鸟在社区内的思路是和邮政、连锁便利店、连锁超市、小区物业等达成合作,以便批量获取网点。除此之外,菜鸟也有自己的渠道商,它们会按照一定的标准帮菜鸟拓展驿站站点。

6. 菜鸟联盟

菜鸟联盟是提升电商物流服务体验的组织,成立于 2016 年 3 月 28 日,由阿里巴巴三大战略业务板块之一的菜鸟网络牵头,联合国内外主要物流合作伙伴组建。对于阿里来说,菜鸟联盟是它以"做生态"的思路转型"电商物流一体化平台"的解决方案。它最直接的目的就是通过完善物流服务,提升淘宝天猫用户的购物体验,并逐渐在用户心中形成一个统一的物流标准和品牌,类似京东多年在物流上的耕耘所形成的品牌效应。对于商家和快递公司来说,菜鸟联盟是它们完成服务升级的一个契机。目前,菜鸟联盟已经推出了次日达、当日达、"橙诺达"(预订时间)、上门取退、夜间配送、开箱验货等服务,这些服务会优先在天猫自营业务(如天猫超市)以及天猫商家中开展。在这个"利益共同体"中,菜鸟负责做好大数据平台和协同化枢纽,具体的服务实现则交给行业。

7. 菜鸟众包

菜鸟不仅与物流链路上的公司合作,还将一个个快递员也拉到平台上来,用众包的方式把末端真正盘活,这会是一张比菜鸟驿站更灵活的网。

2015 年 6 月,菜鸟推出了一个叫"菜鸟裹裹"的 APP 应用,当时其主要功能是各大快递公司物流详情查询、附近快递员电话查询这样的信息服务。随后,2016 年初,"菜鸟裹裹"宣布启动基于专业快递人员的"揽件众包计划",用户可以通过菜鸟裹裹在线发起寄快递的请求,快递员最快可在 30 分钟上门揽收。出于时间成本和效率的考虑,大部分快递员只注意维护与淘宝商家的关系,普通用户突发性的、零散的寄件需求往往得不到满足,或体验很差。"菜鸟裹裹"要做的则在兼顾快递员时间成本的同时满足这部分长尾需求。当时,菜鸟裹裹整合了百世汇通、天天快递、德邦物流、指尖快递、财神到家、快递兔 6 家公司内约 20 万专业快递人员,其中前 3 家是专业快递公司,后 3 家是专注于写字楼揽件的公司。

"菜鸟裹裹"跟滴滴出行的逻辑一样——在用户下单后将基于地理位置实时推送给附近的快递员,由其抢单。当订单无人接应时,菜鸟则会指派给离用户最近的配送站点。模式并不新鲜,这里要说的是,既然菜鸟已经靠菜鸟驿站搭起了一张末端网络,为什么还要做快递员众包？可以说，菜鸟裹裹想做个人消费者线下寄送包裹的入口，并借此带动阿里自身业务，或许还能衍生出新的业务。

虽然菜鸟物流现阶段的核心目标是提升淘系商家和物流公司的服务能力和效率，但它也需要重视网络的另一端——个人消费者。个人寄件的背后有两大细分需求：二手商品交易和电商退换货。其中，二手商品交易（闲鱼）是阿里近两年开始不断注入运营资源的业务，菜鸟想通过完善个人寄件体验来降低闲鱼的使用门槛。而电商退换货业务则是淘宝、天猫业务中的售后环节，直接关系到用户的购物体验。目前，菜鸟裹裹已打通闲鱼和淘系产品退换货系统。

菜鸟物流不仅仅是阿里电商生态中的一部分，而是要在传统的物流行业中建一个新的数字化生态。基础设施建设需要大量的时间和资金投入，海量的数据需要与之匹配的计算能力，产品化的服务需要足够的履约能力。与早已开始自建物流的京东相比，菜鸟的体系和口碑都还有待建立。但是如果商家、物流公司、消费者都开始依赖于这张网络，数亿包裹的仓储、运输、配送都在这张网络中进行，它们所贡献的海量数据能够让这张网络更高效率、更低成本运行下去，菜鸟的价值就不仅只是在商业层面了。

杰出人物　王卫

王卫，1977年出生于上海。顺丰速运（集团）有限公司总裁。2017年2月24日，顺丰在深圳证券交易所上市。2017年3月7日，2017胡润全球富豪榜大中华区公布，王卫以1860亿元人民币财富，排名第三位。

王卫的父亲是一名空军俄语翻译，他的母亲是江西一所大学的老师。7岁的时候，王卫随家人搬到香港居住。高中毕业之后，王卫没有继续升学。十几岁的时候，王卫曾经在香港叔叔的手下做过小工。20世纪90年代初，经常往返于香港与内地的王卫有时会受人之托，捎带货物出入境。从父亲那里借到10万元资金后，24岁的王卫与几个伙伴合作成立了专送快件的公司，并于1993年3月26日，在广东顺德注册成立了顺丰公司，创业初期公司只有6个人。

1996年，顺丰开始涉足国内快递。顺丰的快递是深港货运的"自然延伸"，最初的产品基本是深港件，需求增长很快，顺丰像一块海绵，疯狂吸收着快递市场无处不在的养分。一位最早加入顺丰团队的老业务员回忆说："那时候顺丰只有十几个人，大家围在王卫身边，同吃同住，每天唯一的任务就是跑市场，我们这些业务员都像疯了一样，每天早出晚归，骑着摩托车在大街小巷穿梭。"

很快，顺丰以顺德为起点，将网络的触角延伸至广东省以外，通过向长三角地区复制业务模式，进而扩张到华中、西南、华北。在顺德之外，顺丰新建的快递网点多数采用合作和代理的方式。每建一个点，就注册一个新公司。这种形式和加盟类似，分公司归当地加盟商所有，互相连成一个网络。顺丰各地网点的负责人是公司的中坚力量，他们上缴一定数额的利润，多余的则留下。令人惊奇的是，直到2002年之前，顺丰一直都没有总部，只有一大批广州顺丰、中山顺丰这样的地方公司。

这种"自然延伸"式的扩张，靠的是自发的加盟。因此，顺丰形成的网络并不是有规划的,而是哪里有市场哪里就有网络。例如广东省,下属县城几乎每个都有顺丰的站点,而在经济发展程度较弱的省份,除了省会城市之外基本没有网点。顺丰采取的方式与其他公司的加盟方式很像,只不过更松散些。比如,加盟是一种公司之间的商业行为,需要办理工商手续,加盟商们使用公司的统一标识,对外承揽生意。小老板们可以把货送到公司的集散中心来走货,但盈亏要自己负责。

起初,顺丰在业务运作中采取了一种简单的承包方式,给业务员划片、划区,每人负责一块"责任田"。各个片区在负责人的带领下,从开拓到收获,逐渐丰饶起来。一位老业务员回忆说,当时很多业务员骑摩托车取送件,时常有人不幸遇到车祸,断胳膊断腿是常事。"顺丰是我们用生命换来的。"业务员拼命换回来的是不菲的收入。在2000年,顺丰在广东一些城市的业务员,已经有一大批月收入上万元的。在这种示范效应下,顺丰的网络扩张一路顺风。

2002年成立总部之前,顺丰在全国总共有180多个网点,虽然华东和华北市场进入不深,但名声已经在外。顺丰从"香港件"一条腿走路,变成了两条腿走路,有了奔跑的可能。

对地方代理和合作者的放权管理,形成了顺丰自下而上的发展动力,顺丰似乎进入了一条无为而治的良性轨道。1999年之前,王卫曾短暂地离开过公司,每天陪太太喝喝茶,打打高尔夫,乐得做富家翁。但放权管理的方式很快给公司带来大问题。一心扑在市场上的顺丰,网点和人员逐渐增多,被"承包"的各个片区开始形成各自为政的局面。在一些片区,员工只知有自己的经理,不知有顺丰的老板。而一些地区负责人的行为出格,无法约束,与顺丰的关系日渐紧张,大有形成诸侯割据之势。而个别权力和影响力过大的负责人,甚至把业务带走单干。由此,王卫性格中强硬的一面开始凸现。1999年,顺丰不动声色地开始了全国的收权行动。王卫的收权方式是一刀切,想留下来的,产权全部回购,否则走人。从用钱来解决问题,到摆平各种各样的威胁、恐吓,经过两年的"整顿",顺丰的架构和各分公司的产权明晰起来。

2015年5月6日顺丰在环渤海、长三角、珠三角三大经济圈中的7个城市——北京、上海、广州、深圳、东莞、苏州、杭州推出"顺丰次晨"服务,并做出时效承诺,在指定的服务范围和时间内寄递的快件将于次日10:30前送达,如若超时派送,则主动抵免运费。接着顺丰将"次晨"业务增开包括天津、武汉、南京、成都、重庆等30个城市区域范围。截至2017年年底,顺丰在中国内地主要城市及香港均可提供"顺丰次晨"服务。

顺丰速运和铁路快运合作。铁路快运也加入快件运输行列,为电商提供了更多的选择。2016年"双十一",顺丰和铁路运输的合作就比去年提升了20%~30%。

顺丰速运2016年度实现营业总收入574.83亿元,同比增长21.51%;营业利润36.93亿元,同比增长44.20%;归属于上市公司股东的净利润为41.80亿元,同比增长112.51%。扣除非经常性损益后归属于上市公司股东的净利润约为26.43亿元,超过此前承诺的21.8亿元。顺丰速运发布业绩快报显示,2016年度实现净利润41.8亿元,同比增长112.51%,接近"三通一达"(即圆通、中通、申通、韵达)的业绩总和。

2017年2月24日,顺丰控股在深交所举行重组更名暨上市仪式,正式登陆A股。上午10点50分左右,顺丰控股成功封一字板,报55.21元/股,总市值达2 310亿元,超越万科A和美的集团,成为深市第一大市值公司。王卫的财富值也达到1 860亿元人民币。

网络营销类岗位介绍（二） 网络销售

岗位类型	岗位	说明
销售	电话销售	**岗位界定**：以打电话进行主动销售的模式。同时可借助网络、传真、短信、邮寄递送等辅助方式 **工作内容**：利用电话推广、销售公司产品，完成销售任务，达成业绩目标；开发潜在客户，协助建立客户跟进体制；建立良好客情关系，解决客户使用疑问，并促成二次销售 **核心技能**：客户关系管理（CRM）
	销售助理	**岗位界定**：销售助理工作侧重点在于对内，主要工作职责是协助销售代表进行客户管理工作，接受客户质量反馈与投诉，以及其他后勤管理工作；销售代表工作侧重点在于对外，主要工作职责是开拓市场，联系客户，反馈市场信息等；销售助理要求心细，销售代表要求胆大 **工作内容**：配合销售人员的销售工作，完成销售文档的整理和保管；协助销售人员和各相关部门之间的工作衔接，应收账款的催收；协助销售人员和客户之间的工作衔接，经营客户关系 **核心技能**：Excel、PPT等办公软件，B2B、O2O等相关技能
	海外市场	**岗位界定**：基于海外市场的产品销售活动分为两种：①在国内上班，主要接待来访的来自海外的客户或邮件，电话同海外客户沟通；②常驻国外某国，负责当地市场拓展 **工作内容**：海外市场的推广，建立和发展海外客户关系，拓展海外销售渠道，海外客户和订单跟踪等 **核心技能**：英语听说能力和沟通技巧，熟悉有关国外社交软件和Amazon、Yandex等购物网站

实训项目十 了解物流企业——联邦快递

美国联邦快递公司（www.fedex.com）成立于1973年4月，总部位于美国田纳西州。联邦快递是世界上规模最大的快递公司之一，主要提供第三方物流和货物配送服务，联邦快递以物流配送企业的身份介入电子商务，是全球知名的物流企业。

联邦快递公司于1997年年初开始网上商务业务，从网上接洽业务和用户网上包裹查询与跟踪入手，到1999年，在全球211个国家和地区开展了快递业务，其物流网络覆盖了占全世界90%以上的国家和地区。联邦快递利用互联网与其全球范围内的100多万个客户保持联系。在物流配送和业务跟踪及管理方面，联邦快递采用全球统一的FedEx物流管理软件，以保持全球经营一体化监控。联邦快递成立了1400个全球服务中心，平均每天处理的货件量在310万件以上，全球的货物运输量每天在9400万吨左右，每天的航空货运量大约为260万吨。

中国联邦快递（www.fedex.com.cn）于1999年11月成立，截至2016年6月，中国联邦快递已经在国内设立了78家分公司、90个地面操作站，中国区员工约9000人。中国联邦快递的首页，如图7-1所示。

联邦快递敏锐地感知物流业与电子商务的紧密联系，伴随互联网技术的发展，该公司及时开展物流配送电子商务业务，并不断完善和发展，使得联邦快递在物流网络和信息网络以及客户资源上远比一般的电子商务公司更具有优势，已经具备了从信息、销售到配送所需的全部资源和经验。1999年，联邦快递公司决定与一家专门提供B2B和B2C解决方案的Intershop（www.intershop.com）通信公司合作，开展电子商务业务。联邦快递公司有效利用覆盖全球220个国家和地区的物流网络和公司内部的信息网络（Powership Network），并将信息网络和物流网络进行完美结合，使全球的消费者均可通过Internet跟踪其包裹的发运状况，为消费者提供完整的电子商务服务。利用现有的物流和信息网络资源，联邦快递公司控制了电子商务最为重要的环节——配送，实现了公司资源的最大利用，完全获得了电子商务方面的成功。

图 7-1　中国联邦快递的首页

据统计，联邦快递有 3/4 的业务来源于网上，公司网站每月的点击率达到 200 万次。因为电子商务的成功开展，该公司每年经营成本降低了 2 000 多万美元。

作为全球快递业界领导者，联邦快递经营成功的关键因素之一就是结合空运、陆运及网络体系，为全球客户创新地提供了便捷、高效、完善的物流及配送解决方案。联邦快递的配送服务中心遍布全球各个主要城市，统一的商务网站和物流管理系统可以为全球用户提供全年 365 天全天候的物流及相关服务。

【实训任务】

1）通过浏览联邦快递的网站（www.fedex.com.cn），了解网站的结构及公司的发展情况，了解联邦快递提供第三方物流在线服务的功能及运作的流程。（提示：在联邦快递网站主页通过注册用户开设新账号；注册成功后体验分析联邦快递提供的客户服务功能及流程；然后回到网站主页单击"电子商务链接"，了解电子商务物流的相关服务内容）。

2）项目分组，各个小组分别对联邦快递的优缺点进行总结，并对我国电子商务物流业提出发展构想，每个小组形成一个总结报告和 PPT 演示文档，然后各个小组分别派代表陈述展示。

思考与练习

1. 电子商务对物流有哪些影响？电子商务下的物流具有什么特点？
2. 电子商务物流技术包括哪些？简单加以描述。
3. 电子商务物流模式有哪几种？
4. 结合具体企业谈一下电子商务物流的流程。

第八章

移动电子商务

学习目标

- 能够描述移动电子商务的概念及分类。
- 能够分析移动电子商务的应用前景。
- 能够使用手机银行进行电子支付并使用手机购物。
- 能够分析我国移动电子商务面临的问题及应该采取的应对措施。
- 能够以发展的眼光看待电子商务,认真对待和接受电子商务新生事物,树立终身学习的理念。

案例导引

好大夫在线——通过 O2O+LBS 有效转化线上订单

好大夫在线创立于 2006 年,是中国领先的医疗信息和医患互动平台,拥有全国数量最多、质量最优的权威医生。截至 2017 年 10 月,好大夫在线收录了全国 8 241 家正规医院的 52.9 万名医生。其中,17 万名医生在平台上实名注册,经严格认证后向用户提供服务。在这 17 万名活跃医生中,三甲医院的医生比例占到 72%,能够给予患者足够权威的治疗建议。

2013 年年初,好大夫在线在其手机端 APP 中新增了 LBS(基于位置的服务)功能,能够让患者找到好医生变得更简单,也使线上订单转换更加快速有效。2015 年度好大夫在线获得"中国最佳 O2O 应用奖",2017 年获得"中国医疗创新团队奖"。

用户通过"好大夫在线"APP 的 LBS 定位,能够方便地找到附近口碑好的医生,使医生线上积累的好名声快速有效地转化为线下订单。而通过用户实时分享看病经历,又能将线下口碑带回到线上,从而实现 O2O 模式的良性互动。值得称道的是,"好大夫在线"不仅为用户开发了 APP,也为医生专门定制了相关程序。这样做不仅方便了医生,节省了医生时间,也方便商家进行相应的管理和结算。

目前,好大夫在线的目的主要还是为用户提供更方便的互动问诊平台,加速医生口碑传递以及依靠 LBS 加快订单转换。

好大夫在线可以说是一款很不错的医疗 O2O+ LBS 应用。从对话式医疗搜索到网上挂号、寻医、就医的一站式服务平台,好大夫在线已经形成了一套完整的医疗解决方案闭环,打通线上与线下,并形成互动评价体系,让 O2O 模式成为良性循环的生态链。相比于其他类似应用,好大夫在线做得更专业,更了解医生和用户的需求,而这些都需要时间的沉淀,并不是简单的宣传就能轻松实现的。好大夫在线推行"线上 APP+线下医学支持中心"模式，这一模式本身就很好地打通了医疗服务的上下环，而且能从根本上简化就医流程，提高就医效率。

（案例来源：《移动电商：商业分析＋模式案例＋应用实战》．张国文．
人民邮电出版社．2015．内容有改动）

第一节　移动电子商务概述

随着移动互联网和智能手机、平板电脑等移动终端的快速发展和普及，移动电子商务已成为人们普遍接受和认可的生活方式，和传统的电子商务方式相比，移动电子商务具有许多优势，并得到了世界各国的普遍重视，其发展速度和普及速度也非常快，已成为电子商务的主流。

一、移动电子商务简介

移动电子商务（M-Commerce）是指通过移动通信设备（手机、平板电脑、笔记本电脑等）与无线上网技术结合所形成的商务活动。它将互联网、移动通信技术、短距离通信技术及其他信息处理技术完美结合，使人们可以在任何时间、任何地点进行各种商贸活动。实现随时随地、线上线下的购物与交易，在线电子支付以及各种交易活动、商务活动、金融活动和相关的综合服务活动等。移动电子商务也有广义与狭义之分：

（1）广义的移动电子商务　指通过移动通信设备随时随地获得的一切服务，涉及通信、娱乐、商业广告、旅游、紧急救助、农业、金融、学习等，可看作是与 Electronic Business 对应的 Mobile Business。

（2）狭义的移动电子商务　指通过移动通信设备进行货币类交易的商务活动，可看作是与 Electronic Commerce 对应的 Mobile Commerce。

上述两种说法中，都有两个重要的特征即"移动"与"商务"。也正因如此，国外常用 Mobile Commerce 来表示移动电子商务。在国内，许多人根据 Mobile Commerce 的名称将其称为"移动商务"。如无特别指出，一般将"移动电子商务"与"移动商务"两个概念视为等同。

移动电子商务是由电子商务（EC）的概念衍生出来的。与传统的通过以桌面计算机为主要终端设备开展的电子商务相比，移动电子商务拥有更为广泛的用户基础，因此具有更为广阔的市场前景。相对于传统的电子商务，移动电子商务增加了移动性和终端的多样性，无线系统允许用户访问移动网络覆盖范围内任何地方的服务，实现语音、视频通话或文本、图片信息的实时交流。相对于传统的电子商务而言，移动商务可以真正使任何人在任何时间、任何地点得到整个网络的信息和服务。

二、移动电子商务的特点

基于无线通信网络的能力以及移动终端的特性，人们不仅可以在移动状态下处理有关事务，还可以根据用户所处位置提供与位置有关的服务，也能借助手机实名制确定手机用户的身份，实现更精准的服务，从而增加信任感，提高手机用户交易的意愿度。相对于基于桌面 PC 互联网的电子商务来说，移动电子商务有以下显著特点：

（1）时空无界性　移动用户可以在任何时间、任何地点查询所需的商品或服务信息，启动、协调和完成移动交易。这使得经常出差的用户和经常离开办公桌的用户都不会错过交易机会，如股票交易或网络拍卖等。同时，也能帮助在野外作业的人员（包括旅游业工作人员）随时随地处理商务信息。

（2）便捷性　不受地域限制，采用便捷的通信方式查看邮箱、收发即时信息和交换文件等，都因移动互联网的普及而变得非常容易和便捷。

（3）位置相关性　采用 GPS 全球定位技术和 LBS 基于位置服务技术，可以帮助服务提供商更准确地识别用户所在位置，从而向用户提供与其位置相关的信息，如附近的旅游景点、酒店和旅馆等。在许多需要位置信息的场合，GPS 定位系统还可以结合地理信息系统 GIS，帮助人们更快、更准确地找到需要帮助的人。

（4）个性化　由于每个移动终端都有唯一的 SIM 智能卡，因此服务提供商可以很方便地通过它收集用户信息。商家通过收集用户的以往数据，包括移动数据和交易偏好等，采用数据分析与数据挖掘工具，帮助用户发现自己的爱好，从而更精确地提供用户所需的服务。同时，消费者在经过自己许可的情况下，让商家帮助收集自己的数据信息，从而为自己提供更好的服务，还可让商家根据自己的要求提供一定的隐私保护措施。

第二节　移动电子商务的应用

移动电子商务技术为用户提供了操作上的便利，对金融机构、商业机构来说，降低了成本，提高了效率。它免除了现金交易带来的短款、假币、保管、携带等风险和烦恼，同时加快了收款速度。移动电子商务形式多样，除从传统 PC 电子商务中扩展而来的一些服务外，还有许多新的形式会被逐渐开发出来。目前，主要的移动电子商务应用可分为 6 种类型。

一、移动信息服务

移动信息服务包括手机短信、彩信和移动即时通信等形式，如微信、手机微博、短信通知、短信广告以及手机报等，也包括移动信息搜索服务。

二、移动支付

移动支付（Mobile Payment）也称为手机支付，即允许用户使用其移动终端（通常是手机）对所消费的商品或服务进行账务支付的一种服务方式。整个移动支付价值链包括移动运营商、支付服务商（如银行和银联等）、应用提供商（公交、校园和公共事业等）、设备提供商（终端厂商、卡供应商和芯片提供商等）、系统集成商、商家和终端用户。目前，主要利用手机实现小额支付，或移动条件下的支付。实现形式包括基于第三方平台移动支付、手机银行、手机储值卡或预付话费、代交费等。目前已有的应用有手机支付宝、微信支付、手机银行支付、手机近场支付等形式。

三、移动交易

在移动网络中开商店，出售商品与服务，如移动京东商城、移动商街、微信商城和手机淘宝等。目前，移动购物已经融入人们每天的日常生活中——从工作到家庭，以及这两点之间的位置。据统计，超过 90%的智能手机用户表示，因为有了移动设备，他们在"持续不断地通过手机购物"。使用智能手机的用户中，有将近 80%的用户表示，他们会定期在家使用移动设备购物，而不选择有更大屏幕且更全面的计算机，59%的受访者在看电视时购物。

2015 年以来，国内知名的电子商务企业，如阿里巴巴、京东、苏宁、唯品会、聚美优品、当当和亚马逊等都大力加强在移动端的布局。移动购物在网络购物整体中的渗透率逐年提升。截至 2017 年，移动交易规模占比已经突破 90%，移动端购物已经成为用户的首选。

四、移动娱乐

移动娱乐就是传统娱乐方式在手机、平板电脑及 PDA（掌上电脑）等移动通信终端上的应用。随着发展，宽带传输、手持终端和移动视频等新技术产生的能量会进一步扩展，娱乐创新的表现形式越来越丰富多彩。移动娱乐业务以手机游戏为代表，也包括移动视频、移动在线音乐和无线宠物生活等。

五、移动学习

移动学习（Mobile Learning）是一种在移动设备帮助下的，能够在任何时间、任何地点进行的学习，移动学习所使用的移动终端设备必须能有效地呈现学习内容，并且提供教师与学习者之间的双向交流。采用微博、短信、微信和微课等形式开展碎片化学习，实现慕课、翻转课堂等形式的移动在线学习模式。

六、移动企业应用

移动企业应用包括面向企事业单位的移动客户服务、移动办公、移动物流和移动后勤管理等。特别是移动客户关系管理、移动 ERP（企业资源计划）和移动供应链管理等，对移动电子商务企业有极其重要的意义。

小资料

移动商务应用小故事

某老人甲早上醒来，还未起床，拿起最新的老人智能专用"手机"，放在臂弯，5 分钟后，心跳、血压等基本信息已传递给 MPIC（一个具备综合功能的 APP）个人信息中心。也许今天刚好有些不舒服，直接"确定"（一键搞定）到医院做个体检，MPIC 已帮其完成基本身体信息到医院的传递，并完成个人预约挂号。吃完早饭，"手机"已准确地帮他规划好到医院的行程及路线选择。由于路程不远，按照手机提示只需步行前往即可。到达医院，医院的位置处理器根据 MPIC 提供的信息已确认老人甲的到来，医院的护士已经在门口迎候并协助其就诊。医生检查完，确认老人甲的问题不大，只是昨夜没休息好，相关医嘱已通过医院传递到 MPIC 个人信息服务中心。老人拿出"手机"在医生的移动 POS 机前晃一晃，就完成了缴费，可以回家了。老人甲身体无恙，心情不错，看看到哪里走走，在 MPIC 里看到附近有个花卉展，美丽的图片可供预览，于是便去那里闻闻花香。一人孤单，网上一吼，老友乙应声前来做伴。赏花会友，心情舒畅，午餐时间老友小聚，找个小店，MPIC 显示最近的 3 家饭馆，每一家的菜肴已在上面展示。遂选一素餐馆，选中几个小菜，信息发出，漫步而去。人到饭店，菜已备好，清茶淡饭，适合口味。晃一晃手机，支付完毕。叙谈过后，返家休息。读完上面这个故事，可以预见，在移动商务时代，一切尽在便利之中。

第三节 移动营销

移动营销是网络营销的在移动互联网技术支持下的延伸，可以实现个性化精准市场营销，其目的主要是通过移动互联网线上线下的营销手段，提高品牌知名度、收集客户资料数据、增大客户参加活动或拜访店面的机会、改进客户信任度和增加企业收入。

一、移动营销及特点

移动营销涉及移动互联网和无线通信技术，又与市场营销有关，是以市场营销为基础，基于移动互联网网络平台实现的，其接入终端包括手机、平板电脑、上网本、便携式计算机或其他专用接入设备等。目前的主要应用有移动 App 营销、二维码营销、LBS（基于位置服务）营销、手机网站营销和微信营销等。

与网络营销和传统营销相比，移动营销具有如下特点。

(1) 个性化精准营销 由于每部手机对应着一个手机用户，因此，营销人员可以根据用户的兴趣、爱好、年龄层次、上网习惯和浏览记录等信息，向用户推荐相关商品，实现有针对性的个性化精准营销，提高营销的效率和准确性。

(2) 实时交互 手机在交互性方面有着传统媒体无法比拟的优势，对企业营销应用来说，这是一个非常强大的有利功能。手机的交互性相比传统媒体在效率、速度和灵活性上都更胜一筹，使双方能产生很好的互动，起到立竿见影的双向功效。通过这种良好的沟通和互动，企业可以向客户提供更具个性化的产品和服务，有助于改善企业的客户关系管理，提高客户的忠诚度。

(3) 灵活方便 移动终端的个性化及定位特性，使得在移动电子商务营销环境中，人们不再受时间和地域的限制，可以随时随地通过无线设备进行移动支付和在线交易，并进行信息反馈。这种灵活性可以使企业随时随地掌握市场动态，了解消费者的需求，并为他们提供最优质的服务。

(4) 经济环保性 移动营销通过数字信息向用户进行商品和服务的宣传和推销，所花费的营销成本相对较低，与传统的营销手段相比，省去了印刷媒体所需要的实物成本、影视明星的代言费以及在电子媒体（如电视和广播）上所支付的巨额广告费，并且不产生任何营销活动带来的废物和垃圾。

(5) 信息整合性 移动营销充分发挥了多媒体技术的优势，使得企业可以将产品的价格、外观、评测和用户使用效果等信息，通过文字、图片、视频等方式详细地展示出来，用户通过移动终端就可以直接浏览这些内容，了解商品各个方面的信息。

（6）可监测性　在移动营销过程中，通过相关监测软件，企业还可准确地监控信息的回复率和回复时间，从而为企业提供了监测营销活动的便捷手段。这种检测能力，对于民意调查、信息反馈、客户服务及市场分析等具有极为重要的意义。

二、移动营销的运行模式

目前，移动营销的运行模式主要有以下几种。

1．推（Push）模式

推（Push）模式是指企业直接向用户发送即时信息，进行商品营销的形式。推模式中，以往应用最广的是 SMS 营销，即短信营销，现在以微信营销和移动广告推送为主。其优势是费用低廉、潜在广告对象群体巨大。例如，短信营销中较有特色的是小区短信营销，是在特定的商业区域、特定的时间向特定的人群发送营销短信的无线增值服务。缺点是这种模式容易引起客户的反感。因此，企业在采用推模式进行市场营销时，应建立许可与退出机制。

2．移动网站模式

移动网站模式有两种，一种是商家自建移动网站模式，另一种是与其他知名移动网站合作模式。商家自建移动网站进行移动营销的特点是自由度较大，灵活方便，缺点是推广成本较高。移动网站的宣传，可以采用推模式，将具有超链接内容的短信或彩信发送给用户；也可以通过购买关键词的形式在搜索引擎网站进行推广，并且选择合理的搜索引擎营运商，实现效果监控和成本控制等。

采用与其他移动网站合作的模式对于一些小企业来讲，是一种节约成本的可行方式，通过与知名移动网站合作，在知名移动网站上做宣传或开展互动营销活动。

3．终端嵌入模式

终端嵌入模式是将广告以图片、屏保、铃声和游戏等形式植入手机企业生产的手机中，通常以买断的方式，在一个品牌的每部手机里投放 3~4 个广告，并将一定的广告收入分给手机厂商。对终端的占有，是一种行之有效的模式。相对而言，这种模式是最具创新性而又最具难度的，同时也能最有效地形成壁垒。不过，这种嵌入式广告的模式只能覆盖少数几款手机，广告的覆盖范围有限，也容易造成用户的反感。

三、移动营销的理论与策略

移动电子商务是传统电子商务的延续。在制定移动电子商务营销策略时，应该考虑传统商务营销的策略，通过分析传统商务营销的策略和方法，以服务客户为中心，结合目前移动电子商务发展的现状和特点以及未来发展的趋势，采用以下策略或以下策略的综合。

1．4P 营销理论

4P 营销理论是 20 世纪 50 年代由美国密歇根州立大学的教授杰罗姆·麦卡锡提出的，4P 分别是指产品（Product）、价格（Price）、促销（Promotion）和渠道（Place）。该理论认为：如果一个营销组合中包括合适的产品、合适的价格、合适的分销渠道和合适的促销策略，那么这将是一个成功的营销组合，企业的营销目标也将得以实现。这一理论对以后营销理论的发展和实践都产生了深远的影响，被视为营销理论的经典，时至今日它仍是许多营销部门选择营销战略时的重要依据。

2. 4C 营销策略

市场营销中的 4C 策略由美国的罗伯特·劳特伯恩在 1990 年提出,包括客户(Consumer)、成本(Cost)、方便(Convenience)、沟通(Communication)4 个组成部分。将 4P 与 4C 进行对比可以看出,4P 理论的思维基础是以企业为中心的,因而适合供不应求或竞争不够激烈的市场环境,4C 理论的思维基础是以消费者为中心,是当今消费者在市场营销中越来越居主动地位、消费的个性化需求越来越高、市场竞争空前激烈、传播媒体高度分化、信息膨胀过剩的营销环境下的必然要求。4C 理论认为,只有了解到消费者真正的需要,并据此进行市场定位,才能确保营销的最终成功。

3. 4I 营销策略

4P 与 4C 之间的关系是一种互补、完善和发展的关系。4P 营销理论从企业的角度来思考问题,4C 营销理论则站在客户的角度来思考问题,但是它们都是对营销过程中重点元素的静态描述,没有侧重从企业整体运作的角度将其表述为一个动态的过程,它们的营销理念仍是"粗放"型的。相对于 4P 及 4C 营销的理论,无线营销则更加丰富和细腻。无线营销具有鲜明的可量化、能互动、能识别、可锁定、即时快速的特征,这些特征可以将消费者与企业更加紧密地结合在一起,使营销理论和实践向更深、更广的层次发展。有学者提出了可以更好地应用在无线营销上的 4I 模型,4I 分别代表分众识别与锁定(Individual Identification)、即时信息(Instant Message)、互动沟通(Interactive Communication)和"我"的个性化(I Personality)。

(1) 分众识别与锁定 是指把分众精细化为目标个体,并与其建立"一对一"的关系。这里的目标个体是指差别化的个体,而不是抽象的某一个群体,移动营销就是利用第五媒体的手机与差别化的个体进行"一对一"的沟通。电子商务时代消费渠道的畅通和便利,使消费者能轻松地转移品牌,这样消费者的品牌忠诚度将更难把握和捉摸。而移动营销可做到分众识别、个体锁定、定向发布广告,将有助于刺激消费者的购买欲望,促进交易的成功率,提升消费者的品牌忠诚度。

(2) 即时信息 即时信息意味着企业和客户能建立及时有效的沟通,站在客户的角度倾听客户的愿望和诉求,并迅速做出反应,满足客户的需求,移动营销的动态反馈、实时互动和服务跟踪特性为这种营销策略提供了可能。

(3) 互动沟通 是指企业通过"一对一"的无线互动营销,与消费者形成一种互动、互求和互需的关系。

(4) "我"的个性化 移动营销出现之初,消费者的消费大多带有猎奇心理,以新鲜和时尚型消费为主。随着移动营销的不断发展,消费者的消费模式也在变得不断成熟,转化为以个性化、注重个人感受为主的体验型消费模式。这种个性化消费诉求要求市场的营销活动也要具有个性化,所传递的信息也要具有个性化,企业需要更加关注每个消费个体的消费习惯、兴趣偏好和个性品位等,个性化需求的满足成为能引起消费者共鸣的有力武器。

案例

家常菜饭馆的客户"定位导航"

李华曾经是一名厨师,在经过几年的锻炼后,他决定自己开一家饭馆,但是由于资金积累不足,只在小巷子中开了一家名为"家常菜"的饭馆,由于这里人烟稀少,因此鲜有人光顾，收入惨淡。没有顾客上门的李华每天只能玩手机打发时间，直到有一天，李华在玩微信时，一位通过"摇一摇"找到的微友与他联系上，在聊天的过程中，对方知道李华跟自己在同一个城市，而且开了一家饭馆，于是提出要光顾李华的饭馆。但是由于李华所处的位置非常偏僻，也没任何地标建筑物，李华根本说不清楚自己在哪儿。后来他灵机一动，利用"发送位置"的功能把自己饭馆的地址发给了这位微友。过了一会儿，这个微友便凭借着手机中自带的导航功能来到了"家常菜"饭馆。

这件事情给了李华很大启发，随后他便开始利用各种移动终端上的"定位"功能开始宣传自己的"家常菜"饭馆，并且为客户提供送餐服务，客户只要在各个移动终端上给李华发送"地图位置"并且附上想点的餐，李华就会立刻使用导航功能将饭菜送上门。由于这种模式新颖方便，再加上李华的手艺高超，很多客户都关注了李华的微信和微博。在方便了客户的同时，李华也为自己带来了一群固定消费者，他的餐馆也被越来越多的人熟知。

一个普普通通的厨师，依靠移动互联网的"定位"功能竟然将生意做得有声有色，当我们在感叹移动互联网营销的威力时，也不妨思考一下，我们自身企业的营销，是否"定位"成功了呢？其实在营销界一直有这样一句名言："我知道自己 50%的营销投入被浪费了，但是我始终不知道浪费到了哪儿。"这句话道出了传统营销时代的硬伤，每个专业的营销人员都知道，营销的核心目的就是将合适的信息传递给合适的受众看，但是想要做到这一点却并不容易。

其实，营销信息与消费者的接受度在很大程度上取决于用户定位的准确性。一件产品或服务营销信息再好，如果顾客所处的位置和自身情况不符合，那么也无济于事。正是基于这个原因，用户的个人信息，包括一些行为信息、位置信息与时间信息就变得尤为可贵。而如今，移动互联网的定位服务恰恰可以准确地为我们提供这些信息。

在传统的营销环境中，营销者无法准确清晰地了解消费者的即时需求，因此他们会有自己的一套固定模式——先分析不同平台受众，然后根据自己产品的营销需求来选择相应的媒体区投放广告。例如，在电视黄金档时期投放一些生活类的广告，在经济频道投放一些汽车、房产广告，然后等待陌生的受众去接受这些对他们可能有效的营销信息。通过新技术实现的新的移动营销手段不断帮助企业实现个性化精准营销，实现这种功能的背景不但是技术革新，手机功能的不断加强及方便的使用环境也是大前提。智能手机的普及使得移动营销的发展得到加速。

移动营销除了传统的网络营销的方法和手段（如搜索引擎营销、网络广告、博客营销、微博营销、论坛营销等）外，因为移动互联网自身的特点，也诞生了许多新的营销方法和手段，主要包括移动 App 营销、二维码营销、手机网站营销、LBS 营销和微信营销等。

第四节　二维码在移动商务中的应用

二维码可以说是在一夜间出现在人们的视线中。不论在地铁里、公交车站、商场门口还是坐在家中，甚至手边的一个小纸袋，都可以看到二维码的存在；无论线上还是线下，这个黑白色的小方格总是静静地贴在那里。二维码时代的到来，真实地改变了人们的生活方式。在传统领域，二维码主要用于商品管理、防窜货等领域。互联网和移动互联网兴起之后，出现了电子凭证和扫码互动应用。伴随着电子商务、微信营销的发展，又出现了二维码支付、扫码抽奖、扫码打赏等应用或营销模式。时代在变，新应用、新模式不断出现，而二维码的应用也总能推陈出新，和新应用模式相辅相成，这也正是二维码的魅力所在。在移动电子商务时代，二维码也已经成为移动营销不可或缺的技术手段之一。

一、二维码的商业价值

二维码是用某种特定的几何图形按一定规律在平面（二维方向）分布的黑白相间的图形记录数据符号信息的。目前，市场二维码的商业价值主要可以分为以下 3 种：

（1）传播商业信息　不论是电子凭证，还是图表、媒体或商品信息，其实都是信息传播的概念，用户用手机扫描二维码即可进入它对应的地址，获得完整的数据。商家则通过发送电子凭证和铺设扫码硬件设备到本地商户，来建立一个完整的商业圈模式。

（2）提供互动入口　例如，通过扫描二维码来关注微信好友，或进行优惠券领取、投票报名、参加调研等，向企业回传客户信息，这样企业就能将广告投放效应最大化，获得宝贵的用户互动数据。这样的互动购买模式已经在电影、电视、杂志、宣传册和广告等领域进行使用。

（3）产生线上交易　通过二维码直接把消费者带往某个商品的电子商务平台，产生交易。原来需要进实体店或在网上购买的流程，现在可以通过扫描二维码来实现，在手机上完成购物支付流程，这样的方式可以弥补在原来无法涉足的空间进行消费的市场空缺。例如，支付宝与分众传媒的合作就是采用这一模式，消费者只要扫描分众传媒广告上的二维码即可在手机上实现购物并支付。

二维码与 O2O 模式的结合如今被商家大量运用，即利用对二维码的读取将线上的用户引流给线下的商家。尽管有些人不看好二维码的应用，但不可否认，只要培养了足够多的用户群，再结合良好的商业模式，二维码将成为桥接现实与虚拟最得力的移动营销工具之一。

二、二维码移动运营与营销模式

随着智能手机的普及及大众化，人们愈加重视手机互动和移动信息传播，加之二维码是开源的，参与成本低，使其在中国具备了爆发的背景条件。

跳出二维码的具体应用场景，从运营和移动营销的层面来看，目前中国二维码运营和移动营销模式可以分为网络社交类、服务提供类、电商购物类、媒体阅读类和应用工具类。

1. 网络社交类

二维码在移动营销中不仅可以用来提供信息，更可以参与社交网络上的推广营销。目前，网络社交类主要以微信和微博为代表。

（1）微信　早期手机二维码面对的最大难题就是用户基数和使用习惯的问题。在微信 3.5 版本推出的时候，加入了二维码功能。微信二维码是腾讯开发出的配合微信使用的添加好友的一种新方式，是含有特定内容格式的，只能被微信软件正确解读。微信将二维码融入社交活动中，使其成为承载交友信息的一种方式。微信团队为了避免用户使用二维码太过枯燥，还推出二维码背景装饰功能，用户可以根据自己的喜好挑选各种彩色图案作为自己的二维码背景，如图 8-1 所示。

微信除借二维码增强社交功能外，在 O2O 上也已动作频频。腾讯电商控股公司生活服务电商部总经理曾对媒体如此阐释:"微信将通过二维码识别,在商家和用户之间建立起联系,形成'熟人'形式的 SNS,进而指导 O2O 业务。"

(2)微博 微博二维码提供多种功能服务,带来更便捷、更好玩的操作体验,也为用户创造了一个提高关注和营销的机会,如图 8-2 所示。微博二维码功能上线后,用户可以轻松分享专属二维码并在多种场景推广自己,或利用微博客户端扫描微博二维码,省却烦琐的输入搜索,更快互粉、浏览网页或发布微博。目前,微博二维码主要支持 3 项功能服务:①打开个人资料页快捷互粉;②打开指定网页;③直接打开已输入特定内容的微博发布框。虽然新浪宣称,二维码的推出开启了它向本地生活服务领域的渗透,但从目前的产品形态来看,它主要还是依托自己庞大的用户群,将二维码作为辅助功能以增加产品活力。

图 8-1 特殊图案二维码

图 8-2 微博二维码名片

微博二维码可用于线上活动的推广,将活动地址集成于手机二维码上,在微博及更接近目标用户的渠道进行传播。手机二维码面积小、集成信息量大和易于传播的特性能帮助媒体和企业用户更快、更有效地提升活动覆盖面甚至品牌影响力,为其实现不可估量的商业价值。

2. 服务提供类

服务提供类的二维码范围比较广,如二维码营销、为客户提供从票证检验到物品信息二维码化的一整套运营解决方案等。服务提供类的二维码运营模式,其盈利能力不容小觑。例如,某知名二维码企业,其业务主要集中于电子凭证体系,即将二维码发送至用户手机,用户凭此再到商家处进行消费。该企业的年销售收入已达到五六千万。

例如,从 2016 年年初开始,全国多地都可以用微信或支付宝购买公交车票,在 BRT 全线的各个售票点都增设了购票二维码,购票时乘客只需要打开微信,扫一扫二维码,即可进行支付。此外,乘客还可以一次性购买多张票,乘客每次上车只需打开手机验证电子车票即可。图 8-3 所示为浙江金华 BRT 站台入口。

图 8-3 浙江金华 BRT 站入口

3. 购物类

现在的二维码已经在"移动购物"领域发挥着重要作用。以微信支付和支付宝为代表移动支付已融入移动购物、吃喝玩乐、旅游出行、缴费就医、政务办事等日常生活的方方面面，移动支付的入口以二维码为主。国内用户对于移动支付的认可度也越来越强，用户黏度也在不断提升，人们已经开始接受无现金出门，在周边购物就餐等都可以使用手机结算，再加上商家和服务商不遗余力地推广，无现金支付的应用范围也在不断延伸。图8-4所示为外国朋友在菜市场通过扫描二维码买菜。

因此，依托于二维码的移动电子商务平台将成为众多公司未来的核心业务，消费者扫描二维码后登录其移动电子商务平台实现购买，这种模

图8-4 扫描二维码买菜

式必将催生出体量巨大的公司。现在的网购已经不用再坐在电脑面前了。在地铁、商场、小区和电梯等任何贴有二维码的地方，消费者打开手机一扫描，就可以直接购物。通过二维码为媒介，实现线上线下融合消费已经成为了常态。

4．媒体阅读类

二维码蕴含着极大的信息量。随着智能手机在日常生活中的普及，Android和iOS智能手机系统的崛起，二维码扫描阅读将改变人们阅读的习惯。众所周知，在手机上编辑网址十分费力，而如果使用二维码则只要一扫就可以进入相关阅读页，既方便又快捷。例如，在皮皮精灵自媒体运营平台（http://www.pp.cc/，如图8-5所示）发布的每篇文章都会生成一个很小的二维码推广框，这对推广内容的人来说，作用是很大的。

图8-5 皮皮精灵自媒体运营平台

5．应用工具类

二维码应用根据业务形态不同可分为被读类和主读类两大类。

（1）被读类业务 指平台将二维码通过彩信发到用户手机上，用户持手机到现场，通过二维码机扫描手机进行内容识别。应用方将业务信息加密并编制成二维码图像后，通过短信或彩信的方式将二维码发送至用户的移动终端上，用户使用时通过设在服务网点的专用识读设备上,对移动终端上的二维码图像进行识读认证,作为交易或身份识别的凭证来支撑各种应用,如于电子票务和消费打折等。

(2)主读类业务 指用户在手机上安装二维码客户端,使用手机拍摄并识别媒体和报纸等上面印刷的二维码图片,获取二维码所存储的内容并触发相关应用。用户利用手机拍摄包含特定信息的二维码图像,通过手机客户端软件进行解码后触发手机上网、名片识读和拨打电话等多种关联操作,以此获取各类信息服务。这类二维码应用可用于查询信息、防伪溯源、购物付款和执法检查等。

杰出人物 雷军

雷军,1969年12月16日出生于湖北仙桃市,现任金山软件公司董事长,小米科技CEO。

1992年初加盟金山公司,1994年出任北京金山软件公司总经理。

1999年投资了卓越网和逍遥网,并出任卓越网董事长。

2007年12月20日,雷军卸任金山软件总裁兼CEO,留任公司董事会副主席,此后他专心地将自己的角色定位在"天使投资人",投资的项目包括凡客诚品、乐淘网、UC优视、拉卡拉等,直到2011年雷军重回金山。

2008年10月16日,在北京UC优视在京举办的公司战略发布会上,正式宣布原金山软件CEO雷军先生出任UC优视公司董事长。

2010年4月,启动小米科技,小米科技专注于新一代智能手机软件开发与移动互联网热点应用。

2011年7月11日,雷军正式出任金山软件公司董事长。

2011年8月16日,雷军投资创办的小米于8月16日正式发布小米手机。

2012年12月,荣获"中国经济年度人物新锐奖"。

2014年2月,小米创始人雷军首次以280亿元财富进入"胡润全球富豪榜",跃居大中华区第57名,全球排名第339位。

2014年12月4日上午,《福布斯》杂志网站宣布,小米科技创始人雷军当选《福布斯》亚洲版2014年度商业人物。

2016年5月,位列2016年新财富500富人榜第六位。

小米践行了雷军的"风口"理论,创新设计了移动互联网的商业模式,在竞争成熟的智能手机市场脱颖而出,具体表现在以下几个方面:

1)注重品牌塑造,迅速提高小米手机的知名度和影响力。小米采用线上线下结合的电子商务运作模式,快速塑造了小米品牌。

2)精准的市场定位。雷军把小米定位为一款高性能的发烧友爱好者手机。因为网络发烧友接受能力好,能很快适应新的东西,能理解互联网的商业模式,热衷于使用智能手机,小米借助于发烧友的"专业身份"进行口碑宣传和营销。

3)高性能价格比的产品。小米手机诞生以来就以高性能价格比吸引年轻人的狂热追捧。例如小米2的售价是1999元,而同期同等配置的苹果、三星、HTC手机都超过了4 500元。

4)互联网的渠道模式。雷军领导的小米公司大胆放弃了传统的销售模式,采用电子商务模式销售小米手机,通过微博营销、口碑营销为小米手机造势,然后通过官方网站销售,充分展现了电子商务的威力。

5）注重生态系统建设。雷军非常注重小米生态系统的建设：手机生产制造外包给夏普、高通、富士康等专业的厂商；销售使用电子商务模式及中国联通、中国电信两个运营商的套餐捆绑销售；早期，物流与凡客诚品合作，充分减少了物流成本。

由此，在中国移动商务爆发的初期，雷军创新地设计了小米公司以"米粉"为中心的发展模式，注重小米品牌经营，使用电子商务方式经营手机，模仿苹果公司推进软硬件一体化的生态系统建设，并取得了阶段性的成功。小米公司在2013年销售手机1870万台，年销售额达到316亿元，较2012年增长150%。2016年小米手机出货量并没有达到2015年的水平。似乎小米创造的神话即将趋于平静的时候，2017年第二季度小米的手机出货量达到了2316万台，环比增长70%，创造了新高。突然小米又有了要重新崛起的势头。

客服类岗位介绍　售前咨询、售后服务、客服经理等

岗　位	说　明
售前咨询	**岗位界定**：在顾客未接触产品之前为顾客解决购买等相关问题的服务工作 **工作内容**：售前/应标相关资料制作，市场宣传资料制作；配合销售进行售前咨询，引导用户需求并提出需求解决方案；与用户进行技术交流，进行技术方案宣讲、系统演示等 **核心技能**：热情耐心的态度，熟练的业务知识，沟通协调能力
售后客服	**岗位界定**：商品出售以后为客户提供各种后续服务的工作 **工作内容**：受理客户申请的业务、客户投诉电话并准确记录投诉内容，及时将需其他岗位协助受理的业务生成电子工单并转送到后台组；使用多渠道方式（如电话、短信、邮件等）与客户进行沟通，达到服务或销售目的；做好用户的咨询与投诉处理，做好用户的障碍申告与派单，总结反馈用户的建议与意见；客户和驻点退回货物的跟踪和处理 **核心技能**：热情耐心的态度，熟练的业务知识，沟通协调能力
淘宝客服	**岗位界定**：基于淘宝（网店），通过旺旺等聊天工具为客户提供售前咨询及售后相关服务的工作 **工作内容**：通过旺旺回答顾客咨询，帮助和引导顾客完成购买，专业、热情、耐心，并营造轻松愉快的沟通氛围；顾客下单后进行简单的订单后续处理，包括修改价格、备注订单、售后处理等；及时向上反馈权限之外的问题，并与仓储和发货环节进行有效沟通 **核心技能**：头脑灵活，打字熟练，善于沟通，有条不紊
客服经理	**岗位界定**：从事开发、维护、发展客户的各方面工作的管理人员 **工作内容**：负责公司整体服务工作的管理，及时处理在线咨询、在线销售、售后服务等作业环节过程中所出现的各种问题，予以记录，及时向上级报告；给予下属客服工作指导支持，建立完善的客服人员的专业化培训体系、绩效考核与激励管理方法 **核心技能**：敏锐的市场感知能力，组织管理、沟通协调、人际交往能力

实训项目十一　微信营销技术应用

一、实训目标

1）了解企业微信营销的技术发展现状。
2）掌握微信公众账号开通流程。
3）能够使用微信公众账号进行移动微营销。
4）能够使用开发平台进行微信营销实战。

二、实训环境

1）连接Internet的个人计算机，安装Windows7或Windows10操作系统。
2）准备3G/4G Android或iOS智能手机，开通3G/4G网络或Wi-Fi。
3）准备中小企业资质材料（营业执照、法人代表信息和保证函等）。

三、实训背景知识——微信与微信营销

微信是腾讯公司推出的一个为智能手机提供即时通讯服务的免费应用程序。微信支持跨通信运营商、跨操作系统平台快速发送语音短信、视频、图片和文字，并支持多人群聊。用户可以通过微信与好友进行形式上更加丰富的类似于短信、彩信等方式的联系。微信营销是网络经济时代企业营销模式的一种创新，是伴随着微信的火热而兴起的一种网络营销方式。微信不存在距离的限制，用户注册微信后，可与同样注册的"朋友"形成一种联系。用户可以订阅自己所需的信息，商家通过提供用户需要的信息，推广自己的产品，从而实现点对点的营销。

实训任务如下：
- 注册微信公众账号。
- 微信支付功能申请及开通。
- 微信公众账号运营推广。
- 微信营销工具应用。
- 微盟小店微信营销实战。

四、实训指导

（一）微信公众账号注册与运营

1. 注册微信公众账号

1）进入微信站点"HTTP://WEIXIN.QQ.COM"，单击"公众平台"链接，然后单击"注册"链接，进入微信公众号注册界面，如图 8-6 所示。

图 8-6　微信服务号注册信息页面

2）在图8-6的页面中填写邮箱、密码等信息，单击"注册"按钮完成微信公众号注册，如图8-7所示。需要注意的是，微信公众号名称注册后不可修改，可设置2~16个汉字或4~32个字符（可以设为简体或繁体中文、英文大小写或数字组合的方式）。账号名称只允许含有中文、英文大小写和数字，且不能与他人已有知识产权的内容相同或近似。微信公众号名称可以重复，粉丝可以在查看微信公众号的认证资料（公众账号申请成功后才能申请认证）和功能介绍后再关注。

图8-7　确认并注册微信公众号

3）注册完成后，公众号必须通过邮箱验证激活。激活成功后，可选择"订阅号""服务号""小程序""企业号"中的一种进行公众号定位。这里选择"服务号"，然后按照提示及要求填写相应内容。如图8-8所示。

图8-8　微信公众号定位选择

4) 以企业为主体注册微信公众号,需要上传企业营业执照的扫描件,如图8-9所示。直接单击"选择文件"按钮,在电脑上找到已经准备好的企业营业执照照片,单击"确认"即可。

图 8-9 上传营业执照对话框

5) 在公众账号资料"注册详情"中需要填写真实的注册信息,包括"主体信息登记"及"运营者信息登记"。其中主体信息需要通过自动对公打款验证,流程如图8-10所示。

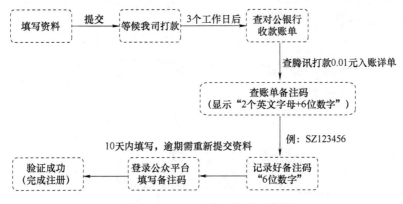

图 8-10 自动对公打款验证流程

6) 自动对公打款及资料审核通过后,微信公众账号就可以正常使用了。

2. 微信支付功能申请及开通

微信公众号开通微信支付功能后,运营者可以通过自定义菜单、关键字回复等方式向订阅用户推送商品消息,用户可在微信公众号中完成选购支付的流程。运营者也可以把商品网页生成二维码,张贴在线下的场景,用户扫描后即可打开商品详情,可以在微信中直接购买。和公众号认证一样,开通微信支付也有一个流程,并且开通微信支付的前提是要先认证公众号。

(1) 选择经营信息类别 申请接入微信支付的方式可分为公众号申请和App申请两大类,通过微信认证的服务号申请微信支付界面如图8-11所示。按照提示的开通流程选择经营类别、商品简述、客服电话和企业法人证书等信息。

(2) 填写商户信息 在选择填写完成经营信息后,系统会跳转到"填写商户信息"界面,认真核对和完善商户信息,并进行必要的修正。

(3) 填写结算账户 完成商户信息核对填写后,单击页面上的"下一步"按钮跳转到"填写结算账户"页面,需要按照企业的银行开户信息填写,包括账户类型、开户名、银行名称等。

(4) 账户验证 完成上述三个项目信息的填写后,单击页面上的"账户验证"按钮,微信支付申请将进入审核程序,在1~5个工作日完成,期间腾讯公司会向申请的账户进行0.01~1元的小额打款,你收到后需要在验证页面输入款项金额无误后,微信支付团队会发送微信支付账户验证通过信息。至此,微信支付完成开通,可以进行微信支付结算了。

图 8-11 微信支付申请界面

3．微信公众账号运营

微信账号登录后，就会进入微信公众平台的后台，微信公众账号管理及营销都在后台进行。微信公众平台的后台很简洁，主要有实时交流、消息发送和素材管理。用户对自己粉丝的分组管理和实时交流都可在这个界面完成。

（1）微信信息群发快速推广　微信公众平台中有一个群发功能，顾名思义，就是可以像群发短信那样将消息发送给多个受众。相对于群发短信，微信中的群发功能更加节省成本，并且更迅速。群发功能也是运营者发布内容的地方，利用群发功能，能够做到消息的快速推广。在微信公众平台中，打开"群发功能"就能跳转到新建群发信息的页面在顶部有"新建群发消息"和"已发送"两个模块，前者用来设置群发消息，后者用来查看群发消息的状态，如图8-12所示。新建群发消息之前需要注意的是，一旦群发成功，内容不能再修改，只能将其删除，因此运营者最好在群发前将要推送的内容检查一遍，避免疏漏。

图8-12　微信公众号消息群发界面

（2）微信公众账号吸粉活动　使用微信公众号开展活动吸引客户效果强大，适当添加一些新奇有趣的活动则可以保持用户的活跃度，增加与公众号的互动，这种运营形式上的结合，也能够为运营带来更好的效果。微信公众号运营可以开展的典型活动有会员签到、微信答题、发起投票等。图8-13所示为微信公众平台新建投票页面。

（3）开通客服　微信公众平台新版客服功能，是微信公众平台团队为了满足公众号客服需求而推出的网页版客服聊天工具，使用微信扫码登录的方式，登录后支持实时回复粉丝咨询，满足多个客服人员同时为一个公众号提供服务的运营需求。通过微信认证的微信公众账号，登录公众平台后，可以在"功能—添加功能插件"中，找到"客服功能"插件并开通。如图8-14所示。

（4）卡券功能　微信卡券享有微信固定二级入口，可便捷收纳各类型卡券。结合 SNS、LBS 等能力，更可在多渠道投放，进而拉新留存，沉淀用户。通过实现电子卡券的创建、投放、领取、使用，并配套数据对账、门店管理等功能，连接商家与用户，构建 O2O 消费闭环。进入公众平台功能—添加功能插件—卡券功能—申请（3个工作日内完成审核）。卡券功能：已通过微信认证的订阅号和服务号。开通卡券功能权限申请：进入公众平—添加功能插件—卡券功能—申请开通—提交资料。

图 8-13　微信公众平台新建投票页面

图 8-14　开通客服功能页面

微信公众号还有扫一扫、摇一摇周边、数据统计分析、微信小店、自动回复、公众号赞赏等诸多运营、管理和推广功能,可以熟悉并灵活运营。

(二)微信营销实战——微盟小店

微盟又称 Weimob(www.weimob.com),是上海微盟科技股份有限公司推出的一个为微信公众账号提供营销推广服务的第三方平台,其首页如图 8-15 所示。微盟的主要业务包括微电商整体解决方案、智慧餐厅解决方案、智慧城市解决方案和移动办公解决方案等模块,布局上也由原来单一的微信第三方服务拓展到移动社交电商平台、O2O、移动办公以及移动社交广告等多个领域。微盟在社交电商领域推出的微盟小店是国内领先的移动社交电商平台,为实现商城、营销、会员等一站式服务轻松打造独立专属的在线商城,为用户提供国内外优质商品。微盟小店是基于小程序和微信公众号的免费电商解决方案,通过提供在线商城、客户管理、营销推广和数据分析等经营工具,完美兼容小程序和公众号,帮助商户快速搭建自己的小程序商城。基于"口碑营销+分享经济"的模式,解决企业货品流通、触达精准用户、信任与保障等核心交易问题,引领社交消费新升级。

图 8-15 微盟小店首页

1. 微盟小店开店

(1)注册用户 在图 8-15 中点击"注册"按钮,按照提示完成微盟用户注册,后续开店时以此登录,如图 8-16 所示。

图 8-16 微盟小店注册页面

(2)设置店铺信息 登录后点击"创建店铺"按钮,选择"立即创建"小店。按提示填写商户名称、商户地址、商户行业、商户Logo、商户简介和相关运营人信息后点击"保持按钮",如图8-17所示。

图8-17 创建微盟小店及信息填写

(3)店铺设置 店铺基本信息设置完成后,店铺框架就已经搭建。进入店铺后台首页,如图8-18所示,点击设置选项,按照提示进行配送设置、商品分类和商品发布。

图8-18 微盟效果后台首页

(4)店铺认证 店铺需要通过认证,才能解除限制,实现店铺商品经营。按照要求填写内容和提供资质,完成店铺认证,如图8-19所示。

图 8-19　微盟店铺认证页面

2．店铺装修

（1）首页设置　登录微盟小店，进入后台管理页面，在左侧栏目中选择"店铺"选项，进入店铺装修页面，选择"首页设置"，在该页面中点击右上角"新建页面"按钮，选择合适的模板后，点击"下一步"按钮。在布局的区域，图片或组件，完成后点击"预览按钮"，生产一个二维码，如图 8-20 所示，使用手机扫描该二维码查看装修的店铺效果。

图 8-20　微盟店铺首页设置

(2)风格设置 选择"店铺风格"选项,可以设置不同的店铺风格,如图 8-21 所示。

图 8-21 微盟店铺风格选择页面

3. 渠道绑定

(1)微信公众及小程序绑定 在微盟小店后后台主页面左侧选择"微信选项",可以进行微信公众号及小程序授权绑定,以实现微盟小店的微信营销,绑定后小店可以使用微信公众号的自定义菜单、自动回复、图文信息、卡券等功能,如图 8-22 所示。

图 8-22 微盟小店微信公众号设置页面

(2)支付认证 在微盟小店后台首页左侧选择"设置",再选择"店铺设置"中的支付设置,对于"线上支付"开通微信支付和小程序支付能力;对于"线下支付"开通货到付款，如图 8-23 所示。

图 8-23　微盟小店线下支付设置页面

4．微盟小店微信营销

（1）自定义菜单　使用微信公众号的自定义菜单功能实现微盟小店的自定义菜单。可以修改规则名称和删除自定义菜单规则，可进行拖拽排序，点击修改进入自定义菜单设置，可以添加发送消息、跳转小程序、跳转链接和功能等，如图 8-24 所示。

图 8-24　微信营销实战平台游戏推广

（2）自动回复　使用微信公众号的自动回复功能可以修改规则名，添加消息新增关注回复规则；可以设置关键词回复消息，粉丝回复关键词即可触发图文消息，并可以将消息回复同步到微信，如图 8-25 所示。

（3）获得渠道及流量　微盟小店的微信营销还可以通过好友分享、二维码、小程序码、小程序置顶、微信搜索、消息通知、图文推送等功能获得渠道及流量，实现微盟小店的营销及推广。

图 8-25　微信平台图文回复效果

思考与练习

1．什么是移动电子商务？移动电子商务的技术分类有哪些？
2．目前移动电子商务有哪些特殊运用？
3．简述手机银行的概念及特点。
4．简述淘宝手机购物的工作流程。
5．简述我国移动电子商务面临的问题及应采取的对策。

第九章

电子商务法律法规与职业道德

学习目标

- 能够说出电子商务法律法规的概念和内容。
- 能够分析电子商务涉及的法律问题。
- 能够根据我国电子商务立法现状,提出完善的措施。
- 遵守电子商务从业人员的职业道德。
- 通过电子商务法律案例分析,培养学习者的法律意识、案情分析能力,知法懂法;能用法律的武器保护自己以及网上交易行为。

 案例导引

我国电子签名第一案

杨先生在 2004 年 1 月结识了女孩韩某。同年 8 月 27 日,韩某通过手机短信向杨先生借钱急用,短信的内容是:"我需要 5 000,刚回北京做了眼睛手术,不能出门,你汇到我卡里。"杨先生于是将 5 000 元钱汇入了韩某的银行卡。一周后,韩某再次向杨先生发短信借钱,杨先生又通过汇款借给韩某 6 000 元。由于双方都是通过短信交流,杨先生两次汇款都没有向韩某索要借据。此后,韩某一直没向杨先生提过借款的事,并且再次向杨先生借钱。于是杨先生产生了警惕,向韩某催要前面的借款,但韩某没有还款的意思。杨先生随即将其起诉至北京市海淀区人民法院,要求韩某归还所欠 11 000 元钱,同时向银行提交了银行汇款单存单两张。而韩某却辩称这是杨先生归还以前欠她的欠款。

在法院庭审中,杨先生在向法院提交的证据中,除了提供银行汇款单存单两张外,还提交了自己使用的号码为 1391166××××的飞利浦移动电话一部,其中记载了部分短信息内容。例如,2004 年 8 月 27 日 15:05,"那就借点资金援助吧"。2004 年 8 月 27 日 15:13,"你怎么这么实在!我需要五千,这个数不大也不小,另外我昨天刚回北京做了个眼睛手术,现在根本出不了门口,见人都没法见,你要是资助就得汇到我卡里!"等韩某发来的 18 条短信内容。后经法官核实,杨先生提供的发送短信的手机号码拨打后接听者的确是韩某本人。而韩某本人也承认,自己从去年七八月份开始使用这个手机号码。

法院经审理认为,根据《中华人民共和国电子签名法》的相关条款规定,经对杨先生提供的移动电话短信息进行审查,可以认定其作为证据的真实性。而根据杨先生所提供的通过韩某使用的号码发送的移动电话短信息内容中载明的款项往来金额、时间与银行业务凭证中体现的杨先生给韩某汇款的金额、时间相符，且移动电话短信息内容中亦载明了韩某偿还借款的意思，表示两份证据之间相互印证，可以认定韩某向杨先生借款的事实。据此，判决对杨先生要求还款的诉讼请求予以支持，韩某败诉。

（案例来源：法制日报 2007-12-3）

第一节　电子商务法律法规概述

经济社会的运行必须有相应的法律法规作保障。电子商务是对社会经济活动中商务模式的革命，其赖以运行的方式、手段与环境等各个因素在为商界带来新的机会的同时，也对传统的法律法规带来了新的挑战，这必然会导致新的法律法规——电子商务法律法规的产生。在2018 年 8 月 31 日下午举行的第十三届全国人大常委会第五次会议上，《中华人民共和国电子商务法》（简称《电子商务法》）获得表决通过，2019 年 1 月 1 日起正式实施。

一、电子商务需要新的法规

基于 Internet 的电子商务形成了有别于传统商业的新环境，通常被称为"虚拟"世界。来自全世界的企业和个人通过网络进行交易，无须谋面和使用笔墨，瞬间即可以完成寻找交易对象、签订合同、支付等交易行为。这种交易环境和手段的改变，使得在传统交易方式下形成的规则难以完全适用于新环境下的交易。在这种形势下需要新的法律法规来规范电子商务行为，并为之创造适应电子商务运作的法制环境。

二、电子商务法律法规概念

通俗地讲，电子商务是计算机或网络通信技术被广泛采用并应用于商业领域后的结果。这种新型的商业行为在互联网环境下形成的独立的调整对象孕育了新的部门法——电子商务法。电子商务法作为独立的部门法，有其独特的调整对象，即电子商务交易活动中发生的各种社会关系。由于电子商务活动的发展变化异常迅速，而人们对它的认识需要有个过程，并且由于认识的角度不同，电子商务存在广义与狭义之分，所以电子商务法也分为广义的电子商务法和狭义的电子商务法。

（一）广义的电子商务法

广义的电子商务法是与广义的电子商务概念相对应的，是指所有调整以数据电信方式进行的商务活动的法律规范。

广义的电子商务法的内容极其丰富，至少可分为调整电子商务交易形式和调整电子商务交易内容两大类规范。前者如联合国国际贸易法委员会的《电子商务示范法》，后者如联合国国际贸易法委员会的《电子资金传输示范法》、美国的《统一计算机信息交易法》等。电子商务的形式性规范与以电子信息为内容的实体性规范之间的关系，犹如诉讼法与实体法的关系，其形式规范可以通过一部法典或法律而制定，但其实体性规范由于涉及面极广，无法以统一的法典或单行法律予以囊括，而只能分别以单行法律、法规，甚至是判例的形式出现，也可能融合在其他部门法的规范之中。

（二）狭义的电子商务法

分析联合国及世界各国以"电子商务法"或"电子交易法"命名的法律文件的内容可知，其间存在着明显的共性，即它们所解决的问题都集中于诸如计算机网络通信记录与电子签名效力的确认、电子鉴别技术及其安全标准的选定、认证机构及其权利义务的确立等方面。这些实质上都是解决电子商务交易操作规程问题的规范。这些均与狭义的电子商务概念相对应。狭义的电子商务法是指调整以数据电文为交易手段而形成的因交易形式所引起的商事关系的法律规范的总称。

从目前国际与国内电子商务及电子商务立法的实践来看，多偏重于从狭义角度理解和使用电子商务法的概念，为此本书也采用狭义电子商务法概念。

（三）电子商务法律法规的特点

电子商务是全球性的经济活动。它的法律框架也不应只局限于某个国家范围内，而应适用于国际性的经济往来，并得到国际的认可和遵守，所以电子商务法律法规具有国际性。换句话说，对于电子商务的规范，必须以全球性的解决方案为其发展铺平道路。电子商务法律法规还具有任意性和强制性的特点。任意性主要体现在电子商务交易法中，它给予交易主体以充分的选择权，体现了当事人的意思自治。而强制性表现为它要求当事人必须在法律法规规定的范围内做或不做一定的行为，违反这种规定就要受到国家强制力的制裁。

在网络经济环境下，电子商务法是区别于传统交易形式的电子商务所立的法，具有如下特征。

1．技术性

对于电子商务来说，"商务是本质，技术是基础"。电子商务需要通过互联网来进行，规范这种行为的电子商务法必然要适应这种特点。在电子商务法中，许多法律规范都是直接或间接地由技术规范演变而成的。技术性特点是电子商务法的重要特点之一。

2．安全性

虽然电子商务给交易各方提供了极大便利，但令人感到最为不安的就是电子商务的安全问题。Internet 的开放性使其具有与生俱来的脆弱性和易受攻击的特征。而互联网的普及和发展使各行各业对网络具有极强的依赖性，同时网络黑客和病毒也变得越来越猖獗，这给商家乃至整个社会都造成了极大损失。因此，电子商务法必须以解决电子商务的安全性问题为责任，有效地打击和预防各种网络犯罪行为，切实保证电子商务乃至整个信息系统的安全运行。

3．程序性

电子商务法主要解决交易的形式问题，一般不直接涉及交易的具体内容。之所以说电子商务法是商事交易上的程序法，是因为其所调整的是当事人之间因交易形式的使用而引起的权利义务关系，即数据电子市场是否有效、是否归属于某人，电子签名是否有效、是否与交易的性质相适应，认证机构的资格如何，在证书的颁发与管理中应承担何种责任等。这些规范的主要作用是将传统纸面环境下形成的法律价值移植于电子商务之中。从民商法角度来看，这些电子商务法律法规所解决的都是商事意思表达程序方面的问题，并未直接涉及交易的实体权利和义务。

4．开放性

从民商法原理上讲，电子商务法是关于以数据电信进行意思表示的法律制度，而数据电信在形式上是多样化的，并且还在不断发展之中，因此必须以开放的态度对待任何技术手段与信息媒介，设立开放性的规范，让所有有利于电子商务发展的设想和技巧都能容纳进来。开放性具体表现在电子商务法基本定义的开放、基本制度的开放，以及电子商务法律结构的开放这3个方面。

5．复合性

这一特点是与口头及传统的书面形式相比较而存在的。电子商务交易关系的复合性来源于其技术手段上的复杂性和依赖性。它表现在通常当事人必须在第三方的协助下完成交易活动，这就使得电子交易形式具有复杂化的特点。实际上，每一笔电子商务交易的进行，都必须以多重法律关系的存在为前提，这是传统口头或纸面条件下的交易所没有的。它要求进行多方位的法律调整，以及多门学科知识的运用。

三、电子商务法律法规的性质与地位

1．电子商务法律法规的性质

电子商务法律法规是由一系列成文的法律法规所组成的，是调整电子商务活动的法律规范的总称。

电子商务法律法规调整的对象应当是电子商务交易活动中发生的各种社会关系，而这种关系是在广泛采用新型信息技术并将这些技术应用到商业领域后才形成的特殊的社会关系。电子商务调整的对象是一种私法上的关系，总体上应属于私法范畴，不过在其规范体系中，也包含一些具有行政管理性质的规范，如认证机构的许可与监护等。电子商务法律法规具有公法和私法相结合的性质，是调和自由和安全两种价值冲突的产物。

2．电子商务法律法规的地位

随着电子通信与计算机技术的飞速发展和广泛应用，电子商务法律法规将在商事法领域里起着越来越重要的作用。可以毫不夸张地说，21世纪的商法将是一个以电子商务法占主导地位的商法的时代。电子商务法律法规将随着电子商务活动的发展，渗透到每一种乃至每一个社会关系中，发挥其不可替代的重要作用。

四、电子商务法律法规的内容

电子商务是电子化数据处理和网上交易。而Internet这一开放性商事交易平台的建立，给商事法律关系带来了一系列新的问题，为了合理地解决这些问题而形成的电子商务法律法规也应有一个完整的体系，是区别于传统商事交易制度的特有制度。这些新的法律法规的内容涉及电子商务活动的各个环节，主要包括以下几个方面。

1．电子合同的法律法规

在电子商务活动中，电子合同就是"将商业和行政事务按一个公认的标准，形成结构化的事务处理、信息处理和信息数据格式，从计算机到计算机进行的数据传输"。它是电子商务的核心内容之一。我国目前对它尚未做出一种明确的法律定义，参照各个学者的观点并结合国际通行观念，不妨把电子合同定义为"当事人之间为了实现一定的目的，通过数据电文和电子邮件等形式签订的明确相互权利义务关系的协议"。

2. 数据电文的法律法规

数据电文的法律法规的定义是有关以电子手段、光学手段或类似手段生成、发收或存储的相关信息的法律法规。其具体内容包括数据电文概念与效力，数据电文的收、发、归属及其完整性与可靠性推定规范等。

3. 电子签名的法律法规

电子签名是一种电子商务活动中采取的特定技术。通过这种技术，手写签名特征的一些或全部功能在网络环境中都可能被完成，从而支持电子商务活动的顺利进行。其法律法规内容有电子签名的概念及其适用、电子签名的归属与完整性推定、电子签名的使用与效果等。

4. 电子认证的法律法规

为了保证电子商务交易的安全性（包括信息的保密、真实、完整和防止抵赖等），防范交易及支付过程中的欺诈行为，必须在网上建立一种信任验证机制，使交易及支付各方能确认其他各方的身份，这就要求参加电子商务的各方必须有一个可以被验证的身份标识，现在主要采用数字证书。电子商务交易各方通过数字证书在网上进行信息交流及商务活动的身份证明，在电子交易的各个环节中，交易的各方都需验证对方数字证书的有效性，从而解决相互间的信任问题。其具体内容包括认证机构的设立与管理、认证机构的运行规范及其风险防范、认证机构的责任等。

5. 电子支付的法律法规

电子支付是指以电子计算机及其网络为手段，将负载有特定信息的电子数据取代传统的支付工具用于资金流转，并具有实时支付效力的一种支付方式。它主要是从立法的角度对电子支付当事人，包括资金划拨人或指令人、接受银行、收款人或受益人的权利和义务进行规范。

6. 电子商务经营者界定

电子商务经营者是指通过互联网等信息网络从事销售商品或者提供服务的经营活动的自然人、法人和非法人组织，包括电子商务平台经营者、平台内经营者以及通过自建网站、其他网络服务销售商品或者提供服务的电子商务经营者。《电子商务法》中所称的电子商务平台经营者是指在电子商务中为交易双方或者多方提供网络经营场所、交易撮合、信息发布等服务，供交易双方或者多方独立开展交易活动的法人或者非法人组织。电子商务平台内经营者是指通过电子商务平台销售商品或者提供服务的电子商务经营者。

电子商务法律法规的内容除了上述6个方面外，还应该包括电子商务活动中著作权、隐私权、电子商务争议解决、电子商务促进、电子商务环境下消费者权益保护及电子商务经营中的法律责任等内容。而这些内容之间存在一定的融合性，如何处理电子商务法律法规内容的关系，形成完整的电子商务法规体系，是目前应该研究完善的课题。

第二节 电子商务涉及的法律问题

由于电子商务发展极其迅速，有关的法律问题也日益突出。电子商务涉及的法律问题非常多，如电子合同的订立、电子签名和电子认证、电子支付、知识产权和安全保密等问题均需法律规范的约束，而且政府管理电子商务的合法手段和方式也是需要解决的问题。

一、电子合同的法律问题

合同也常称为契约,是指拟定当事人之间达成对他们具有法律约束的协议。《中华人民共和国合同法》第二条规定:"合同是平等主体的自然人、法人、其他组织之间设立、变更、终止民事权利义务关系的协议。"传统的合同形式主要有两种,口头形式和书面形式。口头形式是指当事人以对话的方式达成协议,一般适用于标的量不大、内容不复杂而能及时清结的合同关系。书面形式则是指当事人采用有形记录的方式,主要是纸面方式来表达协议的内容。在商务活动中当事人多采用书面合同,许多国家还对某些合同规定必须采用书面形式。在电子商务环境中,产生了新的合同形式——电子合同。

1. 电子合同的概念

在传统商务活动中,合同是通过达成协议并在纸质合同上签名盖章才生效,而在虚拟的网络空间里,人们只有采取电子邮件等数据电文的方式签订电子合同来达成协议。电子合同是由"电子"与"合同"两个概念所组成的,即全部或部分以电子通信方式缔结的合同。

对于电子合同的理解分为广义和狭义两种。广义的电子合同是指经电子手段、光学手段或其他类似手段拟定的约定当事人之间权利与义务的契约形式,也即我们通常所指的用"数据电文"拟定的合同。联合国国际贸易法委员会于1996年12月通过的《电子商务示范法》第二条规定,数据电文是指"经由电子手段、光学手段或类似手段生成、发送、接收或存储的信息,这些手段包括但不限于电子数据交换(EDI)、电子邮件、电报、电传或传真"。狭义的电子合同是指由 EDI 方式拟定的合同。

电子合同被人们越来越广泛地应用于各行各业,甚至跨部门、跨国界,成为市场竞争中必不可少的竞争手段之一。由于电子合同能大大提高工作效率,使烦琐的审批手续、大量的单证制作成为历史,因此被广泛应用于海关、工商行政、税务及其他政府职能部门的业务审批工作。这样就可以把贸易链上制造商、批发商、代理商、零售商以及政府有关部门及其他行业,如仓储、运输、银行和保险等连成一体,从而达到降低成本、节约时效、提高效率、增强竞争力的目的。

2. 电子合同的特点

实际上,电子合同与传统的合同形式相比有许多明显的区别。在电子商务中,合同的意义和作用没有发生改变,但其形式却发生了极大的变化。电子合同主要具有以下特点:

1)要约、承诺通过互联网进行,订立合同的双方或多方大多是在网络虚拟市场上运作的,相互不见面,其身份依靠密码的辨认或者认证机构的认证。

2)合同的内容等信息都是记录在计算机或磁盘这些中介载体中,可以由智能化交易系统,即电子代理人自行流转和存储,其信用必须依靠密码的辨认或认证机构的认证。

3)电子合同所依赖的电子数据具有易消失性和易改动性。

4)电子商务合同和传统合同在订立、变更、解除方式上有很大的不同。传统合同的订立法律对其形式有着严格的规定,如口头形式在贸易上常常表现为店堂交易,商家所开具的发票作为合同的依据。电子商务合同的订立没有严格的形式要求,在电子商务中金额较小、关系简单的交易没有具体的合同形式,表现为直接通过网络订购、付款。例如,利用网络直接购买软件,这种形式没有发票,电子发票目前还只是理论上的设想。

5）电子商务合同和传统合同在合同成立的地点上有着明显的不同。传统合同的生效地点一般为合同成立的地点。电子合同根据不同的情况有着不同的规定，一般做法是以收件人的主营业地为合同成立的地点，没有主营业地的，其经常居住地为合同成立的地点。

6）电子商务合同和传统合同的生效形式不同。传统的书面合同是自双方当事人签字或者盖章时生效，手写签字和盖章还是合同真实性的证明。就电子合同而言，表示合同生效的传统签字和盖章方式被数字签字（即电子签名）所代替。

二、电子签名的法律问题

凡是能在电子通信中起到证明当事人的身份、证明当事人对文件内容的认可的电子技术手段，都可被称为电子签名。电子签名即现代认证技术的一般性概念，是电子商务安全的重要保障手段。

（一）电子签名的概念

电子签名是一个来源于电子计算机技术领域的概念。广义的电子签名是指通过一种特定的技术方案来鉴别当事人（主要指发件人和收件人）的身份及确保交易资料内容不被篡改的电子化安全保障措施，包括电子符号、标记、图形、计算机口令和个人特征辨别法。狭义的电子签名是指以一定的电子签名技术为特定手段的签名，通常指数字签名。数字签名是指只有信息发送者才能生成的，别人无法伪造的一段数字串，这一段数字串同时也是对发信者所发送信息真实性的一个证明。

从上述电子签名的定义中可以看出，电子签名的目的就是利用技术手段确认签署文件的发件人身份，有效保障传送文件内容不被当事人篡改，不能冒名顶替传送虚假资料，以及事后不能否认已发送或已收到相关资料等有关网上交易的安全性问题。

（二）电子签名的特点

《中华人民共和国电子签名法》对电子签名的效力问题进行了明确规定，即"可靠的电子签名"与手写签名或者盖章具有同等的法律效力。电子签名的特点如下。

1．确认主体身份

在电子签名过程中，私有密钥只能为发件者一人拥有，正常情况下，没有其他人可以拥有和使用。

2．确认内容的完整和准确性

因为原文经过多次加密和解密，以及公开密钥与私有密钥的完全对应性特征，所以经过电子签名的文件资料内容不能被轻易地篡改。

3．收付方验收证件过程是公开的

验证方在验证文件时使用的是发件方提供的公开密钥，任何人都可以验证。

三、电子认证的法律问题

在电子商务交易过程中，电子签名是从技术手段上对签名人身份做出辨认及能对签署文件的发件人与发出电子文件所属关系做出确认的方式。同时，还需要一个具有权威性公信力的第三方作为安全认证机构对公开密钥行使辨别及认证等管理职能,以防止发件人抵赖或减小因密钥丢失、被偷窃或被解密等风险,保护交易安全。电子认证就是在开放性的网络环境下,由第三方机构所提供的鉴别服务。

认证机构提供认证服务的做法是为用户颁发身份证书,用以标识其在网上的身份,运用证书实现签名、加解密功能,使电子合同等数据电文符合诉讼对证据的要求,获得法律的认可。目前,世界通用的做法是由在法律上取得合法地位的认证中心(CA)提供这项服务。CA确保所发证书的可靠性并达到法律要求的安全性标准。

(一)电子认证的程序

电子认证的具体操作程序为发件人在进行电子签名之前,必须将他的公开密钥送到一个经合法注册、具有从事CA认证服务许可证的第三方(即CA认证中心),登记并由该认证中心签发电子认证证书。然后,发件人将电子签名的文件同电子认证证书同时发送给对方。收件方经由电子认证证书佐证及电子签名的验证,即可确信电子签名文件的真实性和可信性。使用者从公开地方取得证明后,只要查验证明书内容确实是由CA机构所发,即可推断证明书内的公开密钥确实为该证明书内相对应的使用者本人所拥有。这样,该公开密钥持有者无法否认与之相对应的该密钥为他人所有,进而亦无法否认经该密钥所验证通过的电子签名为他人所签署。

(二)电子认证的机构

目前,国际上安全认证机构的设置主要有两种途径:①由国家有关职能部门下属单位直接设立,从事电子认证服务工作;②由政府相关部门授权,规定严格的审批条件和程序签发认证证书,同时行使监督权,以确保网络交易的安全性。

认证中心(CA)是提供身份验证的第三方机构,由用户信任的、具有权威性质的组织实体担任。认证中心扮演对买卖双方签约过程进行监督管理的角色,买卖双方有义务接受认证中心的监督。在整个电子商务交易过程中,它不仅要对进行网络交易的买卖双方负责,还要对整个电子商务的交易秩序负责。

四、电子支付的法律问题

电子支付是指从事电子商务交易的当事人,包括消费者、厂商和金融机构,通过信息网络,使用安全的信息传输手段,采用数字化方式进行的货币支付或资金流转。在电子支付流程中也产生了相应的法律问题。

(一)电子支付的种类

电子商务是一种以互联网为基础,以交易双方为主体,以银行电子支付和结算为手段,以客户数据为依托的全新商业模式。电子商务过程主要涉及3个方面的内容:信息、电子数据交换和电子资金转账。其中,电子支付的主要形式是网上支付,网上支付过程是电子商务的中心环节。网上支付是指完全利用网络来进行支付。它有速度快、交易成本低、周转灵活、节约空间等多种优点。

目前,国际通行的网上支付工具和支付手段主要有银行卡支付、第三方担保支付、电子支票、电子现金及网上银行等。

（二）有关电子支付的法律问题

电子支付相关的法律问题主要存在于两个方面：①支付工具的效力问题；②利用网络从事违法活动的防治与惩治问题。

1．电子支付工具的效力问题

网上银行，实质上是现实银行在网络上业务的拓展和延伸。随着网络技术的逐渐成熟，网上银行变得更快捷、方便安全，广大个人客户更倾向采取这种方法。随着个人收入的提高，个人客户与企业客户已经逐渐占到了同等重要的地位。面对如此巨大的个人金融市场，网上银行是最节约、最有效、最能接近小额零售业务客户的一种手段。由于客户与银行都会积极推进网上银行的建设，其效力一般不会出现问题。但对于电子支票和电子现金，因为其与传统法律有一定抵触，其效力存在一定的争议。

2．对电子支付违法活动的防治

以立法的方式填补电子支付法律体系中的空白，是解决我国传统支付法律制度不适应的根本途径，这不仅需要制定与电子支付相关的规范，而且对交易主体资格、信用、合同等多方面法律问题，都需要明确的规范来调整和制约。具体来说就是需要明确电子支付的当事人之间，包括付款人、收款人和银行之间的法律关系，制定相关的电子支付制度，认可电子签名的合法性。同时，还应出台防治对于电子支付数据的伪造、变造、更改、涂销问题的规则。目前，以支付宝、微信支付为代表的移动支付手段已经逐步普及，网联平台也于2017年年初上线，并要求所有支付机构都需要接入网联。在这种新的电子支付环境下，必须建立与之相适应的电子支付与结算的法律规范，消除电子支付发展的不利因素。

五、电子商务活动中的知识产权保护

按照世界知识产权组织的定义，知识产权是"智力创造的成果，如发明创造、文学艺术作品，以及商业中使用的标记、名称、图像和图案"。知识产权是一种无形的财产，具有专属性、排他性、地域性、时间性等特征。鉴于知识产权针对的是个人，因此知识产权保护也就成为拥有知识产权的个人的主要关注点。知识产权是现代社会构成的基础。知识产权在电子商务环境下包括商标权与域名、网络著作权、电子专利权等。

（一）商标权与域名

商标是商家用以区别其商品及服务的显著标记，这些标记包括文字、图案、字母、数字、形状、颜色或其他的可识别信息。商标必须要注册才能获得国家法律的保护。商标必须要有特色、新颖、没有欺骗性，才具备注册的资格。商标一旦注册成功，商家只要定期交纳注册费用，就可以永久使用。

商标的所有者拥有法律保护的唯一使用权：
1）将注册商标用于产品或服务。
2）在未经许可的情况下，禁止他人将商标用于与自己产品或服务相同或相似的产品或服务上。商标侵权要承担刑事责任。尤其是欺诈性地使用注册商标，包括以侵犯他人权利的商标销售或进口商品，使用或拥有伪造注册商标的设备。

域名是以数码代号为基础的网络名称,是在虚拟世界从事商务活动的入门标志。例如,www.sina.com就是新浪的域名。域名具有以下3个方面的法律特征:

(1)标识性　互联网上的不同用户是通过各自的域名来标识区分的。

(2)唯一性　域名在全球都是具有唯一性的,即每一个域名在全球范围内都是独一无二的。

(3)排他性　一个域名注册后,其他用户不能再申请和使用一样的域名。

(二)网络著作权

在网络环境下,著作权侵权行为主要体现在3个方面:将已发表在传统媒体上的作品上传;将网上作品下载到传统媒体上;不同网站、博客、空间等上的未经原作者允许进行转载。其具体表现如下:

1)未经原文学、艺术与非数字作品的著作权人授权或许可,将其作品数字化,登载于Internet上,向网络用户公开。

2)未经著作权人授权或许可,故意将他人拥有著作权的软件作品置于Internet上,致使任何用户可以随意取得。

3)未经著作权人授权或许可,使用、抄袭他人的主页、数据库等数字化作品。

4)设立网站,向一切互联网用户提供针对某一加密软件的解密技术和软件或该软件的解密版本、软件序列号、注册码、密码等。

对于上述的网络侵权行为,根据我国著作权法的规定,视侵权行为的情节分别承担民事责任、行政责任及刑事责任。

在互联网经营服务体系中,网络服务主体可分为互联网服务提供商(Internet Services Provider,ISP)和网络内容提供商(Internet Content Provider,ICP)。ISP提供网络连线、接入、链接等物理基础设施服务,一般为基础电信运营商;ICP提供各类作品、新闻等信息内容,包括电子公告板(BBS)、邮件新闻组、博客、微博、微信、威客、聊天室、网络云盘等有关内容服务提供者,一般为增值电信服务商。由于网络接入服务提供者和内容服务提供者对网络信息进行编辑控制的能力不同,各自应当承担的法律责任也不同。

互联网服务提供商(ISP)在链接他人网站时,因对网络信息内容不具备编辑控制能力,对信息内容的合法性没有监控义务,因而对他人在网络上实施的侵权行为没有主观过错。根据《中华人民共和国民法通则》第一百零六条的规定,在这样的情况下,不必承担法律责任,侵权的法律责任应由提供信息内容的行为人本人承担。互联网服务提供商,如果通过网络参与实施侵犯著作权的行为,或通过网络帮助、教唆他人实施侵犯著作权行为,根据《中华人民共和国民法通则》第一百三十条的规定,属于共同侵权,应当与直接实施侵权行为的人承担连带法律责任。

由于网络内容服务商(ICP)对网络信息内容具有一定的编辑控制能力,因此在明知侵权行为发生或经著作权合法所有人提出确有证据的警告后,负有实施移除侵权内容等措施以停止侵权内容继续传播的义务。如果互联网服务提供商违反该义务,那么主观上具有过错,客观上实施了不作为的侵权行为,根据《中华人民共和国民法通则》第一百三十条的规定,与行为人构成共同侵权,应当承担连带法律责任。

（三）电子专利权

1．专利权主体

专利权主体是指依法能够申请并获得专利权的人，既可以是自然人，也可以是法人。《中华人民共和国专利法》根据发明创造的性质，规定专利的主体有非职务发明创造的发明人或设计人、职务发明创造的所在单位、符合《中华人民共和国专利法》规定的外国人或外国企业等。

2．专利权客体

专利权客体是指专利权人的权利和义务所指向的对象，就是指依法取得专利权的发明创造。《中华人民共和国专利法》第二条规定："本法所称的发明创造是指发明、实用新型和外观设计。"因此，我国专利权客体的种类有3种：发明、实用新型和外观设计。其中，专利法所称的发明是指对产品、方法或者其改进所提出的新的技术方案，作为专利权客体的发明必须具有技术属性，必须是一种新的技术方案；实用新型是指对产品的形状、构造或两者结合所提出的适于实用的新技术方案；外观设计是指对产品的形状、图案或者其结合以及色彩与开头图案的结合所做出的富有美感并适于工业应用的新设计。

3．专利权人的权利和义务

按照《中华人民共和国专利法》规定，专利权人具有以下权利和义务：独占实施权、许可实施权、专利转让权、专利标记权、获得奖励和报酬的权利、公开发明创造内容的义务、交纳年费的义务。

4．专利权的授权条件

对于专利权的授权条件，《中华人民共和国专利法》第二十二条规定："授予专利权的发明和实用新型，应当具有新颖性、创造性和实用性。"一项发明或实用新型技术要取得专利权必须具备这三种性质，缺一不可。其中，新颖性是指在申请日以前没有同样的发明或实用新型在国内外出版物上公开发表过、在国内公开使用过或者以其他方式为公众所知，也没有同样的发明或实用新型由他人向国务院专利行政部门提出过申请并且记载在申请日以后公布的专利申请文件中；创造性是指同申请日以前已有的技术相比，该发明具有突出的实质性特点和显著进步，该实用新型有实质性特点和进步；实用性是指该发明或实用新型能够制造或者使用，并且能够产生积极效果。

5．电子专利申请

电子专利申请是指以互联网为传输媒介，以电子文件形式提出的专利申请，简称电子申请。随着网络技术的发展及网络应用范围的扩大，通过网络以电子形式申请专利，成为发明创造申请人及专利管理部门的共同需求。为此，我国国家知识产权局局令（第35号）发布了《关于电子专利申请的规定》，目的在于规范通过互联网以电子文件形式提出的专利申请有关的程序和要求。

按照该规定，发明、实用新型和外观设计专利申请均可采用电子文件形式提出。提交电子专利申请和相关文件的，应当遵守用户协议中规定的文件格式、数据标准、操作规范和传输方式。对于电子专利申请，国家知识产权局以电子文件形式向申请人发出各种通知书、决定和其他文件的，申请人应当按照用户协议规定的方式获取。专利法及其实施细则和审查指南中关于专利申请和相关文件的所有规定，除专门针对以纸件形式提交的专利申请和相关文件的规定之外，均适用于电子专利申请。

六、电子商务的消费者权益的保护

传统消费者权益保护法对消费者权益保护的规定能否适用于电子商务活动，是网络环境下各国立法机关和法院面临的重要问题。电子商务的经营方式、商业流程、管理机制都与传统商业活动存在很大的差异，传统法律的某些规定已经不能适应这一新型的商业模式带来的问题。但是应该看到，无论是发达国家还是发展中国家，各国立法机关在保护网上消费者权益的目标上是一致的，在立法方面的尝试也是不遗余力的。

我国电子商务消费者权益保护的立法是渐进的过程。其中，《中华人民共和国消费者权益保护法》是我国保护消费者权益的基本法。在网上消费者权益保护方面，已经形成了以《中华人民共和国消费者权益保护法》为核心，以《中华人民共和国民法通则》《中华人民共和国合同法》《中华人民共和国产品质量法》《中华人民共和国反不正当竞争法》《计算机信息网络国际联网安全保护管理办法》等法律法规为重要补充的法律制度。

《中华人民共和国消费者权益保护法》对消费者所享有的权利做出了规定：人身财产安全的权利、知情权、选择自主权、公平交易权、获得赔偿的权利、退货权。其中，消费者的知情权和退货权在电子商务交易中具有更重要的意义。

第三节 电子商务治理和立法现状

一、全球电子商务立法现状

电子商务治理和立法是全球课题。国际组织和世界各国在促进和规范电子商务发展方面的实践和经验，值得我们借鉴。具体情况表现在以下三个方面。

1. 加强规划引导，保障各方权益

在营造电子商务基础发展环境方面：美国政府从基础设施、税收政策等方面为电子商务早期快速成长创造了宽松有利的环境。1993年，美国政府将互联网发展提升为国家战略，实施了"信息高速公路"计划。1996年成立了电子商务跨部门工作组，制定电子商务发展政策，积极推进电子商务全球自由贸易，通过互联网开辟国际贸易自由区和免税区，将信息科技的优势转化为商贸优势，以电子商务发展推动全美经济持续增长。日本在内阁设立IT（信息技术）推进战略本部，负责制订实施有关IT促进计划。欧盟制定《单一数字市场战略规划》。英国、法国、德国等也加强信息基础设施建设，积极创造电子商务发展的基础环境。

在保障电子商务各方合法权益方面：目前已有30多个国家和地区制定了电子商务相关法律法规，从信息安全、知识产权、隐私保护等方面保障企业和消费者权益，防范和打击不法行为。美国制定了《互联网税收不歧视法案》《网络安全法案》。加拿大制定了《反网络诈骗法》。欧盟制定了《电子商务指令》《电子通信领域个人数据处理和隐私保护指令》《消费者纠纷网上解决机制条例》《一般数据保护条例》。英国制定了《电子商务条例》。

2. 统筹线上线下，维护公平竞争

为推动实体经济和虚拟经济深度融合发展，维护市场公平竞争，各国政府开始在政策和立法层面努力保持线上线下一致，针对电子商务的特殊性问题，提出新的政策措施，并做好与现有法律的衔接。

美国参议院于2013年、2015年先后两次通过《市场公平法案》，试图将电子商务税收从个别征收扩展至普遍要求。根据法案，电子商务企业向消费者收取消费税，企业所在州政府向企业收取销售税，从而避免电子商务免税政策带来的不公平竞争和税收流失问题。但由于各方争议较大，法案在众议院并未通过。

对于金融、媒体和通信等有市场准入限制的行业，各国政府对互联网及电子商务企业和传统企业也是一视同仁，均要求遵守现行法规。例如：美国将网络借贷（P2P）、众筹等互联网金融纳入传统金融监管框架，美证监会要求对网络借贷公司实行注册制。新西兰规定，所有允许传统经营方式进入的领域必须无差别地向互联网和电子商务开放。

3．构建国际规则，争取本国权益

国际组织积极构建多边法律框架。在电子商务税收、数字化服务市场准入、跨境数据流动、信息安全等领域积极开展研究，探索建立适应网络经济发展的国际规则体系，为各国电子商务立法衔接与规则统一提供框架体系。联合国贸易法委员会（UNCITRAL）于1996年通过了《电子商务示范法》，2001年通过了《电子签名示范法》、2005年通过了《电子合同公约》、2016年通过了《关于网上争议解决的技术指引》。目前正在制定《电子可转让记录示范法》。世界贸易组织（WTO）成员自1998年开始讨论电子传输及数字化产品的世贸规则如何适用等问题，目前就通过电子方式传输临时性免征关税达成一致。经济合作与发展组织（OECD）1998年发布《关于电子商务中消费者保护指南》《电子商务税收政策框架条件》。亚太经合组织（APEC）1998年发布《APEC电子商务行动蓝图》，并设立电子商务工作指导组，其成员经济体于2004年签署《APEC隐私保护框架》。

各国基于产业利益展开博弈。各国对电子商务议题关注度高，但从保护本国市场和相关产业国际竞争优势出发，国家之间谈判立场和原则存在分歧。美国在数字产品及服务领域占据优势，在国际场合大力倡导其提出的数字贸易规则。主要包括：主张自由开放的互联网、禁止对数字产品征收关税、促进跨境数据流动、保护关键源代码、反对服务器本地化、推广创新型加密产品等。上述内容特别是跨境数据流动、数字产品市场准入、服务器本地化等敏感问题，在国际上存在较大分歧和争议。欧盟在互联网市场并不占据优势，主要关注个人数据保护等内容。德国还针对微软、苹果、亚马逊、谷歌和脸书等美国互联网企业展开反垄断调查。发展中国家则更多主要关注改善电信、物流等基础设施，以及加强合作和能力建设等。

二、我国电子商务立法现状

我国电子商务立法伴随着电子商务的开展而逐渐推进并完善，体现了"地方先行、行业先行"的特点，即立法首先以地方法规的形式出现，或者在行业中通过对相对成熟的规则进行总结，最后上升为国家层次的立法。我国在发展电子商务方面，不仅要重视私营、工商部门的推动作用，同时也应加强政府部门对发展电子商务的宏观规划和指导，并为电子商务的发展提供良好的法律法规环境。但是，总体上我国的电子商务立法相对滞后于世界上的发达国家。

我国的电子商务立法有广义和狭义之分。广义的电子商务立法包括一些涉及电子商务的立法。例如,《中华人民共和国合同法》中关于数据电文的规定,属于广义的电子商务立法。广义的电子商务立法还包括我国最高人民法院做出的司法解释,这些司法解释主要有《最高人民法院关于审理扰乱电信市场管理秩序案件具体应用法律若干问题的解释》《最高人民法院关于审理涉及计算机网络著作权纠纷案件适用法律若干问题的解释》《最高人民法院关于审理涉及计算机网络域名民事纠纷案件适用法律若干问题的解释》等。狭义的电子商务立法是指适用于我国的关于电子商务的基本法,即《中华人民共和国电子签名法》。

三、我国目前电子商务相关法律规范

目前,我国电子商务领域立法多为实质意义上的电子商务法,属于广义上的电子商务法,以计算机和网络内容管制居多。近年来通过的比较重要的法律、法规以及政策性规定乃至行业规范,主要有《中华人民共和国合同法》《中华人民共和国电子签名法》、国务院《关于加快电子商务发展若干意见》《电子支付指引》《网上交易指导》《互联网电子邮件服务管理办法》等。

1.《中华人民共和国合同法》

1999年,第九届全国人大第二次会议通过的《中华人民共和国合同法》第十一条规定:"书面形式是指合同书、信件和数据电文(包括电报、电传、传真、电子数据交换和电子邮件)等可以有形地表现所载内容的形式。"我国为了保护电子商务的发展,将数据电文归于书面形式,具有书面形式的法律效力。尽管这种立法体例与全球普遍做法相违背,而且并未从根本上改变以书面形式进行重大交易行为的规范体系,但其明显的进步性是不能否认的,客观上推动了电子商务的发展。

2.《中华人民共和国电子签名法》

2004年8月28日,《中华人民共和国电子签名法》通过,并于2005年4月1日正式实施。这是我国电子商务和信息化领域第一部专门的法律,通过确立电子签名法律效力、规范电子签名行为、维护有关各方合法权益,从法律制度上保障电子交易安全,促进电子商务和电子政务的发展,同时为电子认证服务业的发展创造了良好的法律环境,为我国电子商务安全认证体系和网络信任体系的建立奠定了重要基础。

为了配套《中华人民共和国电子签名法》的实施,国家信息产业部2005年2月8日发布了《电子认证服务管理办法》后,工业和信息化部又重新进行修订。新的《电子认证服务管理办法》于2009年2月4日经中华人民共和国工业和信息化部第六次会议审议通过,自2009年3月31日起施行。原中华人民共和国工业和信息化部2005年2月8日发布的《电子认证服务管理办法》(中华人民共和国信息产业部令第35号)同时废止。《电子认证服务管理办法》以电子认证服务机构为主线,重点围绕电子认证机构的设立、电子认证服务行为的规范,对电子认证服务提供者实施监督管理等内容做出明确的规定。2005年3月31日,国家密码管理局颁布了《电子认证服务密码管理办法》,主要规定了面向社会公众提供认证服务应使用商业密码,明确了电子认证服务提供者申请"国家密码管理机构同意使用密码的证明文件"的条件和程序。

3. 国务院《关于加快电子商务发展的若干意见》

国务院在2005年12月出台了《关于加快电子商务发展的若干意见》,这是我国发展电子商务的重要政策之一。其中,强调了电子商务对国民经济和社会发展的重要作用,规定了加快电子商务发展的指导思想和基本原则，将完善政策法规环境、规范电子商务发展置于很高的地位。

4.《电子支付指引》

针对网上银行被盗现象的频繁发生，2005年10月26日，中国人民银行发布了《电子支付指引（第一号）》，对电子支付活动的业务规则、操作规范、交易认证方式、风险控制、参与各方的权利义务等进行规范，防范支付风险，维护电子支付交易参与者的合法权益，确保银行和客户资金的安全。电子支付是电子商务的重要一环，直接关系到电子商务的顺利开展。这些措施对防范电子支付风险，保障客户资金安全发挥积极作用。

5.《网上交易指导》

为了推动网上交易健康发展，逐步规范网上交易行为，帮助和鼓励网上交易各参与方开展网上交易，警惕和防范交易风险，依据国务院办公厅《关于加快电子商务发展的若干意见》（国办发[2005] 2号）以及相关法律法规，商务部于2007年发布了《关于网上交易的指导意见（暂行）》（即《网上交易指导》）。《网上交易指导》并不属于立法，只是政府对网上交易的一种指导，但并不是说《网上交易指导》就没有强制力，在国家立法没有规定的情况下，法院可以参照《网上交易指导》进行判决。

6.《互联网电子邮件服务管理办法》

互联网的飞速发展，使电子邮件的使用大众化，垃圾邮件也应运而生。垃圾邮件已经成为网络公害，使电子邮件营销的效用渐渐丧失。信息产业部出台了《互联网电子邮件服务管理办法》，并于2006年3月30日起实施，对垃圾邮件的定义、邮件的发送规则及发送垃圾邮件的法律责任都做了明确规定。

7.《网络文化市场执法工作指引》

2012年12月，文化部印发了《网络文化市场执法工作指引（试行）》，提出：查处网络游戏等互联网文化活动，应依照实施违法经营行为的企业注册地或者企业实际经营地进行管辖；没有许可或者备案的，由该网站服务器所在地管辖；查处侵犯信息网络传播权的违法行为的，由侵权行为或者侵权人住所地进行管辖。

8.《关于加强网络信息保护的决定》

2012年9月，全国人民代表大会常务委员通过了《关于加强网络信息保护的决定》，规定：国家保护能够识别公民个人身份和涉及公民个人隐私的电子信息，从而奠定了国家对公民隐私及个人电子信息的基本保护原则。网民如遇到骚扰、诈骗信息，可以要求电信运营商加以处理，甚至向其主管部门投诉。

9.《最高人民法院、最高人民检察院关于办理利用信息网络实施诽谤等刑事案件适用法律若干问题的解释》

2013年9月，最高人民法院召开新闻发布会，发布《最高人民法院、最高人民检察院关于办理利用信息网络实施诽谤等刑事案件适用法律若干问题的解释》（以下简称《解释》）。这个总共10条的司法解释，通过厘清信息网络发表言论的法律边界，为惩治利用网络实施诽谤等犯罪提供了明确的法律标尺，从而规范网络秩序、保护人民群众合法权益。根据解释，"捏造损害他人名誉的事实"或"将信息网络上涉及他人的原始信息内容篡改为损害他人名誉的事实"，在信息网络上散布，或者组织、指使人员在信息网络上散布的，即可认定为"捏造事实诽谤他人"。同时规定，"明知是捏造的损害他人名誉的事实，在信息网络上散布,情节恶劣的,以'捏造事实诽谤他人'论"。

《解释》规定,有下列情形之一的,应当认定"情节严重":①同一诽谤信息实际被点击、浏览次数达到5 000次以上,或者被转发次数达到500次以上的;②造成被害人或者其近亲属精神失常、自残、自杀等严重后果的;③两年内曾因诽谤受过行政处罚,又诽谤他人的;④其他情节严重的情形。

10．电子商务行业规范

在电子商务法律不太完善的情况下,行业规范是一种重要的补充,能够规范和引导电子商务企业走上健康有序的竞争之路。在各行业协会的组织下,出台了一批行业规范。2005年,中国电子商务协会组织网络交易平台服务商共同制定的《网络交易平台服务规范》,被称为电子商务领域的首个行业规范。其确立了网络交易平台提供商的责任和权限,对网络交易服务进行了全面的规范。面对互联网恶意软件的盛行,网民的各种权益受到损害,中国互联网协会也采用行业自律的形式,组织对恶意软件的讨论并加以定义,并于2006年12月27日组织会员单位签署了《抵制恶意软件自律公约》。2016年6月,浙江省发布《电子商务公共服务中心管理与服务规范》。

11．《中华人民共和国网络安全法》

2016年11月,为了保障网络安全,维护网络空间主权和国家安全、社会公共利益,保护法人和其他组织的合法权益,促进经济社会信息化健康发展,全国人大通过了《中华人民共和国网络安全法》,明确了网络产品及服务经营者相关的责任义务,为我国网络信息安全保驾护航。

12．《网络购买商品七日无理由退货暂行办法》

在2014年开始实施的新《消费者权益保护法》针对以网络购物等新型消费方式,设立了七日无理由退货制度,加大消费者权益保护力度。由于该制度规定较为原则,在实施过程中出现了一些新情况新问题。例如:对商品性质不宜退货的适用范围存在不同理解,交易过程中部分经营者没有对不适用无理由退货的商品进行明确标注,没有"一对一"确认;对商品完好标准的界定存在争议,部分经营者因消费者拆开外包装查验商品而拒绝无理由退货,甚至要求包装必须完整、商品不得拆封试用;对于退货的程序、环节没有详细规定,容易导致发生消费纠纷等。对此,社会各界要求对七日无理由退货制度进行细化。为保障《消费者权益保护法》七日无理由退货规定的实施,保护消费者合法权益,促进电子商务健康发展,根据《消费者权益保护法》等相关法律、行政法规,国家工商行政管理总局发布了《网络购买商品七日无理由退货暂行办法》,共7章39条,自2017年3月15日起施行。

13．《电子商务法》

2018年8月31日下午举行的第十三届全国人大常委会第五次会议上,经过四次审议的《电子商务法》获得表决通过。自从2016年12月《电子商务法(草案)》提请第十二届全国人大常委会初次审议到表决通过,历时一年半的《电子商务法》正式亮相,并于2019年1月1日正式实施。

四、解读《电子商务法》

《电子商务法》共分七章,包括总则、电子商务经营者、电子商务合同的订立与履行、电子商务争议解决、电子商务促进、法律责任和附则。《电子商务法》具体内容解读如下：

1. 卖家侵权，平台承担连带责任

《电子商务法》规定：电子商务平台经营者知道或者应当知道平台内经营者销售的商品或者提供的服务不符合保障人身、财产安全的要求，或者有其他侵害消费者合法权益行为，未采取必要措施的，依法与该平台内经营者承担连带责任。

2. 未尽到安全保障义务，平台承担相应的责任

《电子商务法》规定：对关系消费者生命健康的商品或者服务，电子商务平台经营者对平台内经营者的资质资格未尽到审核义务，或者对消费者未尽到安全保障义务，造成消费者损害的，依法承担相应的责任。

3. 侵权售假未保障安全的，处以高额罚款

《电子商务法》规定：电子商务平台经营者违反本法规定，对平台内经营者侵害消费者合法权益行为未采取必要措施，或者对平台内经营者未尽到资质资格审核义务，或者对消费者未尽到安全保障义务的，由市场监督管理部门责令限期改正，可以处五万元以上五十万元以下的罚款；情节严重的，责令停业整顿，并处五十万元以上二百万元以下的罚款。

4. 电子商务经营不得强制搭售

《电子商务法》规定：电子商务经营者搭售商品或者服务，应当以显著方式提请消费者注意，不得将搭售商品或者服务作为默认同意的选项。

5. 电子商务物流快递员不征求同意不能直接把快递放驿站

《电子商务法》规定：快递物流服务提供者在交付商品时，应当提示收货人当面查验；交由他人代收的，应当经收货人同意。

7. 明确界定《电子商务法》的调整范围

因为电子商务具有跨时空、跨领域的特点，所以《电子商务法》把调整范围严格限定在中华人民共和国境内，限定在通过互联网等信息网络销售商品或者提供服务，因此对金融类产品和服务，对利用信息网络提供的新闻、信息、音视频节目、出版以及文化产品等方面的内容服务都不在这个法律的调整范围内。

8. 促进电子商务产业发展

电子商务属于新兴产业，所以《电子商务法》就把支持和促进电子商务持续健康发展摆在首位，拓展电子商务的空间，推进电子商务与实体经济深度融合，在发展中规范，在规范中发展。所以法律对于促进发展、鼓励创新做了一系列的制度性的规定。

9. 加强对消费者权益保障

在电子商务有关三方主体中，最弱势的是消费者，其次是电商经营者，最强势的是平台经营者。《电子商务法》均衡地保障了电子商务这三方主体的合法权益，适当加重了电子商务经营者，特别是第三方平台的责任义务，适当加强了对电子商务消费者的保护力度。

10. 较强法律衔接

《电子商务法》是电子商务领域的一部基础性的法律，但因为制定得比较晚，所以其中的一些制度在其他法律中间都有规定，所以《电子商务法》不能包罗万象。《电子商务法》主要针对电子商务领域特有的矛盾来解决其特殊性的问题，在整体上能够处理好其与已有的一些法律之间的关系，重点规定其他法律没有涉及的问题，弥补现有法律制度的不足。

例如：在市场准入上与现行的商事法律制度相衔接；在数据文本上与《合同法》和《电子签名法》相衔接；在纠纷解决上，与现有的《消费者权益保护法》相衔接；在电商税收上与现行《税收征收管理法》和税法相衔接；在跨境电子商务上，与联合国国际贸易法委员会制定的《电子商务示范法》等国际规范来相衔接。

第四节 电子商务从业人员职业道德

人类总是面临着多种多样的选择，如经济选择、政治选择、文化选择、道德选择等。道德选择是其中最为基本的选择形式，对人类自身的完善具有最为特殊的意义。较之主流文化的引导与道德规范的建构，道德选择带有更多的自愿性、自主性、自律性。它是在一定的道德理想和道德价值的指导下进行的，能体现道德主体的道德修养与道德水平。电子商务有取代传统商务活动成为主流的趋势，电子商务从业人员的职业道德选择在电子商务活动中同样具有重大意义。

一、电子商务职业的含义

职业是人们维持生计，承担社会分工角色，发挥个性才能的一种持续进行的社会活动。职业也可以理解为人们参与社会分工，利用专门知识、技能为社会创造物质财富或精神财富，获取合理报酬，作为物质生活来源并满足精神需求的工作。电子商务的发展已经使其从业人员在承担社会分工的基础上，获得了合理的报酬，并发挥了个性才能，是一个新兴的职业。随着电子商务产业的蓬勃发展，电子商务行业从业人员的数量也在迅速上升。

二、职业道德的含义

所谓职业道德，是社会上占主导地位的道德或阶级道德在职业生活中的具体体现，是人们在履行本职工作中所遵循的行为准则和规范的总和。狭义的理解，职业道德是指在一定职业活动中应遵循的、体现一定职业特征的、调整一定职业关系的职业行为准则和规范。职业道德的主要作用是通过调节职业关系，维护正常的职业活动秩序。作为道德在职业实践活动中的具体体现，企业员工职业道德涵义包括以下8个方面：

1）职业道德是一种职业规范，受社会普遍的认可。
2）职业道德是长期以来自然形成的。
3）职业道德没有确定形式，通常体现为观念、习惯、信念等。
4）职业道德依靠文化、内心信念和习惯，通过员工的自律实现。
5）职业道德大多没有实质的约束力和强制力。
6）职业道德的主要内容是对员工义务的要求。
7）职业道德标准多元化，代表了不同企业可能具有不同的价值观。
8）职业道德承载着企业文化和凝聚力，影响深远。

三、电子商务从业人员的职业道德

现代信息技术的发展将电子商务理论和技术带入服务领域、商品流通领域和产品生产领域，使传统意义上的服务、商品流通、产品生产等概念和内涵发生了理念上的变化。随着信息技术的发展，商务—计算机—信息一体化的电子商务成为企业发展的必然趋势。我国开始推行电子商务从业人员的职业培训，并加强电子商务从业人员的职业操行教育。

为了适应我国互联网时代的竞争形势，电子商务从业人员的培训工作必须紧扣当前社会经济和科技文化变革的时代脉搏。作为21世纪的新型人才，电子商务从业人员必须提高自身素质，加强职业道德修养。

职业道德是人们在一定的职业活动范围内所遵守的行为规范的总和。电子商务从业人员的职业道德是对电子商务人员在职业活动中的行为规范。电子商务从业人员的职业道德修养，主要是指职业责任、职业纪律、职业情感以及职业能力的修养。优良的职业道德是新时期电子商务从业人员高效率从事电子商务工作的规范，是电子商务从业人员职业活动的指南，也是电子商务从业人员自我完善的必要条件。

电子商务从业人员职业道德规范主要包括以下8个方面。

1. 忠于职守、坚持原则

各行各业的工作人员，都要忠于职守，热爱本职工作，这是职业道德的一条主要规范。作为电子商务从业人员，忠于职守就是要忠于电子商务从业人员这个特定的工作岗位，自觉履行电子商务从业人员的各项职责，认真辅助领导做好各项工作。电子商务从业人员要有强烈的事业心和责任感，坚持原则，注重社会主义精神文明建设，反对不良思想和作风。

2. 兢兢业业、吃苦耐劳

电子商务从业人员的工作性质决定了从业人员不仅要在理论上有一定的造诣，还要具有实干精神。能够脚踏实地、埋头苦干、任劳任怨；能够围绕电子商务开展各项活动，招之即来，来之能干。在具体而紧张的工作中，能够不计较个人得失，有吃苦耐劳的精神。

3. 谦虚谨慎、办事公道

电子商务从业人员要谦虚谨慎、办事公道，对领导、对群众都要一视同仁，秉公办事，平等相待。切忌因人而异，亲疏有别，更不能趋附权势。只有谦虚谨慎、公道正派的电子商务从业人员，才能做到胸襟宽阔，在工作中充满朝气和活力。

4. 遵纪守法、廉洁奉公

遵纪守法、廉洁奉公是电子商务从业人员职业活动能够正常进行的重要保证。遵纪守法是指电子商务从业人员要遵守职业纪律和与职业活动相关的法律、法规，遵守商业道德。廉洁奉公是高尚道德情操在职业活动中的重要体现，是电子商务从业人员应有的思想道德品质和行为准则。它要求电子商务从业人员在职业活动中坚持原则，不利用职务之便或假借领导名义谋取私利。要以国家、人民和本单位整体利益为重，自觉奉献，不为名利所动，以自己的实际行动抵制和反对不正之风。

5. 恪守信用、严守机密

电子商务从业人员必须恪守信用，维护企业的商业信用，维护自己的个人信用。要遵守诺言，遵守时间；言必信，行必果。在商务活动中，电子商务人员应当严格按照合同办事。通过网络安排的各种活动，自己要事先做好准备工作，避免因个人的疏忽对工作造成不良影响。严守机密是电子商务从业人员的重要素质。电子商务从业人员的一个显著特点是掌握的机密较多，特别是商业机密。因此，要求电子商务从业人员必须具备严守机密的职业道德，无论是上机操作还是文字工作都要严格遵守国家的有关保密规定，自觉加强保密观念，防止机密泄露。发现盗窃机密的行为和盗窃机密的不法分子，应作坚决斗争，并应及时报告公安、保密部门。

6. 实事求是、工作认真

电子商务从业人员要坚持实事求是的工作作风，一切从实际出发，理论联系实际，坚持实践是检验真理的唯一标准。电子商务从业人员工作的各个环节都要求准确、如实地反映客观实际，从客观存在的事实出发。在工作中，切忌主观臆断、捕风捉影，分析问题必须从客观实际出发。

7. 刻苦学习、勇于创新

电子商务从业人员工作头绪繁多、涉及面广，要求电子商务从业人员有尽可能广博的知识，做一个"通才"和"杂家"。现代社会科学技术的发展突飞猛进，知识更新速度加快，因此电子商务从业人员应该具有广博的科学文化知识，以适应工作的需要。

作为电子商务从业人员，对自身素质的要求应更严格、更全面，甚至更苛刻一些。是否具有良好的素质，对于做好电子商务工作是一个非常重要的问题，也是评价电子商务从业人员是否称职的基本依据。因此，电子商务从业人员必须勤奋学习、刻苦钻研，努力提高自身的思想素质和业务水平。

现在各行各业的劳动者，都在破除旧的观念，勇于开创新的工作局面。作为复合型人才的电子商务从业人员更应具有强烈的创新意识和精神。要勇于创新，不空谈、重实干，在思想上是先行者，在实践上是实干家，不断提出新问题，研究新方法，走出新路子。

8. 钻研业务、敬业爱岗

从发展的角度看，电子商务从业人员必须了解和熟悉与自身职业有直接或间接关系的领域的新成果，才能更好地掌握电子商务从业人员工作的各项技能。

电子商务从业人员要根据自身分工的不同和形势发展的需要，掌握电子商务交易所需要的技能，如计算机技能、网络技能、网络营销技能、电子支付技能等。这些技能都必须随着电子商务技术的发展和自身工作的需要，在实践中不断地学习和提高。同时，电子商务从业人员应掌握电子商务交易中的各种管理知识，将网络技术与商业管理结合起来，提高企业应用电子商务的能力，促进企业经济效益的提高。

小案例

薛某是北京某知名高校心理系的学生，其利用 Internet，通过美国密歇根州某高校的网站向该校申请奖学金。后来，薛某收到这家高校的电子邮件，邮件的内容是该校准备为其提供 1.3 万美元奖学金。可是，不久薛某又收到这所大学的另外一封电子邮件，内容是向薛某声明取消该项奖学金，并且说明原因是薛某已经接受了其他学校的邀请，所以失去了获得该项奖学金的权利。

事后，薛某发现后来的那份电子邮件竟然是自己的同学张某冒名顶替发出的。正是这份电子邮件使她的留学梦化为泡影。一气之下，薛某将同学张某告上法庭，要求张某对其造成的损失进行赔偿。

薛某起诉张某的依据是，可以证明在向美国大学发出拒绝信的当天只有张某一人在实验室，并且在发出拒绝信的 4 分钟前，张某曾用同一台计算机往美国发送过其他的电子邮件。实验证明，关机后重新开启该计算机需要运行 5 分钟后方可进入发送电子邮件的状态。而且，还有人证明张某当时确实发送过电子邮件，并在完成电子邮件发送之后与薛某一起回到宿舍。虽然张某对其所发电子邮件的内容和对象拒绝透露，在当时的环境下，不可能有其他的人在4分钟之内用同一计算机向美国发出拒绝邮件。被告张某则认为没有直接证据证明拒绝信的发出是其所为，本案中不排除是其他人通过修改计算机的编号作案的可能性。

法院最后判决，薛某胜诉，由被告张某赔偿原告薛某人民币3万元。

【点评】当事人身份的认定对于任何法律关系来说，都是重要的，而对于网络活动当事人的身份认定则显得更为重要。在本案中不仅涉及当事人身份认定的问题，还涉及电子签名和电子证据的效力、侵权行为等多个相关问题。

1. 电子合同当事人的确认问题

在本案中，因美国的学校无法对薛某身份加以辨别，直接影响到电子商务的安全性和可信性。因此，在商务交易中如何确认当事人身份的问题成为直接影响电子商务发展的障碍，也成为界定当事人权力义务关系所必须重视的法律问题。如果签订书面确认书或者以双方协议的形式实施电子签名则可避免上述问题。

2. 电子证据的效力问题

电子证据是以通过计算机存储的材料和证据证明案件事实的一种手段。它最大的功能是存储数据和资料，并能综合、连续地反映与案件有关的资料数据。但是，电子证据的物质载体是电磁脉冲，行为人蓄意操作、改变数据或程序，或者截收、监听等对电子证据的数据表示都可能造成无法挽回的影响。因为，计算机信息是采用二进制数据表示的，以数字信号的方式存在，而数字信号是非连续性的，所以如果有人故意或因差错对电子证据进行删节、剪接，从技术角度上是无法查清的。在本案中认定被告张某侵权的证据均为间接证据，而其中大部分是电子证据。众所周知，由于电子数据存在被删改的可能性，所以其效力的认定将成为审理这类案件的关键问题。本案最后达成调解原因就在于此。原告所掌握的证据不能够直接证明被告侵权行为的存在，但同时这些证据又可以推出是被告冒名顶替发出了拒绝信。被告方面，别人也只能猜测其修改可能性的存在，被告却无法证明自己并没有进行侵权行为。在这种情况下，由于法院无法根据电子证据判定侵权责任的所在，因此法院适时地进行了调解，才使得纠纷得以解决。从本案可以看出，电子证据的认定及法律效力还是互联网及电子商务法律领域的瓶颈。

杰出人物　章燎原

章燎原，男，1976年出生，安徽绩溪人。现任安徽三只松鼠电子商务有限公司创始人兼CEO；中国坚果协会高级专家，淘宝网天猫商城首届智囊团导师，优米网创业导师。在电商界人称"松鼠老爹——章三疯"。实战派、革命派的草根战略营销者，擅长细分品牌定位、蓝海市场开拓。

2003年起，章燎原曾先后担任安徽詹氏食品有限公司区域经理、营销总监、董事总经理。将"詹氏"山核桃采取细分品类突围，并定位于徽派文化，2010年实现销售近2亿元。2011年，创建詹氏公司网络坚果子品牌"壳壳果"，提出细分品类品牌以及15天新鲜坚果概念，8个月销售即超过1000万，被誉为电商界的一匹黑马。在此期间，因其曾快速打造"壳壳果"网络坚果品牌，而被业界称之为"壳壳老爹"。

2012年2月，章燎原在本命年之际，提出"这是创造电商品牌最后的机会，也是一场基于互联网时代的营销革命"，并辞去安逸的职业经理人职务，带领一批89后创业团队，创立了"三只松鼠"互联网食品品牌,并提出"森林食品"定位。章燎原任职业经理人期间曾用10年时间打造出安徽最知名的农产品品牌,一年时间打造出网络知名坚果品牌。较强的品牌营销理念以及草根出身的背景,使他能够迅速地掌握消费心理,在电商业界素有"电商品牌倡导者"的称号。

虽然也是从坚果切入,但三只松鼠定位于"森林系",倡导"慢食快活"的生活方式。更宽泛的产品种类和抽象的品牌定位已经跨越了章燎原驾轻就熟的"坚果电商"这样细分的实物形象,其驾驭难度要大得多。但章燎原认为营销定位的根本在于背后的支撑资源。显然,有经验、有渠道、有资金,他觉得自己有这个底气。

三只松鼠上线63天日销售上千单,65天成为天猫坚果行业销量第一,创造了中国电商行业发展的奇迹,尤为可贵的是,三只松鼠并没有完全以低价的方式推广,而且保持了优秀产品品质和服务体验。

图 9-1　三只松鼠首页

2016年11月11日24时,三只松鼠"双十一"单日全网交易额达到5.08亿元。与2015年同日2.66亿元的销售额相比,数额增长了90%。财务数据显示,三只松鼠在2016年实现44.23亿收入,同比增长116.47%,净利润2.37亿元,同比暴增2 535%。这份亮眼的成绩单,足以让业内同行咋舌。

三只松鼠的成功是与下面因素相关的。

首先,三只松鼠踩对了淘宝红利的时机。2012年是大家公认的电商红海比2011年还红的时候,三只松鼠恰好把握了时机,横空出世,每一步都踩在了互联网发展的节奏上。如果今天,别说150万美金,就算给你一个亿,让你在天猫做出一个三只松鼠,你也未必能成功,因为淘宝红利的出口没了。2012年以前,国内已经有很多做的很不错的零食品牌了,比如来伊份、良品铺子、百草味等,但是这些品牌基本上都是以传统的线下为主,线上依然是一片空白。当时80后、90后的消费习惯慢慢从瓜子延伸到了坚果,而坚果是一个门槛极低的初加工产品,任何人都可以进入这个行业,但品牌不会从这样一个街边店铺或农贸市场诞生。所以,三只松鼠抓住了这个机遇,在前端营销方面采取直接、粗暴、低价的方式，使得有需求的消费者很容易接触到这个产品和品牌。

第二就是在用户体验方面，三只松鼠做得非常好。想做好销售行业，首先你得提升用户黏性，也就是让用户记住你。三只松鼠这个名字就很好记，中国人都很喜欢三这个数字，三个火枪手、三只小猪、三人行必有我师、飞流直下三千尺。而且，也没有人会拒绝一只可爱的小动物，所以三只松鼠应运而生。其次语言沟通上，创始人章燎原认为，从语言沟通上以一个松鼠宠物口吻来和顾客交流，称顾客为主人，甚至可以撒娇，会让人更容易记住。当你在淘宝购物的时候，所有的人店铺客服都喊你亲，你一定不会记住这家店，突然有个人撒娇地喊你主人，就会觉得很稀奇，很容易就记住了。

同时在细节服务上，三只松鼠也做得很好。我相信很多网购的人，都有过这样的苦恼，拿到包裹没有工具，不知道该从哪里下手打开，三只松鼠在包装盒上附上一个松鼠造型的开箱器，盒内还有果壳袋和擦手用的湿纸巾，三只松鼠在许多细节上超过客户预期的期待，也开创了互联网销售超越用户体验的先河。在成立之初的第一个"双十一"，三只松鼠的策略是在淘宝疯狂地投广告吸引流量。那时的广告价格比较低，但敢像三只松鼠这样花钱的竞争对手几乎没有。所以通过大范围曝光，三只松鼠店铺很轻松地吸引到了大量粉丝。果然，前期的投入获得了非常好的效果，2012年的"双十一"，三只松鼠卖了766万，刷新了天猫食品行业单店日销售额最高纪录，拿下了零食类销售第一名，这也为三只松鼠的成功奠定了基础。2017年的"双十一"，三只松鼠实现成交额5.22亿元，其天猫旗舰店的销售额连续六年位列行业第一，创造了中国食品行业"双十一"新纪录。

法律类岗位介绍　网络律师

网络律师是通过互联网直接向所有的公众提供直接的律师服务的岗位，是律师智慧和网络智能的结合，是对传统律师服务模式、服务思维、服务理念的根本性的变革，起到提高服务效率和降低服务费用的效果。

1. 工作内容

1）法律风险预警、控制、管理，包括公司的申请、设立、管理、运行、员工聘用、知识产权、招商引资、引进风险投资、各类经济合同的签署，以及上市等各个方面，甚至包括个人生活的各个方面。

2）为公司的利益进行最大程度的保护，以"秒杀"的速度来对合同进行法律风险的预警管理。

3）减少公司解决法律问题的工作环节，网络律师可以直接向公司业务员提供法律问题答案。

4）网络律师可以帮客户实现息诉、止诉，由于网络律师可以很好地进行法律风险的预警、法律隐患的挖掘，把纠纷扼杀在萌芽阶段，没有了纠纷，所以也就不需要去法院进行诉讼。

5）依法应当履行的其他职责。

2. 任职要求（建议）

1）具有良好的法律专业功底、良好的专业教育背景；全日制法律专业本科（含本科）以上学历。

2）具有中华人民共和国律师执业证，具有专业化法律服务能力。

3）有较强的法律文书写作和沟通协调能力，熟悉民商事业务的处理。
4）能独立承办诉讼或非诉讼业务，有很好的服务意识。
5）能吃苦，人品好，有团队合作精神和敬业精神。

思考与练习

1. 电子商务法律法规的含义是什么？
2. 电子商务法律法规包含哪些内容？
3. 电子签名的特点有哪些？
4. 知识产权保护涉及哪些方面的内容？相关的法律问题主要是什么？
5. 我国电子商务立法的特点有哪些？
6. 我国电子商务立法现状及存在的问题是什么？
7. 电子商务从业人员应该从哪些方面培养自己的职业操行？

第十章

电子商务发展前沿及展望

学习目标

- 能够说明电子商务新的技术及使用前景和趋势。
- 能够描述电子商务新的运作模式及优点。
- 能够描述云计算、大数据、物联网的技术现状及发展前景。
- 能够对电子商务的发展趋势做出理性的预测。

案例导引

摩拜单车：自行车界的 Uber

2016 年，一款颇具设计感的"小橙车"在上海、北京的街头巷尾横空出世。这款名为"摩拜单车"的智能共享自行车被戏称为"自行车界的 Uber"，它没有固定的车桩，你仅需扫描车身的二维码，完成注册、找到单车、扫码支付、解开车锁，车轮就能转动起来。

从 2016 年 4 月开始，摩拜单车如旋风般在全国席卷而来。其实共享自行车并不是新鲜事。在美国在线房屋租赁网站 Airbnb 大获成功之后，各个行业都借助共享经济掀起了短租潮。主打自行车点对点短租服务的 Spinlister 就位列其中，Spinlister 鼓励人们把自己的自行车租赁信息放在网上，并承诺为每辆自行车上保险，最高额度可达 5 000 美元，以防被让渡使用权的闲置资源遭到盗窃和损坏。

成立于 2014 年，已覆盖全国众多高校，专注于大学校园市场的 ofo 单车共享平台早期瞄准了闲置单车资源的价值。校园内废弃的自行车与学生自愿捐赠的单车经过改装机械锁、号码牌、涂装颜色后，可在校园之间广泛使用。相比之下，智能开锁、无固定桩、向全社会开放的自由骑行成为摩拜单车的创新。

据介绍，因为希望打造 4 年免修的智能自行车，摩拜走了一条自行设计、生产单车的路线。为了避免"掉链子"，该款自行车采用轴转动、单摆臂技术，实心车胎、5 辐轮毂、座椅高度固定的设计，单车重达 25 公斤。尽管经过产品迭代，其成本已从最开始的 6 000 元降到 3 000 元左右，但 299 元的押金，每半小时收费 1 元甚至 0.5 元的规则，让一辆单车的回收成本并获得盈利的时间大大拉长。当然，部分创新产品和商业模式，可能短期内并不在乎何时能赚钱这个问题。摩拜单车在规模扩大之后，摩拜单车也势必要面临使用不当、被破坏、用户黏性等一系列问题。

在Airbnb的CEO布莱恩切斯基看来共享经济的核心为：使用而不占有。摩拜的诞生正是基于这一理念：以前的普遍思维是我买了这个东西，这个东西就是我的了，而在互联网时代，实际能够解决问题的，并且有越来越多的人愿意使用、共享的东西才有更大的价值，我们希望看到更少的占有、更多的付出。

（数据来源：中国电子商务研究中心，http://www.100ec.cn/detail--6358664.html）

第一节 电子商务新的推动技术

电子商务是依托互联网的商业活动，互联网技术的演进会对电子商务发展产生实质的影响。技术创新的步伐一直没有停息，在短短的几年时间里，新的互联网技术不断涌现，如VR/AR、5G技术、可穿戴技术、3D打印技术等，这些都将直接运用于电子商务系统之中，从而推动电子商务的发展演进。

一、VR/AR技术

虚拟现实技术（VR）是仿真技术与计算机图形学、人机接口技术、多媒体技术、传感技术、网络技术等多种技术的集合，是一门富有挑战性的交叉技术前沿学科和研究领域。VR技术主要包括模拟环境、感知、自然技能和传感设备等方面。模拟环境是由计算机生成的、实时动态的三维立体逼真图像。感知是指理想的VR应该具有一切人所具有的感知。除计算机图形技术所生成的视觉感知外，还有听觉、触觉、力觉、运动等感知，甚至还包括嗅觉和味觉等，也称为多感知。自然技能是指人的头部转动、眼睛、手势或其他人体行为动作，由计算机来处理与参与者的动作相适应的数据，并对用户的输入做出实时响应，并分别反馈到用户的五官。

增强现实（AR），也被称之为混合现实。它通过计算机技术，将虚拟的信息应用到真实世界，真实的环境和虚拟的物体实时地叠加到了同一个画面或空间。增强现实提供了在一般情况下，不同于人类可以感知的信息。它不仅展现了真实世界的信息，而且将虚拟的信息同时显示出来，两种信息相互补充、叠加。在视觉化的增强现实中，用户利用头盔显示器，把真实世界与电脑图形多重合成在一起，便可以看到真实的世界围绕着它。AR借助计算机图形技术和可视化技术产生现实环境中不存在的虚拟对象，并通过传感技术将虚拟对象准确"放置"在真实环境中，借助显示设备将虚拟对象与真实环境融为一体，并呈现给使用者一个感官效果真实的新环境。因此增强现实系统具有虚实结合、实时交互、三维注册的新特点。

现如今，VR及AR技术都有了突破性的发展，尽管他们并不完善。各大电商平台都看到了这两种技术对电子商务的作用。

VR在当前电子商务领域很被看好，各类厂家都发布了自己的VR产品，有专门的VR设备，也有利用手机加眼镜达到VR效果的。VR技术对于电子商务来说特别有利于一些产品价值高、又不方便消费者触碰的产品。比如家具，相对于其他产品来说并不是很适合做电商，因为买家只能通过图片了解产品，对其真实的效果不是很明确，又因为价格的因素，让买家不敢通过网络来购买家具类的产品。消费者只要手里面有VR设备，就可以通过VR设备进入一个虚拟的房间（甚至就可以是自己家的模样），将自己所需要购买的家具产品放置到这个虚拟房间的位置，可以很完美地体验产品放置出来的效果，让购买的欲望更加强烈。甚至本来只打算一件家具的,因为搭配的效果好就有买整套家具的可能。

至于 AR,这个词现在没有 VR 流行,但依然是一种让电子商务能够有翻天覆地变化的技术。和 VR 不同,AR 设备不需要像 VR 一样穿戴比较笨重的设备,用户手拿着 AR 的设备就可以了。AR 技术比较适合快消品类里面的鞋服行业,在目前,尽管服装行业在电子商务中的销量算是名列前茅的行业,但是对于消费者来说,经常会买到并不是很满意的产品。因为他们同样只能通过图片获知产品的信息,并不知道产品实际在自己使用过程中的效果。特别是衣服,网络上流传比较多的买家秀就是一个典型的例子,往往图片很好看,但是实际穿在自己身上非常的不合适。有了 AR 技术,消费者就可以在线试穿,虽然并不是真正地试穿衣服,但是可以通过该技术知道自己想买的衣服能够有什么样的效果,有一个很直观的体现,从而打消部分消费者的疑虑,同时减少很多不必要的售后问题。

二、5G 技术

1. 5G 技术概述

2017 年 2 月 9 日,国际通信标准组织正式宣布"5G"成为下一代移动网络连接技术的正式名称,而 5G 网络也将成为目前 LTE 或 LTE-Advanced 4G 网络之后的下一代移动通信技术。5G(fifth-generation)是第五代移动通信技术的简称,也是 4G 技术的延伸,其 Logo 如图 10-1 所示。5G 并不是独立的、全新的无线接入技术,而是对现有无线接入技术(包括 2G、3G、4G 和 Wi-Fi)的技

图 10-1 5G Logo

术演进,以及一些新增的补充性无线接入技术集成后解决方案的总称。从某种程度上讲,5G 将是一个真正意义上的融合网络。以融合和统一的标准,提供人与人、人与物以及物与物之间高速、安全和自由的联通。

以 5G 为基础的移动宽带网络的未来发展方向是打造"移动智能终端+宽带+云"这样一个平台,与其他的能源和公共事业一样,成为整个社会和各个行业赖以运转的基础。届时,利用 5G 技术构建的超高速、超高容量、超可靠性、超短时延、绝佳用户体验的移动宽带网络,将得以让各个产业的信息和数据在不同的平台上自由流动。整个社会就像科幻片一样。无所不在的感知、高清视频、医疗、教育、消防、家庭智能系统等都可通过各种移动终端轻松实现;房子、车子、各种消费品……都开始"联网"。人类社会将万物互联,实现数字化生存。

2. 5G 技术特点

对于普通用户来说,5G 带来的最直观感受将是网速的极大提升。目前 4G/LTE 的峰值传输速率达到每秒 100M,而 5G 的峰值速率将达到每秒 10G。例如,用 4G LTE 网络下载一部电影可能会用 1 分钟,而用 5G 下载一部高画质(HD)电影只需 1 秒钟,也就是一眨眼的工夫。从专业角度讲,除了要满足超高速的传输需求外,5G 还需满足超大带宽、超高容量、超密站点、超可靠性、随时随地可接入性等要求。因此,5G 是一个广带化、泛在化、智能化、融合化、绿色节能的网络。5G 技术主要特征如下:

1)5G 网络基站将更加小型化,可以安装在各种场景中。
2)5G 技术去除了传统的汇聚节点,具备更强大的功能。

3）5G 网络架构进一步扁平化。

3．5G 技术发展对经济社会的影响

目前，我国三大运营商已敲定 5G 路线图。中国移动在 2017 年 3 月宣布计划在主要城市建设 5G 试点网络，并于 2020 年全面商用。中国电信表示 2019 年 5G 预商用，2020 年正式商用。中国联通也表示 2019 年 5G 预商用部署。在 5G 技术的推动下，百度、阿里巴巴以及腾讯将带头推动 5G 的 4K、8K 高清视频和 AR/VR 等应用。同时，智慧城市计划将利用 5G 网络和人工智能去完成公共安全、交通、自然灾害应急等任务。

自 20 纪 80 年代以来，移动通信每十年出现新一代革命性技术，持续加快信息产业的创新进程，不断推动经济社会的繁荣发展。当前，5G 技术正在阔步前行，它将以全新的网络架构，提供至少十倍于 4G 的峰值速率、毫秒级的传输时延和千亿级的连接能力，开启万物广泛互联、人机深度交互的新时代。作为通用目的技术，5G 将全面构筑经济社会数字化转型的关键基础设施，从线上到线下、从消费到生产，从平台到生态，推动我国数字经济发展迈上新台阶。2017 年 6 月发布的《5G 经济社会影响白皮书》测算结果显示，2030 年，在直接贡献方面，5G 将带动的总产出、经济增加值、就业机会分别为 6.3 万亿元、2.9 万亿元和 800 万个；在间接贡献方面，5G 将带动的总产出、经济增加值、就业机会分别为 10.6 万亿元、3.6 万亿元和 1 150 万个。

5G 正处于技术标准形成和产业化培育的关键时期，全球各国在国家数字化战略中均把 5G 作为优先发展领域，强化产业布局，塑造竞争新优势。我国要紧抓这一历史性新机遇，加大统筹推进力度，加快 5G 产业化进程，超前部署网络基础设施，营造产业生态环境，深化各领域融合应用，全面开创 5G 发展新局面，为全球 5G 发展做出新的、更大的贡献。

三、可穿戴技术

1．可穿戴技术概述

可穿戴技术是 20 世纪 60 年代，美国麻省理工学院媒体实验室提出的创新技术，利用该技术可以把多媒体、传感器和无线通信等技术嵌入人们的衣着中，可支持手势和眼动操作等多种交互方式。可穿戴技术可以通过"内在连通性"实现快速的数据获取、通过超快的内容分享能力高效地保持社交联系，摆脱传统的手持设备而获得无缝的网络访问体验。可穿戴设备不仅仅是一种硬件设备，更是通过软件支持以及数据交互、云端交互来实现强大的功能。

2016 年全年中国可穿戴设备市场出货量为 3 876 万台，同比增长 57.1%，成为中国市场仅次于智能手机的第二大移动智能消费终端设备。同时作为全球最大的可穿戴设备市场，2016 年中国市场出货量占全球总出货量的 43.8%，是美国市场的 1.6 倍。

2．可穿戴设备产品形态

可穿戴设备多以具备部分计算功能、可连接手机及各类终端的便携式配件形式存在，主流的产品形态包括以手腕为支撑的 watch 类（包括手表和腕带等产品），以脚为支撑的 shoes 类（包括鞋、袜子或者将来的其他腿上佩戴产品），以头部为支撑的 Glass 类（包括眼镜、头盔、头带等），以及智能服装、书包、拐杖、配饰等各类非主流产品形态。典型的可穿戴设备有苹果手表、谷歌眼镜、小米手环、耐克智能跑鞋等。

3．可穿戴设备发展前景

可穿戴设备是大数据采集的重要终端。随着可穿戴设备产业从 1.0 迈进 2.0 时代，脱离

手机独立使用和场景化已经成为不可逆转的发展趋势。一方面，用户的消费理念越来越成熟，对于可穿戴设备产品的定位已经不再是"手机的附属品"，而是希望可穿戴设备产品具有独立通信模块、能够独立于手机等其他设备使用。另一方面，由于消费者的运动偏好不同，用户更希望通过可穿戴设备内置的跑步、登山、自行车、游泳等不同运动场景，采集不同的运动数据，从而对运动数据做出更加翔实的分析评估。

四、3D 打印技术

美国《华盛顿邮报》网络版近日撰文指出，网络零售巨头亚马逊日前在其网站开设专区，销售 3D 打印产品。将来，消费者只需购买数码设计文件，在家用 3D 打印机自行打印出商品，而不用去购买真正的商品。亚马逊此次尝试或将再次转变零售购物体验。亚马逊在其网站上开设了 3D 打印商品专区，而如今则在尝试一个更大的概念：3D 打印将彻底转变零售商业模式需求方和供应方的经营方式。也就是说，3D 打印不仅仅是以更多的类别提供更多的消费产品，让亚马逊能从中赚取更多的钱，同时还将转变基于我们对供求不足看法的网络零售模式——产品供应的不足以及仓储空间的不足。

3D 打印技术（3D printing），即快速成形技术的一种，它是一种数字模型文件为基础，运用粉末状金属或塑料等可黏合材料，通过逐层打印的方式来构造物体的技术。过去其常在模具制造、工业设计等领域被用于制造模型，现正逐渐用于一些产品的直接制造。特别是一些高价值应用（比如髋关节或牙齿，或一些飞机零部件）已经有使用这种技术打印而成的零部件。3D 打印的设计过程是：先通过计算机辅助设计（CAD）或计算机动画建模软件建模，再将建成的三维模型"分区"成逐层的截面，从而指导打印机逐层打印。专家认为，3D 打印创造了很多新的机会。小批量制造和个性化产品制造已经成为生意。而且，互联网与 3D 打印跨界组合将产生更多创新和创业机会。展望未来，3D 打印将让制造业供应链链条缩短，使得设计、打印、物流更好地整合。

第二节　电子商务新的理念及运作模式创新

电子商务运作模式，就是指在网络环境中基于一定技术基础的商务运作方式和盈利模式。研究和分析电子商务模式的分类体系，有助于挖掘新的电子商务模式，为电子商务模式创新提供途径，也有助于企业制定特定的电子商务策略和实施步骤。电子商务运作模式可以从多个角度建立不同的分类框架，最简单的分类莫过于 B2B、B2C 和 C2C 这样的分类，但随着电子商务的发展，新的电子商务理念和模式也不断形成。

电子商务领域的同质化竞争日趋严重。在圈外人看来，中国电子商务发展迅猛，交易规模也实现逐年翻番。目前，国内从事 B2C、C2C 业务的网站数量众多，差异仅仅在于所销售的产品不同，但基本的设计思路却相同，同质化现象相当严重。现阶段电子商务领域新零售、跨境融合和共享经济的理念已经产生并开始爆发，需要电子商务业界充分重视。

一、新零售

在 2016 杭州·云栖大会上，阿里巴巴集团董事局主席马云发表主题演讲，首次提出"新零售"概念。马云认为"电子商务"这几个字可能很快就被淘汰。从 2017 年开始，阿里巴巴将不再提"电子商务"这个说法。纯电商的时代很快就会结束,未来的十年、二十年将没有电子商务,取而代之的是新零售。线下的企业必须走到线上去,线上的企业必须走到线下来,线上线下加上现代的物流和在一起,才能真正创造出新的零售。

新零售是从过去行商、坐商,发展到21世纪的网商,如今已经正式进入"云商"时代,其中包含了全渠道、新卖场、智运营三大变化。

1. 全渠道:渠道的联合效应

旧零售是指单渠道或是多渠道时代的零售,面临着渠道分散、客户体验不一、成本上升、利润空间压缩等多个困局。而新零售将从单向销售转向双向互动,从线上或线下转向线上线下融合。因此新零售要建立新的渠道联合方式,即全渠道,以实体门店、电子商务、移动互联网为核心,通过融合线上线下,实现商品、会员、交易、营销等数据的共融互通,向顾客提供跨渠道、无缝化体验,实现联合之后的拳头效应,推进销售快速达成。

2. 新卖场:终端的智能趋势

旧零售时代的我们需要出门到店购物,是用"脚",如今的新零售,一方面是已经实现的靠鼠标与屏幕购物,用"手";另一方面是更智能化的购物设备正在普及,语音购物、场景购物、意念购物都将成为可能,未来应用"嘴""眼""脑"即能完成购物。新的零售时代需要全新的零售店铺,通过技术与硬件重构零售卖场空间,实现门店数字化与智能化改造终端,智能终端将取代旧式的货架、货柜,延展店铺时空,构建丰富多样的全新消费场景,以新型门店与卖场全面升级顾客体验。

3. 智运营:销售的数字智慧

消费者的消费渠道日渐碎片化,消费习惯走向个性化,零售从原来的规模驱动走向标准化驱动,走向以个性化、灵活和定制为驱动,因此新零售是精准化运营的零售,这需要大量的消费数据支撑。在新零售下,纷繁复杂的商品、销售、顾客等多维数据更需要数字化整合计算,才能支撑精准化运营;运营,则需要借助更多的数字化手段进行经营环节的全线贯通与升级优化。因此,建立零售大数据中心将是企业走向新零售的一道入门题。

因此,新零售企业需要整合实体渠道、电子商务渠道和移动电子商务渠道,通过全场景数据打通、数字化运营改造、超体验卖场升级,克服全渠道线上线下融合、客户体验设计、信息化体系管理等难点,在满足消费者任何时候、任何地点、任何方式购买获得所需商品及服务,享受跨渠道、无差别购买体验的同时,也助力零售企业构建全渠道、全业态、全客群、全品类、全时段的新商业体系。

作为新零售的代表,亚马逊的Amazon Go无人超市于2016年年底开业进行内部测试,引发零售业内对"无人店"模式的狂热讨论。亚马逊发布的一个视频短片展示了令人惊讶的具有超前体验的未来实体商店,消费者只需要走进商店并扫描手机上的Amazon App,挑选自己中意的产品装进购物袋,然后直接走出商店就可以完成购买。但是,Amazon Go至2017年年底还没正式对外营业。而中国市场的阿里巴巴和京东的各种"无人超市"已经接踵而至。

2017年7月阿里巴巴无人超市"淘咖啡"亮相杭州,没有收银员,无须排长队、东西买完就能走。第一次进店时,打开"手机淘宝",扫一扫店门口的二维码,获得一张电子入场券。通过闸机时扫这张电子入场券,进入店内之后就可以购物了,进到里面全程不用再掏手机。阿里巴巴"淘咖啡"无人超市和一般的无人便利店一样,都是以无人值守结算为特点,旨在为顾客提供任意消费且不必排队买单的超便利消费体验。消费者从进店到消费,再到离开,全程只需要一个手机,首次进店用户只需登录淘宝账号,同意自动扣款协议,且输入支付密码即可。

阿里巴巴无人超市"淘咖啡"的购物环境如图 10-2 所示。

图 10-2　阿里巴巴无人超市"淘咖啡"购物环境

在 2017 年"双十一"期间，京东无人超市和无人便利店的也首度面世。京东无人超市通过人脸识别、图像识别等技术，打造了全场景、即拿即走、数字化运营的完整无人店方案。京东将人脸识别作为用户进门凭证，初次进入时绑定用户身份和支付信息，一次绑定"保终身"。在购物和支付过程中使用 RFID、人脸识别、图像识别等技术，保证用户最流畅的购物体验——只要随意挑选货物，通过结算通道走出超市即可。

二、跨界

跨界（Crossover）指突破原有行业惯例，通过涉足其他行业产品或服务的全面创新而实现价值跨越的企业/品牌行为，它能让一个企业通过转换生存空间而大放异彩，能让一个品牌在相对较短的时间内超越竞争对手，迈上行业巅峰。跨界应该是现在互联网上谈论得最多的思维模式，从最开始的苹果跨界进入手机行业，微信跨界进入通信领域，到现在如火如荼的互联网金融，让人们领略了跨界思维的巨大革命力量。产业层面的跨界，可能来自邻近产业，也可能来自看似毫无关联的产业。

在大互联时代，所有传统产业都将面临两层竞争：第一层是传统产业机构与跨界者之间的竞争，大量借助互联网和大数据的跨界者纷纷侵占传统产业的领域；第二层是传统产业内部的大企业与中小企业、全国性企业与区域性企业之间的竞争。互联网和大数据打破了信息的不对称和物理区域壁垒，使得所有企业都将站在同一层面竞争，加剧了竞争激烈程度，加速了企业的优胜劣汰。

如果有一天，隔壁包子店的鲜花生意异常火爆，你大可不必为此惊讶，因为这是一个跨界的时代，每一个行业都在进行着整合、交叉、渗透。当一个发展良好的传统行业在别人的手里变成了一种免费的增值服务时，作为同行，该如何竞争？又该如何生存下去？在跨界时代，资源、产品、渠道最终都会在互联网和移动互联网上被打通，商家唯一要获取的是终端消费者的支持；只要把终端消费者争取过来，无论消费什么样的产品，接受什么样的服务，你都能够赢利，从而立于不败之地。跨界是一种基于互联网的社会性结构，它没有边界，无所不在。面对这种革命性质的新型社会结构，过去那种渐变式的调整和转型再也无法带领企业实现改革任务。芯片无所不在，感知技术把所有的事物联系到了一起，互联网不再只是敲击键盘。

互联网、移动互联网带来的跨界浪潮正在以前所未有之势颠覆传统行业，互联网作为单个产业发展的生存状态最终会消失，因为未来所有的产业都将会互联网化。跨界在其中所起的作用至关重要，因为它的发展和延伸将抹平几乎所有的壁垒和边界。移动互联网是跨界的引爆点，短短两三年，它已经把整个世界一大半人的信息处理习惯改变了。今天，全世界的移动终端设备数量早已远超人口数量，而且5G网络时代即将来临，届时，5G的传输速度将会是4G网络的几十倍，秒传一部高清电影将会得以实现。有人分析说，互联网下一个里程碑式的时代会在2018—2020年来到。我们无法预测，到2020年的时候，各种边界是否会更加模糊甚至消失，或者"跨界"这个词都已经不再为人们所提及。

可以确定的是，在移动互联网时代，人们已经无法依靠工业时代的规则来生存发展。跨界会把"隔行如隔山"这样的老话彻底从人们的思想中剔除。你可以在自己熟悉的领域内深耕细作，但你再也不能对别的行业的发展置若罔闻，跨界时代的人们，不仅要遵循"干一行爱一行"的古训，还要提倡"朝秦暮楚"的思想，否则将来的生存恐怕都会成为一个问题。这个时代，不管是对个人还是企业来说，处处都充满了机遇，处处也充满了残酷的一面。

在未来，会有更多的产业或个人加入到跨界的潮流中来，跨界行为将会普及，并对一切产业进行渗透，产生影响。跨界的广度会越来越大，深度也会越来越深，裂变和创新的概率会更高，跨界已经成为企业和个人所必须懂得的生存法则。跨界浪潮下，我们现在所从事的工作岗位恐怕多半将消失于无形，但我们不能只是忧心忡忡，而更应该奋发向上，积极地拥抱这个时代，积极学习新兴知识，倡导连接和创新的跨界思维和精神，使之成为我们手中的必备武器。拥有跨界思维，就拥有了看待事物的大局观、多角度的视野以及灵活应变的决策基础，通过跨界行为对旧有的规则进行有效颠覆，顺应时代的大方向，可以带领企业或个人走出困境。跨界是新常态下必须坚持的原则，创新是企业可持续发展的最佳途径。

互联网金融就是一个典型的跨界案例。近来，互联网点燃了金融业的熊熊烈火，P2P、第三方支付、大数据金融、互联网金融门户、众筹……一波接着一波，普通大众携着千百万的"零钱"席卷而来，2013年10月，百度百发（现百度理财）的理财产品曾在4小时内销售额突破10亿，2017年6月，余额宝规模超过1.43万亿。让传统金融机构不安的是，在卷走银行储户的存款后，移动互联网金融的手已经悄悄"伸向"传统金融业务的核心。新的革命刚刚开始，更新的革命又在发酵，生生不息。中国经济的每个领域，金融、信息、能源、医疗、服务和娱乐等，都会被新技术和新模式颠覆，一场又一场的跨界盛宴正在登场。

三、共享经济

共享经济（Sharing economy），也称分享经济，是指能让商品、服务、数据（资源）及（人的）才能等具有共享渠道的经济社会体系。共享经济是一新的经济形式，将极可能引发以客户为中心的第三次工业革命。网络技术降低了人们共享的成本，互联网所具有的分布方式、协作的本质可以让成千上万的人为自己闲置的物品找到分享对象，共享经济就这样产生了。这是一种完全不同的经济方式，它更多地依赖社会资本，而不是市场资本。共享经济颠覆了企业所有与个人消费相关的产业模式，使每个人都可以同时成为消费者和生产者，进而可以更好地改善生活。共享经济被视为下一个十年的商业模式。共享经济是一种通过大规模盘活经济剩余而激发经济效益的经济形态，现阶段在网约车、共享单车、共享充电宝等领域都有实例。

随着共享经济正式列入国家的战略,共享经济带动了一大批行业的发展,据中国电子商务研究中心研究表明,共享经济涉及有共享交通、共享单车、共享房屋、共享餐饮、共享物流、共享金融等多个领域。其中①共享交通包括:滴滴出行、易到、神州专车、凹凸共享租车、曹操专车等;②共享单车:ofo、摩拜单车、哈罗单车、骑呗等;③共享房屋:小猪(短租)、蚂蚁短租、木鸟短租、住百家、魔方公寓等;④共享餐饮:觅食、回家吃饭、我有饭、妈妈味道等;⑤共享物流:人人快递、一号货的、如风达、人人快递;⑥共享金融:人人贷、人人投、团贷网、陆金所、互贷网等;此外还包括在行、分答等共享经济平台。

现阶段共享经济发展的典型案例是共享单车。共享单车是指企业在校园、地铁站点、公交站点、居民区、商业区、公共服务区等提供自行车单车共享服务,是一种分时租赁模式,包括ofo、摩拜、哈罗等20多个品牌。例如ofo小黄车是一个无桩共享单车出行平台,缔造了"无桩单车共享"模式,致力于解决城市出行问题。用户只需在微信服务号或App输入车牌号,即可获得密码解锁用车,随取随用。2016年年底以来,国内共享单车突然就火爆了起来,仿佛一夜之间,共享单车已经到了"泛滥"的地步,各大城市路边排满各种颜色的共享单车。

杰出人物　张旭豪

张旭豪,1985年出生,硕士毕业于上海交通大学,"饿了么"订餐平台创始人。

2009年4月,张旭豪和他的几个来自于上海交通大学的伙伴康嘉、汪渊、叶峰、曹文学等看中了餐饮外送行业,并准备开发网络订餐系统,使餐饮业逐步走向信息化。正巧,交大软件学院的叶峰也看好这个创业"突破口"。于是,"饿了么"订餐系统的"交大帮"就这样初步形成了。创业伊始,大家还讨论过公司名称问题,最终,"饿了么"这句学生间的点外卖口头禅最终胜出,以它的亲切顺口成了公司的响亮大名。最初的启动资金全靠几个人东拼西凑,连学费都没能幸免。为了全情投入,张旭豪主动放弃去香港理工大学深造的机会,与康嘉一起选择休学。而叶峰则在2010年本科毕业后,放弃了进入微软的机会,和大家一起奋斗创业。

最初的创业是快乐而又艰辛的,大家并肩奋战,尽情挥洒青春的激情,却也有碰壁、资金缺乏时的困惑。"饿了么"团队刚开始时承包过一家餐饮店的外卖业务,用来熟悉"行情"。作为团队的领头人,张旭豪几乎连续几个月每天只睡四到五个小时,经常亲自"披挂上阵"送外卖,狂风暴雨也从不间断。就这样一点一点地积累信誉和人气。

"饿了么"主要通过加盟餐厅的后台管理系统和前台网站页面的年服务费,交易额提成,竞价排名费用来盈利。作为中国餐饮业数字化领跑者,"饿了么"以建立全面完善的数字化餐饮生态系统为使命,为用户提供便捷服务极致体验,为餐厅提供一体化运营解决方案,推进整个餐饮行业的数字化发展进程。"饿了么"的自身定位是连接"跟吃有关的一切"。除了现有的餐饮配送业务,目前"饿了么"已经将触角延伸至商超配送等其他领域。

截至2015年12月,"饿了么"业务已覆盖超过300个城市,饿了么交易额突破1亿元,日订单量超过330万单,创下外卖O2O行业新高,超过98%的交易额来自移动端。"饿了么"自营配送队伍已超过6 000人,蜂鸟配送员超过50万人。"饿了么"旗下供应链平台"有菜"日交易额已超过600万元。2015年12月外卖市场整体交易规模达70.9亿元,环比增长超过10%。各大外卖厂商中,"饿了么"以34.1%的整体份额笑到最后。

比达咨询（BigData-Research）发布 2016 年中国第三方餐饮外卖市场研究报告显示，2016 年国内外卖市场保持着快速增长的态势，整体交易额达 1 761.5 亿元，较 2015 年全年 382.1 亿元增长 361%。在市场格局方面，"饿了么"摘取年度第一，占整体市场份额的 34.6%，美团外卖、百度外卖则分列第二和第三。

2017 年 4 月 20 日，"饿了么"、美团点评、百度外卖、到家美食会等主要网络订餐平台在北京市食药监局的支持、指导下，自发组建网络订餐平台行业自律联盟。四大网络订餐平台 CEO 发言并共同签订《网络订餐平台自律共建联盟公约》，从入网经营者准入前承诺、平台准入、健全入网经营者档案管理及信息公示等 14 个方面向社会郑重承诺，包括设立食品安全管理机构，主动在平台首页向社会公开；严格平台准入机制；主动定期向食药监管部门报送平台管理数据和信息；对实施联动惩戒的违法商户，在联盟各平台同步采取下线处理，同清同查；共同加强送餐员队伍食品安全培训；针对入网商户进行在线宣传、培训，共同宣传和推动"阳光餐饮"工程等。

2017 年 8 月，"饿了么"以总价 8 亿美元的价格并购另一家餐饮 O2O 巨头——百度外卖，形成了与"美团"双强争霸的局面。同时，作为 O2O 平台，"饿了么"的自身定位是连接"跟吃有关的一切"。除了现有的餐饮配送业务，目前"饿了么"已经将触角延伸至商超配送等其他领域。

网络营销类岗位介绍（三） 跨境电子商务专员

1．工作内容

1）新品开发及供应商管理和优化，amazon，aliexpress 等外贸 B2C 平台管理运营，售后客服问题处理。

2）销售状况跟踪与产品库存管理，跟进与追踪新品销量，及时了解各个平台政策变化和竞争对手信息，提出相关改进建议。

3）根据营销策略及计划，协调市场和促销资源，策划、组织、执行推广活动，负责公司电子商务网站的市场推广和建设，制订推广策略、计划与预算，并负责实施。根据公司提供的相关资料及信息适时适地地开发优质客户，将公司产品推向国外市场，进行市场推广效果的统计分析、评估、调整。

4）制订工作计划与目标，定期向上级报告工作进展情况，利用各种外贸平台及手段，收集整理潜在客户信息，并有据有序地重点开发。与客户沟通产品规格与数量、付款方式、交货期、物流方式及其他事宜，确认订单以及外贸销售合同的制作与签订。

5）上级交办的其他事宜。

2．任职要求（建议）

1）国际贸易、电子商务、英语、市场营销等相关专业本科以上学历，了解电子商务市场/品牌运作方式，对电子商务/互联网商务有热情。

2）有优秀的英语听、说、读、写能力。

3）有行业背景优先，熟悉电商外贸行业 amazon，aliexpress 及第三方平台，熟悉电子商务流程，掌握网页设计及图像处理技术，能按时维护网络平台。

4）工作认真细致，思维敏捷，责任心强，具有强烈的进取心，精力充沛，身体健康，乐观豁达，富有开拓精神，善于与人沟通，敢于创新。

5）有 SEO 经验的优先考虑。

实训项目十二　体验微博及微博营销

微博，即微博客（Micro Blog）的简称，是一个基于用户关系的信息分享、传播及获取平台，用户可以通过 WEB、WAP 以及各种客户端建立个人社区，以 140 字左右的文字更新信息，并实现即时分享。在注册微博后，用户可以通过网页、WAP 页面、手机客户端、手机短信、彩信发布 140 字以内的消息或上传图片，此外还可通过 API 用第三方软件或插件发布信息，可以将看到的、听到的、想到的事情写成一句话，或发一张图片，通过电脑或者手机随时随地分享给朋友；还可以关注朋友，即时看到朋友们发布的信息。本实训要求通过注册体验新浪微博，查看、分析成功的企业微博以及微博营销的内涵。

一、实训目标

1）能够通过注册使用新浪微博或其他微博。

2）能够设置和发布微博。

3）能够进行一般的微博营销和企业产品的微博推广。

二、实训环境

中文 Windows XP/7/10 与 Windows Internet Explorer，连接 Internet，能上网的手机。

三、背景知识

2009 年 8 月，中国最大的门户网站之一新浪网推出"新浪微博"内测版，成为门户网站中第一家提供微博服务的网站，微博正式进入中文上网主流人群视野。国内知名新媒体领域研究学者陈永东在国内率先给出了微博的定义：微博是一种通过关注机制分享简短信息的广播式的社交网络平台。

四、实训内容与操作步骤

（一）注册新浪微博

1）在浏览器中输入新浪微博网址"www.weibo.com"，进入新浪微博注册页面并单击下面的"注册"或者"立即注册！"，如图 10-3 所示。

图 10-3　新浪微博首页

2）在弹出的界面里填上电子邮箱、密码、昵称等信息，填写完毕后单击"立即开通"按钮，如图 10-4 所示。

3）进入激活微博提示页面，单击"立即查看邮箱"按钮到你的邮箱查看激活邮件。

4）一般稍等几秒就能在收件箱收到一封"新浪微博（weibo.com）开通确认！"邮件，点开之后单击里面的"注册确认链接"，然后就会自动登录新浪微博。

5）在进入的新浪微博欢迎界面后，连续单击右下角的"下一步找到朋友"和"进入首页"，跳过添加关注和找朋友的环节，就注册成功了。

图 10-4　新浪微博注册信息填写页面

（二）发表微博

1）登录微博。在浏览器地址栏输入新浪微博主页地址"www.weibo.com"，进入新浪微博登录页面，如图 10-5 所示。

图 10-5　新浪微博登录页面

2）输入注册邮箱账号和密码，单击"登录微博"按钮进入发表微博页面。

3）在微博内容文本域中输入需要发表的微博内容，单击"发布"按钮，发布微博，网友就可以看到你刚才发布的微博了，并且可以转发、收藏或评论，如图 10-6 所示。

第十章 电子商务发展前沿及展望

图 10-6 新浪微博发布滚动显示

4）自己体验设置微博的其他功能，使微博的运用更为强大，其功能如图 10-7 所示。

图 10-7 新浪微博功能导航

（三）微博营销探索

1）三只松鼠天猫店（sanzhisongshu.tmall.com），查看其产品分类和特点，分析其客户群体和客户消费特征。

2）进入三只松鼠的企业微博（weibo.com/234925193），如图 10-8 所示，认真阅读其企业微博内容，总结三只松鼠微博内容的特点及营销技巧。

图 10-8 三只松鼠新浪微博

3）进入京东商城官方微博（weibo.com/jingdong），认真阅读其企业微博内容，对比柠檬绿茶的官方微博内容，总结企业微博营销的一般方法和技巧。

思考与练习

1．简述 VR/AR、5G 技术、可穿戴技术和 3D 打印技术，谈谈这些技术对未来电子商务发展的影响。

2．新零售有哪些新的特点？

3．谈谈跨界给传统企业带来的挑战和机遇。

4．什么是共享经济？举例说明其产生的背景。

参 考 文 献

[1] 阿里巴巴（中国）网络技术有限公司. 阿里巴巴电子商务中级认证教程[M]. 北京：清华大学出版社，2007.
[2] 戴建中. 电子商务 100 问[M]. 北京：清华大学出版社，2013.
[3] 人力资源和社会保障部教材办公室. 电子商务应用与实训[M]. 2 版. 北京：中国劳动社会保障出版社，2009.
[4] 中华人民共和国商务部. 2012 中国电子商务报告[M]. 北京：清华大学出版社，2013.
[5] 喻跃梅. 电子商务概论[M]. 2 版. 北京：电子工业出版社，2014.
[6] 王忠诚，孙明凯. 电子商务概论[M]. 2 版. 北京：机械工业出版社，2012.
[7] 苏静，翟旭君. 传统企业电商之道[M]. 北京：电子工业出版社，2013.
[8] 费名瑜. 电子商务概论[M]. 北京：高等教育出版社，2008.
[9] 刘宏. 电子商务概论[M]. 2 版. 北京：清华大学出版社，北京交通大学出版社，2013.
[10] 杨坚争. 电子商务概论[M]. 北京：中国人民大学出版社，2007.
[11] 昝辉. 网络营销实战密码[M]. 北京：电子工业出版社，2009.
[12] 土著游民. SEO 魔法书[M]. 北京：人民邮电出版社，2010.
[13] 王忠元. 电子商务法规[M]. 2 版. 北京：中国人民大学出版社，2016.
[14] 张传玲，王红红. 电子商务网站运营与管理[M]. 北京：北京大学出版社，2009.
[15] 张宪民，朱明跃. 互联网时代的新三十六行[M]. 北京：中国发展出版社，2009.
[16] 林军. 沸腾十五年：中国互联网：1995～2009[M]. 北京：中信出版社，2009.
[17] 欧朝晖. 解密 SEO——搜索引擎优化与网站成功战略[M]. 北京：电子工业出版社，2007.
[18] 周锡彬. 博客营销技巧[M]. 北京：中国经济出版社，2010.
[19] 苗成栋，于帅. 电子商务概论[M]. 北京：北京大学出版社，2009.
[20] Elizabeth Castro. HTML XHTML CSS 基础教程[M]. 陈剑鸥，张扬，等译. 北京：人民邮电出版社，2007.
[21] 钟元生. 移动电子商务[M]. 上海：复旦大学出版社，2012.
[22] 胡世良. 移动互联网商业模式创新与变革[M]. 北京：人民邮电出版社，2013.
[23] 吴凌娇. 电子商务基础实训指导[M]. 北京：机械工业出版社，2009.
[24] 周曙东. 电子商务概论[M]. 4 版. 南京：东南大学出版社，2015.
[25] 戴建中. 电子商务概论[M]. 3 版. 北京：清华大学出版社，2016.
[26] 侯青林. 互联网三国杀[M]. 成都：四川人民出版社，2013.
[27] 段建. 移动互联网营销[M]. 北京：中国铁道出版社，2016.
[28] 杨龙. 裂变式转型[M]. 北京：机械工业出版社，2015.
[29] 林汶奎. 跨界时代：从颠覆到融合[M]. 北京：人民邮电出版社，2016.
[30] 王忠元. 移动电子商务[M]. 北京：机械工业出版社，2015.
[31] 张国文. 移动电商：商业分析+模式案例+应用实战[M]. 北京：人民邮电出版社，2015.